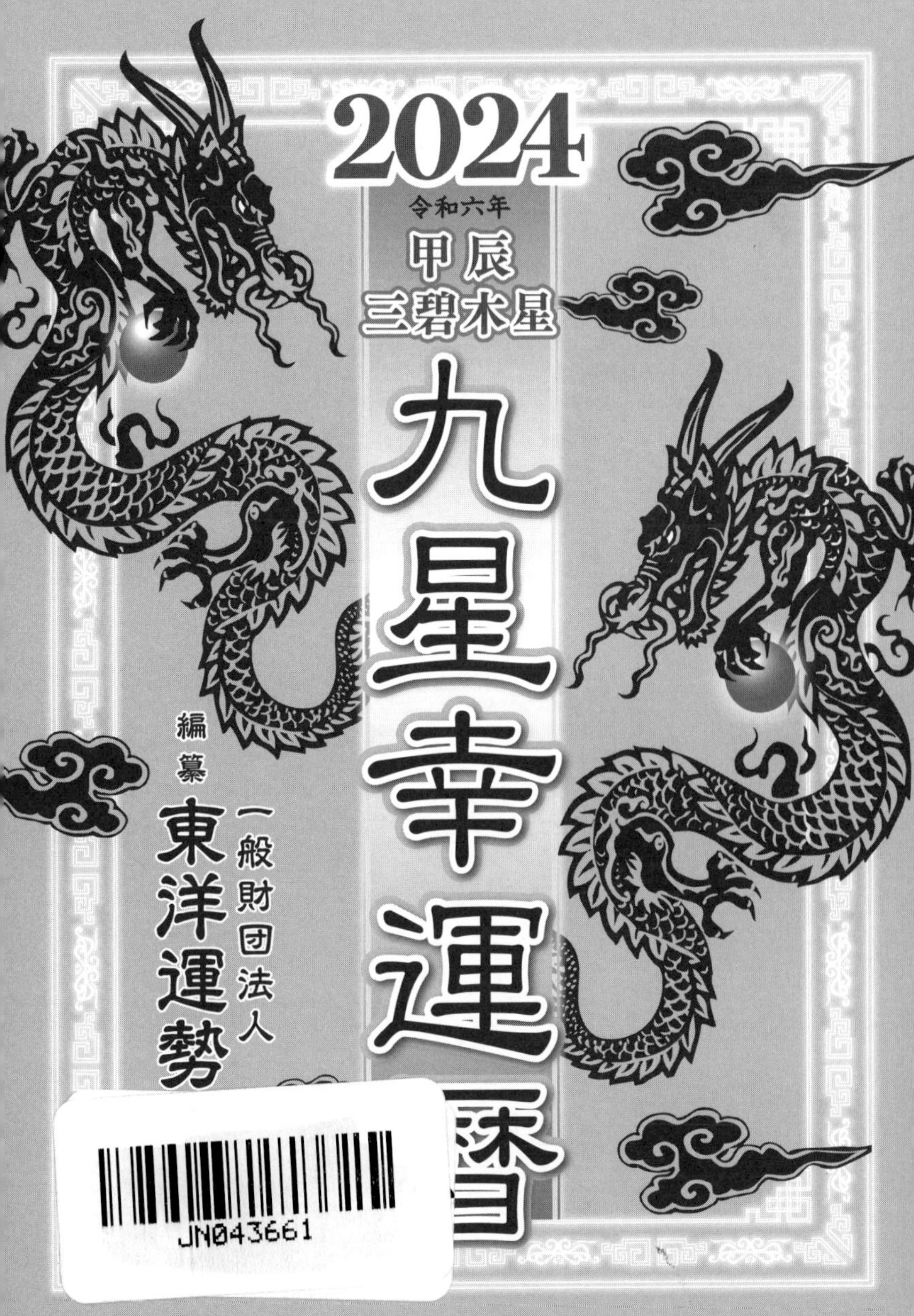
2024
令和六年
甲辰
三碧木星
九星幸運暦
編纂
一般財団法人
東洋運勢

2024 令和六年 略暦 甲辰（きのえたつ）

祝日と年間行事

●国民の祝日

元日	1月1日
成人の日	1月8日
建国記念の日	2月11日
天皇誕生日	2月23日
春分の日	3月20日
昭和の日	4月29日
憲法記念日	5月3日
みどりの日	5月4日
こどもの日	5月5日
海の日	7月15日
山の日	8月11日
敬老の日	9月16日
秋分の日	9月22日
スポーツの日	10月14日
文化の日	11月3日
勤労感謝の日	11月23日

○民間の行事

旧正月	2月10日
初午	2月12日
桃の節句	3月3日
花まつり	4月8日
端午の節句	5月5日
七夕	7月7日
お盆	7月15日
旧盆	8月18日
重陽の節句	9月9日
十五夜	9月17日
十三夜	10月15日
七五三	11月15日
クリスマス	12月25日

二十四節気

小寒	1月6日
大寒	1月20日
立春	2月4日
雨水	2月19日
啓蟄	3月5日
春分	3月20日
清明	4月4日
穀雨	4月19日
立夏	5月5日
小満	5月20日
芒種	6月5日
夏至	6月21日
小暑	7月6日
大暑	7月22日
立秋	8月7日
処暑	8月22日
白露	9月7日
秋分	9月22日
寒露	10月8日
霜降	10月23日
立冬	11月7日
小雪	11月22日
大雪	12月7日
冬至	12月21日

雑節

節分	2月3日
八十八夜	5月1日
入梅	6月10日
半夏生	7月1日
二百十日	8月31日

選日

〈土用入り〉	〈彼岸入り〉	〈天一天上〉	〈天赦日〉
1月18日(木)	3月17日(日)	1月30日(火)	1月1日(月)
4月16日(火)	9月19日(木)	3月30日(土)	3月15日(金)
7月19日(金)		5月29日(水)	5月30日(木)
10月20日(日)		7月28日(日)	7月29日(月)
		9月26日(木)	8月12日(月)
		11月25日(月)	10月11日(金)
			12月26日(木)

※祝日法などの改定により、一部変更になる場合があります。

2024 もくじ 三碧木星

九星幸運暦

一白水星
二黒土星
三碧木星
四緑木星
五黄土星
六白金星
七赤金星
八白土星
九紫火星

令和六年を占う

日本の政治

三碧中宮の今年は、物事が速いテンポで進んでいく傾向があります。若い世代、新しい考え方、新たな関係、新たな発見や新技術など、未成熟ながら将来に希望を抱かせる物事にスポットが当たりそうです。厳しい淘汰を受けますが、日本の未来のために価値あるものが生まれることを切望します。

温故知新の気運が高まり、埋もれた過去の中から新事実を浮き上がらせ、新たな価値が見出される予感もある反面、騒ぎが大きいわりに得るものが少ない空騒ぎとなる恐れもあります。古い勢力が新たな勢力を受容できるかどうかに日本の未来は大きく左右されるでしょう。

今年は大きな転機が訪れそうですが、物事の進展を急ぐあまり、リスクマネジメントが甘くなる傾向が否めません。甘い読み、甘い認識のまま短兵急に物事を進めると取り返しがつかない事態を招くため、反動やリスクへの備えを万全にすることが必要です。

今年は調整力、情報力、拡散力が吉凶両面の力を持ち、広報力やロビー活動の重要性を実感する反面、ネット拡散の威力が脅威にもなるため、政治がポピュリズムに支配されかねないことが大きな懸念材料です。**＜三須啓仙＞**

経済・社会

令和六年は三碧木星が中宮です。春の足音が届き始めます。新たな風を入れるときとなります。拙速に何かをするのではなく、世界の価値観に合う改善努力の如何により発展の有無は分かれます。前年の令和五年の規律ある筋道を築くための努力は行き詰まり感も残り、難しい舵取りですが、乗り越える努力は怠らないことです。

世界経済は中ロなどの新しい世界の枠組み構築の動きや２０２２年ロシアのウクライナ侵攻の影響などから、期待よりも弱い推移となります。日本経済は良い施策も実行面での躓(つまず)きもあり横ばいの成長となります。インフレは落ち着かず、雇用環境・賃金の改善は鈍く、現状維持にも頑張りが必要です。社会保険も含めた増税が予想外に広がり個人消費の後退が続きます。企業の人材確保は厳しく、女性の活躍は嬉しい広がりとなります。金融は厳しい規律に揉(も)まれ、保険は成長の矛先を摑(つか)んでいきます。福祉・介護の国民負担や現場環境の改善は期待薄です。人口減に備える外国人雇用対策はまだ鈍い動きに止まります。ＳＮＳメディアなどの目まぐるしい変化や悪影響は拍車がかかります。宇宙開発は官民ともに前進で良い結果となります。

＜朝比奈　篁＞

令和六年を占う

国際情勢

三碧木星の年は何かと騒がしくなります。世界がこれまで以上に緊張状態となりますが、日本は同盟国とともに秩序と安定のために尽力するときです。

日米関係の結びつきは強くなるとき。アメリカは威勢のいいことを言っても実現性の見込みは薄く、大統領選挙次第で柔軟に対応できるように、日本は無理してでも防衛力強化が必要。日中関係は中国内部の乱れが表面化するとき。中国国内の締めつけがさらに強まるので、日本企業の早めの撤退が求められます。米中関係は、アメリカはどっしり構えて、備えは万全。中国は国内事情で動きたくても動けず、日本を利用して解決しようとするので毅然とした対応を。日露関係は今までの事柄が変化する兆し。ロシアの状況を見て速やかに対応すること。日台関係は非公式の絆を強くします。アメリカは台湾との結びつきを強めるので、日本は緊張感を持って備えを万全に。韓国は、何かと日本に頼ってくるので、ほどよい距離感をもって対応。日朝関係は、拉致問題は未解決のまま進みそうです。日印関係では、インフラ整備で他国との競争が増す兆し。日欧関係は、欧州に問題が多いので日本は引きずられないように。

＜松橋信之＞

日本の動き

令和六年は三碧木星の年。顕現(けんげん)、発現、新規、活動・発展の反面、騒動、論争などの象意もあります。物事が速いテンポで進み結果もすぐ表れるとき。国内外のあらゆる問題が表面化する暗示で、今年も情報セキュリティーは大きな課題です。

日本の進む方向や経済も、国内外で大きな変化をみせそうです。持続性に問題のある案件など、後々まで悪い影響が出そうな事案に対しては早急に対策が必要です。

外交及び防衛・安全面で国益を損なう事柄には、毅然(きぜん)とした態度をみせ、国益に適(かな)う事柄には柔軟な対応を心がけて国力の回復に努め、国の威信を損なうような大きな困難を回避しなければなりません。経済は信用回復に向け素早く積極的な支援体制を整える必要があります。

外交面では、近隣の国々との付き合い方が難しいときです。地道な対話を続けつつも、相手の言いなりにならない工夫が不可欠。知恵の駆け引きが続きますが、万事毅然とした態度を貫くべきです。ＡＳＥＡＮ諸国とは活発に交流できそう、アメリカとは軍事同盟の強化、ヨーロッパ諸国との交流交易は信用の回復が課題となるでしょう。

＜三須啓仙＞

令和六年を占う

世相・風俗

今年は震宮を定位とする「三碧木星」が中宮に入ります。三碧の基本象意は雷の「声あって形なし」、また爆発、音、声、発声、燥(そう)、発進、創作、顕現、発明、発見、開拓、興(おこ)す、虚言、決断などがあり、情報産業、電信電話業、広告宣伝業、放送報道業、ハイテク産業等にこれらの象意が現象として反映します。

通信や報道などによる情報が世の中に溢(あふ)れ出しますが、世の中の動きが吉凶入り交じる不安定な一年でもあるので、すぐに飛びつかず、どこまで信用できるのかをよく調べて把握し、慎重に焦らず我慢して判断し決断をするということが、今後につながる得策になります。

燥の象意の良い面は、今まで押さえてきた音や声が楽しみとして燥(はしゃ)ぐこと。音や大きな声を出す、スポーツ観戦の応援の声、ライブやコンサートにおける躍動する歓声、花火大会の爆発音、さらに地域におけるお祭行事などの音と声など。そして悪い面としては過激な行動に走る燥や火山噴火、地震、津波、また、戦(いくさ)による発射、爆発も懸念され恐怖を感じます。何事に対しても冷静に思考し、判断、決断することが大切な年だと言えます。

＜宮地泰州＞

気象・災害

気象の不安定な傾向はますます度を深めていくように見受けられます。数年にわたる新型コロナウイルスの拡散で人類は大きなダメージを与えられました。自然環境の変化は、生物の世界にも大きな影響をもたらしているのでしょう。地球温暖化の進行は自然のリズムに乱れを生じさせ、いたるところで異常気象や天候不順をもたらしています。

令和六年の気象の特徴は、三碧木星の影響を受けて突風や竜巻など強風による風害で、特に台風シーズンは雨と風による風水害に要注意です。年間雨量は例年以上となり、日本各地で局地的大雨、いわゆるゲリラ豪雨が頻発するでしょう。春の到来は遅く、その上短くて早くから夏日になる傾向があります。夏は晴れの日が多く、真夏日や猛暑日が連続して熱帯夜にも苦しめられます。秋は気温が高めで曇りがちな日が多いでしょう。冬は気温が低めで、厳しい冬型の天候となるでしょう。

自然災害は例年より地震・雷・竜巻が多いのが特徴。豪雨による地崩れや洪水などの水害も心配です。地震は一年を通じて小中規模のものが頻発しそうで、特に三月、四月、九月、十月は警戒が必要です。

＜長瀬充宗＞

本書を100%活用するための

暦の予備知識

●干支と九星について

●十二直　●雑節

●二十八宿　●六曜

●二十四節気　●選日

〈干支と九星について〉……………………

■干支

干支とは、十干十二支のことをいいます。十干とは「甲、乙、丙、丁、戊、己、庚、辛、壬、癸」のこと、そして十二支とは、何年生まれと普通いっている「子、丑、寅、卯、辰、巳、午、未、申、酉、戌、亥」をいいます。これにおなじみの動物をあてたのは、中国においてであり、しかも相当に古い時代からのことです。

この十干十二支は、十幹十二枝とも書き、木の幹と枝との関係のようにみています。これは今から三千年も前に、すでに中国で使われていたもので、初めは日を表すために名づけられたものですが、後には年や月、時間にもつけられるようになりました。それが漢の時代には、十干十二支を「木、火、土、金、水」の五行に配当し、易の陰陽観も加えて人事の吉凶をみるようになったのです。

その組み合わせは、十干の始めの甲と、十二支の始めの子を組ませた甲子（きのえね）を最初として順次、乙丑、丙寅……と進めていくと、六十の組み合わせを経て元の甲子に戻ります。このため、誰でも満六十歳になると、生まれた年の干支と同じ干支が再び巡ってきます。このときを『還暦』といってお祝いするのです。

十干十二支の文字については、例えば甲は、万物が甲を被ったまま地上に萌え出ようとする姿。また子は滋であり、この時節には万物がしげる芽ばえのあること、といったように、自然界における四季の移り変わりと、万物の変化する状態とを基にして説明されています。

この干支に関して、今でも根強く残っている迷信があります。特に丙午(ひのえうま)と庚申(かのえさる)と巳寅申(みとらさる)が顕著なものとして挙げられます。

■九星

九星とは、「一白、二黒、三碧、四緑、五黄、六白、七赤、八白、九紫」の九つの星をいいます。この九つの星と干支を使って、性格とか運勢など、人事百般及び方位の吉凶を占う運命方術を、以前は九星術といって多くの人に親しまれていたのですが、近年は気学という人が多くなりました。

この方術も、中国から推古天皇の時代に伝わったものといわれますが、どちらかといえば、その後日本で研究が進められた、日本独特のものといえます。

この九つの星も、干支と同様に、毎年、毎月、毎日と、動いているのです。その年の九星の配置を記した方位盤は、年盤といって、一年間は動きません。また月ごとに九星の配置を記してある方位盤は、月盤といって、一カ月間は動きません。そしてその盤の中央にある九星が、その年あるいはその月の九星になります。従って四緑の日といえば、四緑が方位盤の中央にいる日ということで、他の星の位置も自然と定まるわけです。

■方位

方位の吉凶の基本的、直接的な見方は、九星の関係からみるものと、干支の関係からみるものとがあります。九星の関係の上からみる今年の吉方及び凶方は、本書の中に詳しく記してありますので、ここでは、六大凶殺という大凶方と、干支の関係の上からみる吉神、凶神（凶殺）について説明し、解説を終えることにいたします。

○吉神（吉方）

＊歳徳　この方位は恵方、または明の方ともいって、婚姻、建築などの善事に用いて大吉といいます。

＊太歳　最大の吉方ではありますが、この方位に向かっての出軍、木を伐るなどの凶事を行うと、疫病が起こるといわれています。

＊天徳　一切の凶殺を、ことごとく圧倒する吉方とされています。

その他、天道、人道、月徳、月徳合、歳徳合、生気も、いずれの方位も吉方位とされています。

○凶神（凶方）

＊歳破・月破　年の方位盤（年盤）で、その年の十二支の反対の方位。即ち午年ならば北になる、その方位が歳

破です。また月の方位盤（月盤）で、月の十二支の反対の方位、即ち三月（卯月）では西が月破の方位になります。この方位は、すべてのことを破る、即ち一切万事が壊滅するといわれる大凶方です。

その他大将軍、歳刑、太陰、歳殺、劫殺、災殺、黄幡、豹尾、大金神、姫金神、死符、病符、白虎、都天はそれぞれ凶神とします。

以上が干支の関係からみた吉神、凶神ですが、なかでも歳破と月破は、次の四大凶方と共に六大凶殺といって、特に恐れられています。この六大凶殺は、たとえ吉神が回っていても避けるべきです。また近距離の、しかも短い日数の旅行など、単に月盤の吉方で良いこともありますが、古い自分の持ち家の取り壊しとか、新築、改築、移転は、必ず年盤、月盤ともに吉方になるときに行うべきです。

○九星の四大凶方

九星上の四大凶方は次のとおりです。

五黄殺　方位盤で五黄の回っている方位です。この方位は、何人も自分自身の失敗から、営業、信用、健康を壊滅させてしまうようになるといいます。

暗剣殺　五黄の回っている反対の方位で、五黄が中央にいるときは暗剣殺の方位はありません。この方位に向かって移転、新築、造作など行うと、事業も財産も生命も、一切が壊れ滅びるといわれています。

本命殺　自分の生まれた年の九星の回っている方位です。この方位に向かって移転したり、新築、婚姻など行うと、本人は必ず大けがや大病をし、死に至ることすらある、といわれています。

的殺　自分の生まれた年の九星の回っている反対の方位です。この方位をおかすと、自分の根本の希望を破り、また目的としたことが破られてしまうのですが、それはまず財政上の破れから終いには生命の破れに至る、といわれています。

〈十二直〉……………

十二直（十二客ともいう）は、江戸時代の暦注で中段に書かれていることから中段ともいいます。

客とは他から来て宿る意、直とはまっすぐ、あるいはあたるという意味で、それを北斗七星と十二支との方位（真北が子の位置）の関係に結びつけて、日に十二種の吉凶を定めています。

たとえば、旧正月（寅月）は北斗の剣先が寅の方位を指すときであるから、寅の日から「建、除、満、平、定、執、破、危、成、納、開、閉」の順序に繰り、人事の吉凶を占うのです（寅は東から三十度・北寄りの方角をいう）。

北斗七星の剣先星は、破軍星あるいは、いくさぼしなどと呼ばれていますが、この星が北斗七星の周期運動に従っていろいろな方角を指すことは、古くから人々の間で運命的な意味と結びついて多くの関心を集めていたのです。

ただ、十二直の解説には吉凶いろいろの説があり相違があります。旅行や種まき、結婚や訴訟などについて吉凶を例示する説明が多いのは、昔からこれらが人々の生活の重要事であったからでしょう。

建（たつ） 新規事始め吉。棟上げ、開店、旅行、移転、結婚など吉。ただし、屋敷内の土動かしや船に乗るなどは凶。

除（のぞく） 何事にも、悪しき事を除ける日。種まき、医師にかかり初め吉。物を捨てるによし。結婚と動土は凶。

満（みつ） 万事を満たす吉日。参詣、移転、結婚、建築、開店、祝い事、種まき、動土すべて吉。

平（たいら） 良し悪し共に平らか、相談事には大吉。地固め、柱立、種まき、結婚、祝い事すべて吉。

定（さだん） 万事定める事吉。結婚、移転、建築、開店、種まき、井戸掘りは吉。改築、樹木植えかえは凶。

執（とる） 五穀の取り入れ、物の買い入れ、結婚、建築、祝い事など吉。金銭の出し入れ、財産整理は凶。

破（やぶる） 訴訟や談判、争い事に吉。しかし、結婚や祝い事、物のとり決めなどには破れて凶。

危（あやぶ） 何事にも危うき日。旅行、乗り物、高所など大凶。酒造り初めは吉。すべて退いて守るによし。

成（なる） 物事の成就。金銭商談、開店、結婚、建築、柱立、動土など新規事に吉。争い事は凶。

納（おさん） 万事を収納するによき日。物品の買い入れなど吉。物を出すことすべて凶。

開（ひらく） 諸事開通する日。開店、習い事始め、建築、移転、結婚などすべて吉。葬式を出すなど不浄は凶。

閉（とづ） 諸事閉止するとき。金銭の収納、墓を建てるなど吉。開店、その他万事凶。退守の日。

〈二十八宿（にじゅうはっしゅく）〉

東洋古代の天文学は、天に二十八の星宿（せいしゅく）（星座）を置き、太陽と月、星座の位置を見分けていました。

月の運行は、二七・三日で恒星間を動き、天を一周します。その月の運行の道筋にあたる星座を一星宿として、二十八に区分しました。

月の一日一宿のわりで、宿（やど）りながら天空を一周すると観察したわけです。

この見方は、古来インドでも行われ、中国では周の時代にすでに用いられていたと伝えられます。

天空の東・西・南・北の方位を四神（四霊獣）で表しています。

「東―青龍」「西―白虎」「南―朱雀」「北―玄武」で、この四方に、それぞれ七つの星が配置されました（四×七で二十八星宿）。

古人は、天体の運行が人間の一生に大きな影響を与えるものと考えて、この二十八宿のどの日に生まれたかで、その人の性格や運勢などを論じていますが、現代では日や月に割り当てて、吉凶を占うのに用いています（高松塚古墳の石室の壁画には四霊獣が、天井には二十八宿の図が描かれています）。

二十八宿―区分

・東方・青龍……角、亢、氐、房、心、尾、箕
・北方・玄武……斗、牛、女、虚、危、室、壁
・西方・白虎……奎、婁、胃、昴、畢、觜、参
・南方・朱雀……井、鬼、柳、星、張、翼、軫

〈以下二十八星宿、それぞれの吉凶は左のとおりです〉

○東方・青龍七宿

角（かく）
衣類の仕立て、柱立て、造作、井戸掘り、結婚、祝い事に吉。葬式には大凶。

亢（こう）
祝い事、婚約、種まき、衣類の仕立てなど吉。造作、移転、旅行には凶。

氐（てい）
結婚、開店、開業、家屋の移転など大吉。衣類の購入、着初めなどは凶。

房（ぼう）
大吉なり。結婚、棟上げ、衣類着初めなどすべてに用いてよい吉日。

心（しん）
神仏祭祀、帰郷には吉。その他の旅行、移転、建築、葬式などには大凶。

尾（び）
結婚、開店、開業には大吉。造作吉。ただし衣類の仕立て、着初めには凶。

箕（き）
開店、普請、造作、衣類の仕立て、着初めに大吉。葬式には凶。

○北方・玄武七宿

斗（と）
吉日なり。衣類の仕立て、造作、井戸掘りなど建造事大吉。

牛（ぎゅう）
神仏に参詣すること吉。供養事に吉。

女（じょ）
悪日。普請、造作、衣類の仕立て、開店、移転などすべて凶。葬式には大凶。芸事は吉。

虚（きょ）
大悪日なり。何事にも凶。とくに普請、造作、葬式には大凶。

危（き）
悪日なり。ことに結婚、造作、移転、衣類の仕立てなど凶。

室（しつ）
普請、造作、結婚、祝い事は大吉。衣類の仕立て、葬式には大凶。

壁（へき）　大吉日。家屋の新築、造作、結婚、衣類の仕立て、着初めなどすべて吉。

○西方・白虎七宿

奎（けい）　衣類の仕立てに大吉。ただし、新規開店、造作、移転などは凶（衣類の新調、井戸掘り、芸事始め等吉とするが、開店については吉凶説が分かれている）。

婁（ろう）　大吉日なり。衣類の仕立て、着初め、結婚、造作など吉。

胃（ゐ）　大悪日なり。万事に悪し。とくに普請、衣類の仕立て、葬式などは大凶。

昴（ぼう）　大吉日なり。万事に用いてよし。願望成就する日、神仏の参詣によし。

畢（ひつ）　大吉日なり。普請、造作、移転など建造事に吉。神仏の参詣によし。

觜（し）　大悪日なり。万事に悪し。ことに衣類の仕立てなど凶。

参（しん）　結婚、縁談、契約、開店、普請、造作など吉。ただし葬式と埋葬は凶。

○南方・朱雀七宿

井（せい）　平安日。結婚、井戸掘り、造作は吉。衣類の仕立て、葬式には凶。

鬼（き）　大吉日なり。万事によし。神仏祭り事によし。

柳（りゅう）　平安日。ただし結婚、井戸、着初め、葬式など凶。

星（せい）　悪日。結婚、衣類の仕立て、葬式など大凶。

張（ちょう）　吉日なり。結婚には大吉。衣類の仕立て、着初め、造作、移転など吉。

翼（よく）　悪日なり。万事に悪し。ただし種まき、樹木の植えかえなどには吉。

軫（しん）　吉日なり。結婚、棟上げ、土地建物の購入、移転など吉。衣類の仕立ては凶。

〈二十四節気（にじゅうしせっき）〉……

一年の月日の流れを『二十四』に分けて、それぞれ季節にふさわしい名称をつけたもので、『節気（せっき）』とは気候の変わり目を表す意味です。

もともと暦（こよみ）という言葉は、日読み（かよみ）が転じたとされています。現在の太陽暦（グレゴリオ暦）は、旧暦の明治五年十二月三日を、「明治六年一月一日」と改暦（太陽暦）して現在に至っています。

太陽の黄道（通り道）三六〇度を二十四等分して、二十四の季節を定め、一年の気候の推移が正しくわかるようにしました。これを二十四節気といいます。

二月の初めに（四日頃）立春（りっしゅん）があり、八月に（八日頃）立秋（りっしゅう）、また十一月に（八日頃）立冬（りっとう）があるのは、これら二十四節気が古代中国に発生した季節区分によるからです。

立春(りっしゅん)「春の気が立つ」ところから名づけたもので、毎年二月四日または五日（節分の翌日）にあたります。この日は「旧正月節」にあたり、旧暦の一月一日はこの前後に来るようになっています。干支や九星における年の区切りもこの立春の日から新しい年が始まるのです。

雨水(うすい)　二月十九日か二十日頃で、旧正月の中気です。このころ氷雪は溶け雨水ぬるみ、草木の発芽をうながすころです。

啓蟄(けいちつ)　野山の草木発芽して、冬ごもりしていた虫も春暖を感じて穴から出ようとする季節。三月五、六日頃。

春分(しゅんぶん)　太陽が黄経〇度に達したときが春分です。春の最中で地球上の昼夜が等分になる日。これから昼間が長く、夜が短くなっていきます。彼岸の中日。

清明(せいめい)　四月五日頃にあたり、草木清明の気が天地間に満ちあふれ、野にかげろう立つころ。太陽は黄経一五度に進む、桜の花の咲きほこる季節です。

穀雨(こくう)　春の雨が五穀を潤し、稲作は種まきの好季節。太陽が黄経三〇度に至る、晩春の四月二十日か二十一日頃です。

立夏(りっか)　夏の気がはじめて立つところから名づけたもので、五月五、六日頃。山野に若葉が茂り、一番茶の茶摘みのころです。

小満(しょうまん)　太陽が黄経六〇度に達して、陽気漸く満ちてくる五月の二十一、二十二日頃。果樹はモモ、ナシの花が落ちて実を結ぶころ。

芒種(ぼうしゅ)　六月六日頃にあたり、麦の取り入れのとき。入梅を間近に控え五月雨(さみだれ)が晴れ間なく降り、田植えの始まる時期です。

夏至(げし)　夏の盛りで、太陽が黄経九〇度にきたときで、最も昼が長く、夜が短い日。新暦の六月二十一日頃。

小暑(しょうしょ)　七月七、八日頃で暑気しだいに増し、夏の土用も七月二十日頃に入ります。

大暑(たいしょ)　太陽が黄経一二〇度に達した七月二十三、二十四日頃にあたり、酷熱炎暑は絶頂に至り、雷雨沛然(はいぜん)とくるころです。

立秋(りっしゅう)　夏の土用が明けて、秋の気がはじめて立つ八月八日頃です。残暑は厳しくも朝夕は涼しくなる。風のそよぎや雲の色に、どことなく初秋を感じるものです。

処暑(しょしょ)　暑気はおさまり、涼風に秋を感じる八月二十三、二十四日頃で、農作物は収穫期に入り台風の襲来が懸念されるころです。

白露(はくろ)　太陽が黄経一六五度にきた、九月八日頃。野に白露が宿り虫の音が美しいころ。

秋分(しゅうぶん)　秋の最中で、太陽が赤道上にあって昼夜が同じ長さの日。この日から昼が短く夜が長くなります。秋の彼岸の中日。

寒露 秋も深まり、朝夕に肌寒さを覚える十月の八、九日頃です。農作物は取り入れに追われ、ミカン狩りのシーズン。

霜降 十月二十三日頃にあたり、秋の終わり。早朝に淡い霜を見て、冬の間近いことを知るころです。

立冬 冬の気がはじめて立つところから名づけたもので、十一月七日頃にあたります。日も短くなり、野山に枯葉が舞うころ。

小雪 太陽が黄経二四〇度に達した十一月二十二、二十三日頃で、北国では雪が降りはじめる季節。冬将軍の到来です。

大雪 十二月七、八日頃にあたり、山々の峰は積雪におおわれ、北風が冬木立をゆるがせて寒さが厳しさを増す季節。

冬至 冬の最中、太陽が南半球の最も遠くへいくため、北半球の地域は最も日が短くなる。新暦の十二月二十二日か二十三日にあたり、これから日中の時間が少しずつ伸びはじめます。

小寒 新年（新暦）の一月六、七日頃で、大地は凍り本格的な冬の寒風と降雪の季節。冬至から約十五日目が寒の入りで、小寒にあたります。

大寒 太陽が黄経三〇〇度に至る一月二十一、二十二日頃。寒さの絶頂期で地上は降雪と氷結の厳寒の季節です。小寒から、この大寒の季節の三十日間を『寒中』といいます。そして二月三、四日が『節分』です。

〈雑節〉

年間の季節の推移を知るために、二十四節気のほかに、節分や初午、節句など雑節といわれる特別な暦日があります。これらは私たちの生活の中で、年間行事や民俗習慣としてひろく利用されています。

節分 二十四節気の中で立春・立夏・立秋・立冬など季節の変わる節の前日をいったものですが、しだいに春（立春）だけに用いるようになりました。新暦では二月三日（四日）にあたります。節分は一年の最後の日ですから、年越し、年取り、追儺といって、神社仏閣をはじめ一般家庭でも豆をまいて邪気を追い払う鬼やらいの行事があります。東洋の暦法では、この節分の日までが前年度（干支）の生まれになるのでご注意ください。

初午 二月の初めの午（十二支）の日をいいます。京都伏見稲荷神社の祭礼が有名ですが、農業神として初午祭りをする神社は多いです。

上巳の節句 三月初めの巳の日をいったものですが、

今では三月三日の雛まつりを桃の節句として祝うようになりました。女子の幸せを祈る行事で、桃の花を摘んで盃の中に入れる風習にちなんで桃の節句の名があります。

彼岸（ひがん） 春分の日、秋分の日を彼岸の中日として（昼夜の長さが同じ）その前後三日間をいいます。最近は彼岸といえば、暑さ、寒さの境目として意識されるだけで、彼岸欣求（ごんぐ）の仏心は少なくなったようです。この日、先祖の霊を供養し墓参などを行います。春は三月二十一日頃、秋は九月二十日頃にあたります。

八十八夜（はちじゅうはちや） 五月二、三日頃で、立春から数えて八十八日目にあたる日をいいます。春霜も取れ、以後は霜も終わりをつげ、農業では種まきの大切な準備日です。

端午（たんご）の節句 本来は端午とは、月の初めの午の日をいうわけですが、五月五日を端午の節句とし、三月三日の女子の節句と対応して男子の節句としました。今は「こどもの日」の祝日。あやめの節句、端陽ともいいます。

入梅（にゅうばい） 入梅は、現在は太陽の中心が黄径80度を通過する瞬間を含んだ日となっていて、毎年6月10日か11日頃。旧暦では二十四節気の芒種の後の最初の壬の日とされていました。夏至の前後30～40日間を梅雨としたのです。

半夏生（はんげしょう） 梅雨が間もなく終わるころ、七月二日頃にあたる時期で、半夏生の天候で稲作の豊凶を占う習慣もあります。半夏生（薬草）はかたしろぐさといい、どくだみ科に属する多年生草木で、それが生える時季を半夏生といったのです。

七夕祭り（たなばたまつり） 五節句の一つで七月七日の七夕を祭る行事です。銀河祭り、星祭りともいい、牽牛（けんぎゅう）と織姫の伝説によることはご承知のとおりです。女子の裁縫や習字の上達を祈願して五色の短冊を笹につるしたり、七夕馬や七夕送りの行事もあります。

中元（ちゅうげん） お中元といえば贈り物が連想されますが、ほんらい中国では、正月十五日を上元、七月十五日を中元、十月十五日を下元と呼んで、合わせて三元としました。贖罪（しょくざい）の日として終日庭で火を焚（た）く習慣があったのです。今では盂蘭盆と重なるために中元だけが残って、ひろく贈答のしきたりとなっています。

盂蘭盆（うらぼん） ふつう『お盆』といわれ、七月十三日から十六日までで、墓参や迎え火、送り火、灯ろう流しなど仏教行事が行われます。地方によっては八月十三日から十六日まで、月遅れで行うところもあります。

土用（どよう） 一般には土用といえば、夏の土用を指して七月二十日頃から立秋までの期間をいいますが、本来は立春、立夏、立秋、立冬の前の約十八日間を土用とし、一年に四度あります。土用中は、土をおこしたりお灸をするのを忌む習慣が伝わっています。

二百十日（にひゃくとおか） 立春の日から数えて二百十日目を指しま

す。九月一日頃でちょうど台風がやってくる季節で、農家では開花期でもあり、作物の被害に警戒するときです。

二百二十日　同じく立春から二百二十日目のことで、農家では台風襲来で厄日としています。

菊の節句　重陽の節句、また九月節句ともいい陰暦（旧）九月九日の節句のことです。重陽とは九と九の陽数が重なる意からきた言葉ですが、菊の花を酒に入れて飲み、不老長寿を祝ったのです。

酉の日　新暦十一月の酉（十二支）の日のこと。その一回目を一の酉、二回目を二の酉、三回目を三の酉として、商売繁盛を願って酉の市がたちます。鷲神社のお祭りです。

大祓　六月と十二月に行う行事ですが、一般には十二月三十一日の大祓が、年越祓、師走の大祓などと呼ばれて親しまれています。

罪や罰、穢れを祓い清めるために行われる神事で、もとは大宝律令に始まる宮中の行事でした。

八専　物事が順調にいかない悪日とされ、結婚や増改築、あるいは仏事供養など延期するようにすすめます。八専とは、六十干支のうちの壬子から癸亥の日までの十二日間のうち、同じ五行に属する日が八日間あります。つまり五行の性が専一になるところからいったものです。「壬子、甲寅、乙卯、丁巳、己未、庚申、辛酉、癸亥」の八日を八専というわけで、一年に六回あります。

十方暮　十干と十二支の組み合わせが相剋する日を凶として注意をうながしたものです。労多くして功少なき日といわれ、交渉事や縁談などはまとまりをみることもなく、また旅行にも悪い日とされています。

十方暗とも書きます。「甲申、乙酉、丁亥、戊子、庚寅、辛卯、壬辰、癸巳」の日がこれにあたります。

〈六曜〉……………

六曜星または六輝とも呼ばれ、日本では最もひろく用いられている、日の吉凶占いです。

足利時代に中国から伝わったもの（小六壬法）ですが、もとは時刻の吉凶、方位動静を占ったものでした。六曜が今のように一般に流布したのは江戸中期（享保）以後のことです。

先勝　先手必勝で、物事は早めに。急な願い事や勝負事によく吉。午後は凶。控えめにすることです。

友引　朝と夕刻は吉。昼、特に正午は凶。葬式は忌む習慣です。

先負　物事静かに急がぬがよく、人前ででしゃばらぬこと。午前は凶。午後は吉となるが急用は避ける日です。

仏滅　何事も悪く、すべて慎みが肝心。物を失うとき。

この日病むと長びきます。

大安 万事に障りなく吉。「大いに安んず」の意で、結婚、旅行、移転、開店など良運を招くとされています。

赤口 諸事支障あり慎重に。ただし正午だけはよい。また午前九時から午後三時までは吉ともいわれます。

※六曜と日の配当は、次のように月（旧暦）によって順序が異なります。一月は先勝から始まって友引、先負、仏滅、大安、赤口の順に繰ります。二月は友引から始まり、先負、仏滅、大安と同じ順序でくり返すわけです。

各月の一日の六曜星は左表のとおりです。

月日		六曜	月日		六曜
一月一日	―	先勝	七月一日	―	先勝
二月一日	―	友引	八月一日	―	友引
三月一日	―	先負	九月一日	―	先負
四月一日	―	仏滅	十月一日	―	仏滅
五月一日	―	大安	十一月一日	―	大安
六月一日	―	赤口	十二月一日	―	赤口

（右の月日は旧暦によります）

〈選日〉……………………………

一粒万倍日 一粒の種が万倍になるという意味の吉日。仕事始め、種まき、開業などすべてスタートによい日。ただし物を借りたりするのは凶。

不成就日 諸事ととのいにくい日。事を始めるのはよくない日とされています。

三隣亡 十二支の活動が悪くなる日とされ、普請、棟上げ、移転、土おこしなど建築関係は凶とされています。

天一天上 地星の霊である天一神が天上へ昇る時期。癸巳日から戊申日までの十六日間をいう。交渉事、争い事は凶とされています。

天赦日 暦のなかの大吉日。干と支が相生で万事平和。結婚や開業、物事のスタートに最良日。春は「戊寅日」。夏は「甲午日」。秋は「戊申日」。冬は「甲子日」です。

三伏日 夏至後の第三の庚の日を初伏、その次の庚日を中伏、立秋後の庚日を末伏といいます。このころは最も暑気が厳しいので、火気を恐れて庚の金気が伏蔵するといわれる日。種まき、治療ごと、結婚などは慎む日です。

土公神 土を守護する神で、季節の土気を守ります。春は台所、夏は門、秋は井戸、冬は庭にありますから各時季にその場所を動かせば障りがある、とされています。

旧暦の中の太陽暦・二十四節気と七十二候

——太陽と月を追い、季節を表すための工夫

暦は大別すると、月の朔望（さくぼう）をもとにした「太陰暦」、太陽の動きをもとにした「太陽暦」、太陰暦に太陽暦の要素を加えた「太陰太陽暦」の三種類があり、いわゆる旧暦は太陰太陽暦です。

月が満ち欠けする周期は約二九・五日ですから、これを一二倍した太陰暦の一年は三五四日となり、太陽暦の一年三六五日より一一日短くなります。そのために三年で一か月、九年目には三か月、つまり、まるまる一シーズンのズレが生じてしまいます。そこで、太陽の動きに合わせた指標を設けて太陽暦の要素を加え、一九年に七回の閏月（うるう）を挿入して、季節のズレを防ぐ工夫を加えたものが、太陰太陽暦です。

二十四節気（にじゅうしせっき）は、一年を春夏秋冬の四シーズン（一シーズンは三か月）に分け、さらに各季節を六つに分けておよそ一五日おきに「節気」と「中気」を交互に配置したものです。現在は太陽の黄道上の見かけ上の位置＝太陽黄経（定気法）によって一年が二四等分され、中心角一五度ごとの二四のポイントを含む日に季節を表す名称を付してあります。その中でも、二至（冬至と夏至）、二分（春分と秋分）、四立（立春・立夏・立秋・立冬）などは今でも日常的に季節を表す言葉として用いられます。

七十二候（しちじゅうにこう）は、およそ一五日ごとの季節の変化を表す二十四節気を、さらに初候・次候・末候の三つに区切り、五日ごとの気候を、気象の動きや動植物の変化を表す短文で季節感を表したものです。季節の推移を知り、農耕や生活の指標として用いられました。もとは中国大陸の気候に合わせて作られたものですが、江戸時代に日本の気候風土に合わせた表現に改めた本朝七十二候が作られ、現在に至っています。よく知られている「半夏生」は、実は七十二候の中の夏至の末候（第三十候）なのです。

七十二候もまた、二十四節気と同じく、旧暦に含まれる太陽暦の要素です。

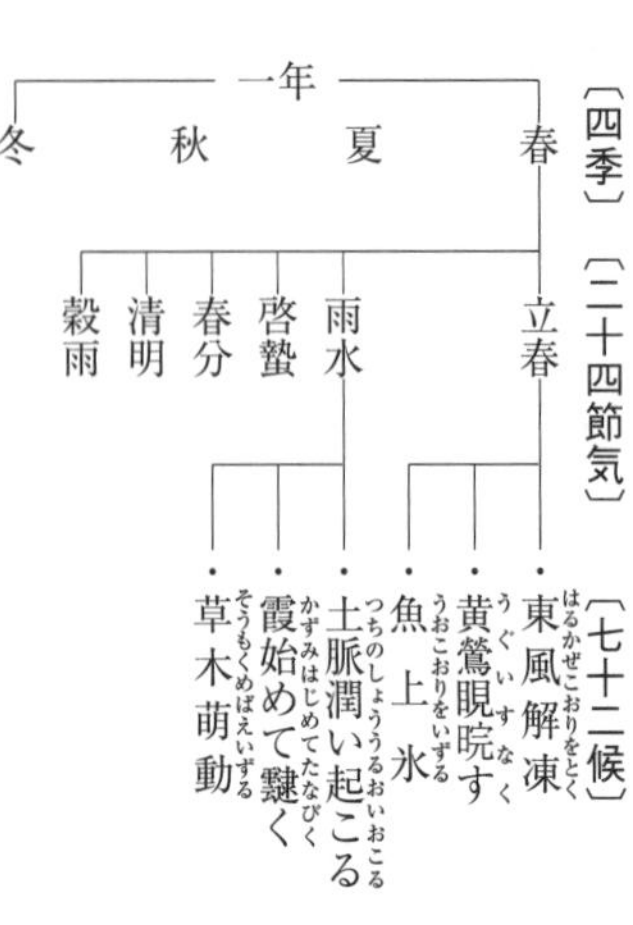

2024 令和六年 甲辰（きのえたつ） 三碧木星（さんぺきもくせい） 六曜早見表

六曜 月日	先勝	友引	先負	仏滅	大安	赤口
1月	2/8/12/18 24/30	3/9/13/19 25/31	4/10/14 20/26	5/15/21 27	6㈯/16㈫ 22㈪/28㈰	1/7/11/17 23/29
2月	5/10/16 22/28	6/11/17 23/29	1/7/12/18 24	2/8/13/19 25	3㈯/9㈮/14㈬ 20㈫/26㈪	4/15/21 27
3月	5/15/21 27	6/10/16 22/28	1/7/11/17 23/29	2/8/12/18 24/30	3㈰/9㈯/13㈬ 19㈫/25㈪/31㈰	4/14/20 26
4月	2/8/13/19 25	3/14/20 26	4/9/15/21 27	5/10/16 22/28	6㈯/11㈭/17㈬ 23㈫/29㈪	1/7/12/18 24/30
5月	1/7/11/17 23/29	2/12/18 24/30	3/13/19 25/31	4/8/14/20 26	5㈰/9㈭/15㈬ 21㈫/27㈪	6/10/16 22/28
6月	4/8/14/20 26	5/9/15/21 27	10/16/22 28	1/11/17 23/29	2㈰/6㈭/12㈬ 18㈫/24㈪/30㈰	3/7/13/19 25
7月	2/7/13/19 25/31	3/8/14/20 26	4/9/15/21 27	5/10/16 22/28	11㈭/17㈬ 23㈫/29㈪	1/6/12/18 24/30
8月	4/10/16 22/28	1/5/11/17 23/29	2/6/12/18 24/30	3/7/13/19 25/31	8㈭/14㈬ 20㈫/26㈪	9/15/21 27
9月	8/14/20 26	3/9/15/21 27	4/10/16 22/28	5/11/17 23/29	1㈰/6㈮/12㈭ 18㈬/24㈫/30㈪	2/7/13/19 25
10月	2/7/13/19 25/31	8/14/20 26	3/9/15/21 27	4/10/16 22/28	5㈯/11㈮/17㈭ 23㈬/29㈫	1/6/12/18 24/30
11月	4/10/16 22/28	5/11/17 23/29	6/12/18 24/30	1/7/13/19 25	2㈯/8㈮/14㈭ 20㈬/26㈫	3/9/15/21 27
12月	3/9/15/21 27	4/10/16 22/28	5/11/17 23/29	6/12/18 24/30	1㈰/7㈯/13㈮ 19㈭/25㈬	2/8/14/20 26/31

二〇二三年 〈師走（しわす）〉 十二月（大）

宿 氏（十二月七日の大雪より 月命甲子七赤金星月）

東京	日出	日入
一日	六・三一	一六・二八
十一日	六・四〇	一六・二八
二十一日	六・四六	一六・三一

新暦	曜	干支	九星	暦の行事・祭り	六曜	十二直	廿八宿	旧暦	七十二候
一日	金	癸（みずのと）巳	四緑	世界エイズデー　映画の日　十方暮終わり　天一天上	仏滅	破	婁	旧10月19日	・**朔風葉を払う**（きたかぜこのはをはらう） ・**橘始めて黄ばむ**（たちばなはじめてきばむ） 橘の実が黄色く色づく。
二日	土	甲（きのえ）午	三碧	不成就日	**大安**	危	胃	20日	
三日	**日**	乙（きのと）未	二黒	秩父夜祭　カレンダーの日	赤口	成	昴	21日	
四日	月	丙（ひのえ）申	一白	人権週間	先勝	納	畢	22日	
五日	火	丁（ひのと）酉	九紫	**◑下弦14時49分**　納めの水天宮　一粒万倍日	友引	開	觜	23日	
六日	水	戊（つちのえ）戌	八白	一粒万倍日	先負	閉	参	24日	
大雪（旧十一月節）十二月七日　18時33分　暗剣殺　西の方									
七日	木	己（つちのと）亥	七赤	**大雪**　一粒万倍日	仏滅	閉	井	25日	・**閉塞く冬と成る**（そらさむくふゆとなる） 天地の気が塞がって真冬となる。 ・**熊穴に蟄る**（くまあなにこもる） 熊が穴に入って冬眠する。
八日	金	庚（かのえ）子	六白	納めの薬師　一粒万倍日	**大安**	建	鬼	26日	
九日	土	辛（かのと）丑	五黄	漱石忌	赤口	除	柳	27日	
十日	**日**	壬（みずのえ）寅	四緑	世界人権デー　三隣亡　不成就日	先勝	満	星	28日	
十一日	月	癸（みずのと）卯	三碧		友引	平	張	29日	
十二日	火	甲（きのえ）辰	二黒		先負	定	翼	30日	
十三日	水	乙（きのと）巳	一白	**●朔8時32分**　正月こと始め　煤払い	**大安**	執	軫	旧11月1日	
十四日	木	丙（ひのえ）午	九紫	義士祭	赤口	破	角	2日	

日	曜	干支	九星	行事・暦注	六曜	十二直	二十八宿	旧暦
十五日	金	丁(ひのと)未	八白	年賀郵便取扱い開始日	先勝	危	亢	3日
十六日	土	戊(つちのえ)申	七赤	秋葉神社大祭・火まつり	友引	成	氐	4日
十七日	日	己(つちのと)酉	六白	浅草羽子板市　不成就日	先負	納	房	5日
十八日	月	庚(かのえ)戌	五黄	納めの観音	仏滅	開	心	6日
十九日	火	辛(かのと)亥	四緑	一粒万倍日	大安	閉	尾	7日
二十日	水	壬(みずのえ)子	三碧	**◐上弦3時39分**　一粒万倍日　八専始め	赤口	建	箕	8日
二十一日	木	癸(みずのと)丑	二黒	納めの大師	先勝	除	斗	9日
冬至（旧十一月中）　十二月二十二日　12時27分								
二十二日	金	甲(きのえ)寅	一白	**冬至**　三隣亡	友引	満	牛	10日
二十三日	土	乙(きのと)卯	九紫		先負	平	女	11日
二十四日	日	丙(ひのえ)辰	八白	クリスマスイブ　納めの地蔵	仏滅	定	虚	12日
二十五日	月	丁(ひのと)巳	七赤	クリスマス　終い天神　不成就日	大安	執	危	13日
二十六日	火	戊(つちのえ)午	六白		赤口	破	室	14日
二十七日	水	己(つちのと)未	五黄	**○望9時33分**	先勝	危	壁	15日
二十八日	木	庚(かのえ)申	四緑	官庁御用納め　納めの不動　庚申	友引	成	奎	16日
二十九日	金	辛(かのと)酉	三碧	取引所納会　耕作忌	先負	納	婁	17日
三十日	土	壬(みずのえ)戌	二黒		仏滅	開	胃	18日
三十一日	日	癸(みずのと)亥	一白	大晦日　除夜の鐘　大祓　一粒万倍日　八専終わり	大安	閉	昴	19日

・**鱖魚群がる**（さけのうおむらがる）
鮭が群がって川を遡（さかのぼ）る。

・**乃東生ず**（なつかれくさしょうず）
夏枯草が芽を出す。

・**麋角解つる**（さわしかつのおつる）
大鹿の角が抜け落ちる。

〈睦月(むつき)〉

一月（大）

房宿
（一月六日の小寒より 月命乙丑六白金星月）

東京	日出	日入
一日	六・五〇	一六・三八
十一日	六・五一	一六・四六
二十一日	六・四八	一六・五六

新暦	曜	干支	九星	暦の行事・祭り	六曜	十二直	廿八宿	旧暦	七十二候
一日	㊊	甲(きのえ)子	一白	⊡元旦 初詣 年賀 陽遁始め 一粒万倍日 甲子 天赦日	赤口	建	畢	旧11月20日	・雪下麦出る(ゆきくだりてむぎのびる) 雪が一面に積もり、その下で麦が芽を出す。
二日	火	乙(きのと)丑	二黒	書初め 皇居一般参賀 不成就日	先勝	除	觜	21日	
三日	水	丙(ひのえ)寅	三碧	福岡筥崎玉せせり 三隣亡	友引	満	参	22日	
四日	木	丁(ひのと)卯	四緑	◑下弦12時30分 官庁御用始め 取引所大発会	先負	平	井	23日	
五日	金	戊(つちのえ)辰	五黄	初水天宮	仏滅	定	鬼	24日	
小寒（旧十二月節） 一月六日 5時49分 暗剣殺 北西の方									
六日	土	己(つちのと)巳	六白	**小寒** 出初式 己巳	**大安**	定	柳	25日	・芹乃栄う(せりすなわちさかう) 芹が青々と生える。
七日	**日**	庚(かのえ)午	七赤	七草 うそ替え 三隣亡	赤口	執	星	26日	
八日	㊊	辛(かのと)未	八白	⊡成人の日 初薬師	先勝	破	張	27日	
九日	火	壬(みずのえ)申	九紫	宵えびす	友引	危	翼	28日	
十日	水	癸(みずのと)酉	一白	初金比羅 十日えびす 不成就日	先負	成	軫	29日	
十一日	木	甲(きのえ)戌	二黒	●朔20時57分 鏡開き 蔵開き	赤口	納	角	旧12月1日	・水泉動(しみずあたたかをふくむ) 地中で凍った泉が動き始める。
十二日	金	乙(きのと)亥	三碧		先勝	開	亢	2日	
十三日	土	丙(ひのえ)子	四緑	一粒万倍日	友引	閉	氐	3日	
十四日	**日**	丁(ひのと)丑	五黄	四天王寺どやどや	先負	建	房	4日	

日	曜	干支	九星	行事・暦注	六曜	十二直	二十八宿	旧暦
十五日	月	戊（つちのえ）寅	六白	小正月　小豆がゆ	仏滅	除	心	5日
十六日	火	己（つちのと）卯	七赤	やぶ入り　えんま詣　一粒万倍日　不成就日	大安	満	尾	6日
十七日	水	庚（かのえ）辰	八白	阪神・淡路大震災	赤口	平	箕	7日
十八日	木	辛（かのと）巳	九紫	◐上弦12時53分　土用入り　初観音	先勝	定	斗	8日
十九日	金	壬（みずのえ）午	一白	三隣亡	友引	執	牛	9日
大寒（旧十二月中）　一月二十日　23時7分								
二十日	土	癸（みずのと）未	二黒	**大寒**　二十日正月	先負	破	女	10日
二十一日	日	甲（きのえ）申	三碧	初大師　十方暮入り	仏滅	危	虚	11日
二十二日	月	乙（きのと）酉	四緑		大安	成	危	12日
二十三日	火	丙（ひのえ）戌	五黄		赤口	納	室	13日
二十四日	水	丁（ひのと）亥	六白	初愛宕　初地蔵　不成就日	先勝	開	壁	14日
二十五日	木	戊（つちのえ）子	七赤	初天神　亀戸天満宮うそ替え神事　一粒万倍日	友引	閉	奎	15日
二十六日	金	己（つちのと）丑	八白	○望2時54分　文化財防火デー	先負	建	婁	16日
二十七日	土	庚（かのえ）寅	九紫	若草山山焼き　国旗制定記念日	仏滅	除	胃	17日
二十八日	日	辛（かのと）卯	一白	初不動　一粒万倍日	大安	満	昴	18日
二十九日	月	壬（みずのえ）辰	二黒		赤口	平	畢	19日
三十日	火	癸（みずのと）巳	三碧	十方暮終わり　天一天上	先勝	定	觜	20日
三十一日	水	甲（きのえ）午	四緑	三隣亡	友引	執	参	21日

・**雉始めて雊く**（きじはじめてなく）
雉の雄が雌を求めてケーンケーンと鳴き始める。

・**款冬華さく**（ふきのはなさく）
蕗（ふき）の花が咲き始める。

・**水沢腹く堅し**（さわみずあつくかたし）
沢の水が厚く凍る。

・**鶏始めて乳す**（にわとりはじめてにゅうす）
鶏が卵を抱き始める。

〈如月（きさらぎ）〉

二月（閏）

心宿

（二月四日の立春より　月命丙寅五黄土星月）

東京	日出	日入
一日	六・四二	一七・〇八
十一日	六・三三	一七・一八
二十一日	六・二二	一七・二八

新暦	曜	干支	九星	暦の行事・祭り	六曜	十二直	廿八宿	旧暦	七十二候
一日	木	乙（きのと）未	五黄	テレビ放送記念日　不成就日	先負	破	井	旧12月22日	・鶏始めて乳す（にわとりはじめてにゅうす）　鶏が卵を抱き始める。
二日	金	丙（ひのえ）申	六白		仏滅	危	鬼	23日	
三日	土	丁（ひのと）酉	七赤	◑下弦8時18分　節分　奈良春日大社万灯籠	**大安**	成	柳	24日	
立春（旧正月節）　二月四日　17時27分　暗剣殺　なし									
四日	**日**	戊（つちのえ）戌	八白	**立春**　さっぽろ雪まつり	赤口	成	星	25日	・東風解凍（はるかぜこおりをとく）　春の風が氷を解かす。
五日	月	己（つちのと）亥	九紫	三隣亡	先勝	納	張	26日	
六日	火	庚（かのえ）子	一白	新宮神倉御灯祭	友引	開	翼	27日	
七日	水	辛（かのと）丑	二黒	北方領土の日　一粒万倍日	先負	閉	軫	28日	
八日	木	壬（みずのえ）寅	三碧	針供養	仏滅	建	角	29日	
九日	金	癸（みずのと）卯	四緑	不成就日	**大安**	除	亢	30日	・黄鶯睍睆す（うぐいすなく）　鶯（うぐいす）が鳴き始める。
十日	土	甲（きのえ）辰	五黄	●朔7時59分　旧正月	先勝	満	氐	旧1月1日	
十一日	㊐	乙（きのと）巳	六白	⦿建国記念の日　紀元節	友引	平	房	2日	
十二日	㊊	丙（ひのえ）午	七赤	振替休日　初午　四条畷神社祭　一粒万倍日　不成就日	先負	定	心	3日	
十三日	火	丁（ひのと）未	八白		仏滅	執	尾	4日	
十四日	水	戊（つちのえ）申	九紫	聖バレンタインデー	**大安**	破	箕	5日	・魚上氷（うおこおりをいずる）

日	曜	干支	九星	行事	六曜	十二直	宿	新暦
十五日	木	己（つちのと）酉	一白	秋田横手かまくら	赤口	危	斗	6日
十六日	金	庚（かのえ）戌	二黒	旧七草	先勝	成	牛	7日
十七日	土	辛（かのと）亥	三碧	◐上弦0時1分　伊勢神宮祈年祭　岡山西大寺裸祭　三隣亡	友引	納	女	8日
十八日	**日**	壬（みずのえ）子	四緑	八専始め	先負	開	虚	9日
雨水（旧正月中）　二月十九日　13時13分								
十九日	月	癸（みずのと）丑	五黄	**雨水**　一粒万倍日	仏滅	閉	危	10日
二十日	火	甲（きのえ）寅	六白	歌舞伎の日　不成就日	**大安**	建	室	11日
二十一日	水	乙（きのと）卯	七赤		赤口	除	壁	12日
二十二日	木	丙（ひのえ）辰	八白	尾張大國霊神社裸祭　太子会	先勝	満	奎	13日
二十三日	㊎	丁（ひのと）巳	九紫	◉天皇誕生日	友引	平	婁	14日
二十四日	土	戊（つちのえ）午	一白	○**望21時30分**　旧小正月　一粒万倍日	先負	定	胃	15日
二十五日	**日**	己（つちのと）未	二黒	京都北野天満宮梅花祭	仏滅	執	昴	16日
二十六日	月	庚（かのえ）申	三碧	庚申	**大安**	破	畢	17日
二十七日	火	辛（かのと）酉	四緑		赤口	危	觜	18日
二十八日	水	壬（みずのえ）戌	五黄	不成就日	先勝	成	参	19日
二十九日	木	癸（みずのと）亥	六白	旧二十日正月　三隣亡　八専終わり	友引	納	井	20日

水の中の魚が氷の間から出てくる。

・**土脉潤い起こる**（つちのしょううるおいおこる）
地面が水分を含んでしっとりしてくる。

・**霞始めて靆く**（かすみはじめてたなびく）
霞が棚引き始める。

・**草木萌動**（そうもくめばえいずる）

＊本書で紹介している七十二候は、江戸時代に日本の実状に合わせて作られた『本朝七十二候』をもとにしています。（監修・岡田芳朗／参考・岡田芳朗著『旧暦読本』）

〈弥生〉 三月（大）

尾宿（三月五日の啓蟄より 月命丁卯四緑木星月）

東京	日出	日入
一日	六・一一	一七・三六
十一日	五・五七	一七・四五
二十一日	五・四三	一七・五四

新暦	曜	干支	九星	暦の行事・祭り	六曜	十二直	廿八宿	旧暦	七十二候
一日	金	甲（きのえ）子	七赤	春の火災予防運動　全国緑化運動　甲子	先負	開	鬼	旧1月21日	・草木萌動（そうもくめばえいずる）草木が芽生え始める。
二日	土	乙（きのと）丑	八白	一粒万倍日	仏滅	閉	柳	22日	
三日	**日**	丙（ひのえ）寅	九紫	桃の節句　耳の日	**大安**	建	星	23日	
四日	月	丁（ひのと）卯	一白	◑下弦0時23分	赤口	除	張	24日	
啓蟄（旧二月節）　三月五日　11時23分　暗剣殺　東南の方									
五日	火	戊（つちのえ）辰	二黒	**啓蟄**	先勝	除	翼	25日	・蟄虫啓戸（すごもりむしとをひらく）巣ごもっていた虫が外に出るようになる。
六日	水	己（つちのと）巳	三碧	己巳	友引	満	軫	26日	
七日	木	庚（かのえ）午	四緑	消防記念日　不成就日	先負	平	角	27日	
八日	金	辛（かのと）未	五黄	国際女性デー	仏滅	定	亢	28日	
九日	土	壬（みずのえ）申	六白	鹿島神宮祭頭祭	**大安**	執	氐	29日	
十日	**日**	癸（みずのと）酉	七赤	●**朔18時0分**　東京都平和の日　塩竈神社帆手祭　一粒万倍日	友引	破	房	旧2月1日	・桃始めて笑く（ももはじめてさく）桃の花が咲き始める。
十一日	月	甲（きのえ）戌	八白	東日本大震災　不成就日	先負	危	心	2日	
十二日	火	乙（きのと）亥	九紫	東大寺二月堂お水取り	仏滅	成	尾	3日	
十三日	水	丙（ひのえ）子	一白	春日大社祭	**大安**	納	箕	4日	
十四日	木	丁（ひのと）丑	二黒	ホワイトデー	赤口	開	斗	5日	

日	曜	干支	九星	行事	六曜	十二直	二十八宿	旧暦
十五日	金	戊(つちのえ)寅	三碧	一之宮貫前神社例大祭　田縣神社豊年祭　三隣亡　一粒万倍日　天赦日	先勝	閉	牛	6日
十六日	土	己(つちのと)卯	四緑	廣田神社祭	友引	建	女	7日
十七日	日	庚(かのえ)辰	五黄	◐上弦13時11分　彼岸入り	先負	除	虚	8日
十八日	月	辛(かのと)巳	六白		仏滅	満	危	9日
十九日	火	壬(みずのえ)午	七赤	横浜新羽杉山神社荒神祭　不成就日	大安	平	室	10日
春分（旧二月中）　三月二十日　12時6分								
二十日	㊌	癸(みずのと)未	八白	●春分の日　**春分**	赤口	定	壁	11日
二十一日	木	甲(きのえ)申	九紫	十方暮入り	先勝	執	奎	12日
二十二日	金	乙(きのと)酉	一白	放送記念日　一粒万倍日	友引	破	婁	13日
二十三日	土	丙(ひのえ)戌	二黒	彼岸明け　世界気象デー	先負	危	胃	14日
二十四日	日	丁(ひのと)亥	三碧		仏滅	成	昴	15日
二十五日	月	戊(つちのえ)子	四緑	○望16時0分　亀戸天満宮神忌祭　社日　電気記念日	大安	納	畢	16日
二十六日	火	己(つちのと)丑	五黄		赤口	開	觜	17日
二十七日	水	庚(かのえ)寅	六白	表千家利休忌　三隣亡　一粒万倍日　不成就日	先勝	閉	参	18日
二十八日	木	辛(かのと)卯	七赤	裏千家利休忌	友引	建	井	19日
二十九日	金	壬(みずのえ)辰	八白	志波彦神社祭	先負	除	鬼	20日
三十日	土	癸(みずのと)巳	九紫	十方暮終わり　天一天上	仏滅	満	柳	21日
三十一日	日	甲(きのえ)午	一白	防府天満宮御正祭	大安	平	星	22日

・**菜虫化蝶**（なむしちょうとなる）
菜虫（青虫）が成長して紋白蝶となる。

・**雀始めて巣くう**（すずめはじめてすくう）
雀が巣を作り始める。

・**桜始めて開く**（さくらはじめてひらく）
桜の花が咲き始める。

・**雷乃発声**（かみなりすなわちこえをはっす）
雷が鳴り始める。

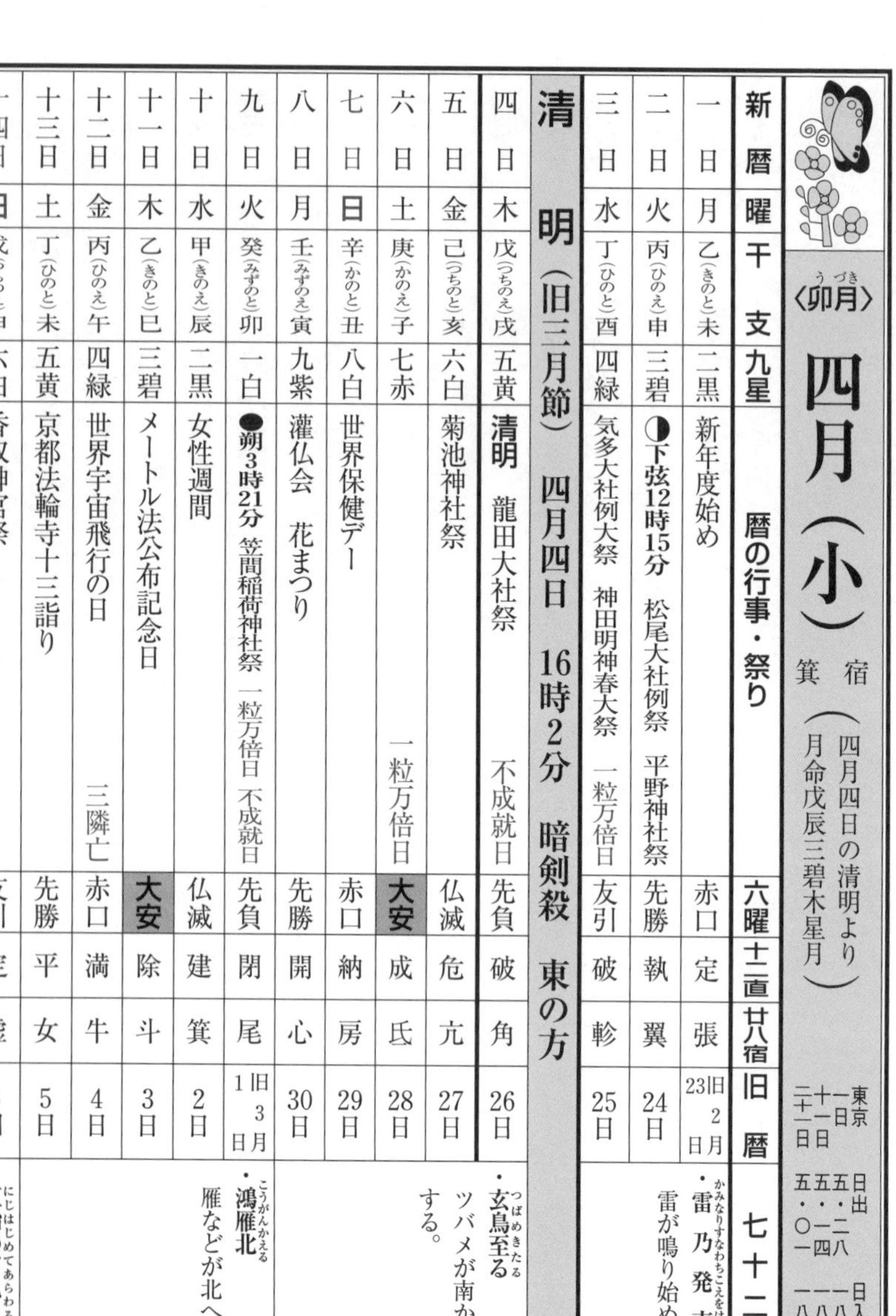

〈卯月（うづき）〉

四月（小）

箕宿

（四月四日の清明より月命戊辰三碧木星月）

東京	日出	日入
一日	五・二八	一八・〇三
十一日	五・一四	一八・一一
二十一日	五・〇一	一八・一九

新暦	曜	干支	九星	暦の行事・祭り	六曜	十二直	廿八宿	旧暦	七十二候
一日	月	乙（きのと）未	二黒	新年度始め	赤口	定	張	旧2月23日	・雷乃発声（かみなりすなわちこえをはっす） 雷が鳴り始める。
二日	火	丙（ひのえ）申	三碧	◑下弦12時15分　松尾大社例祭　平野神社祭	先勝	執	翼	24日	
三日	水	丁（ひのと）酉	四緑	気多大社例大祭　神田明神春大祭　一粒万倍日	友引	破	軫	25日	
清明（旧三月節）四月四日　16時2分　暗剣殺　東の方									
四日	木	戊（つちのえ）戌	五黄	**清明**　龍田大社祭　不成就日	先負	破	角	26日	・玄鳥至る（つばめきたる） ツバメが南から飛来する。
五日	金	己（つちのと）亥	六白	菊池神社祭	仏滅	危	亢	27日	
六日	土	庚（かのえ）子	七赤	一粒万倍日	大安	成	氐	28日	
七日	日	辛（かのと）丑	八白	世界保健デー	赤口	納	房	29日	
八日	月	壬（みずのえ）寅	九紫	灌仏会　花まつり	先勝	開	心	30日	
九日	火	癸（みずのと）卯	一白	●朔3時21分　笠間稲荷神社祭　一粒万倍日　不成就日	先負	閉	尾	旧3月1日	・鴻雁北（こうがんかえる） 雁などが北へ帰る。
十日	水	甲（きのえ）辰	二黒	女性週間	仏滅	建	箕	2日	
十一日	木	乙（きのと）巳	三碧	メートル法公布記念日	大安	除	斗	3日	
十二日	金	丙（ひのえ）午	四緑	世界宇宙飛行の日　三隣亡	赤口	満	牛	4日	
十三日	土	丁（ひのと）未	五黄	京都法輪寺十三詣り	先勝	平	女	5日	
十四日	日	戊（つちのえ）申	六白	香取神宮祭	友引	定	虚	6日	・虹始めて見る（にじはじめてあらわる）

十五日	月	己（つちのと）酉	七赤	平安神宮祭　諏訪大社上社祭	先負	執	危	7日
十六日	火	庚（かのえ）戌	八白	◐上弦4時13分　土用入り	仏滅	破	室	8日
十七日	水	辛（かのと）亥	九紫	東京大神宮祭　不成就日	**大安**	危	壁	9日
十八日	木	壬（みずのえ）子	一白	発明の日　須佐神社祭　一粒万倍日　八専始め	赤口	成	奎	10日
穀雨（旧三月中）四月十九日　23時0分								
十九日	金	癸（みずのと）丑	二黒	**穀雨**	先勝	納	婁	11日
二十日	土	甲（きのえ）寅	三碧	郵政記念日　切手趣味週間	友引	開	胃	12日
二十一日	**日**	乙（きのと）卯	四緑	秋葉神社祭　靖国神社祭　一粒万倍日	先負	閉	昴	13日
二十二日	月	丙（ひのえ）辰	五黄	アースデー	仏滅	建	畢	14日
二十三日	火	丁（ひのと）巳	六白		**大安**	除	觜	15日
二十四日	水	戊（つちのえ）午	七赤	**○望8時49分**　京都宮津籠神社葵祭　三隣亡	赤口	満	参	16日
二十五日	木	己（つちのと）未	八白	亀戸天満宮学業講祭　不成就日	先勝	平	井	17日
二十六日	金	庚（かのえ）申	九紫	庚申	友引	定	鬼	18日
二十七日	土	辛（かのと）酉	一白	和歌山道成寺鐘供養	先負	執	柳	19日
二十八日	**日**	壬（みずのえ）戌	二黒	サンフランシスコ講和記念日	仏滅	破	星	20日
二十九日	㊊	癸（みずのと）亥	三碧	[●]昭和の日　八専終わり	**大安**	危	張	21日
三十日	火	甲（きのえ）子	四緑	図書館記念日　一粒万倍日　甲子	赤口	成	翼	22日

虹が初めて見える。

・**葭始めて生ず**（あしはじめてしょうず）
水辺に葭（あし）が生え始める。

・**霜止んで苗出る**（しもやんでなえいずる）
霜が降りなくなり、稲の苗が育ってくる。

・**牡丹華**（ぼたんはなさく）

〈皐月（さつき）〉

五月（大）

斗宿（五月五日の立夏より 月命己巳二黒土星月）

東京	日出	日入
一日	四・四九	一八・二八
十一日	四・三九	一八・三六
二十一日	四・三二	一八・四四

新暦	曜	干支	九星	暦の行事・祭り	六曜	十二直	廿八宿	旧暦	七十二候
一日	水	乙（きのと）丑	五黄	◑下弦20時27分 メーデー 八十八夜	先勝	納	軫	旧3月23日	・牡丹華（ぼたんはなさく） 牡丹の花が咲くようになる。
二日	木	丙（ひのえ）寅	六白		友引	開	角	24日	
三日	㊎	丁（ひのと）卯	七赤	[●]憲法記念日 博多どんたく 浜松まつり 一粒万倍日 不成就日	先負	閉	亢	25日	
四日	㊏	戊（つちのえ）辰	八白	[●]みどりの日	仏滅	建	氐	26日	
立夏（旧四月節） 五月五日 9時10分 暗剣殺 南西の方									
五日	㊐	己（つちのと）巳	九紫	[●]こどもの日 **立夏** 端午の節句 己巳	**大安**	建	房	27日	・蛙始めて鳴く（かわずはじめてなく） カエルが鳴き始める。
六日	㊊	庚（かのえ）午	一白	振替休日 金崎宮祭	赤口	除	心	28日	
七日	火	辛（かのと）未	二黒	鳥取名和神社祭	先勝	満	尾	29日	
八日	水	壬（みずのえ）申	三碧	●朔12時22分 世界赤十字デー	仏滅	平	箕	旧4月1日	
九日	木	癸（みずのと）酉	四緑		**大安**	定	斗	2日	
十日	金	甲（きのえ）戌	五黄	愛鳥週間	赤口	執	牛	3日	・蚯蚓出ずる（みみずいずる） みみずが地上に這い出る。
十一日	土	乙（きのと）亥	六白	長良川鵜飼開き 三隣亡 不成就日	先勝	破	女	4日	
十二日	**日**	丙（ひのえ）子	七赤	母の日 看護の日 海上保安の日	友引	危	虚	5日	
十三日	月	丁（ひのと）丑	八白		先負	成	危	6日	
十四日	火	戊（つちのえ）寅	九紫	出雲大社祭 弥彦神社祭	仏滅	納	室	7日	

日	曜	干支	九星	行事・暦注	六曜	十二直	二十八宿	旧暦
十五日	水	己（つちのと）卯	一白	◐上弦20時48分　葵祭　沖縄本土復帰記念日　一粒万倍日	大安	開	壁	8日
十六日	木	庚（かのえ）辰	二黒	一粒万倍日	赤口	閉	奎	9日
十七日	金	辛（かのと）巳	三碧	日光東照宮春季大祭	先勝	建	婁	10日
十八日	土	壬（みずのえ）午	四緑	国際親善デー	友引	除	胃	11日
十九日	日	癸（みずのと）未	五黄	奈良唐招提寺うちわ撒き　不成就日	先負	満	昴	12日
小満（旧四月中）　五月二十日　22時0分								
二十日	月	甲（きのえ）申	六白	**小満**　十方暮入り	仏滅	平	畢	13日
二十一日	火	乙（きのと）酉	七赤		大安	定	觜	14日
二十二日	水	丙（ひのえ）戌	八白		赤口	執	参	15日
二十三日	木	丁（ひのと）亥	九紫	○望22時53分　三隣亡	先勝	破	井	16日
二十四日	金	戊（つちのえ）子	一白		友引	危	鬼	17日
二十五日	土	己（つちのと）丑	二黒	東京湯島天神祭	先負	成	柳	18日
二十六日	日	庚（かのえ）寅	三碧		仏滅	納	星	19日
二十七日	月	辛（かのと）卯	四緑	一粒万倍日　不成就日	大安	開	張	20日
二十八日	火	壬（みずのえ）辰	五黄	筥崎宮さつき大祭　東郷神社例祭　一粒万倍日	赤口	閉	翼	21日
二十九日	水	癸（みずのと）巳	六白	十方暮終わり　天一天上	先勝	建	軫	22日
三十日	木	甲（きのえ）午	七赤	消費者の日　天赦日	友引	除	角	23日
三十一日	金	乙（きのと）未	八白	◑下弦2時13分　世界禁煙デー	先負	満	亢	24日

・**竹笋生ず**（たけのこしょうず）
竹の子が生える。

・**蚕起きて桑を食む**（かいこおきてくわをはむ）
蚕が桑の葉を盛んに食べるようになる。

・**紅花栄う**（べにばなさかう）
紅花が盛んに咲く。

・**麦秋至る**（むぎのあきいたる）

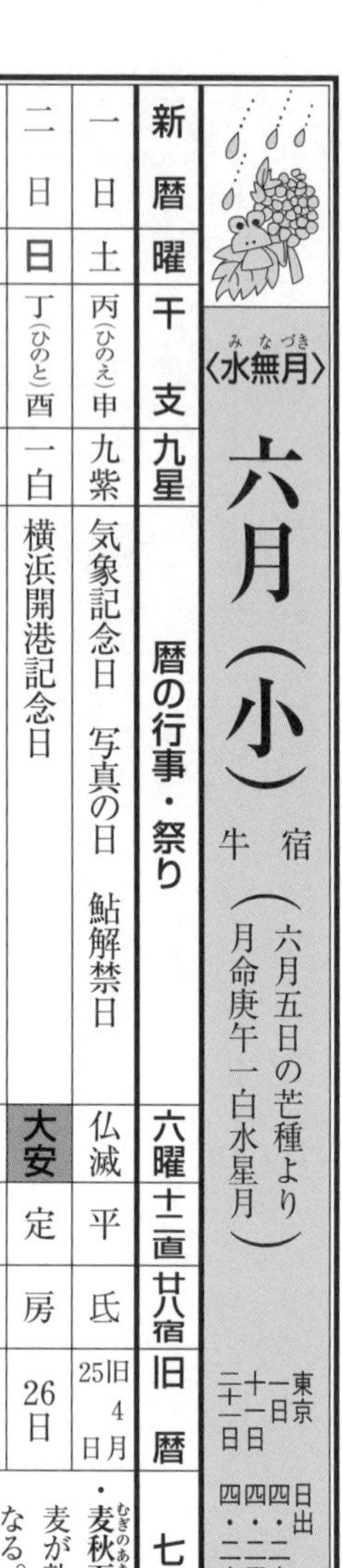

六月（小）〈水無月（みなづき）〉

牛宿

（六月五日の芒種より　月命庚午一白水星月）

東京　日出／日入
- 一日　四・二六／一八・五二
- 十一日　四・二五／一八・五七
- 二十一日　四・二六／一九・〇〇

新暦	曜	干支	九星	暦の行事・祭り	六曜	十二直	廿八宿	旧暦	七十二候
一日	土	丙（ひのえ）申	九紫	気象記念日　写真の日　鮎解禁日	仏滅	平	氐	旧4月25日	・麦秋至る（むぎのあきいたる）麦が熟して黄金色になる。
二日	日	丁（ひのと）酉	一白	横浜開港記念日	大安	定	房	26日	
三日	月	戊（つちのえ）戌	二黒	測量の日	赤口	執	心	27日	
四日	火	己（つちのと）亥	三碧	歯と口の健康週間　三隣亡　不成就日	先勝	破	尾	28日	
芒種（旧五月節）　六月五日　13時10分　暗剣殺　北の方									
五日	水	庚（かのえ）子	四緑	**芒種**　環境週間	友引	破	箕	29日	・蟷螂生ず（かまきりしょうず）かまきりが生まれる。
六日	木	辛（かのと）丑	五黄	●朔21時38分	大安	危	斗	旧5月1日	
七日	金	壬（みずのえ）寅	六白	三隣亡	赤口	成	牛	2日	
八日	土	癸（みずのと）卯	七赤	岩手チャグチャグ馬コ	先勝	納	女	3日	
九日	日	甲（きのえ）辰	八白	鳥越神社祭	友引	開	虚	4日	
十日	月	乙（きのと）巳	九紫	入梅　時の記念日　一粒万倍日　不成就日	先負	閉	危	5日	・腐草蛍と為る（くされたるくさほたるとなる）腐った草が蛍になる。
十一日	火	丙（ひのえ）午	一白	一粒万倍日	仏滅	建	室	6日	
十二日	水	丁（ひのと）未	二黒		大安	除	壁	7日	
十三日	木	戊（つちのえ）申	三碧		赤口	満	奎	8日	
十四日	金	己（つちのと）酉	四緑	◐上弦14時18分　住吉大社田植祭　新潟柏崎えんま祭	先勝	平	婁	9日	

日	曜	干支	九星	行事	雑節・暦注	六曜	十二直	二十八宿	旧暦
十五日	土	庚（かのえ）戌	五黄	東京日枝神社祭　京都八坂神社祭		友引	定	胃	10日
十六日	日	辛（かのと）亥	六白	父の日		先負	執	昴	11日
十七日	月	壬（みずのえ）子	七赤	厳島神社祭	八専始め	仏滅	破	畢	12日
十八日	火	癸（みずのと）丑	八白	海外移住の日	不成就日	大安	危	觜	13日
十九日	水	甲（きのえ）寅	九紫	桜桃忌	三隣亡	赤口	成	参	14日
二十日	木	乙（きのと）卯	一白	京都鞍馬山竹伐り会式		先勝	納	井	15日
夏至（旧五月中）六月二十一日　5時51分									
二十一日	金	丙（ひのえ）辰	二黒	**夏至**		友引	開	鬼	16日
二十二日	土	丁（ひのと）巳	三碧	○望10時8分	一粒万倍日	先負	閉	柳	17日
二十三日	日	戊（つちのえ）午	四緑	沖縄慰霊の日　東京愛宕神社千日詣り	一粒万倍日	仏滅	建	星	18日
二十四日	月	己（つちのと）未	五黄			大安	除	張	19日
二十五日	火	庚（かのえ）申	六白		庚申	赤口	満	翼	20日
二十六日	水	辛（かのと）酉	七赤	国連憲章調印記念日	不成就日	先勝	平	軫	21日
二十七日	木	壬（みずのえ）戌	八白			友引	定	角	22日
二十八日	金	癸（みずのと）亥	九紫	貿易記念日	八専終わり	先負	執	亢	23日
二十九日	土	甲（きのえ）子	九紫	◑下弦6時53分	陰遁始め　甲子	仏滅	破	氐	24日
三十日	日	乙（きのと）丑	八白	夏の大祓　夏越祭		大安	危	房	25日

・**梅子黄ばむ**（うめのみきばむ）
梅の実が黄色く色づく。

・**乃東枯る**（なつかれくさかるる）
夏枯草（かこそう）（うつぼぐさ）の花穂が黒ずんで枯れたようになる。

・**菖蒲華**（あやめはなさく）
菖蒲（あやめ）の花が咲き始める。

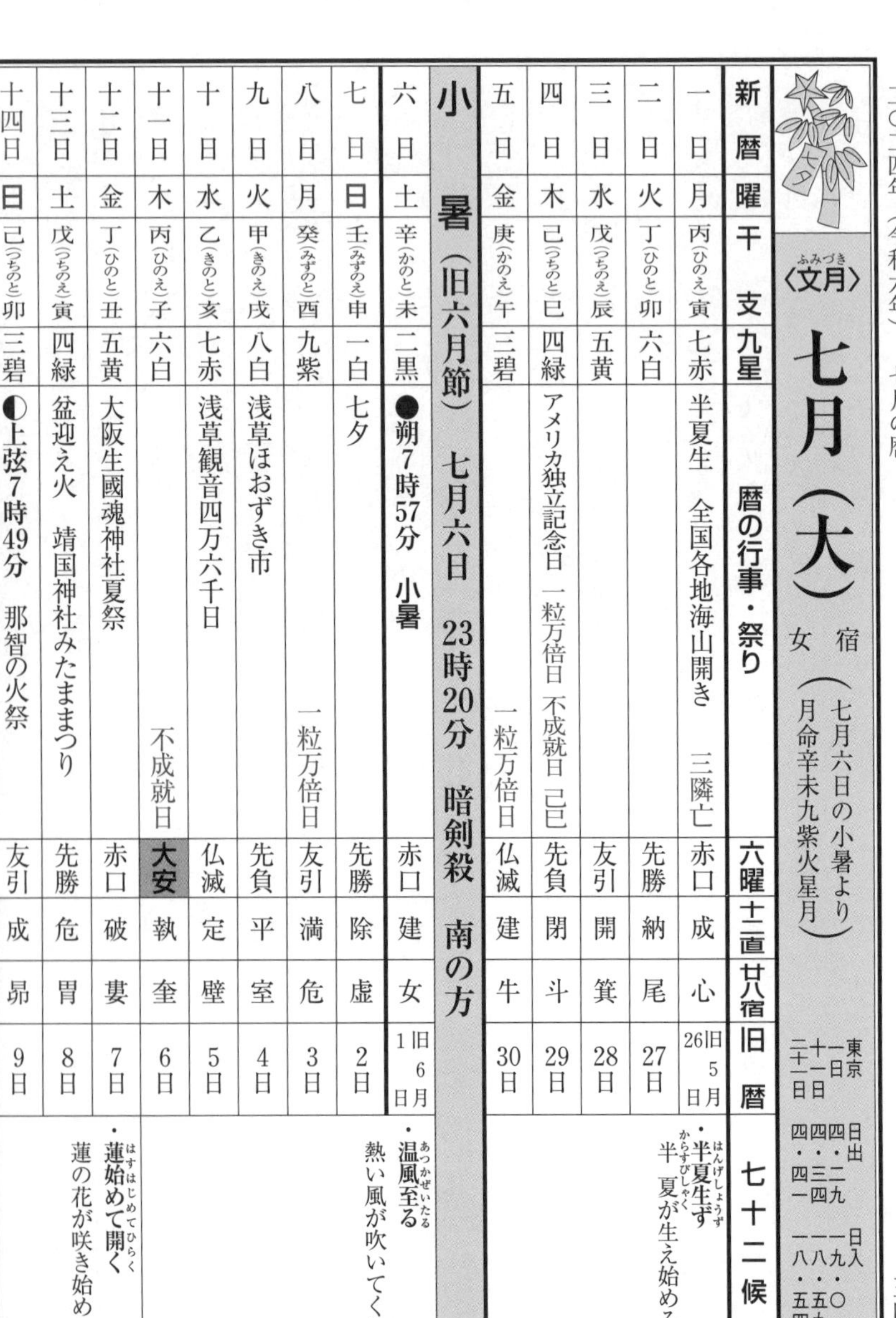

〈文月〉（ふみづき）

七月（大）

女宿

（七月六日の小暑より 月命辛未九紫火星月）

東京	日出	日入
一日	四・二九	一九・〇一
十一日	四・三四	一八・五九
二十一日	四・四一	一八・五四

新暦	曜	干支	九星	暦の行事・祭り	六曜	十二直	廿八宿	旧暦	七十二候
一日	月	丙(ひのえ)寅	七赤	半夏生　全国各地海山開き　三隣亡	赤口	成	心	旧5月26日	・半夏生ず（はんげしょうず） 半夏（からすびしゃく）が生え始める。
二日	火	丁(ひのと)卯	六白		先勝	納	尾	27日	
三日	水	戊(つちのえ)辰	五黄		友引	開	箕	28日	
四日	木	己(つちのと)巳	四緑	アメリカ独立記念日　一粒万倍日　不成就日　己巳	先負	閉	斗	29日	
五日	金	庚(かのえ)午	三碧	一粒万倍日	仏滅	建	牛	30日	
小暑（旧六月節）　七月六日　23時20分　暗剣殺　南の方									
六日	土	辛(かのと)未	二黒	●朔7時57分　小暑	赤口	建	女	旧6月1日	・温風至る（あつかぜいたる） 熱い風が吹いてくる。
七日	日	壬(みずのえ)申	一白	七夕	先勝	除	虚	2日	
八日	月	癸(みずのと)酉	九紫	一粒万倍日	友引	満	危	3日	
九日	火	甲(きのえ)戌	八白	浅草ほおずき市	先負	平	室	4日	
十日	水	乙(きのと)亥	七赤	浅草観音四万六千日	仏滅	定	壁	5日	
十一日	木	丙(ひのえ)子	六白	不成就日	大安	執	奎	6日	
十二日	金	丁(ひのと)丑	五黄	大阪生國魂神社夏祭	赤口	破	婁	7日	・蓮始めて開く（はすはじめてひらく） 蓮の花が咲き始める。
十三日	土	戊(つちのえ)寅	四緑	盆迎え火　靖国神社みたままつり	先勝	危	胃	8日	
十四日	日	己(つちのと)卯	三碧	◐上弦7時49分　那智の火祭	友引	成	昴	9日	

日	曜	干支	九星	行事	六曜	十二直	二十八宿	旧暦
十五日	㊊	庚（かのえ）辰	二黒	●海の日 お盆 博多山笠祭り 初伏	先負	納	畢	10日
十六日	火	辛（かのと）巳	一白	盆送り火 えんま詣	仏滅	開	觜	11日
十七日	水	壬（みずのえ）午	九紫	京都祇園祭 三隣亡 一粒万倍日	**大安**	閉	参	12日
十八日	木	癸（みずのと）未	八白		赤口	建	井	13日
十九日	金	甲（きのえ）申	七赤	木曾御嶽神社大祭 土用入り 不成就日 十方暮入り	先勝	除	鬼	14日
二十日	土	乙（きのと）酉	六白	西宮神社夏祭 一粒万倍日	友引	満	柳	15日
二十一日	**日**	丙（ひのえ）戌	五黄	○望19時17分	先負	平	星	16日
大暑（旧六月中） 七月二十二日 16時44分								
二十二日	月	丁（ひのと）亥	四緑	**大暑** 敦賀気比神宮総参祭 八坂神社例祭	仏滅	定	張	17日
二十三日	火	戊（つちのえ）子	三碧		**大安**	執	翼	18日
二十四日	水	己（つちのと）丑	二黒	土用の丑 地蔵盆	赤口	破	軫	19日
二十五日	木	庚（かのえ）寅	一白	大阪天満天神祭 中伏	先勝	危	角	20日
二十六日	金	辛（かのと）卯	九紫		友引	成	亢	21日
二十七日	土	壬（みずのえ）辰	八白	大山阿夫利神社夏祭 不成就日	先負	納	氐	22日
二十八日	**日**	癸（みずのと）巳	七赤	◑**下弦11時52分** 阿蘇神社御田祭 十方暮終わり 天一天上	仏滅	開	房	23日
二十九日	月	甲（きのえ）午	六白	三隣亡 一粒万倍日 天赦日	**大安**	閉	心	24日
三十日	火	乙（きのと）未	五黄	下関亀山八幡宮夏越祭	赤口	建	尾	25日
三十一日	水	丙（ひのえ）申	四緑	住吉大社祭 芦ノ湖湖水祭	先勝	除	箕	26日

・**鷹乃学習す**（たかすなわちわざをならう）
鷹の幼鳥が飛ぶことを習うようになる。

・**桐始めて花を結ぶ**（きりはじめてはなをむすぶ）
桐の実が堅くなる。

・**土潤いて溽し暑し**（つちうるおいてむしあつし）
土がじっとりして蒸し暑い。

八月（大）

〈葉月（はづき）〉

虚宿

（八月七日の立秋より 月命壬申八白土星月）

東京	日出	日入
一日	四・四九	一八・四五
十一日	四・五七	一八・三五
二十一日	五・〇五	一八・二三

新暦	曜	干支	九星	暦の行事・祭り	六曜	十二直	廿八宿	旧暦	七十二候
一日	木	丁(ひのと)酉	三碧	水の日　八朔　一粒万倍日	友引	満	斗	旧6月27日	・土潤(つちうるおい)て溽(むし)し暑(あつ)し
二日	金	戊(つちのえ)戌	二黒	青森ねぶた祭　熊本火の国まつり	先負	平	牛	28日	・大雨時行(たいうときどきふる)
三日	土	己(つちのと)亥	一白	秋田竿灯まつり	仏滅	定	女	29日	時として大雨が降る。
四日	**日**	庚(かのえ)子	九紫	**●朔20時13分**　北野天満宮祭　亀戸香取神社祭	先勝	執	虚	旧7月1日	
五日	月	辛(かのえ)丑	八白	土用の丑　山形花笠祭	友引	破	危	2日	
六日	火	壬(みずのえ)寅	七赤	広島平和記念日　不成就日	先負	危	室	3日	
立秋（旧七月節）　八月七日　9時9分　暗剣殺　北東の方									
七日	水	癸(みずのと)卯	六白	**立秋**　鼻の日　仙台七夕祭	仏滅	危	壁	4日	・涼風(すずかぜ)至(いた)る
八日	木	甲(きのえ)辰	五黄		**大安**	成	奎	5日	秋の涼しい風が吹く
九日	金	乙(きのと)巳	四緑	長崎平和の日	赤口	納	婁	6日	ようになる。
十日	土	丙(ひのえ)午	三碧	高知よさこい祭	先勝	開	胃	7日	
十一日	㊐	丁(ひのと)未	二黒	⊡山の日　一粒万倍日	友引	閉	昴	8日	
十二日	㊊	戊(つちのえ)申	一白	振替休日　徳島阿波踊り　天赦日	先負	建	畢	9日	・寒蟬鳴(ひぐらしな)く
十三日	火	己(つちのと)酉	九紫	**◐上弦0時19分**　岐阜郡上踊り	仏滅	除	觜	10日	ひぐらしが鳴く。
十四日	水	庚(かのえ)戌	八白	戸隠神社祭　不成就日　末伏	**大安**	満	参	11日	

日	曜	干支	九星	行事・暦注	六曜	十二直	二十八宿	旧暦
十五日	木	辛（かのと）亥	七赤	終戦記念日　月遅れ盆　三隣亡	赤口	平	井	12日
十六日	金	壬（みずのえ）子	六白	京都・箱根大文字送り火　一粒万倍日　八専始め	先勝	定	鬼	13日
十七日	土	癸（みずのと）丑	五黄	大津建部大社夏祭	友引	執	柳	14日
十八日	**日**	甲（きのえ）寅	四緑	旧盆	先負	破	星	15日
十九日	月	乙（きのと）卯	三碧		仏滅	危	張	16日
二十日	火	丙（ひのえ）辰	二黒	**○望3時26分**　鎌倉宮祭	**大安**	成	翼	17日
二十一日	水	丁（ひのと）巳	一白		赤口	納	軫	18日
処暑（旧七月中）　八月二十二日　23時55分								
二十二日	木	戊（つちのえ）午	九紫	**処暑**　不成就日	先勝	開	角	19日
二十三日	金	己（つちのと）未	八白	刈田神社祭　一粒万倍日	友引	閉	亢	20日
二十四日	土	庚（かのえ）申	七赤	京都地蔵盆　庚申	先負	建	氐	21日
二十五日	**日**	辛（かのと）酉	六白	東京亀戸天満宮例大祭	仏滅	除	房	22日
二十六日	月	壬（みずのえ）戌	五黄	**◑下弦18時26分**　富士吉田の火祭り	**大安**	満	心	23日
二十七日	火	癸（みずのと）亥	四緑	愛知一色諏訪神社大提灯祭　三隣亡　八専終わり	赤口	平	尾	24日
二十八日	水	甲（きのえ）子	三碧	大山阿夫利神社秋季例大祭　一粒万倍日　甲子	先勝	定	箕	25日
二十九日	木	乙（きのと）丑	二黒	文化財保護法施行記念日	友引	執	斗	26日
三十日	金	丙（ひのえ）寅	一白	不成就日	先負	破	牛	27日
三十一日	土	丁（ひのと）卯	九紫	二百十日	仏滅	危	女	28日

・**蒙霧升降す**（ふかききりまとう）
深い霧が立ちこめる。

・**綿柎開く**（わたのはなしべひらく）
綿の実を包む萼（がく）が開く。

・**天地始めて粛し**（てんちはじめてさむし）
ようやく天地の暑さも収まる。

〈長月（ながつき）〉

九月（小）

危宿

（九月七日の白露より　月命癸酉七赤金星月）

東京	日出	日入
一日	五・一三	一八・〇八
十一日	五・二一	一七・五四
二十一日	五・二八	一七・三九

新暦	曜	干支	九星	暦の行事・祭り	六曜	十二直	廿八宿	旧暦
一日	日	戊（つちのえ）辰	八白	防災の日（関東大震災）	**大安**	成	虚	旧7月29日
二日	月	己（つちのと）巳	七赤	羽黒山湯上神社祭　己巳	赤口	納	危	30日
三日	火	庚（かのえ）午	六白	●朔10時56分	友引	開	室	旧8月1日
四日	水	辛（かのと）未	五黄	気比神宮祭　北野天満宮祭　一粒万倍日　不成就日	先負	閉	壁	2日
五日	木	壬（みずのえ）申	四緑		仏滅	建	奎	3日
六日	金	癸（みずのと）酉	三碧		**大安**	除	婁	4日
白露（旧八月節）　九月七日　12時11分　暗剣殺　西の方								
七日	土	甲（きのえ）戌	二黒	**白露**	赤口	除	胃	5日
八日	日	乙（きのと）亥	一白		先勝	満	昴	6日
九日	月	丙（ひのえ）子	九紫	重陽の節句　救急の日	友引	平	畢	7日
十日	火	丁（ひのと）丑	八白	二百二十日	先負	定	觜	8日
十一日	水	戊（つちのえ）寅	七赤	◐上弦15時6分　三隣亡	仏滅	執	参	9日
十二日	木	己（つちのと）卯	六白	福岡筥崎宮放生会　一粒万倍日　不成就日	**大安**	破	井	10日
十三日	金	庚（かのえ）辰	五黄	世界の法の日　東京乃木神社祭	赤口	危	鬼	11日
十四日	土	辛（かのと）巳	四緑		先勝	成	柳	12日

七十二候

・**天地始めて粛し**（てんちはじめてさむし）

・**禾乃登る**（こくものすなわちみのる）
稲や粟などの穀物が実る。

・**草露白し**（くさのつゆしろし）
草についた露が白く光って見える。

・**鶺鴒鳴く**（せきれいなく）
せきれいが鳴くようになる。

日	曜	干支	九星	行事	六曜	十二直	二十八宿	旧暦
十五日	日	壬(みずのえ)午	三碧	京都石清水八幡祭　牛嶋神社祭	友引	納	星	13日
十六日	㊊	癸(みずのと)未	二黒	●敬老の日　渋谷氷川神社祭	先負	開	張	14日
十七日	火	甲(きのえ)申	一白	十五夜　相模原大島日々神社例祭　一粒万倍日　十方暮入り	仏滅	閉	翼	15日
十八日	水	乙(きのと)酉	九紫	○望11時34分　京都豊国神社祭	大安	建	軫	16日
十九日	木	丙(ひのえ)戌	八白	彼岸入り　子規忌	赤口	除	角	17日
二十日	金	丁(ひのと)亥	七赤	動物愛護週間　不成就日	先勝	満	亢	18日
二十一日	土	戊(つちのえ)子	六白	社日	友引	平	氐	19日
秋分（旧八月中）　九月二十二日　21時44分								
二十二日	㊐	己(つちのと)丑	五黄	●秋分の日	先負	定	房	20日
二十三日	㊊	庚(かのえ)寅	四緑	振替休日　三隣亡	仏滅	執	心	21日
二十四日	火	辛(かのと)卯	三碧	愛宕神社例大祭　一粒万倍日	大安	破	尾	22日
二十五日	水	壬(みずのえ)辰	二黒	◑下弦3時50分　彼岸明け　太宰府天満宮祭	赤口	危	箕	23日
二十六日	木	癸(みずのと)巳	一白	十方暮終わり　天一天上	先勝	成	斗	24日
二十七日	金	甲(きのえ)午	九紫	長野穂高神社祭	友引	納	牛	25日
二十八日	土	乙(きのと)未	八白	不成就日	先負	開	女	26日
二十九日	日	丙(ひのえ)申	七赤	武蔵御嶽神社流鏑馬祭　一粒万倍日	仏滅	閉	虚	27日
三十日	月	丁(ひのと)酉	六白		大安	建	危	28日

・**玄鳥去る**（つばめさる）
ツバメが南に帰る。

・**雷乃収声**（かみなりすなわちこえをおさむ）
雷が鳴らなくなる。

・**蟄虫坏戸**（むしかくれてとをふさぐ）
虫が隠れて戸をふさぐ。

〈神無月（かんなづき）〉 十月（大）

室宿

（十月八日の寒露より 月命甲戌六白金星月）

東京	日出	日入
一日	五・三六	一七・二五
十一日	五・四四	一七・一一
二十一日	五・五三	一六・五八

新暦	曜	干支	九星	暦の行事・祭り	六曜	十二直	廿八宿	旧暦	七十二候
一日	火	戊(つちのえ)戌	五黄	赤い羽根共同募金　法の日	赤口	除	室	旧8月29日	・蟄虫坏戸（むしかくれてとをふさぐ）
二日	水	己(つちのと)亥	四緑		先勝	満	壁	30日	
三日	木	庚(かのえ)子	三碧	●朔3時49分　不成就日	先負	平	奎	旧9月1日	・水始めて涸る（みずはじめてかるる） 田から水を抜いて乾かす。
四日	金	辛(かのと)丑	二黒	里親デー	仏滅	定	婁	2日	
五日	土	壬(みずのえ)寅	一白	三隣亡	大安	執	胃	3日	
六日	日	癸(みずのと)卯	九紫	木曾五宮神社花馬祭　横浜新羽杉山神社祭　一粒万倍日	赤口	破	昴	4日	
七日	月	甲(きのえ)辰	八白	下関赤間神宮祭	先勝	危	畢	5日	
寒露（旧九月節）　十月八日　4時0分　暗剣殺　北西の方									
八日	火	乙(きのと)巳	七赤	**寒露**　長崎くんち	友引	危	觜	6日	・鴻雁来る（こうがんきたる） 雁が飛来する。
九日	水	丙(ひのえ)午	六白	世界郵便デー　三隣亡　一粒万倍日	先負	成	参	7日	
十日	木	丁(ひのと)未	五黄	目の愛護デー	仏滅	納	井	8日	
十一日	金	戊(つちのえ)申	四緑	◐上弦3時55分　神戸海神神社祭　不成就日　天赦日	大安	開	鬼	9日	
十二日	土	己(つちのと)酉	三碧	芭蕉忌　一粒万倍日	赤口	閉	柳	10日	
十三日	日	庚(かのえ)戌	二黒	和歌山竈山神社祭	先勝	建	星	11日	・菊花開く（きくのはなひらく） 菊の花が咲き始める。
十四日	㊊	辛(かのと)亥	一白	▣スポーツの日　鉄道の日	友引	除	張	12日	

十五日	火	壬（みずのえ）子	九紫	十三夜　八専始め	先負	満	翼	13日
十六日	水	癸（みずのと）丑	八白	熊野速玉大社御船祭	仏滅	平	軫	14日
十七日	木	甲（きのえ）寅	七赤	**○望20時26分**　東京大神宮大祭	**大安**	定	角	15日
十八日	金	乙（きのと）卯	六白	長田神社祭　靖国神社祭	赤口	執	亢	16日
十九日	土	丙（ひのえ）辰	五黄	日本橋べったら市　不成就日	先勝	破	氐	17日
二十日	**日**	丁（ひのと）巳	四緑	土用入り	友引	危	房	18日
二十一日	月	戊（つちのえ）午	三碧	出雲大神宮祭　三隣亡　一粒万倍日	先負	成	心	19日
二十二日	火	己（つちのと）未	二黒	平安神宮時代祭	仏滅	納	尾	20日
霜降（旧九月中）　十月二十三日　7時15分								
二十三日	水	庚（かのえ）申	一白	**霜降**　電信電話記念日　庚申	**大安**	開	箕	21日
二十四日	木	辛（かのと）酉	九紫	**◑下弦17時3分**　国連の日　一粒万倍日	赤口	閉	斗	22日
二十五日	金	壬（みずのえ）戌	八白		先勝	建	牛	23日
二十六日	土	癸（みずのと）亥	七赤	宮崎神宮祭　原子力の日　八専終わり	友引	除	女	24日
二十七日	**日**	甲（きのえ）子	六白	読書週間　不成就日　甲子	先負	満	虚	25日
二十八日	月	乙（きのと）丑	五黄	速記記念日	仏滅	平	危	26日
二十九日	火	丙（ひのえ）寅	四緑	福岡香椎神宮祭	**大安**	定	室	27日
三十日	水	丁（ひのと）卯	三碧	出雲大社秋季大祭	赤口	執	壁	28日
三十一日	木	戊（つちのえ）辰	二黒	ハロウィン	先勝	破	奎	29日

・**蟋蟀在戸**（きりぎりすとにあり）
きりぎりすが家の中で鳴く。

・**霜始めて降る**（しもはじめてふる）
霜が初めて降りる。

・**霎時施す**（こさめときどきふる）
時雨（しぐれ）が降るようになる。

〈霜月（しもつき）〉 十一月（小）

壁宿

（十一月七日の立冬より　月命乙亥五黄土星月）

東京	日出	日入
一日	六・〇三	一六・四六
十一日	六・一三	一六・三七
二十一日	六・二三	一六・三一

新暦	曜	干支	九星	暦の行事・祭り	六曜	十二直	廿八宿	旧暦	七十二候
一日	金	己（つちのと）巳	一白	●朔21時47分　計量記念日　己巳	仏滅	危	婁	旧10月1日	・霎時施す（こさめときどきふる）
二日	土	庚（かのえ）午	九紫	唐津くんち　三隣亡　一粒万倍日	大安	成	胃	2日	・楓蔦黄ばむ（もみじつたきばむ） 紅葉（もみじ）や蔦（つた）が色づく。
三日	㊐	辛（かのと）未	八白	◉文化の日　明治神宮例大祭	赤口	納	昴	3日	
四日	㊊	壬（みずのえ）申	七赤	振替休日　富士山浅間大社祭　不成就日	先勝	開	畢	4日	
五日	火	癸（みずのと）酉	六白	一の酉　雑誌広告の日　一粒万倍日	友引	閉	觜	5日	
六日	水	甲（きのえ）戌	五黄		先負	建	参	6日	
立冬（旧十月節）　十一月七日　7時20分　暗剣殺　なし									
七日	木	乙（きのと）亥	四緑	立冬　三隣亡	仏滅	建	井	7日	・山茶始めて開く（つばきはじめてひらく） 山茶花（さざんか）が咲き始める。
八日	金	丙（ひのえ）子	三碧	伏見稲荷大社祭	大安	除	鬼	8日	
九日	土	丁（ひのと）丑	二黒	◐上弦14時55分　秋の全国火災予防運動	赤口	満	柳	9日	
十日	日	戊（つちのえ）寅	一白		先勝	平	星	10日	
十一日	月	己（つちのと）卯	九紫	世界平和記念日　出雲大社神在祭	友引	定	張	11日	
十二日	火	庚（かのえ）辰	八白	不成就日	先負	執	翼	12日	・地始めて凍る（ちはじめてこおる） 大地も凍り始める。
十三日	水	辛（かのと）巳	七赤		仏滅	破	軫	13日	
十四日	木	壬（みずのえ）午	六白		大安	危	角	14日	

日	曜	干支	九星	行事・暦注	六曜	十二直	二十八宿	日付
十五日	金	癸（みずのと）未	五黄	七五三	赤口	成	亢	15日
十六日	土	甲（きのえ）申	四緑	**○望6時29分**　十方暮入り	先勝	納	氐	16日
十七日	**日**	乙（きのと）酉	三碧	二の酉　将棋の日　一粒万倍日	友引	開	房	17日
十八日	月	丙（ひのえ）戌	二黒	一粒万倍日	先負	閉	心	18日
十九日	火	丁（ひのと）亥	一白	一茶忌　三隣亡	仏滅	建	尾	19日
二十日	水	戊（つちのえ）子	九紫	不成就日	**大安**	除	箕	20日
二十一日	木	己（つちのと）丑	八白	東本願寺報恩講	赤口	満	斗	21日
小雪（旧十月中）十一月二十二日　4時56分								
二十二日	金	庚（かのえ）寅	七赤	**小雪**	先勝	平	牛	22日
二十三日	㊏	辛（かのと）卯	六白	**◑下弦10時28分**　[●]勤労感謝の日　香取神宮新嘗祭	友引	定	女	23日
二十四日	**日**	壬（みずのえ）辰	五黄		先負	執	虚	24日
二十五日	月	癸（みずのと）巳	四緑	神田神社秋大祭　十方暮終わり　天一天上	仏滅	破	危	25日
二十六日	火	甲（きのえ）午	三碧		**大安**	危	室	26日
二十七日	水	乙（きのと）未	二黒		赤口	成	壁	27日
二十八日	木	丙（ひのえ）申	一白	秋葉神社秋祭　不成就日	先勝	納	奎	28日
二十九日	金	丁（ひのと）酉	九紫	三の酉　一粒万倍日	友引	開	婁	29日
三十日	土	戊（つちのえ）戌	八白	香取神宮大饗祭　一粒万倍日	先負	閉	胃	30日

・**金盞香し**（きんせんかさく）
水仙の花が咲く。

・**虹蔵不見**（にじかくれてみえず）
虹が見えなくなる。

・**朔風葉を払う**（きたかぜこのはをはらう）
北風が木々の葉を払い落とす。

〈師走（しわす）〉 十二月（大）

奎宿

（十二月七日の大雪より　月命丙子四緑木星月）

東京	日出	日入
一日	六・三二	一六・二八
十一日	六・四〇	一六・二八
二十一日	六・四七	一六・三二

新暦	曜	干支	九星	暦の行事・祭り	六曜	十二直	廿八宿	旧暦	七十二候
一日	日	己（つちのと）亥	七赤	●朔15時21分　映画の日　世界エイズデー　三隣亡	大安	建	昴	旧11月1日	・朔風葉を払う（きたかぜこのはをはらう）
二日	月	庚（かのえ）子	六白		赤口	除	畢	2日	・橘始めて黄ばむ（たちばなはじめてきばむ）　橘の実が黄色く色づく。
三日	火	辛（かのと）丑	五黄	秩父夜祭　カレンダーの日	先勝	満	觜	3日	
四日	水	壬（みずのえ）寅	四緑	人権週間	友引	平	参	4日	
五日	木	癸（みずのと）卯	三碧	納めの水天宮　不成就日	先負	定	井	5日	
六日	金	甲（きのえ）辰	二黒		仏滅	執	鬼	6日	
大雪（旧十一月節）　十二月七日　0時17分　暗剣殺　東南の方									
七日	土	乙（きのと）巳	一白	**大雪**	大安	執	柳	7日	・閉塞く冬と成る（そらさむくふゆとなる）　天地の気が塞がって真冬となる。
八日	日	丙（ひのえ）午	九紫	納めの薬師	赤口	破	星	8日	
九日	月	丁（ひのと）未	八白	◐上弦0時27分　漱石忌	先勝	危	張	9日	
十日	火	戊（つちのえ）申	七赤	世界人権デー	友引	成	翼	10日	
十一日	水	己（つちのと）酉	六白		先負	納	軫	11日	・熊穴に蟄る（くまあなにこもる）　熊が穴に入って冬眠する。
十二日	木	庚（かのえ）戌	五黄		仏滅	開	角	12日	
十三日	金	辛（かのと）亥	四緑	正月こと始め　煤払い　一粒万倍日　不成就日	大安	閉	亢	13日	
十四日	土	壬（みずのえ）子	三碧	義士祭　一粒万倍日　八専始め	赤口	建	氐	14日	

日	曜	干支	九星	行事	六曜	十二直	二十八宿	旧暦
十五日	日	癸（みずのと）丑	二黒	○**望18時2分**　年賀郵便取扱い開始日	先勝	除	房	15日
十六日	月	甲（きのえ）寅	一白	秋葉神社大祭・火まつり　三隣亡	友引	満	心	16日
十七日	火	乙（きのと）卯	九紫	浅草羽子板市	先負	平	尾	17日
十八日	水	丙（ひのえ）辰	八白	納めの観音	仏滅	定	箕	18日
十九日	木	丁（ひのと）巳	七赤		大安	執	斗	19日
二十日	金	戊（つちのえ）午	六白		赤口	破	牛	20日
冬至（旧十一月中）　十二月二十一日　18時21分								
二十一日	土	己（つちのと）未	五黄	**冬至**　納めの大師　不成就日	先勝	危	女	21日
二十二日	日	庚（かのえ）申	四緑	庚申	友引	成	虚	22日
二十三日	月	辛（かのと）酉	三碧	◑**下弦7時18分**	先負	納	危	23日
二十四日	火	壬（みずのえ）戌	二黒	クリスマスイブ　納めの地蔵	仏滅	開	室	24日
二十五日	水	癸（みずのと）亥	一白	クリスマス　終い天神　一粒万倍日　八専終わり	大安	閉	壁	25日
二十六日	木	甲（きのえ）子	一白	陽遁始め　一粒万倍日　甲子　天赦日	赤口	建	奎	26日
二十七日	金	乙（きのと）丑	二黒	官庁御用納め	先勝	除	婁	27日
二十八日	土	丙（ひのえ）寅	三碧	納めの不動　三隣亡	友引	満	胃	28日
二十九日	日	丁（ひのと）卯	四緑	耕作忌　不成就日	先負	平	昴	29日
三十日	月	戊（つちのえ）辰	五黄	取引所納会	仏滅	定	畢	30日
三十一日	火	己（つちのと）巳	六白	●**朔7時27分**　大晦日　除夜の鐘　大祓　己巳	赤口	執	觜	旧12月1日

・**鱖魚群がる**（さけのうおむらがる）
鮭が群がって川を遡（さかのぼ）る。

・**乃東生ず**（なつかれくさしょうず）
夏枯草が芽を出す。

・**麋角解つる**（さわしかつのおつる）
大鹿の角が抜け落ちる。

・**雪下麦出る**（ゆきくだりてむぎのびる）

2025 令和七年 乙巳 二黒土星 六曜早見表

月日＼六曜	先勝	友引	先負	仏滅	大安	赤口
1月	1/7/13/19 25/29	2/8/14/20 26/30	3/9/15/21 27/31	4/10/16 22/28	5(日)/11(土) 17(金)/23(木)	6/12/18 24
2月	4/10/16 22	5/11/17 23/28	6/12/18 24	1/7/13/19 25	2(日)/8(土)/14(金) 20(木)/26(水)	3/9/15/21 27
3月	5/11/17 23	6/12/18 24	1/7/13/19 25/29	2/8/14/20 26/30	3(月)/9(日)/15(土) 21(金)/27(木)/31(月)	4/10/16 22/28
4月	2/8/14/20 26	3/9/15/21 27	4/10/16 22	5/11/17 23/28	6(日)/12(土)/18(金) 24(木)/29(火)	1/7/13/19 25/30
5月	1/7/13/19 25/29	2/8/14/20 26/30	3/9/15/21 31	4/10/16 22	5(月)/11(日)/17(土) 23(金)/27(火)	6/12/18 24/28
6月	4/10/16 22/26	5/11/17 23/27	6/12/18 24/28	1/7/13/19 29	2(月)/8(日)/14(土) 20(金)/30(月)	3/9/15/21 25
7月	2/8/14/20 26	3/9/15/21 27	4/10/16 22/28	5/11/17 23/29	6(日)/12(土)/18(金) 24(木)/30(水)	1/7/13/19 25/31
8月	1/7/13/19 23/29	2/8/14/20 24/30	3/9/15/21 25/31	4/10/16 22/26	5(火)/11(月)/17(日) 27(水)	6/12/18 28
9月	4/10/16 27	5/11/17 22/28	6/12/18 23/29	1/7/13/19 24/30	2(火)/8(月)/14(日) 20(土)/25(木)	3/9/15/21 26
10月	3/9/15/25 31	4/10/16 26	5/11/17 21/27	6/12/18 22/28	1(水)/7(火)/13(月) 19(日)/23(木)/29(水)	2/8/14/20 24/30
11月	6/12/18 23/29	1/7/13/19 24/30	2/8/14/25	3/9/15/20 26	4(火)/10(月)/16(日) 21(金)/27(木)	5/11/17 22/28
12月	5/11/17 22/28	6/12/18 23/29	1/7/13/19 24/30	2/8/14/25 31	3(水)/9(火)/15(月) 20(土)/26(金)	4/10/16 21/27

2024運勢方位盤

甲（きのえ）辰（たつ）
三碧木星（さんぺきもくせい）

令和六年年盤

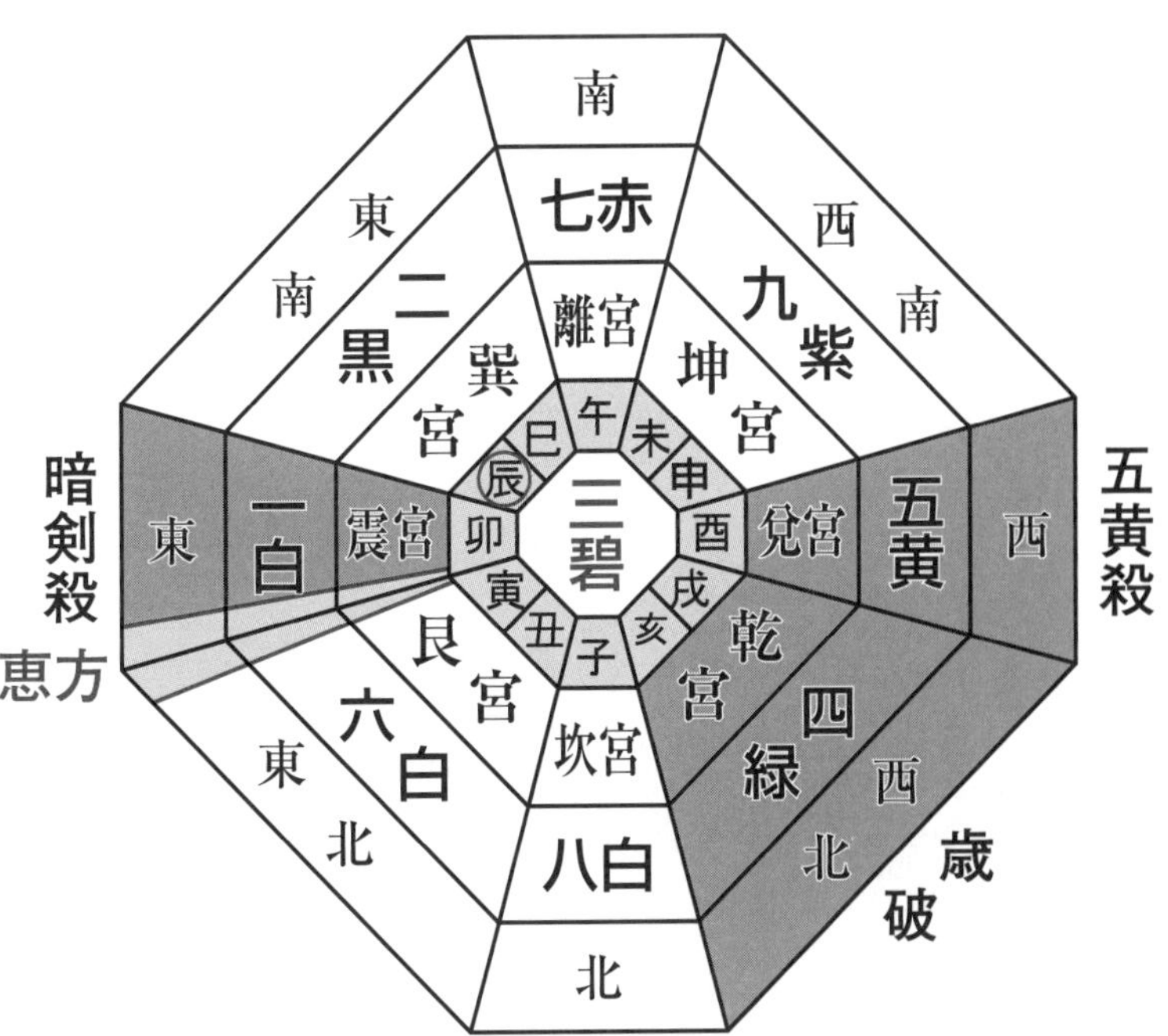

上図の八方位図からもわかるように、方位は45度ずつの均等割りではなく、現在の住居を中心として東・西・南・北は30度の範囲、東南・東北・西南・西北は60度の範囲をいいます。不用意に行動すると、東と思っていた所が東北だったということにもなりかねません。遠方になるほど誤差が広がるので要注意です。

※アミがある方位が今年の凶方です。恵方は甲の方（東北東）です。

★注★運勢方位盤（年盤や月盤）は、地図とは逆に南を上に表示するのが正方です。方位の吉凶を調べるときは、間違えないようにご注意ください。

「九星幸運暦」の使い方

■運と人生

人生とは言わば「さまざまな結果」の蓄積です。その「さまざまな結果」は、その時々の「運と行動の選択」如何(いかん)によって大きく異なります。つまり、「運と行動の選択」が結果を導くのです。

物事は、**『誰が』『何を』『いつ』『どこで』『誰と』『どのように』『どうするか』**で結果が出ます。つきつめれば『誰が』『どうするか』ですが、**『どうしたらよいか』は、その人に合った方法で、その時々の運勢に合わせて行動することが大切**です。

運勢は、時の流れや人の動きに伴って変化する運。それは、天地自然の法則によって導かれています。運勢学では、その時々に自分がかかわっている運勢の状況を知り、その時々の運勢の状況（運勢が良いときは良いなり、悪いときには悪いなり）に合わせた正しい選択をして、適切な行動をとることで、結果を良い方向に導いていくことができると考えています。

『九星幸運暦』は、九星占術によってあなたの今年の運勢の傾向を予測し、どのように過ごせば良い年を送れるかのアドバイスを示したものです。

あなたが良い結果を導き出すための三つのポイントは、

①**運勢の良い『とき…年運・月運・日運』**を選ぶこと

②**運勢の良くなる『場所…方位・家相』**を選ぶこと

③**相性の良い『相手…相性』**を選ぶことです。そうすることで**『天の時』**と**『地の利』**と**『人の和』**を得るのです。

本書の目的は、その選択のために今年必要な情報をあなたに提供することなのです。

■運勢の見方・読み方

1〔本命星の見つけ方〕

最初にあなたの本命星（生まれ星）を見つけましょう。生まれ星（本命星）とは、その人の生まれた年を支配していた九星のことです。ただし**東洋の暦法では、立春を一年の始まりとするため、立春（毎年二月四日前後）から翌年の節分までを一年とします。そのため一月一日から節分までに生まれた方は、前年の九星が本命星となります。**表紙裏の「年齢早見表」を参考にしてあなたの本命星を求めて下さい。

※2021年は２月２日が節分となります。

2〔年運・月運・日運〕

自分の本命星（生まれ星）がわかったら、五二頁から始まる「令和六年の運勢」の、「自分の本命星となる九星」の項を開いて下さい。そこで、自分の基本的な運勢の傾向と、今年全般の運勢を知ることができます。

九星ごとに、最初の4ページに、今年一年の運勢傾向である「年運」が記載されています。今年全般の運勢傾向と行動姿勢に関しては「年運」の項をご覧下さい。

年運の最初のページ上段に掲載されている表は、運勢の推移と方位の吉凶を一つにまとめたものです。左端に今年一年の運勢レベルと方位別の吉凶、その後に月ごとの運勢レベルの推移が棒グラフで示され、方位別の吉凶が「◎、○、△、×」の記号で表されています。ここで、年や月ごとの運気レベルの高低と、方位の吉凶、さらに、方位ごとの月別吉凶を一目で読み取ることができます。方位や選日に関しては七頁からの「暦の予備知識」および五〇頁の「方位の見方」をご参照下さい。

年運のあとは12ページにわたって毎月の運勢傾向と方位、そして毎日の運勢が掲載されています。毎月の運勢傾向と過ごし方は「月運」のページ、毎日の運勢「日運」も同じページに載っています。

「年運」・「月運」・「日運」は、その目安として、運気の状態を◎○△●の四段階の吉凶マークで示してあります。マークのおおよその意味は次の通りです。マークの示す運気の状況に合わせて、特に△や●のときは、注意深く慎重な態度で過ごすことが、運勢のマイナス作用を上手に回避して無難に過ごすコツです。年や、月ごとの傾向は、本文を参照して下さい。

◎……運勢は絶好調

積極姿勢が奏功。運が強い追い風となって、あなたの行動をフォローし、努力が効率的に結果に結びつくとき。

○……運勢は好調

運はプラスに作用し、微風であっても順風。物事が順調に進展し、努力が良い結果を生み出すとき。

△……運気はやや不調

運は逆風で、マイナスに作用することも多い。望みを捨てずに努力し、慎重に行動することで無難となるとき。

●……運気は絶不調

運が強い逆風となって努力の足を引っ張り、順調な進展を阻むとき。受け身の姿勢で隠忍自重（いんにんじちょう）し、充電を心がければ無難となります。

★注　月の変わり目

月の運勢や方位の吉凶を見るときは、「節変わり」（月の変わり目）に注意が必要です。毎月の変わり目は、暦カレンダーのピンクの柱で示された「節変わり」の日から、翌月の節変わりの日の前日までです。

方位の見方

源　真里

■吉凶は動より生じる

方位の吉凶は、人が移動したり行動を起こしたりする際の方向や方角（方位）から生じます。

しかし、大多数の人々は日常生活の中で、特に方位の吉凶を気にして行動しているわけではありません。必要に応じて、都合のよいときに、行きたい場所に自由に往来します。

方位学の基本は『吉凶は動より生じる』という考え方です。これは、よい方角（吉方位）ではよい運の作用で諸事うまくいきやすく、逆に、悪い方角（凶方位）では凶運の作用で何事もうまくいきにくいということです。

■方位の吉凶と運命

人の人生は運命の影響下に置かれています。その人間の吉凶禍福を司る運命の下で、私たちは、先天運（持って生まれた運）と後天運（生まれた後に関わる運）、運勢（時の変化に伴ってリズム性をもって変化する運）の作用を受けます。私たちには、先天運やそれに伴う運勢のリズムに対しては、選択や変更の自由がありません。しかし、後天運はある程度その良否を選択することが可能です。

方位の吉凶に関わる運は、後天運に属する選択可能な要素です。新築・移転はもちろん、開業、出店、取引、旅行、さらに買い物やデートなど、方位に関わる行動は、個人の後天運に大きな影響を与えます。あなたが吉方位を選択すれば、吉運の作用で良好な結果が期待できますが、凶方位を選択すれば、凶運に苛まれて良好な結果は期待できません。

■方位を活用して運命を向上・改善

予め方位の吉凶を知って上手に選択し、その作用を有効に活用すれば、運命の向上・改善に役立つ積極的な開運法となります。そのためには、まず何よりも凶方位を避けることです。そして、可能な限り吉方位を選んで行動することが大切なのです。方位を考える際に知っておきたい基本知識は次のとおりです。

◆方位を定める際に基準になるのは、住民票の有無にかかわらず、現在あなたが一カ月以上実際に居住（寝起き）している場所です。

◆方位を測定するときはきちんと北が表示された正確な地図（略図やイラストマップは不可）を用意しましょう。

■同じ方位でも時期（年、月）によって吉凶は変わる

方位には、各方位の吉凶が一年間変わらない年方位と月ごとに方位の吉凶が変わる月方位とがあります。

◆方位の吉凶は万人に共通のものと、個々の生まれ星ごとに異なるものとがあります。

◆今年の万人に共通する凶方位は、四七頁の令和六年の九星配置図を示した年盤に、歳破と記された西北、五黄殺の西、暗剣殺の東の方位となります。

また各人の生まれ星ごとの異なる方位の吉凶は、五二頁からの本文を参照してください。

■方位に関わる行動を起こすときの注意

行動を起こす際には、まず、対象となる人の「年の方位」と「月の方位」の吉凶をしっかり把握することが必要です。

特に、住居移転や開業、出店、長期（ひと月以上）の旅行などの際には、目指す方位が年、月ともに凶でない（できれば吉になる）方位を選ぶべきです。

行き先（方位）が選べるときは、その時期（年、月）に凶にならない方位を選びます。

そして、行き先（方位）が決まっている場合には、その方位が凶にならない時期（年、月）を選ばなければならないでしょう。

■方位の吉凶の調べ方

①方位（正確な北）と位置関係が正確な現住所と目的地の両方が載っている地図を用意する。

②現住所（本人が二カ月以上寝起きしている場所）を中心（交点）として、正確に東西・南北のラインを引く。

③現住所を中心（交点）として東西・南北の各ラインを挟んで左右15度（中心角30度）の線を引き、東西南北は30度、それ以外は中心角60度に八方位を分割する（方位盤と同様の区分け）。

④目的地が八方位のどこのエリアに入るかを正確に確認したうえで、年や月のその方位の吉凶を調べる。

■方位除けについて

方位の凶作用による方災は、凶方位を侵すことさえしなければ生じません。万一、無知や過失から、すでに凶方位を侵してしまった人でも『吉方移転』や『方違え（かたたがえ）（仮移転）』など、方位修正の根本的な解決策とともに、日常の言動の工夫による、各種の開運行動などの対応策もあります（具体的な方法は専門家にご相談ください）。

また、当面の応急処置として、大難を小難に止めるために、神仏におすがりし『方災除け』をすることも大切ですが、『方災除け』さえすれば凶方位を用いてもよいということではありません。

令和６年〈一白〉の運気レベルと方位吉凶表

	年運	1月	2月	3月	4月	5月	6月	7月	8月	9月	10月	11月	12月
運勢	○	○	●	○	△	◎	△	○	△	△	○	●	○

方位	年	1月	2月	3月	4月	5月	6月	7月	8月	9月	10月	11月	12月
東	×	○	○	△	×	△	△	○	×	×	○	○	△
東南	△	×	○	×	△	×	△	×	○	○	×	×	×
南	○	×	×	△	◎	◎	×	×	◎	△	×	×	×
西南	△	×	×	×	△	×	○	○	×	×	○	△	×
西	×	△	○	×	×	○	○	△	×	×	△	○	○
西北	×	×	○	×	×	×	△	×	△	△	×	○	×
北	△	×	×	△	△	○	×	×	○	○	×	×	△
東北	○	△	△	×	◎	×	◎	×	×	×	△	△	×

〔運勢〕◎大吉 ○吉 △吉凶相半 ●凶 〔方位〕◎大吉 ○吉 △吉凶なし ×凶

＜吉方＞　今年の吉方位は南と東北です。

南は自尊心が働き名誉を得る喜びとなります。独身者はやがて良縁に結びつくことになります。

東北は存在感が増して周囲から頼り甲斐のある存在と認められ、人脈も増えて将来のかけがえのない財産となります。今までの状況から一変して良い状態に様変わりしていきます。

＜凶方＞　今年の凶方は東が暗剣殺と本命殺、西が五黄殺と的殺、西北が歳破です。

東は言動行動が災いをもたらし身の危険が及ぶほど悪い状態になります。西は金銭損害や人格失墜で窮地に追いやられ、西北は平常心の乱れにより傲慢さが出て、それが原因で親しい人たちの人心が離れ絶望感に苛（さいな）まれる結果になります。

［一白水星］の生まれ年

平成29年生	丁酉	7歳
平成20年生	戊子	16歳
平成11年生	己卯	25歳
平成2年生	庚午	34歳
昭和56年生	辛酉	43歳
昭和47年生	壬子	52歳
昭和38年生	癸卯	61歳
昭和29年生	甲午	70歳
昭和20年生	乙酉	79歳
昭和11年生	丙子	88歳

令和６年方位盤

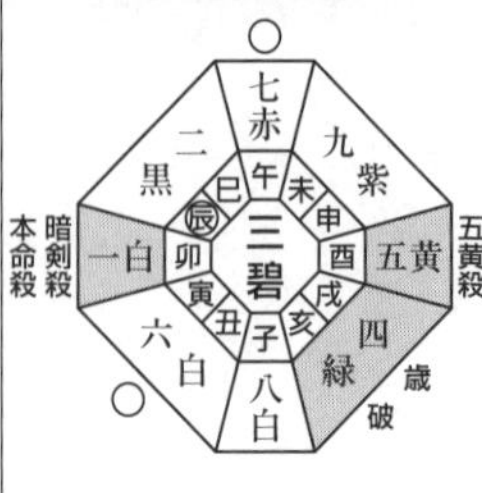

吉方　南、東北

凶方
暗剣殺・本命殺　東
五黄殺・的殺　西
歳破　西北

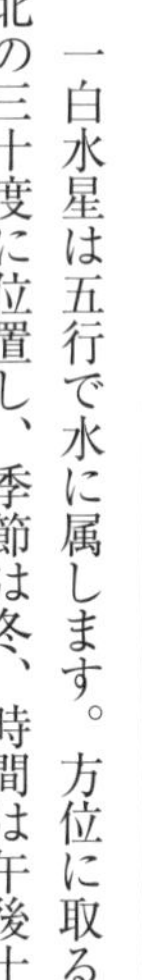

基本運勢・性格

一白水星は五行で水に属します。方位に取ると北の三十度に位置し、季節は冬、時間は午後十一時〜翌日午前一時になります。流れる水の如く順応性があり、忍耐強い星です。

＜男性＞忍耐力と特殊技能を兼ね備える

何事にも耐え抜く資質を持ち、困難な状況に直面しても独力で立ち向かう人が多いです。若い時から親元を離れ世間の荒波にもまれ苦労もありますが、能力技芸に秀でそれを生かすことが得意です。また忍耐強さから事を成し遂げる才も。人情家ですが、言葉少なくクールにも見られます。

＜女性＞優しさと潜在能力が人を包み込む

若年から才能発揮する人が多く、早くから独立し自身の道を歩みます。艱難辛苦(かんなんしんく)を味わうのも人より早いですが、持ち前の努力と忍耐強さが本来の才能に磨きをかけ豊かな人間性が周囲から慕われ人を導くようになります。ただし情に脆(もろ)いため自分を犠牲にしがち、時には割り切って考えて。

今年の運勢

今年は本命星が東に回座し陽年になりますが、暗剣殺を帯同するので要注意。本来は冷静な人も思わぬ突飛な考えや行動を起こし、仕事の失敗や人間関係で信頼を損なうことになります。

＜男性＞陽年ですが冷静に判断、対処する

今年は本命星が東に入り陽気を受け活躍の年になります。しかし暗剣殺の作用により思わぬ落とし穴があり困惑する事態もあるので、新しい場面では慎重に対処してください。相手に対して第一印象を良く見せたいという気持ちは分かりますが、言動には特に注意するようにしてください。

＜女性＞大事な時は心理的洞察力を身につける

今年はあなたを生かす人脈を広げるチャンス。来年はさらに信頼を生む良い年になるので今年はその基盤づくりが大事です。しかし暗剣殺の影響で良かれと思ってしたことが裏目に出て、せっかくのチャンスを無にしがち。大事な時は必ず心理的洞察力をもって相手と接してください。

令和6年 仕事運・金運

●活躍の年でも弁える言動を

今年は本命星が東に入る盛運の年。一白の象意（水）が東の象意（木）に入り相生する状況から判断しても、自身が社内で勢いを増し、存在感を発揮する絶好の年になります。何事も前向きに考えて構いませんが、相手や場所を弁える姿勢も必要です。なぜなら暗剣殺という凶神がついているので、特に言動には注意。取引相手や会議の席での失言だけでなく、行動も含めてです。

自営の方も今年は店舗の拡張や宣伝広告などで幸先の良い兆しに見えますが、慎重に事を構えることが大切です。先行きの結果ばかり考えて、焦る気持ちが先に立ち、足元を見ずに躓いて大ケガ（大損する）の結果になるからです。

金運面では勤めの方も自営の方も表面ばかりにとらわれて、内容も見ずに安物を高額で買ったり衝動買いで後悔するなど、無駄遣いとなる結果になりがちなので注意してください。

令和6年 家族運・健康運

●新しい発想や展開で家族を喜ばせる

去年はコロナの影響が残り世界情勢も不安に満ちた世の中でした。家族の皆も同じ思いをされたと思います。今年は盛運期のあなたが東の春風が吹込むような新しい展開を家族に試みてください。旅行やサークル活動に誘ってみてはいかがでしょう。違う世界や新しい場面など見せてあげるのも良いです。また若い方の部屋の壁紙の模様変えなどをして気分一新させてあげるのも効果的です。今年は常に前向きな考えや姿勢を持つことが大切です。ただし自身の考えを押しつけたり出過ぎた強引な行動は、家族に嫌な思いをさせ、争いの原因にもなるので禁物です。

健康面では肝臓や心臓などの精密検査は怠らずに。また、焦りによる神経過敏症や不安定な精神面での悩みや落ち着きのない行動は、思わぬケガにもつながりますので、しっかり判断して落ち着いた行動をとるように心がけてください。

令和6年 異性運・相性運

<男性>積極的に、なおかつ冷静な貴方を表現

前向きで斬新的な姿勢で、冷静な判断力を持ち味にして。変化に戸惑う六白の人には的確なアドバイスをしてあげることです。注目を浴び決断力に迫られている七赤の人には相手の長所を褒めて自信を持たせることが効果的です。自信過剰気味な三碧の人には協調性を持つ大切さを説いてあげてください。また忙しく動き回る四緑の人には激励と応援の言葉をかけてあげましょう。

<女性>今までにない魅力的な姿を演出

来年の成就に向け、今年は今までにない新鮮な魅力を相手に伝えることを基本に。悩み尽きない六白の人には本来の力量を称え、良い決断をさせます。目立って上昇気流に乗る七赤の人には自尊心を持って決断することの大切さを話して。自らの方向性に迷いのある三碧の人には大きな視野で判断するよう助言して、勝負の年になる四緑の人には癒される言葉と激励の言葉を伝えましょう。

令和6年 一白との付き合い方

知性に富み、冷静な思考力とどんな環境にも応じる順応性に恵まれた一白の人も、いったんマイナス思考に陥ると猜疑心（さいぎしん）が強くなり、物事を悪いほうへ悪いほうへと考えがち。苦労性で臆病な面が出てきます。一白との付き合いでは、マイナス思考を抱（いだ）かせないよう心がけ、明るくオープンに接することが大切です。心を開いてプラス思考となった一白は、クールな知性派という本来の持ち味を発揮して、あなたの人生における良き参謀として最高に頼れる存在となるでしょう。

特に、二黒、五黄、八白は、自分の都合や価値観を押しつけていると一白に誤解され、警戒されがちなので、言葉遣いに注意が必要です。九紫は一白に対し被害者意識を持ちやすいので、一白の気持ちを好意的に察するよう努めましょう。今年の一白は、三碧、八白と縁が深く人間関係を築くチャンス。五黄とは、いつもより反発・反目しやすいので注意が必要です。

好調運○

令和6年　一白水星

1月の運勢

〈運勢〉　本命星は離宮に廻って年盤の八白と同会。輝く太陽の気を受けて好調。周囲の注目を集めて評価が高まり、日頃の努力が報われる。直感が冴えて判断力も増すので、思い切った決断も下せるとき。日頃の悪縁や悪習と決別する好機でもある。決着すべきことを優先し、何事も言行一致で行うこと。

仕事運　過去が決着する。何事も冷静沈着に判断して、文書印鑑の扱いには注意する。

金　運　背伸びした出費よりも将来への投資を。

家庭運　穏やかな心で家族に接しよう。

健康運　目や頭の疾患に要注意。

1月の方位

本命殺　五黄殺　月破　暗剣殺　的殺
一白（南）　三碧（西南）　八白（西）　七赤（西北）　二黒（北）　九紫（東北）　○四緑（東）　五黄（東南）　中央 八白

吉方　東
凶方　東南・南・西南・西北・北

●凶方　東南は計画が失敗して倒産します。南は火難や盗難にあって苦しみます。西南は重い病にかかり長期入院します。西北は金銭的に行き詰まります。北は不慮の災難に見舞われます。

日	曜	運勢
1	月	△ネットでの衝動買いに注意
2	火	◎一意専心の気持ち持ち続け
3	水	△世間は狭い名指しで噂禁物
4	木	○焦らず待てばチャンス有り
5	金	●思わぬところ見落とし注意
6	土	◎才能は出し惜しみなく発揮
7	日	△嫌えば嫌われ苦手意識助長
8	月	◎目上の意見に従って上首尾
9	火	○見えぬ所へも細かい気配り
10	水	△不注意から失敗増える注意
11	木	○念には念を入れて益々順調
12	金	○目上の紹介で交際チャンス
13	土	△小細工を弄せず時期を待て
14	日	●落し物置忘れに注意が必要
15	月	○普段通り過ごせば災いなし
16	火	●才能発揮できず不満が残る
17	水	○対人関係良好で良友を得る
18	木	△他人に不快感与えないこと
19	金	△見切りをつけて好結果得る
20	土	◎新規のアイデア生かして吉
21	日	○食卓を囲んで旧交を温める
22	月	△思わぬキャンセルが生じる
23	火	●疲れ抜けず体調の調整失敗
24	水	○家族と団らんストレス解消
25	木	△キッパリ諦めることも必要
26	金	○新規の事柄再検討すれば吉
27	土	○集まりには出席して利あり
28	日	△お酒を飲んでも飲まれるな
29	月	◎意外な喜びあり素直に感謝
30	火	○控えめな態度で協調大切に
31	水	△周囲の風当たり強し慎重に

※月盤の吉方表示は、その月だけの吉方は○、年月ともに吉は◎。

低調運●

令和6年 一白水星
2月の運勢

＜運勢＞ 本命星は坎宮（かんきゅう）に廻って年盤の八白と同会。運気は低迷し健康も不調。悩みや迷いも多く進退に窮する場面もありそう。つまらぬ意地を張り人間関係のトラブルを招かぬよう注意。今月は思うように力を発揮できないときと心得て、能動的・積極的な行動は控えて守りに徹し、一人で悩まず周囲の協力を得ること。

仕事運 過去の見直しや新たな勉強に時間を使うべし。自己の充実が次の良運へ導く。

金　運 不調。節約を心がけ急な支出に備えるとよい。

家庭運 家族に相談して一人で悩まないこと。

健康運 冷えは大敵、体を温め膀胱炎や尿道炎に注意。

2月の方位

方位	九星	十二支
南（上）	九紫（的殺）	午
南西	二黒（月破）	未・申
西	七赤 ○	酉
北西	六白 ○	戌・亥
北（下）	一白（本命殺）	子
北東	八白	丑・寅
東	三碧 ○	卯
南東	四緑 ○	辰・巳
中央	五黄	

吉方　東・東南・西・西北
凶方　南・西南・北

●凶方 南は異性問題で夫婦は離婚し職を失います。名誉毀損で裁判沙汰になります。西南は詐欺で全財産を失います。重い病にかかって苦しみます。北は部下に裏切られて失脚します。

1 木 ●労多くして益なしの不調日
2 金 ○目標達成には強い意欲必要
3 土 △ギブアンドギブとなりそう
4 日 ○縁談話は一応は聞いてみる
5 月 ○準備予防を第一に考えて吉
6 火 △目上の人とは決して争うな
7 水 ◎人の世話をして喜びが多い
8 木 △事なかれ主義も時には必要
9 金 △焦らずできることから着手
10 土 ●凡ミス連発要点は念入りに

11 ㊐ ○汗流しボランティアで活躍
12 ㊊ △焦らず持久戦で解決の道が
13 火 ○任せたら手も口も出さず吉
14 水 ◎我慢の甲斐あり成功の吉報
15 木 ●人を憎むと自分に跳ね返る
16 金 ○焦らず忍耐して成果を得る
17 土 ○才能発揮するため充電必要
18 日 △気苦労多くて手違い生じる
19 月 ●自己過信せず人の意見聞け
20 火 ○私利私欲捨てれば万事順調

21 水 △気の合わぬ出会いで疲れる
22 木 ○目上に尽くす姿勢が好印象
23 ㊎ △美味しい話は十分吟味して
24 土 △子供と意見の相違あり不調
25 日 ◎筋を通せば快調に進展する
26 月 △片意地張らず素直な表現を
27 火 △意外な人からの誘いに注意
28 水 ●悩みが多く優柔不断になる
29 木 ○連絡ミスに注意し冷静対応

漸進運○

令和6年 一白水星

3月の運勢

〈運勢〉 本命星は坤宮に廻り年盤の九紫と同会。運気は回復傾向にあり、停滞していたことも次第に動き始めるが、新規の計画に着手するには時期尚早。目標を定め、着実に準備を進めてチャンスに備えたい。目先の利益に惑わされないよう、何ごとも急がず焦らず、慎重に基礎固めを進めていくことが大切。

仕事運 何事も手を抜かず慎重に進めていくこと。サポーターに徹して信頼を得よう。

金　運 着実な方法で貯蓄を心がけること。

家庭運 母や妻の言うことに耳を傾けて。

健康運 腹部の不調には早めの対処を。

3月の方位

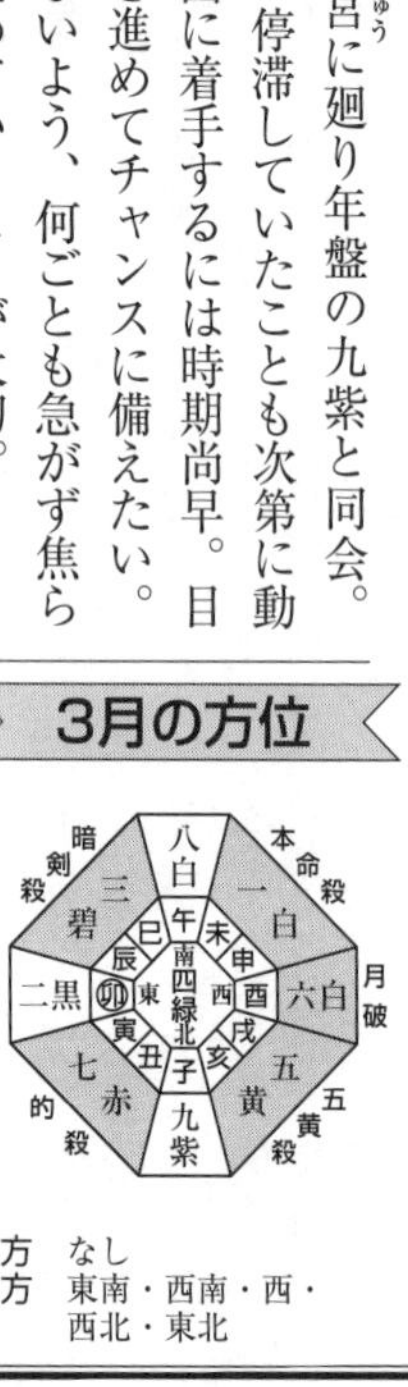

暗剣殺　三碧
本命殺　一白
月破　六白
五黄殺　五黄
的殺　七赤
八白　二黒　九紫
午 南　未 申　酉 西　戌 亥　子 北　丑 寅　卯 東　辰 巳
四緑

●凶方 東南は人間関係のトラブルで左遷や失職します。西南は過労で体を壊します。西は資金繰りに行き詰まります。西北は不慮の事故で大ケガします。東北は親族との争いで絶縁されます。

吉方　なし
凶方　東南・西南・西・西北・東北

1 金 △一息つけられるが油断禁物
2 土 ◎節度を持って対応すれば吉
3 日 ◎段取りよければ好結果得る
4 月 △自己中心に動けば孤立する
5 火 ◎強欲に走ると諸事に破れが
6 水 △心ない発言が癒せない傷に
7 木 △無理は悪い結果をもたらす
8 金 ●体力も気力も低下で大乱闘
9 土 ◎相手をほめ上げて福運あり
10 日 △あせりは禁物じっくり考慮

11 月 ○無理なく予定通りの行動を
12 火 ○浪費せずに金は有益に使え
13 水 △夫婦間に争い起こりやすい
14 木 ◎チャンス逃さず機敏に行動
15 金 △頼りにされても体調は不良
16 土 ○譲歩した態度が好印象呼ぶ
17 日 ●積極性が裏目ライバル刺激
18 月 ○不平不満で停滞せず前進を
19 火 ●事故の心配あり運転慎重に
20 ㊌ ○無理をせずに英気を養う時

21 木 ○噂気にせず自分のペースで
22 金 △無策な行動将来に禍根残す
23 土 ○年長者に気働き感謝される
24 日 ○熱意で当たれば障害も克服
25 月 ○時間の配分誤れば苦労する
26 火 ●気が急くと目的見失いがち
27 水 ○強気な言動は控えめにする
28 木 △欲に迷わず現状維持が良策
29 金 ○万事急進望まず現状維持を
30 土 △心ない発言が不信感募らす
31 日 △異性との付き合いは慎重に

※月盤の吉方表示は、その月だけの吉方は○、年月ともに吉は◎。

波乱運△

令和6年　一白水星　4月の運勢

〈運勢〉　本命星は震宮（しんきゅう）に廻り、年盤の一白と同会。運気の強さが裏目に出やすく、内外にトラブル要素を抱える波乱運。とりわけ新たな出会いに危険の芽が潜むとき。新分野への挑戦や、新規の計画に着手するのは見合わせるのが無難。何事も焦る気持ちが失敗を招くので、じっくり考えて慎重に動こう。

仕事運　好調に動くも思わぬアクシデントが潜む。次善策を常に考えて備えを。

金　運　入りも出るも多い。計画性を持った出費を。

家庭運　家族であっても無遠慮な言動は慎むこと。

健康運　喉、咽頭の病気、手先足先のケガに注意。

4月の方位

●凶方　東は誹謗中傷を受けて失職したり倒産します。不慮の災難に見舞われます。西は異性関係のトラブルで離婚します。詐欺で全財産を失います。西北は目上とのトラブルで失脚します。

吉方　南・東北
凶方　東・西・西北

1 月 ◎交渉成立の鍵は誠意と笑顔
2 火 ○地味でもコツコツ積み重ね
3 水 △人の短所批判して墓穴掘る
4 木 ●万時急進望まず現状維持で
5 金 ○新たな交友関係が広がる吉
6 土 △性急な行動連絡ミスの元凶
7 日 ○積極的な参加がツキを呼ぶ
8 月 ○油断は大敵独断専行に注意
9 火 △心が進まなければ手つけず
10 水 ◎障害突破し歓喜の時迎える

11 木 △固くならずに柔軟に対応を
12 金 ○性急過ぎれば結果を生まず
13 土 ●無計画が時と金との浪費に
14 日 ◎直感を信じて敢えて勝負を
15 月 △見込み違い犯しやすい注意
16 火 ○日頃の努力が報われる吉日
17 水 ○新アイデアのPR遠慮無用
18 木 △言葉にとげが生じやすい日
19 金 ◎目上から新しい情報が入る
20 土 △足引っ張る者あり周囲警戒

21 日 △事を荒立てずに穏健な対応
22 月 ●金銭損失や舌禍による争い
23 火 ○家族に合わせるサービス日
24 水 ●成り行きまかせは諸事停滞
25 木 ○何事にも不言実行を心がけ
26 金 ○交渉事では根回しが決め手
27 土 △気の緩みが失敗につながる
28 日 ○若い女性の最良日喜びあり
29 ㊊ △一言を欠き対人関係にも溝
30 火 △勘違い多い周囲の意見聴く

発展運◎

令和6年 一白水星

5月の運勢

＜運勢＞ 本命星は巽宮に廻り年盤の二黒と同会。強い運気の追い風に乗り好調。発展、飛躍を目指すチャンス到来。これまでの地道な努力が花開き、良いご縁にも恵まれ、物事が順調に進展する。最後まで誠実に着実に仕上げることで、より大きな成功と信頼を手に入れる。支えてくれる人への感謝を忘れずに。

仕事運 情報管理をしっかりとした上で、人との交流を仕事に生かそう。

金　運 流行に惑わされず、長く使える品を選ぼう。

家庭運 家庭内のコミュニケーションをよく図ろう。

健康運 胃腸、流行性疾患に要注意。

5月の方位

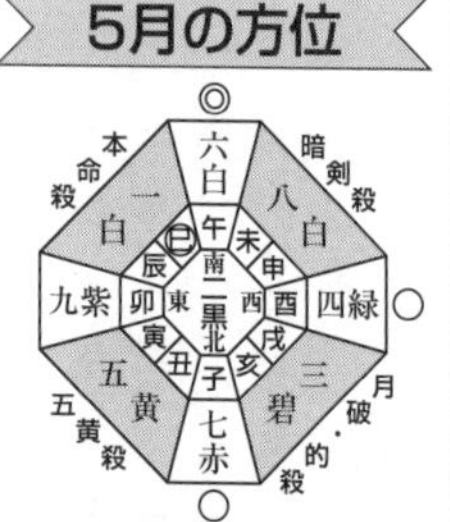

吉方　南・西・北
凶方　東南・西南・西北・東北

●凶方 東南は体調を崩して長期入院となります。西南は詐欺で大金を失います。不慮の災難に見舞われます。西北は資金繰りに行き詰まり倒産します。東北は重い病にかかって苦しみます。

1 水 ●余計な口出しがもめる原因
2 木 ○自分の土俵で相撲を取る事
3 ㊎ △人の助けが当てにできない
4 ㊏ ○真価が問われる全力投入を
5 ㊐ ○意見尊重で引き立て受ける
6 ㊊ △目上の叱責に弁解無用の日
7 火 ◎意欲が湧いて頭が冴える時
8 水 ○嫌な事から取組めば好結果
9 木 △何事も焦りが早合点を生む
10 金 ●焦らず慌てず冷静に考えよ

11 土 ○朝日を浴びてツキを呼ぼう
12 日 △倦怠ムード暫く距離を取れ
13 月 ◎やる事なす事思い通り進展
14 火 ○仕事場の無駄話は無視する
15 水 △欲張った行動は破滅を招く
16 木 ◎知恵ある人の教えに従い吉
17 金 ○人を頼らず自分の力で前進
18 土 △調子に乗りすぎ油断は禁物
19 日 ●義理が絡んで望み果たせず
20 月 ○何ごとも明確にするのが吉

21 火 △儲け話は意外な落し穴あり
22 水 ○友人の一言からヒント得る
23 木 ○背伸びはせず自然体で対応
24 金 △情に流されて深入りは禁物
25 土 ◎体調も知性も復活の良好日
26 日 ○不用の物整理してさっぱり
27 月 △遠方に利なし足元を固めよ
28 火 △義理にかられ身動きできず
29 水 ○頼まれた事は誠意で応じる
30 木 △険悪な仲は和解のチャンス
31 金 ◎人気と信用により商談成立

※月盤の吉方表示は、その月だけの吉方は○、年月ともに吉は◎。

変動運△

令和6年 一白水星

6月の運勢

＜運勢＞ 本命星は中宮(ちゅうぐう)に廻り年盤の三碧と同会。運気は強いが、吉凶が交錯して不安定。人により、また、ことと次第によって吉凶が分かれる。何事も急いではいけない。新規のことへの手出しや、前進・拡張策は控えるのが無難。むしろ手がけていることの点検整備を急げ。焦らず、万事に慎重な対応を心がけよう。

仕事運 正確な現状把握をし、過不足の調整と何をすべきかを考えるとき。

金運 収支バランスを見直し、将来への備えを。

家庭運 軽率な言動で家庭内にもめ事を増やさない。

健康運 神経痛、喘息など持病の悪化、癌の再発注意。

6月の方位

五黄殺

暗剣殺・月破

吉方 西南・西・東北
凶方 南・北

●凶方 南は文書印鑑の取り扱いミスから破産に至ります。火事で住居を失います。異性関係のトラブルで離婚します。北は部下に裏切られて失脚や失業します。不慮の災難に見舞われます。

1 土 ○感性を研ぎ澄ませて前進を
2 日 △出先で思わぬ出費赤字注意
3 月 ○曖昧さ避けて堅実に過ごせ
4 火 △親切も度を超すと嫌われる
5 水 △周囲への思いやり忘れずに
6 木 ●不用意な言葉が論争を生む
7 金 ○焦らず考え通り進めて無事
8 土 △契約事家族に図って決める
9 日 ○思いもかけない出費に驚く
10 月 △余計な口出し身の程を知れ

11 火 △情に溺れず毅然(きぜん)とした態度
12 水 ◎良い指導者の助言得られる
13 木 △勝ち目のない競争は無駄骨
14 金 △迷いが多く決断できない日
15 土 ●自分の土俵で相撲を取る事
16 日 ○迷わずにマイペースで進め
17 月 ●無理なプランは事故のもと
18 火 ○先輩の意見を考慮して行動
19 水 ◎情報集め活路開き危機逃る
20 木 △軽率行動で目上の誤解招く

21 金 ◎目的絞って進めば万事順調
22 土 ○意地の張り過ぎから自滅に
23 日 △意地を張りエネルギー浪費
24 月 ●自由な行動とれず苦労する
25 火 ○経験が生かされ成果を得る
26 水 △初歩的なミスに注意確認を
27 木 ○責務の実行が評価を高める
28 金 ◎良い知恵は対話から生じる
29 土 ○自分に正直プラスポイント
30 日 ○直感が冴え万事順調に運ぶ

令和6年 一白水星 7月の運勢

自重運○

〈運勢〉 本命星は乾宮(けんきゅう)に廻り年盤の四緑と同会。旺盛な運気だがトラブル含み。気力が高まり活動力も増す。周囲や目上の支援を受け発展が望めるが、思わぬ落とし穴に注意。期待に応え、骨惜しみせず力を尽くせば相応以上の成果が期待できるが、自己過信してやり過ぎぬよう注意。バランス感覚も大切に。

仕事運 好運だが強気に出過ぎるとトラブルの元。周囲への気配りを大切に。

金　運 好調。気が大きくなり予定外の高額出費注意。

家庭運 何かと頼りにされる、家族の話をよく聞く。

健康運 血圧、心臓、ストレスに注意。

7月の方位

暗剣殺		
八白（的殺）	四緑	六白 ○
七赤 ○	九紫	二黒
三碧（月破）	五黄（五黄殺）	一白（本命殺）

吉方　東・西南
凶方　東南・南・西北・北・東北

●凶方 東南は見込み違いで計画が失敗し倒産します。南は詐欺で全財産を失います。西北は上司と対立して失脚します。北は突然の病にかかって苦しみます。東北は親族と争い絶縁されます。

1 月 △自己過信が後日不振の原因
2 火 ○交際は順調だが言動慎重に
3 水 ●火の元点検呼称でチェック
4 木 △道楽が過ぎ万事が停滞気味
5 金 ○愚痴や不満は口にせぬこと
6 土 ◎強運日だが自己過信に注意
7 日 △隙だらけで足をすくわれる
8 月 ◎急がずにマイペースで招福
9 火 ○美味しい物を食べて幸せ日
10 水 △憧れに止めて家庭運は安泰

11 木 △出しゃばり仲間に嫌われる
12 金 ●甘い話に乗って落とし穴に
13 土 △懸案解決まで他はストップ
14 日 ○自然を楽しめる旅行がよい
15 ㊊ ◎欲出さなければ実入り多し
16 火 △人間関係で悩みあり要注意
17 水 ○嬉しいこと重なって快調に
18 木 ○前に出ずに縁の下の力持ち
19 金 △安物買いの銭失いに要注意
20 土 ○買物の楽しみは掘り出し物

21 日 ●出先で災難の恐れあり注意
22 月 △節操を持てば誘惑に負けぬ
23 火 ○目上と連絡行き違いを防止
24 水 ◎恋愛も周囲の後押しで発展
25 木 △苦労は後の飛躍の基礎力に
26 金 ◎地道な努力報われ成功摑む
27 土 ○子供と侮らずに道理を説明
28 日 △周囲への気遣いに疲れる日
29 月 ○友の意見に従ってツキあり
30 火 ●気持ち不安定で動けば失敗
31 水 ○スタミナ食とって体調万全

※月盤の吉方表示は、その月だけの吉方は○、年月ともに吉は◎。

令和6年　一白水星　8月の運勢

慎重運△

＜運勢＞　本命星は兌宮（だきゅう）に廻り年盤の五黄と同会。穏やかな運気だが、甘えと油断から墓穴を掘りやすいとき。何事も欲張らず、ほどほどに。物事が中途半端になりやすいので、責任感を持って最後まできちんとやり通すことが大切。社交運が良好だが、調子にのって不用意な発言で舌禍を招かぬよう注意。

仕事運　運気は好調だが、失言やうっかりミスによる失敗に注意。時間や約束は守ること。

金　運　財布の紐が緩みがち。優先順位を決め有効に。

家庭運　家族であっても約束厳守。

健康運　暴飲暴食に注意。

8月の方位

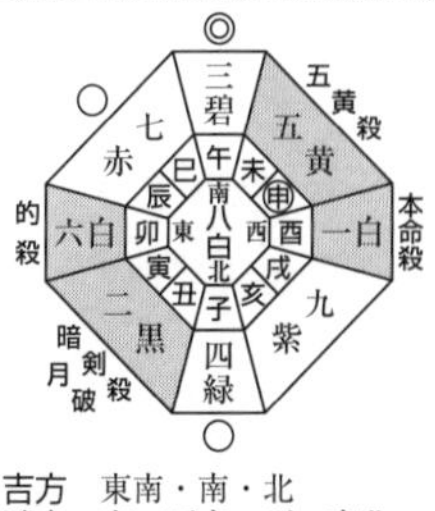

三碧　五黄　一白　九紫　四緑　二黒　六白　七赤
八白
◎（南）　○（東南）　○（北）
五黄殺　本命殺　的殺　暗剣殺　月破

吉方　東南・南・北
凶方　東・西南・西・東北

●凶方　東は過労やストレスで体を壊し苦しみます。西南は詐欺で全財産を失います。西は異性関係のトラブルで離婚します。資金繰りに行き詰まります。東北は不慮の災難に見舞われます。

1 木 △デートでトラブルに注意を
2 金 ○不言実行で信用度が高まる
3 土 △勘だけに頼ると判断を誤る
4 **日** ◎センス生かし独自のお洒落
5 月 ○無理は禁物流れに任せよう
6 火 △信頼を失う言動に注意せよ
7 水 ○約束は時間と場所を正確に
8 木 △力を抜いて自然体で過ごせ
9 金 △お金にルーズな人に要注意
10 土 ○人頼みせず自力で解決し吉

11 ㊐ ◎柔軟な発想が成功生み出す
12 ㊊ △他人の不始末の後始末の日
13 火 ○あいまいな意思表示は禁物
14 水 ○割り切った行動がツキ招く
15 木 ●外からの誘い乗らぬが無難
16 金 △目先の利益より信用を重視
17 土 ●作戦変更も含め臨機応変に
18 **日** △早トチリで無駄骨折る用心
19 月 ○効率を考えて行動すれば吉
20 火 ◎多彩なプランで楽しみ倍増

21 水 △人に先んじるより後方支援
22 木 ○本分心得て行動すればよい
23 金 ○行き過ぎ注意して協調重視
24 土 ●考えに迷い生じ進退極まる
25 **日** ○プライベートタイムが充実
26 月 ●独断的な行動はミスを招く
27 火 △情報を深読みし過ぎて困惑
28 水 ○ユーモアを忘れぬ余裕必要
29 木 ◎意気盛んで人が支持に回る
30 金 △欲も過ぎれば見苦しさ残る
31 土 ◎日常生活向上へ密かな自信

令和6年 一白水星 9月の運勢

変動運△

∧運勢∨ 本命星は艮宮（ごんきゅう）に廻り、年盤の六白と同会。変動運の今月は物事が二転三転して予定通りに進まない。変化の渦中に巻き込まれがちなとき。慌てずに変化の先行きを冷静に見極め、柔軟かつ最小限の対応で凌（しの）げ。本筋を守り安易な路線変更は不可。内輪での意思の疎通を図ることが大切。

仕事運 物事が変動しやすく、安定に欠ける。こういうときこそ、地盤固めをしっかりと。

金　運 不安定。急な出費に備えよ。

家庭運 家族の意見がまとまらない。

健康運 腰痛、関節痛、手足の先に注意。

9月の方位

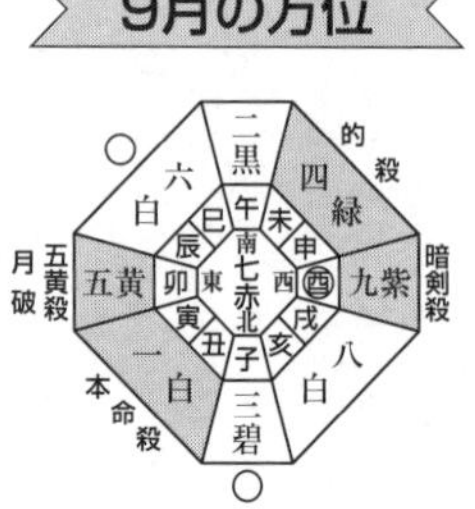

吉方　東南・北
凶方　東・西南・西・東北

●凶方 東は不慮の災難に見舞われます。西南は過労で体を壊して苦しみます。西は異性関係のトラブルで離婚や失業します。東北は重い病にかかります。親類とのトラブルで絶縁されます。

1 日 ○友人との会話から妙案得る
2 月 ●短気起こして周囲と争うな
3 火 ○ほめ言葉活用で対人運上昇
4 水 ●苦労多くも希望は叶わない
5 木 △先行投資と心得て手を貸す
6 金 △苦しくとも自分で処理する
7 土 ○別れ際退き際の姿に好評価
8 日 △気配り次第が運を左右する
9 月 ◎好結果の見込みある幸運日
10 火 ○頑張りのきく時やり抜く事

11 水 △迷いありスムーズに進まぬ
12 木 ○自己管理十分にして健康体
13 金 ●海や渓谷水難に注意のこと
14 土 ○一歩ずつ着実に前進すべし
15 日 △妥協して周囲との対立回避
16 ㊊ ◎新たな企画に成功の芽あり
17 火 △人の噂話に耳を貸さぬが吉
18 水 ◎誤解解けて人間関係は好転
19 木 ○家族の意見尊重で問題解決
20 金 △軽率な発言取り返しつかぬ

21 土 ○強気もTPOで使い分ける
22 ㊐ △あまり高く望むとつまずく
23 ㊊ △流れ変っている立ち止まれ
24 火 △高い所や階段など足元注意
25 水 ◎目標定めたら目移りするな
26 木 △落ち込むと思わぬミス呼ぶ
27 金 ○足元に気を配ると好運あり
28 土 ○当座の金運調（ととの）って安堵の日
29 日 ●独断専行で仲間に横向かれ
30 月 ○友人の誘いに乗り喜びあり

※月盤の吉方表示は、その月だけの吉方は○、年月ともに吉は◎。

好調運○

令和６年 一白水星

10月の運勢

＜運勢＞ 本命星は離宮に廻り年盤の七赤と同会。運気は好調。顕現の作用でよく目立ち、PR効果も高いとき。思考力や判断力も増すので懸案事項に決着をつけるチャンス。良くも悪くも目立つので言動には注意を。自慢話と断定的なもの言いは避け、礼儀正しく控えめな態度を心がければ好感度もアップ。

仕事運 今までの成果がでて評価があがるとき。効果的に自己PRをしてチャンスを拡大。

金　運 散財傾向、見栄をはらず堅実に。

家庭運 高慢な態度や物言いに気をつける。

健康運 目、視力、脳の健康に注意。

10月の方位

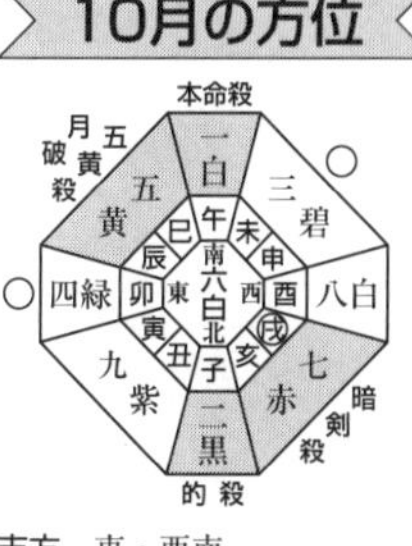

吉方　東・西南
凶方　東南・南・西北・北

●凶方 東南は機密情報が漏洩して社会的信用を地失います。南は火難や盗難で苦しみます。西北は上司とのトラブルで失脚します。過労で体を壊します。北は部下に裏切られて失職します。

1 火 ●準備不足が重大なミス生む
2 水 ○気取らずフランクな態度吉
3 木 △調子に乗らず慎重に行動を
4 金 ◎信用第一が運気上昇の鍵に
5 土 △ただ競っても勝ち目はなし
6 日 ◎自信の裏付け大きなパワー
7 月 ○意外な人から大きな助力が
8 火 △アイデアを認められず不快
9 水 ◎積極行動が思わぬ実を結ぶ
10 木 ●意見の対立から大トラブル

11 金 ○相手の意向をよく確かめよ
12 土 △目移り気迷いの行動は禁物
13 日 △親類縁者の関係で悩み多し
14 ㊊ △甘い認識を捨て地道に努力
15 火 ○計画的な買い物で得する日
16 水 ○目先の事より長い目で見よ
17 木 △成り行きまかせはよくない
18 金 ◎障害を乗り越えて目標達成
19 土 ●自分本位は他人の反感買う
20 日 ○前向き思考で初心を忘れず

21 月 ○正攻法で進めば順調に展開
22 火 ○低姿勢で目上に従い上首尾
23 水 △勝手気ままな相手に不快感
24 木 ○予約なしの迷惑訪問控えよ
25 金 ◎能率アップで評価が上がる
26 土 △悪材料も修業の助けと思え
27 日 △早めに帰宅して明日の準備
28 月 ●勝負事はツキがなく大敗北
29 火 △強い信念も空振りになる日
30 水 ○話合いで意見の相違を解決
31 木 ○体裁気にせず自主的に進め

衰退運●

令和6年 一白水星

11月の運勢

〈運勢〉 本命星は坎宮（かんきゅう）に廻り年盤の八白と同会。運気が衰退。気力も体力も減退し、諸事停滞のとき。状況も変化しがちで思うように力が発揮できず、成果も上がらない。下手に動けば事態の悪化を招きかねない。今は充電期間と心得て、守りに徹して静観し、知識や技能の習熟を心がけて運気の転換を待て。

仕事運 運勢停滞で諸事滞りがち。これまで落ち着いてできなかった勉強に取り組もう。

金　運 不調。出費は抑えて貯蓄する。

家庭運 悩みごとは家族に相談。

健康運 冷えからの不調は早めに対処。

11月の方位

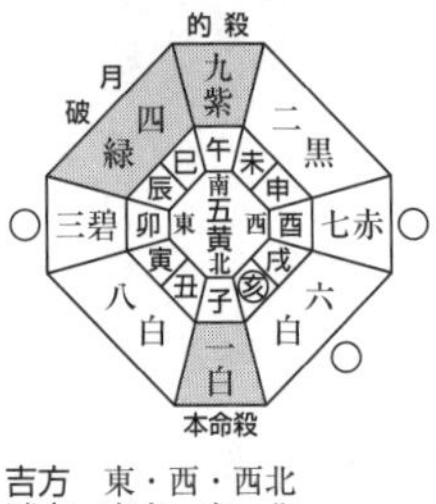

的殺 九紫（南）、月破 四緑（東南）、二黒（西南）、三碧（東）○、七赤（西）○、八白（東北）、六白（西北）○、一白（北）本命殺

午・未・申・酉・戌・亥・子・丑・寅・卯・辰・巳、中央 五黄

吉方　東・西・西北
凶方　東南・南・北

●**凶方** 東南は詐欺で全財産を失います。異性問題で離婚します。南は火難や盗難で苦しみます。文書印鑑の取り扱いミスで大損します。北は過労で体を壊します。親族と争い絶縁されます。

1 金 △言葉を慎み積極策は控えよ
2 土 ○正確に情報を収集して活用
3 ㊐ ○目的達成にもうひと頑張り
4 ㊊ ●甘い話は耳半分で聞き流す
5 火 ○思慮分別あれば上手くいく
6 水 ●悲観的な言動が停滞を招く
7 木 △寛容の心を持って我慢せよ
8 金 △見込みのない時行動慎重に
9 土 ◎一意専心の気持ちであたる
10 日 ●先行き不透明で右往左往す

11 月 ◎約束時間を守り順調となる
12 火 ○親しき仲にも金銭のけじめ
13 水 △急進望めば失敗現状維持で
14 木 ○明るい言動で脚光を浴びる
15 金 ●油断は禁物ミスで苦労する
16 土 △思惑はずれる日慎重に対処
17 日 △当てにしたこと駄目になる
18 月 ○見栄は張らずに素のままで
19 火 △見通しつかぬなら現状維持
20 水 ○順調でも熱くなり過ぎるな

21 木 ○何事もよく考えてから決心
22 金 △足元不安階段での事故注意
23 ㊏ ○ツキを呼び込む元気な挨拶
24 日 ●自暴自棄な行動は挫折確実
25 月 △人の批判自分を律してから
26 火 △風邪早めの手当で万病防ぐ
27 水 ◎真面目な努力が信頼を得る
28 木 △のんびり構えチャンス逃す
29 金 ○沈黙よりも発言して好結果
30 土 ○人の嫌がること率先して吉

※月盤の吉方表示は、その月だけの吉方は○、年月ともに吉は◎。

令和6年 一白水星 12月の運勢

復調運○

＜運勢＞ 本命星は坤宮（こんきゅう）に廻り年盤の九紫と同会。運気は回復基調。停滞していたことにも見通しが立ち始めるときだが、新規のことに着手するには時期尚早。急進したり、目先の成果を求めてはいけない。高い視点から長期を見通す計画を立て、しっかり準備、段取りを整えて、急がず焦らず一歩一歩着実に漸進せよ。

仕事運 まずは現状の把握と、綿密な長期計画を地道に積み上げること。

金　運 いまは将来への貯蓄が一番。

家庭運 家族への秘密は厳禁、オープンに。

健康運 消化器系、胃腸のトラブルに注意。

12月の方位

月破 本命殺 暗剣殺 的殺 五黄殺
八白 一白 六白○ 五黄 九紫 七赤 二黒 三碧
午 未 申 酉 戌 亥 子 丑 寅 卯 辰 巳
南 西 四緑 北 東

●凶方 東南は詐欺で全財産を失います。南は火事で住居を失います。西南は過労で体を壊して働けなくなります。西北は不慮の事故で大ケガします。東北は異性関係のトラブルで離婚します。

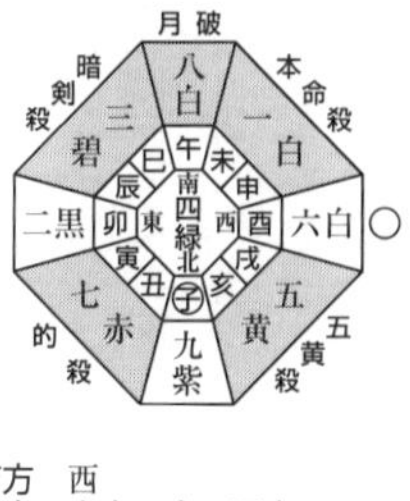

吉方 西
凶方 東南・南・西南・西北・東北

1 **日** △つまらぬ人の誘いに乗るな
2 月 △周囲に活動阻まれ不満募る
3 火 ●心ない発言が不信感募らす
4 水 △油断すると事態は悪化する
5 木 ○真面目な努力に報いがある
6 金 ◎公明正大な対応が心を摑（つか）む
7 土 △何事も争い避け謙虚に対処
8 **日** ○飲食の機会にチャンスあり
9 月 ◎嬉しい出会いは発展に進む
10 火 ●勝ち目のない競争は避けよ

11 水 ○緩やかな気持ちで待機する
12 木 ●先行きの見通しが立たない
13 金 ○急進すれば成る事も成らず
14 土 ○周りとの会話の時間大切に
15 **日** ◎順序を踏んで進めば上首尾
16 月 △気の緩み後日にツケが回る
17 火 ○頭も体も柔軟性を磨くこと
18 水 ◎意欲的に行動して成果あり
19 木 △人を頼っても得ることなし
20 金 ○まず見合い縁の良否その後

21 土 △偏見や自信過剰は失敗の元
22 **日** △車は安全運転スピード注意
23 月 △今日の予定は変更せぬこと
24 火 ○人から情報得て利益を得る
25 水 △強情に言い張っても利なし
26 木 △情報収集と根回しに分あり
27 金 ◎欲を捨てれば万事が好調に
28 土 ○足元固めながら着実に進め
29 **日** ○チームワークの冴える一日
30 月 ●相手の心推し量れずに苦慮
31 火 ○備えあれば憂いなし要確認

二黒土星

年度運 ◎ 発展運

令和6年〈二黒〉の運気レベルと方位吉凶表

	年運	1月	2月	3月	4月	5月	6月	7月	8月	9月	10月	11月	12月
運勢	◎	●	△	○	◎	△	○	△	●	○	●	○	○

方位	年	1月	2月	3月	4月	5月	6月	7月	8月	9月	10月	11月	12月
東	×	△	△	×	×	○	○	×	○	×	△	△	×
東南	×	×	△	×	×	△	×	○	○	○	×	×	×
南	○	×	◎	◎	◎	◎	×	×	△	×	×	◎	×
西南	○	×	×	△	◎	×	◎	◎	×	△	△	×	△
西	×	○	○	×	×	△	△	×	△	×	○	○	×
西北	×	×	○	×	×	×	×	△	○	○	×	○	×
北	○	×	△	◎	◎	◎	×	×	△	×	×	△	◎
東北	○	◎	×	◎	◎	×	△	×	×	△	◎	×	◎

〔運勢〕◎大吉　○吉　△吉凶相半　●凶〔方位〕◎大吉　○吉　△吉凶なし　×凶

〈吉方〉　今年は南、西南、北、東北が吉方です。南は社交運、恋愛運、金運が上昇します。芸術、発明で名誉を得ます。喜び事が多く起きます。西南は勤勉が評価され昇給、栄転があります。学問、研究、芸術で名誉名声を得ます。北は親族や旧友、上司や部下と良い関係になります。東北は有力者の支援が得られ投資や事業で財産が増えます。

〈凶方〉　今年の凶方は西が五黄殺、東が暗剣殺、東南が本命殺、西北が歳破と的殺です。

西は享楽を求め堕落、借金や病気に苦しみ、東は秘密が露見して信用失墜します。災難に遭い事業は中途挫折します。東南は怠惰になり失職します。商談や縁談は壊れ、家庭崩壊します。西北は有力な支援者を失い、事業は中途挫折します。

〔二黒土星〕の生まれ年

平成28年生（丙申）8歳
平成19年生（丁亥）17歳
平成10年生（戊寅）26歳
平成1年生（己巳）35歳
昭和55年生（庚申）44歳
昭和46年生（辛亥）53歳
昭和37年生（壬寅）62歳
昭和28年生（癸巳）71歳
昭和19年生（甲申）80歳
昭和10年生（乙亥）89歳

令和6年方位盤

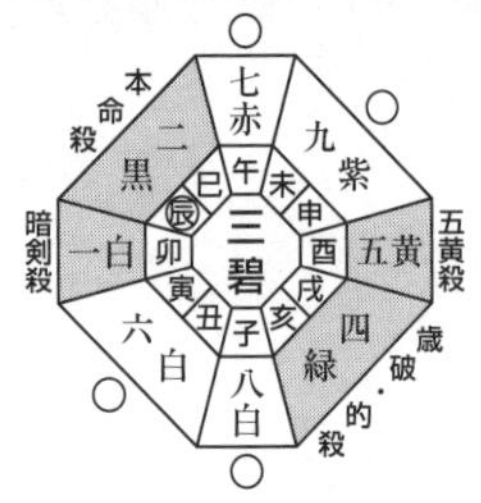

吉方　南、西南、北、東北

凶方
五黄殺　西
暗剣殺　東
本命殺　東南
歳破・的殺　西北

基本運勢・性格

二黒土星は五行では土性に属し、西南六十度に定位。季節では七月、八月の晩夏から初秋に当たり、一日では午後一時から午後六時になります。慈愛の心を持つ大地の母、漸進と育成の星です。

＜男性＞実力があり信頼される補佐役

この星は慈愛の心を持ち、休みなく地道に努力を続ける性質で、あわてずこつこつと実力を蓄えていくことで周囲に認められていきます。少し決断力に欠け迷いも生じやすいため、会社ではトップより、実力のある補佐役的立場で活躍するほうが向いているでしょう。運勢は晩年運です。

＜女性＞慈愛の心に満ちた良妻賢母

万物を育む包容力や慈愛の心に満ちた大地の母のような性質で、表面はゆっくりしたスピードで穏やかですが、芯はしっかり者で忍耐強く堅実です。家庭を任せては内助の功を発揮、家族に愛情を注ぎ、多少頑固なものの人に尽くして感謝されて、晩年は幸せな生活が送れます。

今年の運勢

今年の二黒は、東南方位（巽宮）に廻り、活気に満ちた成長発展の運気を受けて躍進のチャンスです。努力してきたことに成果が上がり、信用も増して人脈が広がり、良縁に恵まれます。

＜男性＞多忙でも丁寧に対応する

十分な準備をして積極的に行動をスタートさせた人には、諸事順調な進展が期待できます。今年は、周りから多くの相談が持ち込まれます。遠方からも持ち込まれて非常に多忙となりますが、最後まで気を抜かず誠実に丁寧な対応を心がけてください。厚い信頼が得られ成功につながります。

＜女性＞信用第一の行動が将来を決める

目標を決めて地道な努力を積み重ね、チャンスを生かして積極的に行動に移した人は、さらに発展が期待できます。発展のカギは良好な人間関係であり、信用です。万事最後まで気を抜かず、丁寧な仕上げを心がける信用第一の行動が物事を完成させ、あなたの将来を良い方向に導きます。

令和6年 仕事運・金運

●最後まで丁寧に仕事をしましょう

仕事運は、目標を立てて地道に努力を積み重ねた人にとっては、信用が高まり、人脈が拡大、さらに成長が期待できます。信頼を損なわないように最後まで誠実に丁寧な仕事を心がけてください。

自営の方は、計画・準備を入念に行い、地道に営業活動を継続してきた成果が出ます。業績の伸展、店舗の拡大が期待できます。遠方からの取引も持ち込まれます。しかし、無計画や思いつきで欲を追求しても期待はずれとなります。

会社員の方は、真面目に努力してきた人には運気の後押しもあって、信用を得て昇進もあります。

金運は、仕事が好調で増収が期待でき良好といえます。自営業の方は計画通りの資金繰りは問題ありませんが、欲を出しすぎての資金調達は逆運を招くので自制してください。会社員の方は交際、結婚、新居などの費用がかさみますが、将来に向けて必要な支出は迷わないで決断しましょう。

令和6年 家族運・健康運

●家族とのコミュニケーションも大切

家族運は、あなた自身がどのような心がけで家族との信頼関係を築いていくのかが問われます。仕事や取引相手の人脈が拡大していく中、家庭が疎かになり、家族に不平不満、すれ違いが生じている可能性があります。家庭の中では自分が中心になってコミュニケーションを図る努力が必要です。家族に足りないところがあれば、問題が大きくなる前によく話し合って、今年中に解決を図るようにしてください。家族全員で遠方への旅行を計画し親睦を図るのも運気アップに良いでしょう。

健康面は、流行性疾患、呼吸器系疾患、アレルギーに注意する年です。無理をしなければ大きな病気で悩むことはないですが、罹患(りかん)すると症状は一進一退で長引き、慢性疾患となりがち。仕事や交際範囲が拡大して多忙をきわめるので、生活が不規則、不摂生になりやすく、体調低下が心配です。睡眠を十分とり健康管理に留意してください。

令和6年 異性運・相性運

＜男性＞良縁を得るチャンス

今年は縁談が斉(ととの)うことが期待できる年です。新しい出会いに恵まれ、恋愛から結婚へ発展する期待が持てます。チャンスを見逃さないでください。

相性は基本的に、二黒、五黄、六白、七赤、八白、九紫が吉。二黒とは縁談がまとまりやすく、五黄とは女性がリードし、六白とは相手の心変わりが心配、七赤とは楽しい気持ちで進み、八白とは初対面よく観察し、九紫とは結婚を意識します。

＜女性＞恋愛、結婚の好機です

今年は恋愛、結婚の好機の中にいます。周りから縁談が持ち込まれます。今年決める覚悟で知人、友人、親類などすべてを活用してください。

相性は基本的に、二黒、五黄、六白、七赤、八白、九紫が吉。二黒とは思いが同じで、五黄とは遊びなのかを見極めて、六白とは今年は紆余曲折があり、七赤の彼は遊び上手、八白とは彼の隠し事が心配で、九紫とは気持ちが一致します。

令和6年 二黒との付き合い方

少々フットワークが悪く、保守的ですが、人を育て支える能力は九星中随一。しかし、尽くす喜び、育てる喜びを心の糧(かて)として堅実に歩を進める二黒の人も、長所の裏返しの面が欠点となり自己主張が苦手です。向上心と積極性、決断力に欠けるのが難点です。また、口には出さなくても相応の評価と労(ねぎら)いがなければ不満を募らせ、黙って去ってしまいます。人の役に立つことで自分の存在価値を見出す二黒なので、きちんと感謝と労いの気持ちを表すことを忘れずに接してください。

特に、三碧、四緑は、自分の都合や価値観を押しつけていると二黒に誤解されて警戒されがちなので、言葉遣いに注意が必要です。一白は、二黒に対し被害者意識を持ちやすいので、二黒の気持ちを好意的に察するよう努めましょう。今年の二黒は、九紫と縁が深くいつも以上に良い人間関係を築くチャンス。四緑とは、トラブル含みの上に対立もしやすいので距離感に注意が必要です。

低調運●

令和6年 二黒土星 1月の運勢

＜運勢＞ 本命星は坎宮に廻り年盤の九紫と同会します。低調な運気で不調。何かと問題が生じやすく、物事が思うように進まないとき。健康面が不安なので健康管理を十分に。対人関係では特に注意が必要で、独断は禁物。次のチャンスに備え、実力を養いながら運気の回復を待とう。

仕事運 全体運として不調、外に求めるのではなく内側を充実させることが重要と心得て。

金　運 節約あるのみ、無駄な出費は後にひびく。

家庭運 一人で悩まず家族に相談。

健康運 冷えに注意。膀胱炎、尿道炎に注意。

1月の方位

吉方　西・東北
凶方　東南・南・西南・西北・北

●凶方 東南は人間関係のトラブルで失脚します。南は文書印鑑の取り扱いミスで大損します。西南は親族との争いで絶縁されます。西北は資金繰りに行き詰まります。北は難病で苦しみます。

1 月 ○公私の区別ははっきりせよ
2 火 △外見を飾り見栄を張り散財
3 水 ◎積極的な行動で成功手中に
4 木 ○事前確認と細心の策で万全
5 金 △異性との交流には用心必要
6 土 ●ただ競っても勝ち目はなし
7 日 ○周囲との調和重視で好展開
8 月 ●篤実に対応すれば被害最小
9 火 ○思わぬ朗報があり心楽しい
10 水 ○雑用と思っても丁寧に対応

11 木 △外出先でトラブルあり注意
12 金 △変化は行き過ぎ後戻り必要
13 土 ◎未知への挑戦は目上に相談
14 日 △階段の踏み外しケガに用心
15 月 △頼み事断わる口実に一苦労
16 火 ○他人のケンカに口出し禁物
17 水 ●平穏に慣れると油断が生ず
18 木 ○朝日を浴びてツキを呼ぼう
19 金 ○思い切った行動が旨くいく
20 土 △病気再発の恐れ楽観せずに

21 日 ○何事も共同作業に徹して利
22 月 △予算はオーバー気味締めて
23 火 △宴席で誘いに乗って後悔す
24 水 ●多忙によってミスを生じる
25 木 △焦慮から神経疲労に要注意
26 金 ●責任ばかり大きく苦労する
27 土 ○評価は上昇意欲を見せる時
28 日 △不満あっても我慢して無事
29 月 △年長者の紹介先有利に展開
30 火 ○素直に誠意を尽くして吉日
31 水 ◎ボランティア活動から幸運

※月盤の吉方表示は、その月だけの吉方は○、年月ともに吉は◎。

令和6年 二黒土星 2月の運勢

慎重運△

〈運勢〉 本命星は坤宮（こんきゅう）に廻り年盤の九紫と同会。運気に回復の兆しが見えてくるとき。やる気が出てくるが、功を焦っての急発進は禁物。今月は前に出るより支えに回るのが吉。目標を高く掲げ、焦らず地道に基礎固めに専念せよ。将来に備えた仕込みと準備と心得て、地道に努力し、堅実に信用や資金を蓄積せよ。

仕事運 地道にサポートしても報われないこともある。あきらめずに誠実にこなすこと。

金　運 無駄遣いは厳禁、家族のための貯蓄をしよう。

家庭運 将来や家族のためになる出費をしよう。

健康運 内臓疾患、皮膚病に注意。

2月の方位

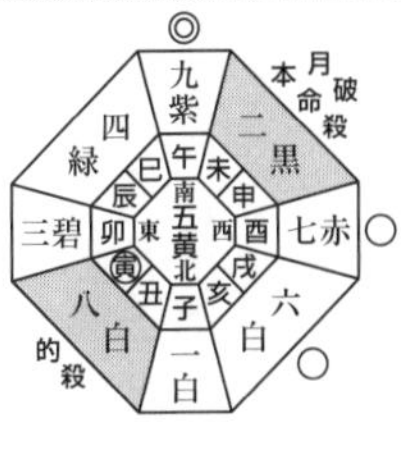

●**凶方** 西南は見込み違いで計画が失敗し倒産します。過労で体を壊します。不慮の災難に見舞われます。東北は詐欺で不動産を失います。親族とのトラブルで苦しみます。重い病にかかります。

吉方　南・西・西北
凶方　西南・東北

1 木 △過信控え出しゃばらぬこと
2 金 ●精神不安定で失敗を起こす
3 土 ○慌てず対処打った手生きる
4 日 ●ミスが多発しやすい要注意
5 月 ○不要不急な支出は控えて吉
6 火 ○あきらめず努力すれば氷解
7 水 △調子に乗ると落とし穴待つ
8 木 ◎地道な努力実り成功発展へ
9 金 ◎すべての面で努力実る好日
10 土 △苦労は多くても頑張るだけ

11 ㊐ △他人に振り回されぬように
12 ㊊ ○相手の考えを尊重して対応
13 火 ●貴重品の紛失や盗難に注意
14 水 ○率先して働けば幸運を呼ぶ
15 木 ○努力相応の成果を得る好機
16 金 △他人の言動で迷いが生じる
17 土 ○勝運あり自信を持って勝負
18 日 ◎対人運良好話題に気配りを
19 月 △独断専行で組織はガタガタ
20 火 △派手な行動服装は控え無難

21 水 ○家族とくつろぐ時間大切に
22 木 ●苦労も多いが助けも現れず
23 ㊎ ○地道に勤めれば順調に行く
24 土 ○縁の下の力持ちに徹し我慢
25 日 △家族の記念日を忘れぬ配慮
26 月 ◎創造性がフルに発揮され吉
27 火 △欲と災難背中合わせと知れ
28 水 △今日一日は我慢覚悟が大切
29 木 △旅先で思わぬ出費赤字注意

自重運○

令和6年 二黒土星 3月の運勢

＜運勢＞ 本命星は震宮に廻り、年盤の暗剣殺を帯同した一白と同会。運気上昇につれて気力も行動力も増し、準備してきたことに着手して成果が期待できる。反面、功を焦って思わぬトラブルにつまずきやすいので、何事も急がず着実に進めよう。気分任せの身勝手な行動は控え、部下や周囲の人との調和を大切に。

仕事運 急発進や衝動的な行動は控え、計画的に進めよう。

金　運 好調だが思わぬ落とし穴あり。

家庭運 良好。皆のムードを大切に。

健康運 肝臓病、手足の先のしびれ、神経症に注意。

3月の方位

◎ 八白 午 南
一白 未 申
六白 酉 西 月破 的殺
五黄 戌 亥 五黄殺
◎ 九紫 子 北
◎ 七赤 丑 寅
二黒 卯 東 本命殺
三碧 辰 巳 暗剣殺
四緑

●凶方 東は計画が失敗し大損します。東南は機密事項が漏洩して社会的信用を失います。西は異性関係のトラブルで離婚します。資金繰りに行き詰まります。西北は突然の病にかかります。

吉方　南・北・東北
凶方　東・東南・西・西北

1 金 △小さなミスも見逃すと損失
2 土 ●本筋離れた事に介入は無用
3 日 ○縁下の力持ちに徹して幸運
4 月 ◎良い指導者の助言得られる
5 火 △過去の醜聞が失業に繋がる
6 水 ○素直な振舞いが評価を獲得
7 木 ◎躊躇せず物事に当たれば吉
8 金 △慢心から窮地身から出た錆
9 土 △強引な相手に振り回される
10 日 ○独善独行を戒め周囲と協調

11 月 ●甘言に動けば後に悔い残す
12 火 ○堅実と誠実で持ち場固める
13 水 ○自覚症状あったら即医者に
14 木 △連絡ミスが起こりやすい日
15 金 ◎縁の下の力持ちで人を育て
16 土 ◎強運日だが基本を忘れずに
17 日 △うまい話には決して乗るな
18 月 △二兎追わず目的にアタック
19 火 ○相手を尊重する対応が大切
20 ㊌ ●派手な行動や言動は慎んで

21 木 ○子供と侮らずに道理を説明
22 金 ○些細なことにこだわらず吉
23 土 △ぼんやりからミスが重なる
24 日 △倦怠ムードしばらく距離を
25 月 ◎抜群の提案能力が開花の日
26 火 △見え張りで家計赤字に転落
27 水 △進み過ぎ手広げ過ぎて失敗
28 木 ○目的達成にはもう一頑張り
29 金 ●義理しがらみが苦労のたね
30 土 ○チャレンジ精神で難関突破
31 日 ○出しゃばらず控えめが無難

※月盤の吉方表示は、その月だけの吉方は○、年月ともに吉は◎。

発展運◎

令和6年 二黒土星

4月の運勢

＜運勢＞ 本命星は巽宮（そんきゅう）に廻り年盤の二黒と同会。運気は絶好調。発展性に富み良い縁に恵まれ、日ごろの努力が実るとき。自ら進んでサポート役に徹すれば、良い理解者に恵まれて、よりいっそうの成果が期待できる。信用第一の姿勢と、相手の立場に配慮した柔軟な対応が好感を得る。独身者の縁談は特に吉。

仕事運 交流から良い縁も生まれ、多くのチャンスが到来する。誠実な応対で丁寧に進めること。

金　運 財布の紛失、盗難に注意。

家庭運 家庭内でも八方美人にならないように。

健康運 胃腸のトラブル、気管支炎に注意。

4月の方位

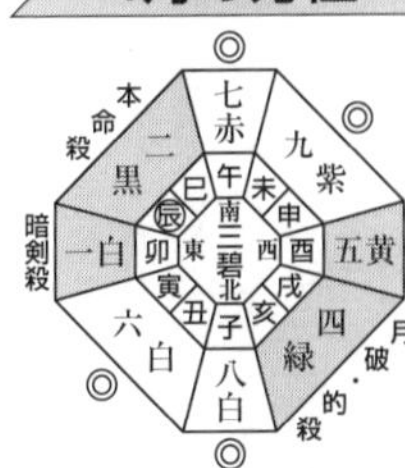

●凶方 東は不慮の災難に見舞われます。東南は人間関係のトラブルで左遷や失業します。西は異性関係のトラブルで失脚します。西北は交通事故で大ケガします。資金難に落ち入り倒産します。

吉方　南・西南・北・東北
凶方　東・東南・西・西北

1 月 △思慮分別を持って我慢する
2 火 ◎内に秘めた闘志を表に出せ
3 水 ○控えめにし表立たぬが賢明
4 木 ○浮気心を抑えて波風立たず
5 金 △金銭運低下で投機は要注意
6 土 △過去を愚痴れば争いとなる
7 **日** ●壁に当たって進展しない日
8 月 ○効率を考えて行動するべし
9 火 ○決断力を持って対応して吉
10 水 △団体では制約あり欲求不満

11 木 ◎他人と協調することが大切
12 金 ◎会食で楽しい思い出が残る
13 土 △固くならずに柔軟に対応を
14 **日** △多忙なれど気分は落ち込む
15 月 ○取引き順調進展詰めが大切
16 火 ●浅知恵で他人事に干渉し凶
17 水 ○甘い気分では壁越えられず
18 木 ○誠意が通じ手腕発揮の好機
19 金 △外見より内実を問われ苦戦
20 土 ◎貯蓄計画見直し有利に変更

21 **日** ◎レジャーに思わぬ幸運あり
22 月 △家族の信頼関係くずれ苦労
23 火 △ヤル気を出して事に当たれ
24 水 ○ライバル意識は胸に秘める
25 木 ●妥協して周囲の反感抑えよ
26 金 ○周囲と和を保てば助力ある
27 土 ○焦らず縁談商談を進めて吉
28 **日** △目先のことのみ囚われない
29 ㊊ ○人を誘わず単独行動がよい
30 火 ○心の通う人と語る時間貴重

変動運△

令和6年 二黒土星 5月の運勢

＜運勢＞ 本命星は中宮（ちゅうぐう）に廻り年盤の三碧と同会。運気は強いが不安定。基盤を安定させるためのターニングポイントなので、内面の充実とレベルアップを図れ。新企画や拡張策への着手はいったん保留。現状を分析し、当初の目標に照らし、過不足をきちんと調整して軌道修正を。気分次第の身勝手な態度を慎むように。

仕事運 早急に事を動かすのではなく、しっかりとした現状把握と計画性を持って行う。

金　運 不安定。収支バランスの見直しを。

家庭運 自己中心にならずに相手の話を聞くこと。

健康運 持病、古病の再発と悪化に注意。

5月の方位

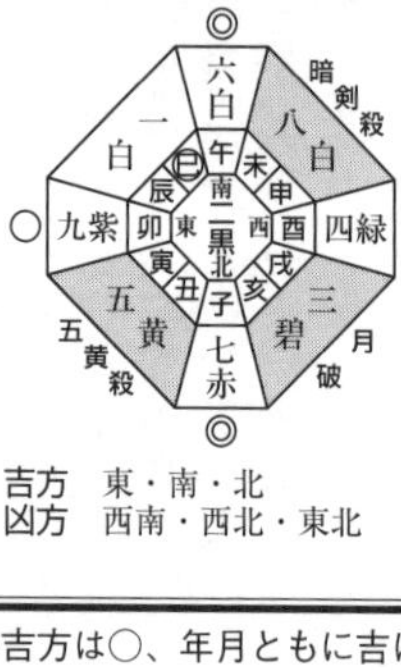

◎
六白 八白 暗剣殺
一白 四緑
○ 九紫 二黒 (中宮)
五黄 三碧
五黄殺 月破
七赤
◎
午 未 申 酉 戌 亥 子 丑 寅 卯 辰 巳
南 西 北 東

吉方　東・南・北
凶方　西南・西北・東北

●凶方 西南は過労で体を壊します。人間関係のトラブルで困窮します。西北は上司やスポンサーと対立して失脚や倒産します。不慮の災難に見舞われます。東北は親族と争い絶縁されます。

1 水 △周囲への思いやりを大切に
2 木 △軽い失言が思わぬ命取りに
3 ㊎ ○内部の充実を図り改革良好
4 ㊏ ●何事も期待薄だが焦らずに
5 ㊐ △仲間意識の確立図る努力を
6 ㊊ ○約束に軽重なし先約を守れ
7 火 △迷いが多く決断できない日
8 水 ◎万事快調何事も支障がなく
9 木 ○ケンカしても仲は良いまま
10 金 △外出先で盗難と事故に注意

11 土 △他事に介入すると反感買う
12 **日** ○母親の趣味に合わせ親孝行
13 月 ●買物で無駄な出費後悔する
14 火 ○倹約も過ぎればケチとなる
15 水 ○万事正攻法で押し通して吉
16 木 △ストレス解消の飲酒で散財
17 金 ◎幸運なハプニングに遭遇吉
18 土 ○実利優先し援助は気持ちで
19 **日** △思わぬハプニングあり用心
20 月 △見栄を張らねば無事を得る

21 火 ○欲張らず奉仕の精神が招運
22 水 ●人を憎むと同様に跳ね返る
23 木 ○元気に働ける幸せに感謝を
24 金 ○思ったより成果得られる日
25 土 △家族の健康に特に留意せよ
26 **日** ◎意外な人から大きな助力が
27 月 ◎素敵な異性と出会いの予感
28 火 △注意おだてに乗せられるな
29 水 △準備不足で中途挫折の恐れ
30 木 ○締めくくりに気を使うこと
31 金 ●自己過信せず人の意見聞け

※月盤の吉方表示は、その月だけの吉方は○、年月ともに吉は◎。

自重運〇

令和6年 二黒土星

6月の運勢

〈運勢〉 本命星は乾宮(けんきゅう)に廻り年盤の四緑と同会。旺盛な運気で気力が充実し、行動力も増すとき。周囲に頼られて多忙だが、あれこれ手を広げ過ぎると収拾がつかなくなる。信用第一の姿勢で責任感を持ってやり遂げることが大切。多くを求めすぎる傾向が周囲との摩擦を生みやすい。相手の都合や力量にも配慮せよ。

仕事運 自分の考えを押し付けず、協力者には感謝と配慮を。

金　運 多忙により、出費がかさむ。

家庭運 自分が中心になるときは家族に配慮。

健康運 過労、ストレス、血圧に注意。

6月の方位

五黄殺
的殺
五黄
九紫
七赤
◎
〇
八白
三碧
四緑
二黒
六白
本命殺
暗剣殺・月破
午 未 申 酉 戌 亥 子 丑 寅 卯 辰 巳
南 東 西 北
一白

吉方　東・西南
凶方　東南・南・西北・北

●凶方 東南は異性問題で恋人や夫婦が離別します。南は文書印鑑の取り扱いミスから大損害となります。西北は有力者とのトラブルで資金的に困窮します。北は部下に裏切られて失脚します。

1 土 〇頭を切り替えて難関を突破
2 日 〇代役をこなせば大きく成長
3 月 △高望みせず現状を維持せよ
4 火 〇仕事は十分な根回しが必要
5 水 ◎美的な才能を発揮して好調
6 木 △欲に迷わず現状維持が良策
7 金 ●仕事は手順よく迅速に処理
8 土 〇少し強引でも積極的に行動
9 日 △物事を計画的に実行すべき
10 月 〇独自性なければ手応えなし

11 火 ◎好機を逃さぬよう善は急げ
12 水 △思いつきや衝動は成果なし
13 木 ◎実力存分に発揮されるとき
14 金 〇目的を絞り迷わずに努力を
15 土 △落ち込みが思わぬミス誘う
16 日 ●思い違い勘違いあり要注意
17 月 △次の機会の訪れを待つべし
18 火 △迷いが計画の遅れに繋(つな)がる
19 水 〇焦点を絞れば結果は表れる
20 木 〇常識の範囲で交際が福招く

21 金 △一つの考えに囚われ失敗す
22 土 ◎積極的に推進すれば効果大
23 日 ◎壁に直面しても打破できる
24 月 △寸暇を惜しんで実力を養成
25 火 ●勇み足で目上と確執の兆候
26 水 〇誠心誠意の努力で順調な日
27 木 △言葉不足は意思の疎通欠く
28 金 〇雑事は手順よく処理すべし
29 土 〇古い物上手に使い価値増す
30 日 ●夜更かしは疲れが残るだけ

令和6年 二黒土星 7月の運勢

注意運△

＜運勢＞ 本命星は兌宮（だきゅう）に廻り年盤の五黄と同会。穏やかな運気だが波乱含み。緊張感が薄れ、油断から墓穴を掘ってトラブルを招きやすい。これまでの努力の成果が表れるときだが、詰めの甘さから物事が中途半端になりがち。最後までしっかりやり遂げることが大切。礼節を守り、話題と言葉を選んで舌禍に注意。

仕事運 中途挫折がないよう準備と根回しを入念にして、万全な体勢で進もう。

金　運 冗費は抑えて、出費の優先順位を決めよう。

家庭運 油断から軽率な言動に注意。

健康運 口腔の病気、腎臓病に注意。

7月の方位

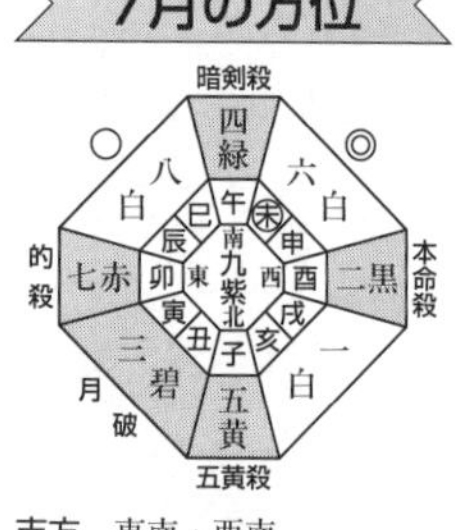

吉方　東南・西南
凶方　東・南・西・北・東北

●凶方 東は異性関係のトラブルで離婚します。南は機密情報が漏洩して大損害となります。西は資金繰りに行き詰まります。北は重い病にかかります。東北は不慮の災難に見舞われます。

1 月 ○待人も連絡も遅刻して来る
2 火 ●支配欲強すぎ周囲から不評
3 水 △欲目で見ると真実を見逃す
4 木 ○無欲が利をもたらす事あり
5 金 ◎意外な喜びあり素直に感謝
6 土 △頼りにされるが体調に注意
7 日 ○口に出して言うことが大切
8 月 ○予定変更への対応は素早く
9 火 △功名心抑えて控えめに行動
10 水 ○欲ばらずにほどほどが無難

11 木 △体調狂う無理をせずに休養
12 金 △虚勢張っても一時的で失敗
13 土 ○我慢比べ止め再チャレンジ
14 日 ◎おごらずあせらず焦点絞れ
15 ㊊ △外出は火の元用心確かめて
16 火 △しばらく耐えるより他なし
17 水 ○実行する前にポイント確認
18 木 ●戸締りを厳重にし盗難注意
19 金 ○調整役は公平の視点が大切
20 土 △無作法な態度で交渉は決裂

21 日 △子供のことで苦労が起こる
22 月 ◎素晴らしい人に会える吉日
23 火 ◎歴史探訪や音楽鑑賞して吉
24 水 △不動産問題は慎重調査必要
25 木 ○欲張らず相手にも利益与え
26 金 △強引な言動で信頼関係崩壊
27 土 ●金銭トラブル生ずる不運日
28 日 ○地道な努力が結実信用得る
29 月 ●先行き不透明で混乱に拍車
30 火 ○人の相談は親身になり開運
31 水 ◎慎重さを持って微速前進を

※月盤の吉方表示は、その月だけの吉方は○、年月ともに吉は◎。

警戒運●

令和6年 二黒土星

8月の運勢

〈運勢〉 本命星は艮宮（ごんきゅう）に廻り年盤の六白と同会。警戒運の今月は、不安に駆られて現状に迷いが生じやすい。変化を求めて動きたくなるが、強気な言動、強引な改革は、現状さえ悪化させる。周囲の状況が変わりやすいときなので、何事も現状を変えるのは先送りして、受け身の姿勢と慎重な対応を心がけよ。

仕事運 気持ちが定まらない上、トラブルが重なる。何事にも冷静に対処する。

金　運 トラブル回避、出費計画は入念に見直しを。

家庭運 家族の問題に口出し無用。

健康運 腰、背中、手足指の関節に注意。

8月の方位

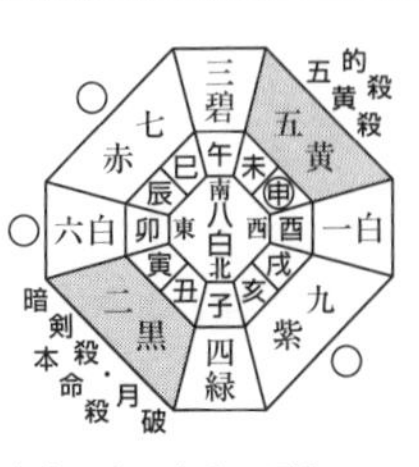

吉方　東・東南・西北
凶方　西南・東北

凶方 西南は計画が失敗して大損害となり倒産します。過労で体を壊し働けなくなります。東北は親族とのトラブルで絶縁されます。詐欺で不動産を失います。突然の事故で大ケガします。

1 木 ◎表現力が周囲の脚光浴びる
2 金 △口約束は後日の争いの元凶
3 土 ○目上や部下との連絡綿密に
4 **日** ○健康をチェックして利あり
5 月 ●根気と忍耐の大切さを認識
6 火 △言い訳すると不利な展開に
7 水 △電話の一言思わぬ波紋広げ
8 木 △調整役を買って土台揺らぐ
9 金 ○誠意と笑顔が交渉成立の鍵
10 土 ◎心のゆとりで運気上昇する

11 ㊐ △とばっちりで打撃受く注意
12 ㊊ ○プロセスも評価で部下発奮
13 火 ○ドライブは焦らず安全運転
14 水 ●自信過剰で進めば大ケガに
15 木 △意地を張りエネルギー浪費
16 金 ●欲張らず地道な努力を積め
17 土 △形式ばった対応は成果なし
18 **日** ○お互い様の心が円満の秘訣
19 月 ◎目上を敬う心が和を広げる
20 火 △相手の気持ち誤解して失敗

21 水 △年配者に優しく思いやりを
22 木 ○調和大切自己主張は程々に
23 金 ●功名を焦れば落とし穴あり
24 土 ○機敏に対策とれば効果あり
25 **日** ●弁解ばかりでは立場が悪化
26 月 △目上の意見いれず商談失敗
27 火 ○無理避け英気養えば上昇運
28 水 ○勝手な行動慎み協力して吉
29 木 △気取りは他人の反感を買う
30 金 ○慢心しやすい気持ちに注意
31 土 △早合点は敵の陥穽（かんせい）にはまる

好調運◯

令和6年 二黒土星

9月の運勢

〈運勢〉 本命星は離宮(りきゅう)に廻り年盤の七赤と同会。運気は好調で良くも悪くも目立つとき。これまでの努力が認められ、高い評価を受ける自己アピールのチャンス。反面、ミスや隠し事も発覚しやすいので、言動は慎重に。舌禍を招かぬよう、話題と言葉づかいに十分注意。礼儀正しく謙虚な姿勢を心がけよ。

仕事運 軽口でトラブルを招くこともある。責任ある言動で信頼を得て着実に進むこと。

金　運 見栄から高額品に誘惑あり、注意。

家庭運 高飛車な物言いに気をつける。

健康運 目、頭、顔面のトラブルに注意。

9月の方位

六白	二黒（本命殺）	四緑
五黄（五黄殺・月破）	七赤	九紫（暗剣殺）
一白	三碧（的殺）	八白

吉方　東南・西北
凶方　東・南・西・北

●凶方 東は見込み違いで計画に失敗し倒産します。不慮の災難に見舞われます。南は火難や盗難に苦しみます。西は異性関係のトラブルで離婚します。北は部下に裏切られて失脚します。

1 日 ●身近な問題に手抜きは不可
2 月 ○信念を持った行動で吉あり
3 火 ●チーム崩壊の危機融和図れ
4 水 △遠方海外への旅行は控える
5 木 ◎わだかまりが解消心晴れる
6 金 ◎すべて好調積極的に行動を
7 土 △うぬぼれは周囲の反感買う
8 日 ○誤解される発言は自重する
9 月 ○個性強い人と交流から学べ
10 火 ●火の始末には細心の注意を

11 水 ○趣味で癒されよう観劇が吉
12 木 △目移り気迷いの行動は禁物
13 金 △気苦労多くて手違い生じる
14 土 ○専門家のノウハウ積極活用
15 日 ◎積極的に行動して現状打開
16 ㊊ △先輩の忠告には耳を傾けよ
17 火 ◎難関突破の強運才能を発揮
18 水 ○もめ事は仲介者に任せ解決
19 木 △対応が遅れると右往左往も
20 金 ○開放的な気分で精神力充実

21 土 △謙虚な気持ちで対応が大切
22 ㊐ △改革目指さず現状維持が吉
23 ㊊ ○情けは人の為ならずを実感
24 火 ◎何事にも物怖じせずあたれ
25 水 △今はただ冷静になり考える
26 木 ○家庭の融和を図れば円満に
27 金 ○親の一言立ち直るキッカケ
28 土 ●作戦変更考えて臨機応変に
29 日 ○二度目の話復活努力で成功
30 月 △衝動的になりやすい注意を

※月盤の吉方表示は、その月だけの吉方は○、年月ともに吉は◎。

衰退運●

令和6年 二黒土星

10月の運勢

＜運勢＞ 本命星は坎宮（かんきゅう）に廻って年盤の八白と同会。運気が衰退してパワー不足。労多く益少ないとき。外へ向かっての発展は困難だが、内に目を向けて自己研鑽に励み、専門知識や技術に磨きをかけるには良いとき。今月は充電の期間と心得て鋭気を養いつつ、受身の姿勢で。積極的行動は控えるのが賢策。

仕事運 運気が下がっている時期こそ、内面の充実を図るべし。苦手分野の克服を。

金　運 不調。出費は抑えて節約する。

家庭運 悩みは抱え込まず家族に相談。

健康運 とにかく休息をとるべし。

10月の方位

五黄（月破・五黄殺）	一白（的殺）	三碧
四緑	八白（中宮）	八白 ○
九紫 ◎	二黒（本命殺）	七赤（暗剣殺）

吉方　西・東北
凶方　東南・南・西北・北

●凶方　東南は計画が失敗して大損害となります。人間関係のトラブルで失職します。南は機密情報が漏洩して困窮します。西北は金銭的に行き詰まります。北は重い病にかかって苦しみます。

1 火 △ギャンブルに深入りは厳禁
2 水 △他事に心引かれず本分完遂
3 木 ◎自信の裏付け大きなパワー
4 金 △他人の言葉に神経が疲れる
5 土 ○フレンドリーな交際が無難
6 日 △現状維持でも十分な成果が
7 月 ●骨が折れても根気なくすな
8 火 ○迷いを捨てれば災い逃れる
9 水 ●安易な金銭貸借は後に禍根
10 木 △取り越し苦労するだけ損失

11 金 ◎普段からの努力結晶する日
12 土 ○社交上手が幸運を招来する
13 日 △隠し事が露見し立場は悪く
14 ㊊ ○体を休めて気力充実を図る
15 火 ○自我抑えて周囲と同調せよ
16 水 ●不用意な発言は差し控える
17 木 ○若者の協力に感謝し好結果
18 金 ●家庭不和の兆し早めに帰宅
19 土 △身勝手な言動で批判される
20 日 ○周囲気にせずマイペースで

21 月 ○良い情報も真偽確認が必要
22 火 △気持ちの焦りで無理するな
23 水 △秘密が発覚しやすいご用心
24 木 ○急進は不可現状を守って吉
25 金 ●金銭貸借保証人いずれも凶
26 土 ○沈黙よりも発言して好結果
27 日 △思っても口に出さずが無難
28 月 △周囲の変化には冷静に対処
29 火 ◎交友関係の広がりで発展運
30 水 ○未処理ゼロで信用度アップ
31 木 △他人任せがトラブルの原因

向上運〇

令和６年
二黒土星
11月の運勢

〈運勢〉 本命星は坤宮に廻り年盤の九紫と同会。運気は次第に回復し、先の見通しもついてくるとき。停滞していたことも徐々に動き出すが、新規のことに着手するには時期尚早。今月は高い視点に立って長期の目標を定め、計画を練り上げ、根気よく発展の土台を作ることが大切。焦らず基礎固めに徹して漸進せよ。

仕事運 運気は上がってきているが新規着手には時期尚早。まずは入念な下準備を。

金　運 不動産など大きな出費は計画を立ててから。

家庭運 固定観念を押しつけない。

健康運 手足や皮膚のトラブルに注意。

11月の方位

四緑（月破）	九紫 ◎	二黒（本命殺）
三碧	五黄	七赤 〇
八白（的殺）	一白	六白 〇

吉方　南・西・西北
凶方　東南・西南・東北

●凶方 東南は社会的信用をなくして失業します。不慮の災難に見舞われます。西南は過労で体を壊します。詐欺で全財産を失います。東北は親族とのトラブルで苦しみます。事故で大ケガします。

1 金 △考えに迷い生じ動きとれず
2 土 〇身辺に喜びが舞い降りる日
3 ㊐ ●強情は人間関係に溝を作る
4 ㊊ 〇長期的展望で計画を練る日
5 火 △気の合わぬ出会いで疲れる
6 水 〇部下と交流図ってねぎらう
7 木 ◎心身が充実してくる好調日
8 金 ◎互いの思いやりで円満交際
9 土 △人を当てにしても期待外れ
10 日 〇薬に頼らず食生活を見直せ

11 月 △隠れた問題表面化する恐れ
12 火 △独り合点をせず協調姿勢で
13 水 〇功を焦らずマイペース守れ
14 木 ●善悪の判断誤って結果最悪
15 金 △情におぼれて深入りは禁物
16 土 ◎正しい判断で善処して好転
17 日 ◎美的なセンスを発揮する時
18 月 △足元固めを怠れば立場失う
19 火 〇素直な発想が難問を解決す
20 水 〇利口ぶらずに謙虚に対する

21 木 ●病気を甘くみると悪化する
22 金 〇空いた時間は有効活用する
23 ㊏ △目先にこだわり機会逃がす
24 日 △柔軟な対応で攻撃をかわせ
25 月 ◎強運日だがやりすぎに注意
26 火 〇人材起用は誠実さを認めよ
27 水 △相手のペースに乗せられる
28 木 〇家族の和を大切にして好日
29 金 〇契約書の署名捺印は慎重に
30 土 ●考えに迷い進むこと叶わず

※月盤の吉方表示は、その月だけの吉方は〇、年月ともに吉は◎。

令和6年 二黒土星 12月の運勢

自重運○

＜運勢＞　本命星は震宮に廻り、年盤の一白と同会。上昇の運気だが、波乱要素を抱えて油断できない。準備してきた計画に着手し成果が期待できるときだが、思いつきでの行動は不可。何事も独断で進めると周囲との軋轢を生む。物事が速いテンポで進展するので、しっかり準備を整えてから取りかかることが大切。

仕事運　自分のペースで進められず、急かされることもあるので準備は慎重に。

金　運　信用している人との貸し借りも厳禁。

家庭運　家族の話を聞いて柔軟な対応を。

健康運　喉、声帯の不調、風邪、神経症に注意。

12月の方位

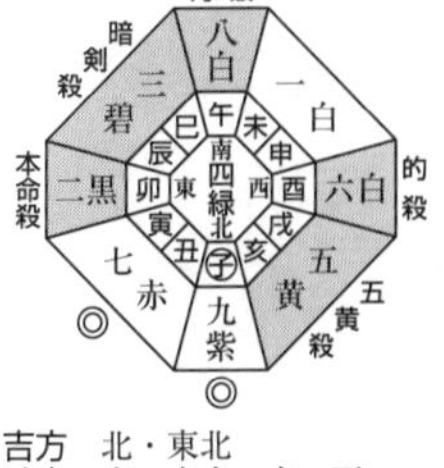

月破
暗剣殺
本命殺
的殺
五黄殺
八白　一白　六白　五黄　九紫　七赤　二黒　三碧
午　未　申　酉　戌　亥　子　丑　寅　卯　辰　巳
南　西　北　東　四緑

吉方　北・東北
凶方　東・東南・南・西・西北

●**凶方**　東は人間関係のトラブルで失脚します。東南は不慮の災難に見舞われます。南は異性問題が発覚して離婚します。西は金銭的に行き詰まります。西北は交通事故で大ケガします。

1 **日** ○有力者の後援で順調に進展
2 月 △目上に媚びる姿勢が逆効果
3 火 △注意力低下の日運転は注意
4 水 ◎対人運アップ人脈作りに吉
5 木 ◎対人関係は良好で良き友が
6 金 △舌禍の日言葉遣いに要注意
7 土 △お金がなければ知恵で勝負
8 **日** ○予定食い違うが先に光あり
9 月 ●独断で強行すれば人は背く
10 火 ○骨惜しみせずコツコツ努力

11 水 △慎重な計画と準備で行動を
12 木 △調子に乗らず堅実な行動を
13 金 ◎目上の後押しあり好転する
14 土 ○前向きな態度で難局を打開
15 **日** △あせりは禁物じっくり考慮
16 月 ○欲ばらず控えめな対応が吉
17 火 △強引な勧誘婉曲に拒んで吉
18 水 ●調整に失敗すれば恨み買う
19 木 ○後退せず一歩前進を考えよ
20 金 ●甘く見て思わぬしっぺ返し

21 土 ○好奇心から専門知識広がる
22 **日** ◎逆転運がきて成功の道開け
23 月 ○イルミネーションが美しい
24 火 △人真似より自分の個性大事
25 水 ○改善の意見具申が功を奏す
26 木 ○家族愛の温もりに心安らぐ
27 金 △対人関係に苦慮する注意日
28 土 ○信頼する部下に一任し成功
29 **日** ◎周囲との調和が成果を生む
30 月 △言葉の行き違いで争い発生
31 火 ●軽率な言動が不信感を招く

三碧木星

年度運 △ 転換運

［三碧木星］の生まれ年

令和6年生	（甲辰）	0歳
平成27年生	（乙未）	9歳
平成18年生	（丙戌）	18歳
平成9年生	（丁丑）	27歳
昭和63年生	（戊辰）	36歳
昭和54年生	（己未）	45歳
昭和45年生	（庚戌）	54歳
昭和36年生	（辛丑）	63歳
昭和27年生	（壬辰）	72歳
昭和18年生	（癸未）	81歳

令和6年方位盤

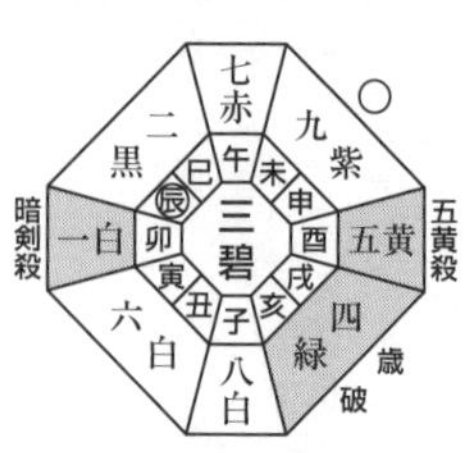

吉方　西南

凶方
暗剣殺　東
五黄殺　西
歳破　西北

令和6年〈三碧〉の運気レベルと方位吉凶表

	年運	1月	2月	3月	4月	5月	6月	7月	8月	9月	10月	11月	12月
運勢	△	△	○	○	△	△	△	△	○	●	○	○	○

方位	年	1月	2月	3月	4月	5月	6月	7月	8月	9月	10月	11月	12月
東	×	○	×	△	×	○	×	△	△	×	○	×	△
東南	△	×	○	×	△	×	○	△	△	△	×	×	×
南	△	○	○	△	△	△	×	×	×	×	○	○	×
西南	○	×	×	◎	◎	×	△	×	×	◎	×	△	◎
西	×	△	×	×	×	○	×	△	○	×	△	×	△
西北	×	×	△	×	×	×	△	○	○	△	×	△	×
北	△	△	○	○	△	△	×	×	×	×	△	○	○
東北	△	×	△	△	△	×	○	×	×	○	×	△	△

〔運勢〕◎大吉　○吉　△吉凶相半　●凶　〔方位〕◎大吉　○吉　△吉凶なし　×凶

〈吉方〉　今年の吉方は、西南です。

西南は努力、勤勉になります。営業などは自ら熱心に努力するようになり、いい成果が表れます。会社員の場合は、組合の幹部や指導者を任されたり、地位や名誉ある人の引き立てがあり、徐々に発展します。一時的には苦労しますが、結果は好運となります。

〈凶方〉　今年の凶方は、東が暗剣殺、西が五黄殺、西北が歳破です。

東は火難・水難による災害。恋愛感情がもつれ、身を滅ぼすような悪さが出て家庭が乱れます。西は貸倒れで損失となり、遊びのために自滅します。西北は投機に手を出して失敗します。目上の人とのトラブルを起こし信用を失います。

基本運勢・性格

三碧木星は「明朗と行動」の星です。五行では木に属し、方位は東の三十度、季節は早春となり、一日では午前五時から七時にあたります。春気発動の陽気を受けて活性エネルギーのある星です。

<男性>独立心旺盛、情報収集して開運

勘が鋭く決断力もあります。新規の挑戦には一呼吸して熟慮断行しましょう。初年の持運を逃さぬように。周囲との輪を大切にし、年長者の言葉やアドバイスも吉運を招きます。正しき事を行おうとして常に困難を生じ、結果的に誤解されやすいので注意が必要です。

<女性>天真爛漫で魅力的

正直で明るく積極的なので好感度抜群。真実をストレートに言いすぎると人間関係に亀裂が生じることがあるので心配りが必要です。冒険心と好奇心旺盛な性格が若さの秘訣です。くよくよ悩まないプラス思考の持ち主ですから切り替えが早く、恋愛や結婚にも良い影響が表れます。

今年の運勢

今年の三碧は中宮回座で、吉凶が両極端に表れやすい激変の年となります。好不調の波が激しく精神的にも不安定なとき。新規や拡大策は控え、堅実・安全第一でいきましょう。

<男性>いったん立ち止まり見直し点検

変動性が高く、万事において攻めから守りの姿勢に転じるべきとき。現状の不満や目先の利に惑わされず、これまでの反省と過不足調整をし、今後の方向性を定める準備期間としましょう。不安定なときこそ周囲との連携・調和を意識して、多くの目で見て失敗を回避してください。

<女性>無理は禁物、流れに任せて

心身ともに不安定で疲れやすく、悩み事や将来に不安を感じやすいとき。頼られ世話苦労も多くなりますが、厄介事や自分の器以上のことを引き受ければ思わぬトラブルを招くことも。あれこれ手を出さず、自分と向き合い初心にかえって自身の目標を再確認するときです。

令和6年 仕事運・金運

●勇み足は慎み、今一度冷静に

仕事運は、吉凶入り混じって波乱含みです。今まで手がけたことにいったん区切りをつけ、見直し、確実に定着するよう内容の充実を図りましょう。また、気持ちが浮ついたときは信頼できる人に相談し、勝手に決断しないようにします。

自営の人は、事業拡大などの展望を描き、すぐにでも事を進めたくなりますが、今年は計画を練りに練る年です。甘言に左右されず焦りは禁物。

勤め人は、転職や独立の気持ちが高まりますが、思いつきの浅はかな判断で行動すると後悔します。飛び出したい気持ちは抑え、全体の状況を俯瞰(ふかん)し、謙虚に構えて現状維持が得策です。

金運は、好不調の波があるので見栄を張らず堅実に節約を心がけましょう。優柔不断な態度ではいつの間にか散財します。金銭の貸借を避け、投機や賭け事に大金をつぎ込むことのないように注意してください。

令和6年 家族運・健康運

●家族の助言に耳を傾けて

今年は、一人で考えることなく家族とよく話し合いましょう。独断は避け、家族の意見を聞くことでプラス効果が望めます。結婚を考えている人は、事後報告とならないよう事前に家族と相談してください。また、誘惑も多く優柔不断になりますが、疑惑を持たれる行動は避け、誤解を生まないように注意が必要です。どんなときも短気を起こさず、一呼吸おいて話すことを忘れずに。持ち前の明るさで家族間のコミュニケーションを図り、よりいっそう絆を深めましょう。

健康運は、あれこれ悩んでストレスから体調を崩しやすい年なので、精神的に自分を追い詰めないように気をつけてください。会食などの機会も増えますが、勧められるがまま暴飲暴食は禁物です。断る勇気を持ちましょう。定期健診も億劫がらず受け、心配事は先延ばしせず病院へ行き、楽観的な自己診断はくれぐれも避けてください。

令和6年 異性運・相性運

＜男性＞今のパートナーを大切に

注目を浴びやすく、良縁・悪縁ともに結ばれやすいので、慎重に相手を見定め、判断を誤らないようにしましょう。配偶者や恋人以外によそ見しがちですが、本来の相手との関係を保つときです。

好相性は一白・四緑・九紫。今年の一白女性は空回りしがち、じっくり相談に乗ってあげて。多忙な四緑女性とのデートは家でゆっくり。九紫女性とは今年は時間をかけたほうが良さそう。

＜女性＞いつも以上に慎重行動を

古い知り合いが恋人に発展したり、昔の恋人と再燃しそうな可能性大。ただし、気の許せる相手であっても騙(だま)されないように注意が必要です。一時の感情に流されないで慎重にリサーチして。

一白男性とは、相性は良いが言動に振り回されそうな予感。四緑男性は多忙気味、上手く時間を合わせて。九紫男性とは大変なことも少しずつ一緒に乗り越えていけそうです。

令和6年 三碧との付き合い方

好奇心旺盛で明朗快活な行動派。瞬発力、集中力は抜群で短期決戦は得意な三碧ですが、耐久力や持久力を欠くために短気で怒りっぽく、万事において長距離レースには不向きなタイプと言えます。待つことと我慢することが大の苦手で、わがままな印象を与えがち。三碧とのトラブルを防ぐには、頭から押さえ込むような態度を避けることが大切です。回りくどい言い方や、思わせぶりな態度も逆効果。根は正直な楽天家なので明快に本音で接し、天性の明るさと素直さ、独創性と行動力を殺さぬように接してください。

特に、六白、七赤は、自分の都合や価値観を押しつけていると三碧に誤解され、警戒されがちなので言葉遣いに注意が必要です。二黒、五黄、八白は、三碧に対する被害者意識が強いので、三碧の気持ちを好意的に察するよう努めましょう。今年の三碧は、五黄、一白との縁が深いがどちらも波乱含みでトラブルも生じやすく、対応には慎重を要します。

令和6年 三碧木星 1月の運勢

慎重運△

＜運勢＞ 本命星は月破を帯同して坤宮に廻り、年盤の一白と同会。運気回復の兆しが見えるが、不安要素を抱えていま一つ調子が出ない。やる気はあるが功を焦って失敗しやすいので注意が必要。今月は発展の礎を築くための大切な準備時期。堅実に努力を積み重ね、周囲の人の助力を得て地盤を固めることが課題。

仕事運 運気は上がるが、急発進は厳禁。周囲とのバランスも見て、サポートに感謝する。

金　運 好機に備えていまは貯蓄。

家庭運 母や妻の言うことに耳を傾ける。

健康運 内臓、皮膚病、手足のケガに注意。

1月の方位

●凶方 東南は機密情報が漏洩して社会的信用を失います。西南は過労で体を壊し働けなくなります。西北は不慮の災難に見舞われます。東北は金銭的に行き詰まります。東北は重い病にかかります。

吉方　東・南
凶方　東南・西南・西北・東北

1 ㊊ ○経験生かして指導力を発揮
2 火 ◎頭の動きが活発で積極策吉
3 水 △思い上がらず行動は慎重に
4 木 ○公私の区別ははっきりせよ
5 金 ○他人の世話程々が成功の鍵
6 土 △遅れるとチャンス逃し不利
7 日 ●判断ミスあり進退に苦しむ
8 ㊊ ○縁の下の力持ちに徹して吉
9 火 ●欲張った行動破滅へ一直線
10 水 ○アルバイト収入も計算の内

11 木 ○方針は変更せず現状維持を
12 金 △冷えからくる疾患に要注意
13 土 ○楽しく会食して鋭気を養う
14 日 ◎積極策で対処し好結果得る
15 月 △懸案解決まで他はストップ
16 火 ●甘い考えで欲張れば大失敗
17 水 ○有利と思っても争わぬこと
18 木 △欲張らず身の丈に合わせる
19 金 ◎誘惑に心揺らさず本分完遂
20 土 ○焦らずに待てば好機が巡る

21 日 △迷いごとは万事静観で対処
22 月 △虚飾に騙されないよう注意
23 火 ◎目上の意見尊重し前進図る
24 水 △デートに遅刻は致命的失敗
25 木 ●派手な行動や言動は慎んで
26 金 ○周囲気にせずマイペースで
27 土 △異性の外見に惑わされるな
28 日 ○情に流されると後の禍根に
29 月 △酒席での失態は後々問題に
30 火 △控えめな態度で周囲と協調
31 水 △心の健康にも気を使うこと

※月盤の吉方表示は、その月だけの吉方は○、年月ともに吉は◎。

自重運○

令和6年 三碧木星

2月の運勢

＜運勢＞ 本命星は震宮（しんきゅう）に廻り、年盤の一白と同会。運気は上昇し、物事が活性化。準備してきたことを実行に移すチャンスだが、思わぬ落とし穴に嵌（はま）る恐れもあり。十分に練り上げた計画と、チャレンジ精神、迅速な行動が成功をもたらす。勢い任せや思いつきなど、計画性を欠く行動は失敗の憂き目をみる。

仕事運 好調さに浮かれると足をすくわれる。何事も計画性をもって万全な準備をしよう。

金　運 思いつきの衝動買いには要注意。

家庭運 わがままな振る舞いで周囲を振り回さない。

健康運 喉、声帯、手足の先のケガに注意。

2月の方位

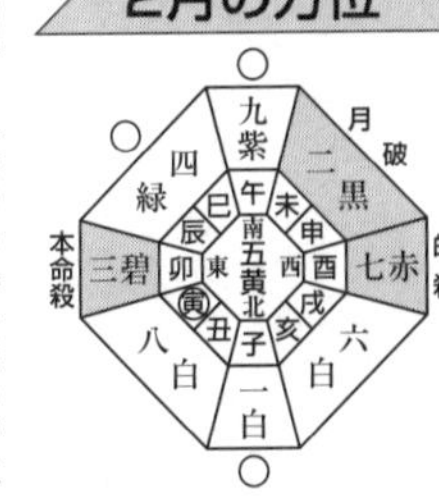

吉方　東南・南・北
凶方　東・西南・西

●凶方 東は見込み違いで事業が失敗して倒産します。異性関係のトラブルで離婚します。西南は詐欺で全財産を失います。不慮の災難に見舞われます。西は資金繰りに行き詰まります。

1 木 ◎気力を充実させ事に当たれ
2 金 △悪材料も克服すれば良材料
3 土 ●無理押しが意外な不利招く
4 **日** ○引き受けたことは快く実行
5 月 △ネットでの衝動買いに注意
6 火 ○つまらぬ争いは回避すべし
7 水 ○発展の運気あり迷いは禁物
8 木 △ストレス発散は別の方法で
9 金 ○頼まれた用事を最優先する
10 土 ◎誠実対応いずれ大きな花に

11 ㊐ △スタートは好調挫折に注意
12 ㊊ ●戸締まり用心盗難恐れあり
13 火 ○対人面はソツのない対応で
14 水 ●短気を起こして周囲と争う
15 木 ○努力が結果に結びつかない
16 金 ○異性運良し積極的にデート
17 土 △縁の下の力持ち徹して無難
18 **日** △老人には優しく思いやりを
19 月 ◎一歩の差が大きく影響成果
20 火 △争わず速やかに折れて無難

21 水 ●謙虚さ持って現状維持図れ
22 木 ○楽な雰囲気が好結果を生む
23 ㊎ △対人関係のトラブルに用心
24 土 ○能力や人柄を皆にアピール
25 **日** ○意見のスレ違いに注意必要
26 月 △何事も焦りが早合点を生む
27 火 ○人を憎むと同様に跳ね返る
28 水 ◎尊敬の念が人の和を広げる
29 木 △皮肉な言動口論の元になる

令和6年 三碧木星 3月の運勢

波乱運○

〈運勢〉 本命星は巽宮(そんきゅう)に廻り年盤の二黒と同会。運気は強く発展が望めるときだが、濡れ衣を着せられたり、周囲との争いが生じるなど、対人関係に思わぬ障害が生じやすい。手がけたことが花開き、完成間近だが、油断が中途挫折を招く暗示があり、細心の注意が必要。手を広げ過ぎず専門分野に徹して吉。

仕事運 多くの情報に惑わされ気味。真偽を確認して慎重な対応を。

金　運 出費は計画性を持って。

家庭運 家族に余計な情報を持ち込まない。

健康運 神経系統、気管支、伝染病に注意。

3月の方位

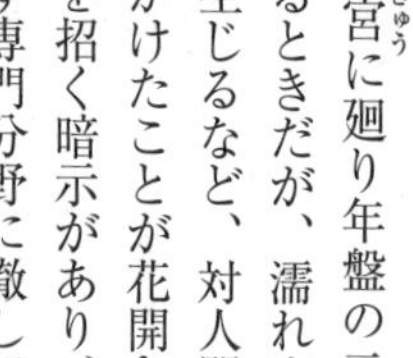

●**凶方** 東南は人間関係のトラブルで失脚します。不慮の災難に見舞われます。西は投機に失敗して大損します。異性問題で離婚します。西北は支援者を失って金銭的に行き詰まります。

吉方　西南・北
凶方　東南・西・西北

1 金 ●人の忠告を無視するなかれ
2 土 ◎柔軟に進めて万事順調進展
3 日 △背伸びせず分を弁え(わきま)堅実に
4 月 ○好きなことが出来ることに
5 火 △感情的な判断は後悔のもと
6 水 △欲張らずに現状打開に留意
7 木 △隠し事が露見しやすい用心
8 金 ◎損して得取れの気持ち大切
9 土 ○相手のペース尊重して動く
10 日 △騒動に巻き込まれて立往生

11 月 ○日頃の感謝は言葉と行動で
12 火 △新たな取引相手慎重に調査
13 水 ○我慢比べ止め再チャレンジ
14 木 ○相手の出方に合せた行動を
15 金 △見栄の張りすぎ評判落とす
16 土 △欲も過ぎれば見苦しさ残る
17 日 ◎他人を思いやれば信用増す
18 月 ○縁談話は聞いてみて結論を
19 火 ●不安の原因を取除く努力を
20 ㊌ ○墓参にまさる供養他になし

21 木 ●心ない発言が不信感募らす
22 金 ○信用と縁故が推進力となる
23 土 ○相手の心つかむことが先決
24 日 △親友目上への失言から自滅
25 月 ○友達運吉レジャーの計画吉
26 火 ◎先祖を敬い供養し家運隆昌
27 水 △他人の争いに口を入れない
28 木 ●火の始末には細心の注意を
29 金 ◎思い切って行動すれば進展
30 土 △足元用心転んでケガあり凶
31 日 ○派手な行動が裏目に出がち

※月盤の吉方表示は、その月だけの吉方は○、年月ともに吉は◎。

転換運△

令和6年 三碧木星

4月の運勢

＜運勢＞ 本命星は中宮(ちゅうぐう)に廻り年盤の三碧と同会。運気は強いが吉凶が交錯し、安定性を欠くとき。急がず無理せず欲張らず、現状の安定と維持補強に注力するのが賢策。今まで進めてきたことに一区切りをつけ、計画の進捗状況を丁寧に点検し、不足を補うこと。新規のことより、先に未解決の問題にけじめをつけよ。

仕事運 運気の強さで押し出すのは危険。周囲をよく見てバランスを重視すること。

金　運 収支全体のバランスをよく見る。

家庭運 自己中心にならないよう家族に配慮。

健康運 ストレスからくる内臓疾患に注意。

4月の方位

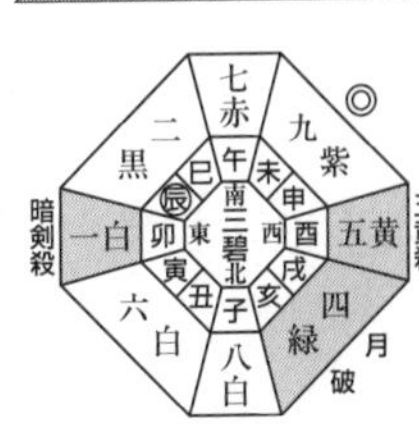

吉方　西南
凶方　東・西・西北

●凶方 東は基礎疾患が悪化して苦しみます。計画が失敗して大損害となります。西は異性関係のトラブルで離婚や失業します。西北は上司と対立して失脚します。不慮の災難に見舞われます。

1 月 ○新しい取引は伸びいく予感
2 火 △舌禍の日言葉遣いに要注意
3 水 △若い社員の扱いに十分注意
4 木 ◎的確な決断が評価を上げる
5 金 ○難問は正面から当たり打開
6 土 ●意見の対立から大トラブル
7 日 ○男性は女性の援助期待あり
8 月 △焦り抑え着実に予定の行動
9 火 △有望そうでも進めば苦労す
10 水 △見え張りで家計赤字に転落

11 木 △調子に乗り過ぎて失敗する
12 金 ○気力体力の維持自分の責任
13 土 ◎損得抜きの誠意で信用増大
14 日 △他の失敗を責め過ぎぬこと
15 月 ●自我は通らず非難が集まる
16 火 ○悩みの壁破れば幸運来たる
17 水 △大金の持ち歩きは厳重注意
18 木 ○周囲の状況を把握して進出
19 金 ○趣味を生かして結果の貢献
20 土 △つまらぬ事で友人と仲違い

21 日 ○目上の意見を容(い)れ無事安泰
22 月 ◎きめ細かな対応が成功の鍵
23 火 △思い上がり禁物周囲に配慮
24 水 ●感情抑えてひたすら我慢を
25 木 ◎情報を活かして諸事順調に
26 金 ●事故の心配あり安全運転を
27 土 ○地味な努力の結実認めらる
28 日 ○忘れていた紛失物見つかる
29 ㊊ △積極的行動は対立する恐れ
30 火 ○金運上昇し資金繰りも好調

令和6年 三碧木星 5月の運勢

注意運△

＜運勢＞　本命星は乾宮(けんきゅう)に廻り年盤の四緑と同会。旺盛な運気だが、波乱含みで強い運気が裏目に出がちなとき。根拠なき自信から強気な言動が目立ち、周囲と摩擦を生じやすい。特に目上との関係を悪化させると後々まで禍根を残す。責任ある言動を意識し、分相応を肝に銘じ、無謀な野心を抱かぬよう自重せよ。

仕事運　人に頼られ多忙を極める。細かなことにも注意を向けて凡ミスを避けること。

金　運　強気になって予算超過気味。

家庭運　多忙でも、家庭の時間も大切に。

健康運　過労、ストレス、血圧に注意。

5月の方位

●凶方　東南は突然の病に倒れて苦しみます。西南は詐欺にあって全財産を失います。親族と争い絶縁されます。西北は交通事故で大ケガします。東北は火難や盗難に見舞われて困窮します。

吉方　東・西
凶方　東南・西南・西北・東北

1 水 ○順調さの中で意欲が自信に
2 木 △目上に対し口舌(こうぜつ)の失敗注意
3 金 ●手順間違え取り返せぬ失態
4 土 ○郊外に出かけるゆとり必要
5 日 △約束の時間に遅れ幸運逃す
6 月 ○実力過信せず誠実な働きを
7 火 ○学歴よりも人脈が役に立つ
8 水 △寸暇を惜しんで内実の強化
9 木 ○馴れた事にも気を弛めずに
10 金 ◎商談はきめ細かな対応で吉

11 土 △恋の行方人を当てにできず
12 日 ●感情を表に出さぬ方が無難
13 月 ○控えめな態度で協調大切に
14 火 △嫉妬心が強過ぎ自業自得に
15 水 ○仕事の成果日頃の努力次第
16 木 △何事も控えめな態度で対処
17 金 △時間は能率的に使う努力を
18 土 ○仕事上の悩みは仲間に相談
19 日 ◎平素のペースで成果上がる
20 月 △冷えからの体の不調に用心

21 火 ●騙(だま)されやすいとき用心せよ
22 水 ◎縁談商談はあせらぬが無難
23 木 △運動不足と過食が太る原因
24 金 ○素敵な異性に気を惹かれる
25 土 ○頼まれた事は誠意で応じる
26 日 △不用意な発言で物事停滞す
27 月 ○まじめな努力に報いがある
28 火 ◎万事思い通りの進展みる日
29 水 △自己過信せず人の意見聞け
30 木 ●自信が結果に繋(つな)がらない日
31 金 ◎思わぬ良縁転がり込む吉日

※月盤の吉方表示は、その月だけの吉方は○、年月ともに吉は◎。

令和６年 三碧木星 6月の運勢

慎重運△

＜運勢＞　本命星は兌宮（だきゅう）に廻り年盤の五黄と同会。良好な運気で穏やかに過ごせるときだが、不安要因も抱える。油断から思わぬ墓穴を掘って損失を招くおそれも。欲張ると騙（だま）される結果になる。あれこれ欲張らずに目標を絞って気力を集中させることが大切。人間関係は良好だが、甘えが舌禍を招くので注意。

仕事運　諸事好調に進むが、軽口や衝動的な言動で自らを落としこまないように。

金　運　冗費に財布の紐が緩くなる。

家庭運　わがままや甘えを出し過ぎないように。

健康運　口腔、腎臓病に注意。

6月の方位

●**凶方**　東は計画に失敗して大損害となります。南は文書印鑑の取り扱いミスで苦しみます。西は異性関係のトラブルで離婚します。北は不慮の災難に見舞われます。重い病にかかります。

方位	九星	備考
南（午）	五黄	五黄殺
南西（未・申）	七赤	
西（酉）	三碧	本命殺
北西（戌・亥）	二黒	
北（子）	六白	暗剣殺・月破
北東（丑・寅）	四緑	○
東（卯）	八白	的殺
南東（辰・巳）	九紫	○
中央	一白	

吉方　東南・東北
凶方　東・南・西・北

1土 ●目下や子供の事で心労あり
2日 ◎発展の運気に迷いは要らぬ
3月 ○同性の友人と買物ツキあり
4火 △忘れ物や盗難の暗示がある
5水 ○体調よく成績も次第に好転
6木 ◎目上の意見に従うと好結果
7金 △時間を間違えて失態演じる
8土 ●意地を張るだけ窮地に陥る
9日 ○一歩前進で現状を突破せよ
10月 △余計な世話焼いて後悔する

11火 ○自分自身の決断が必要な時
12水 ◎努力が報われ上昇機運到来
13木 △気を抜いてミスをしやすい
14金 ○少々のミスは気にせず前進
15土 ◎対人運吉誘われたら即参加
16日 ○焦点を絞れば結果が表れる
17月 ●失敗は小さいうちに収めよ
18火 ○落ち着いた言動が吉運招く
19水 △周囲に誤解されやすい注意
20木 △焦りから混乱招く恐れ注意

21金 △不利な状況は度胸と笑顔で
22土 △部内の和を優先すれば無難
23日 ○喜び事の祝いは一家で会食
24月 ◎日頃の善行で好感度アップ
25火 ○頭脳もシャープ自信持って
26水 ●思わぬ妨害受け頓挫の危機
27木 ○難しい問題出現可能性検討
28金 △危険な誘惑が多い注意せよ
29土 △冷たい物の飲みすぎに注意
30日 ○トラブルは解決に向かう吉

令和6年 三碧木星 7月の運勢

変化運△

〈運勢〉 本命星は艮宮（ごんきゅう）に廻り年盤の六白と同会。今月は変化運の影響下で諸事不安定。物事が思うように動かず、イライラして気持ちに余裕が持てない。変革を求めて行動を起こしたくなるときだが、安易に現状を変えることは良くない。意固地な自己主張も目立つので、反省して周囲の意見にも傾聴せよ。

仕事運 現状と問題をしっかり把握した上で、不足なことは何かを周囲と相談すること。

金　運 不安定。急な出費に備えておく。

家庭運 自己のこだわりも適度にゆるめて。

健康運 腰痛、関節痛、耳鼻科の疾患にも注意。

7月の方位

暗剣殺
四緑　六白（的殺）　二黒　一白○　五黄（五黄殺）　三碧（本命殺・月破）　七赤　八白
午　未　申　酉　戌　亥　子　丑　寅　卯　辰　巳
南　西　北　東　九紫

吉方　西北
凶方　南・西南・北・東北

●凶方 南は詐欺で大損します。人間関係のトラブルで失脚します。西南は過労で体を壊し働けなくなります。北は部下に裏切られて失職します。東北は不慮の災難に見舞われ苦しみます。

1 月 ●人込みでスリ落とし物注意
2 火 △意見の対立で友人と仲違い
3 水 ◎筋を通せばツキ生み順調に
4 木 ○親密な友人から朗報が入る
5 金 △不平不満あれども心に秘め
6 土 ○情報は正確にキャッチする
7 **日** ○過程を大切にして結果出せ
8 月 ●トラブル続出で忙しい一日
9 火 △小さなミスから躓き（つまず）やすい
10 水 ●先行き不透明で右往左往す

11 木 △備えあれば万事に憂いなし
12 金 ◎人望と信用を得て好結果に
13 土 ○奉仕の精神が後の利になる
14 **日** △食わず嫌いは損挑戦も必要
15 ㊊ △油断して注意力散漫になる
16 火 ○今一歩の努力を重ねて好調
17 水 △酒席でも常識は保つように
18 木 ○難関の突破は頭の切り替え
19 金 ●安全で確実な対応策を取れ
20 土 △派手な積極行動全てに裏目

21 **日** ◎実になる苦労は買ってでも
22 月 △トラブルに巻き込まれそう
23 火 △食べ過ぎて胃腸に障害生ず
24 水 ○分相応か否かを冷静に判断
25 木 ○交渉ごと気負わず自然体で
26 金 △苦しい現実味わい落ち込む
27 土 ○誠意と笑顔で交渉スムーズ
28 **日** ●転倒やつまずきのケガ注意
29 月 △無理は気力減退につながる
30 火 ○恋人にプロポーズチャンス
31 水 ○奉仕の精神が後の利になる

※月盤の吉方表示は、その月だけの吉方は○、年月ともに吉は◎。

令和6年 三碧木星 8月の運勢

好調運○

〈運勢〉 本命星は離宮(りきゅう)に廻り年盤の七赤と同会。運気は好調。直感が冴えて判断力が増し、懸案事項を決着させるチャンス。過去の実績が評価され、苦労が報われる反面、ミスや欠点も目立ちがち。上品な印象が好感度を高める。華美に流れず、礼儀正しく話題と言葉を選び、高飛車な言動や感情的な言動は控えよ。

仕事運 やってきたことへの結果が出て一段落。信頼をさらに積んで次の好機へ備えよ。

金　運 本当に必要なものを見極め、将来の投資に。

家庭運 家族で会って理解を深める。

健康運 目の酷使、神経痛に注意。

8月の方位

方位	九星	備考
南（午）	三碧	本命殺
南西（未・申）	五黄	五黄殺
西（酉）	一白	○
北西（戌・亥）	九紫	○
北（子）	四緑	的殺
北東（丑・寅）	二黒	暗剣殺・月破
東（卯）	六白	
南東（辰・巳）	七赤	
中央	八白	

吉方　西・西北
凶方　南・西南・北・東北

●**凶方** 南は異性問題で離婚や失業します。西南は計画が失敗し倒産します。重い病にかかります。東北は交通事故で大ケガします。東北は親族と争い苦しみます。不慮の災難に見舞われます。

1 木 △早めに帰宅明日の準備せよ
2 金 ○この問題は事情通に相談を
3 土 ○体裁を整えるより実質主義
4 **日** △文書の取り扱い注意を要す
5 月 ○見て見ぬふりも時には必要
6 火 ●強情は人間関係に溝を作る
7 水 △協調なければ人望も半減す
8 木 ◎大胆な行動で運気が急進展
9 金 ○デートは早めに切り上げる
10 土 △趣味に傾き本分怠りがちに

11 ㊐ ◎思い通りに行動し成功する
12 ㊊ ○ネットに学び良き事は実行
13 火 ●折角の遠出も支障起きそう
14 水 ○奇抜なアイデア人気を呼ぶ
15 木 △思わぬ障害たじろぐなかれ
16 金 △大言壮語は信用を失墜する
17 土 ◎才能評価されて運気向上す
18 **日** ○精神的にも物質的にも充実
19 月 △浮気心出さずに現状維持で
20 火 ○未処理ゼロで信用度アップ

21 水 ○空いた時間は有効活用する
22 木 ●新規の企画実行は最悪結果
23 金 ○派手な言動慎み地道に努力
24 土 △安易な金銭の貸借は破滅に
25 **日** △功名を焦れば足を取られる
26 月 ◎人脈を生かして情報を収集
27 火 △何事も思うように進展せず
28 水 △自己中心的振る舞いは自滅
29 木 ◎結果を出すより過程を造る
30 金 ○気を許さずに本分まっとう
31 土 ●無計画が時と金との浪費に

低調運●

令和6年 三碧木星

9月の運勢

<運勢> 本命星は坎宮（かんきゅう）に廻り年盤の八白と同会。運気は低調。パワー不足で諸事停滞ぎみ。努力が結果につながらず、無理がきかないとき。焦らず受身の姿勢で現状を守りながら、力を蓄えてチャンスに備えよう。落ち着いてじっくり計画を練り、知識を深め、技量を磨いて専門性を高めることが大切。

仕事運 自身の言動によってさらに落ち込む。ここは黙々と自己内面の充実を図ろう。

金　運 不調。出費は抑えて節約あるのみ。

家庭運 一人で悩まず家族に相談。

健康運 冷え、不眠からくる不調に注意。

9月の方位

的殺
二黒
四緑 ◎
九紫 暗剣殺
八白
三碧 本命殺
一白 ○
五黄 五黄殺 月破
六白
午 南 七赤 北 子 東 西 ㊞ 未 申 酉 戌 亥 丑 寅 卯 辰 巳

吉方　西南・東北
凶方　東・南・西・北

●凶方 東は人間関係のトラブルで失業します。不慮の災難に見舞われます。南は火難や盗難によって困窮します。西は借金が増大して倒産します。北は部下の裏切りにより失脚します。

1 日 ○経験者の意見が大いに参考
2 月 ●気分のムラで周囲と衝突す
3 火 △乗り物の中でスリにご用心
4 水 ◎心身が充実してくる好調日
5 木 ○交渉難航するも午後に吉運
6 金 △あいまいな意思表示は禁物
7 土 ◎地道な努力が実る開運吉日
8 日 ○信念の大切さを学んで前進
9 月 △自分の利益のみ追求しない
10 火 ○仲間との歓談で好アイデア

11 水 ●先行きの見通しが立たない
12 木 △中途半端なやさしさタブー
13 金 ○練習繰り返し不安感の解消
14 土 ○周囲の事情に合わせて計画
15 日 △公私の区別は明確にする事
16 ㊊ ◎努力が好結果として表れる
17 火 ○他人を思いやれば信用増す
18 水 △車の運転外出は事故に注意
19 木 ○マンネリ打破して一歩前進
20 金 ●積極性が裏目ライバル刺激

21 土 △妄動すれば失敗の恐れあり
22 ㊐ ○良い話は遠慮せず受けて吉
23 ㊊ ○目上から助けを得られる吉
24 火 △気を許さずに本分まっとう
25 水 △書類上の不手際あり再確認
26 木 △迷うこと多くて悩みある日
27 金 ●口は災いの元できぬ約束凶
28 土 ○自己主張は程々に調和大切
29 日 ●利口ぶらず謙虚な姿勢貫け
30 月 △興奮せず冷静に対応すべし

※月盤の吉方表示は、その月だけの吉方は○、年月ともに吉は◎。

向上運◯

令和6年 三碧木星
10月の運勢

＜運勢＞ 本命星は坤宮（こんきゅう）に廻り年盤の九紫と同会。運気が次第に上向く。勤労意欲が高まり積極性が出てくるが、功を焦って急進は不可。目標を高く掲げ、すべきことを明確にして、地道な努力を積み重ねて盤石な成功の礎を築け。将来の発展に備えて周囲への根回しも忘れず、協力者に感謝し、着実に漸進せよ。

仕事運 周囲の役に立つよう地味でも着実な仕事を、持ち前の明るさを持って臨もう。

金　運 上向きだが浪費は禁物、計画的に。

家庭運 女性陣の意見を重視する。

健康運 消化器系、手足、腹部の不調に注意。

10月の方位

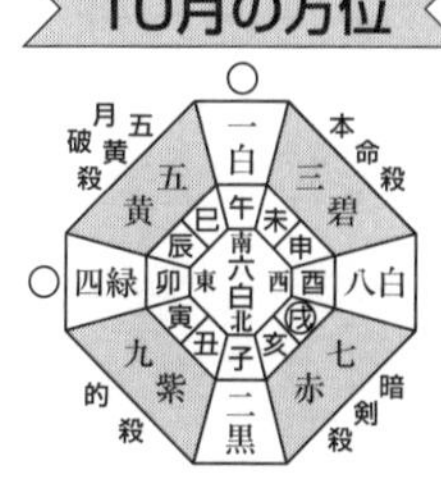

吉方　東・南
凶方　東南・西南・西北・東北

●凶方　東南は計画が失敗して大損害となります。西南は過労やストレスで体を壊します。西北は目上とのトラブルで失脚します。金銭的に行き詰まります。東北は重い病にかかって苦しみます。

1 火 ○多少の苦労十分に報われる
2 水 △功少ないが不満を言わずに
3 木 △チームの信頼関係崩れ苦労
4 金 ◎目上の口利きで運気が好転
5 土 ○レジャー運と対人運が好調
6 **日** ●衝動にかられやすい要注意
7 月 ○地道な努力で見通し明るい
8 火 ●口論には注意温和な姿勢で
9 水 ○長期取引は十分な下調べを
10 木 ◎気配りの対価は周囲の援助

11 金 △苦労は多いが報われない日
12 土 △甘い気分では障害突破無理
13 **日** ○雑用多くても愚痴こぼすな
14 ㊊ ○秘めた力を表わすチャンス
15 火 △多忙でも残務整理を怠るな
16 水 ○親睦を図らないと孤立無援
17 木 ●欲張らず地道な努力を積め
18 金 ○借金の相談は体裁よく断る
19 土 ◎レジャー運交際運活発で吉
20 **日** △焦慮から神経疲労に要注意

21 月 △苦労多くして実りは少ない
22 火 ○功少ないが不満を言わずに
23 水 ◎積極策でチャンスをつかむ
24 木 △約束の時間に待ち人遅れる
25 金 ○交渉事では根回しが決め手
26 土 ●遠出しても疲れが残るだけ
27 **日** ○気苦労あるも助力者もあり
28 月 ◎将来の資金増加の利殖検討
29 火 △調整役を買って土台揺らぐ
30 水 △周囲への気遣いに疲れる日
31 木 △口のうまい人には注意必要

自重運○

令和6年 三碧木星

11月の運勢

〈運勢〉　本命星は震宮（しんきゅう）に廻り年盤の一白と同会。上昇の運気だが、アクシデントにも見舞われやすいとき。準備してきた計画を実行に移すチャンス。積極果敢な行動が好結果を招く反面、思いつきで始めることは失敗の憂き目を見る。何事も周到な計画・準備が成功の鍵。計画に不備がないかも慎重に見直せ。

仕事運　着実な計画に乗った事業はスピードを重視。思いつきの構想にはトラブルの暗示。

金　運　順調でもアクシデントに備えて貯蓄。

家庭運　本来の明るさでムードメーカーを務める。

健康運　喉、声帯、手先足先の不調に注意。

11月の方位

吉方　南・北
凶方　東・東南・西

●**凶方**　東は基礎疾患が悪化して苦しみます。詐欺で大損します。東南は計画に失敗して倒産します。西は不慮の災難に見舞われます。資金繰りに行き詰まります。異性問題で離婚します。

1 金 ○目標達成して意気軒高な日
2 土 △他人の噂に振り回されるな
3 ㊐ ○らち開かぬ問題方法変えよ
4 ㊊ ●短慮からの争い事は避ける
5 火 ○控えめが吉出しゃばり禁物
6 水 ◎明朗な態度で高感度アップ
7 木 △外見は良いが中身が伴わず
8 金 △油断すると足元から崩れる
9 土 ◎焦点を絞れば自ら結果出る
10 **日** ○人が集まり盛り上がる一日

11 月 △波乱万丈でせわしない一日
12 火 ○全力挙げたチャレンジ成功
13 水 ●災害は予期せぬとき起こる
14 木 △支配欲高まり周囲から不評
15 金 ◎励めば確実な成果と発展運
16 土 △食中毒恐れあり生もの注意
17 **日** △勢い余ってやり過ぎて失敗
18 月 ◎周囲との結束強化心がけよ
19 火 ○仲間同士で賑やかに過ごせ
20 水 △強情は人間関係にヒビ作る

21 木 ○見栄や体裁より実質本位で
22 金 ●忙しいばかりで期待持てぬ
23 ㊏ ○欲張らず一途な努力で安泰
24 **日** ◎実直な態度周囲の好感得る
25 月 △事を荒立てずに穏健な対応
26 火 △引っ込み思案より積極行動
27 水 ○目上に反論は言い方に工夫
28 木 ○成り行き任せの行動にツキ
29 金 ●余計な口出し夫の機嫌害す
30 土 ○子供の躾（しつけ）は大人の共同責任

※月盤の吉方表示は、その月だけの吉方は○、年月ともに吉は◎。

令和6年 三碧木星 12月の運勢

注意運◯

〈運勢〉 本命星は巽宮（そんきゅう）に廻り年盤の二黒と同会。運気は旺盛だが暗剣殺の悪影響で思わぬアクシデントに見舞われる恐れもあり、調子に乗って手を広げ過ぎぬこと。進行中のことが終盤に来て頓挫することもあるので、最後まで気を抜かず見届ける。信用第一の姿勢で誠実に努力すれば相応の成果は得られる。

仕事運 情報ソースの確信、真偽に十分気をつけて何かあった場合の次善策を用意する。

金　運 調子に乗せられると散財する。

家庭運 家族間でも八方美人はNG。

健康運 胃腸、食道、気管支に注意。

12月の方位

●凶方 東南は詐欺で大損して倒産します。突然の病にかかります。南は火事で住居を失います。名誉毀損で訴えられます。西北は上司とのトラブルで失脚します。交通事故で大ケガします。

吉方　西南・北
凶方　東南・南・西北

1 **日** ●目先の欲で動いて後悔の日
2 月 ○積極的な参加がツキを呼ぶ
3 火 ◎リラックスすれば成績最高
4 水 △何事も気分落ち着けてから
5 木 △欲が先立てば円満さを欠く
6 金 ○才能を発揮にはまず充電を
7 土 ◎新規のアイデア実行しよう
8 **日** △控えめな態度で足元固めを
9 月 ○美味会食満喫して気分転換
10 火 ●万事不調で身も心も疲れる

11 水 ○縁の下の力持ちに徹し幸運
12 木 ◎急がずにマイペースで招福
13 金 △人ばかり頼って何事も低調
14 土 △飲み過ぎ食べ過ぎ健康注意
15 **日** ○控えめな態度で諸事円満に
16 月 ○立場を考えて行動すれば吉
17 火 ●人の好き嫌いは表に出すな
18 水 ○午後に恋愛のチャンスあり
19 木 ●誤解されて苦難に陥る日凶
20 金 △力量不足でまだ時機至らず

21 土 ◎新規計画に着手する絶好日
22 **日** △固執しすぎると機動性欠く
23 月 △思いがけない別れ話に泣く
24 火 ○ドライブは安全運転心がけ
25 水 ○結果を出すより過程に留意
26 木 ○良案浮かんでも発表控えよ
27 金 ○人を生かせば自分も生きる
28 土 △独り合点は独断専行を招く
29 **日** △酒の飲み過ぎ二日酔に注意
30 月 ◎人と強調できれば好結果が
31 火 △何事も大げさにしては損失

［四緑木星］の生まれ年

令和5年生（癸卯）1歳
平成26年生（甲午）10歳
平成17年生（乙酉）19歳
平成8年生（丙子）28歳
昭和62年生（丁卯）37歳
昭和53年生（戊午）46歳
昭和44年生（己酉）55歳
昭和35年生（庚子）64歳
昭和26年生（辛卯）73歳
昭和17年生（壬午）82歳

令和6年方位盤

吉方　西南

凶方
暗剣殺　東
的殺　東南
五黄殺　西
歳破・本命殺　西北

令和6年〈四緑〉の運気レベルと方位吉凶表

	年運	1月	2月	3月	4月	5月	6月	7月	8月	9月	10月	11月	12月
運勢	○	◎	◎	△	△	△	△	△	●	○	○	○	△
◎													
○													
△													
●													
方位	年	1月	2月	3月	4月	5月	6月	7月	8月	9月	10月	11月	12月
東	×	×	○	△	×	×	△	△	△	×	×	○	△
東南	×	×	×	×	×	○	○	△	△	△	×	×	×
南	△	○	○	△	△	△	×	×	×	△	○	○	×
西南	○	×	×	◎	◎	×	×	△	×	×	◎	△	◎
西	×	×	△	×	×	×	○	△	○	×	×	△	△
西北	×	×	×	×	×	×	△	○	○	△	×	×	×
北	△	△	○	○	△	△	×	×	×	○	△	○	○
東北	△	○	△	△	△	×	×	×	×	×	○	△	△

〔運勢〕◎大吉　○吉　△吉凶相半　●凶　〔方位〕◎大吉　○吉　△吉凶なし　×凶

＜吉方＞　今年の吉方は、西南です。

西南は、頭脳明晰、明確な決断ができるようになり順調な仕事運びとなります。これまでの努力が実を結び、地位名誉を得ます。悪習慣を断ち切ることができ、うれしい再出発となります。

＜凶方＞　今年の凶方は、東が暗剣殺、東南が的殺、西が五黄殺、西北が歳破と本命殺です。

東は、信頼していた人からの裏切りや横やりから計画が頓挫し、悪評が立ち再起不能に陥ります。東南は嘘の情報をつかまされたり、身近な人に騙（だま）されたりでやる気を失います。西はすることが裏目に出て負債を抱え、健康状態が徐々に悪化、異性問題から破滅します。西北は毎月の経費がかさみ、交通事故に遭（あ）い、多額の借金を抱えます。

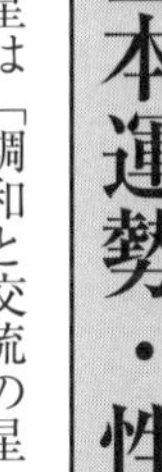

基本運勢・性格

四緑木星は「調和と交流の星」で、五行では木に属し、方位は東南の六十度、季節は四月、五月の晩春から初夏にかけて、一日では午前七時から十一時にあたります。春の風を象徴しています。

＜男性＞社交的で面倒見のいい性格

社交的で温厚、仕事熱心で交際範囲も広く、周囲から頼りにされる存在です。人と協調して進み、さりげない気遣いで周囲の人をサポートすることに長(た)けており、あらゆる場面でまとめ役を任されます。友人を大切にし、日本古来の伝統と和を大切にし、穏やかな雰囲気があります。

＜女性＞さりげない気遣いと穏やかな性格

相手に寄り添い、優しい笑顔と穏やかな口調でさりげない気遣いができます。旅行のお土産を欠かさないなど、控えめな態度の中にも印象付けるものがあります。円満を心がけるあまり、自己の意見を控えるなど知らぬ間にストレスがたまりやすく、自分にも優しくする時間が必要です。

今年の運勢

今年の四緑は本命星が乾宮に廻り、盛運の年です。気力体力ともに充実し、行動力も増して周囲に頼られ公私ともに多忙です。歳破を帯同することから、万事にやり過ぎの傾向があり注意です。

＜男性＞多忙でも振舞いには注意

今まで精力的かつ計画的に動いてきた人は、活躍の機会が増えてさらに多忙です。思うに任せて行動してきた人は、これからの動き方に対する冷静な判断が求められます。約束は厳守で、謙虚に責任感を持って活動してください。自己過信で意固地になりがちです。調和の気遣いが大切です。

＜女性＞謙虚な姿勢で幸運を招き入れる

盛運ですが自分の役割以上、できる範囲のこと以上に手を広げたり口出しをすると、苦労を作ることとなります。隣にいて自然にサポートする四緑の良さが円満平和を保ちます。常に謙虚さを忘れず、柔和な対応で接します。自分の時間を作り、一息入れて次に向かうことも大切です。

令和6年

仕事運・金運

●実りのために種を蒔き耕すとき

今年は結果にすぐにつながらなくても、将来の実りのために重要な年です。焦らず目の前にあることに誠意と責任感を持って取り組みます。来年以降には実りが大いに期待できます。

自営の人は、信用信頼をよりいっそう高める年です。頑張り甲斐のある年です。報酬、待遇などの話が出ます。細かい話や提示される条件にもきちんと対応し、納得のいくよう進めてください。

勤め人は、新たな役割、立場で大いに活躍します。部下には明確な指示、目上とは十分に話し合い、対立は避けて方針を共有することが大切です。

金運は、運勢が盛運とはいえ世界中の経済状況の悪化と物価高も影響して豊かな生活とは言い難い年です。車の買い替えなど、高額な出費が出てきます。必要なものと急がなくてよいものとに分けるメリハリが大事です。気は大きくなりがちです。堅実な生活で過ごすことを心がけます。

令和6年

家族運・健康運

●家族との時間を大事にする年

今年は家族に目を向け、一緒に出かける時間を作る、楽しみを共有するなど、日々の楽しい対話を欠かさないようにして、家族が一番大切な財産となるように行動を起こすとき。外での嫌なことの不満をそのまま家庭に持ち込むと、家族の円満を壊します。お互いの立場や受け止め方を考え、家庭内では楽しい気分を醸しだす努力が大事です。一緒に気軽に出かける、小旅行や外食などで家族の和やかな時間づくりを心がけます。

健康運は、忙しく動き回った分、疲労が蓄積されやすく、気力だけで頑張りがちです。体力を過信せず、十分な睡眠と適度なストレッチで疲労解消が大切です。今年は心臓関係や蓄積疲労がキーワード。心肺機能を高める運動も心がけます。高齢の方は、特に筋力低下、骨粗しょう症に気をつけます。食事からカルシウムやビタミン類をしっかり摂り、筋力づくりに励みます。

令和6年

異性運・相性運

＜男性＞自分を磨いてチャンスを待つ

今年は相手側の問題から周囲の応援や理解が得られにくく進展は難しい年です。

基本の相性は、一白、三碧、九紫が吉。今年の一白とは、意思の疎通に気を配ります。今年出会った三碧とは腐れ縁になりやすく、ごたごた続きで決して良縁とは言えません。九紫とは、相手側に問題があるため話が進まず、無理に進める縁でもないと感じて自分から引くことになります。

＜女性＞焦らず相手のペースに合わせて

今年は自分のペースで進めようとして良縁も立ち消えになる可能性があります。じっくりと育む姿勢が吉です。基本の相性は、一白、三碧、九紫が吉。一白で、すでに親密な関係であれば相手に将来の意思を確認するとき。相手に望んでばかりではうまくいかないので思いやりが大切です。三碧とは身内からの賛成が得られず苦労、九紫とは相手を信じて成就につなげましょう。

令和6年

四緑との付き合い方

社交性に富み、抜群の協調性とバランス感覚を備えた気配り上手な四緑の人は、周囲からの信頼も厚く若いうちから信用と名誉を得ます。反面、ことなかれ主義の八方美人的な側面は、ともすれば決断力や主体性を欠く優柔不断な人と思われがちです。万事に揉め事や事を構えるのが嫌いで、強行突破の荒事には向きません。

四緑の人の卓抜した調整能力は天性の宝で、交渉や調停の任を負う仲介役、指南役には最適の人材。その特有のバランス感覚が築いた立場を尊重して、面子を傷つけないような配慮も必要です。

特に、六白、七赤は、自分の都合や価値観を押しつけていると四緑に誤解され警戒されがちなので、言葉遣いに注意が必要。二黒、五黄、八白は、被害者意識を持ちすぎて四緑の好意を無にせぬように注意。今年の四緑は、普段苦手な六白と縁が深く良い関係を築くチャンスの反面トラブル含み。二黒とも縁は深いが対立もしやすい関係です。

上昇運◎

令和6年　四緑木星

1月の運勢

∧運勢∨　本命星は震宮（しんきゅう）に廻り年盤の二黒と同会。上昇運に乗り諸事順調な進展が期待できるとき。準備してきた計画を実行に移す好機で、新たな分野への挑戦や、意欲的な積極姿勢が好結果を招く。ただし思いつきで始めることは不可。万事、計画性と事前の準備、段取りがものをいうので地道な努力が成功の鍵となる。

仕事運　好調の波に乗り諸事進展する。入念な準備と計画性を持ってすれば成功する。

金　運　衝動買いより計画出費を。

家庭運　女性陣のサポートに感謝すること。

健康運　喉、声帯、神経系統に注意。

1月の方位

南（一白）○　東北（九紫）○
五黄殺（東南・五黄）　月破（西南・三碧）
本命殺（東・四緑）　的殺（西・八白）
暗剣殺（西北・七赤）
中央 六白　北（二黒）

吉方　南・東北
凶方　東・東南・西南・西・西北

●凶方　東は計画に失敗して大損害となります。東南は機密情報が漏洩し社会的信用を失います。西南は詐欺にあって不動産を失います。西は異性問題で離婚します。西北は資金難で苦しみます。

1 月 △散財やケガなどに要注意を
2 火 ○誠実で真面目に前進して吉
3 水 ○蓄財プランしっかり見直せ
4 木 △ベストを尽くし苦労も納得
5 金 ◎見栄っ張り慎めば援助あり
6 土 ◎真面目な努力が信頼を得る
7 日 ○現状維持が無事脇見は不可
8 月 ●会計不足で補塡（ほてん）するハメに
9 火 △気が進まぬとき早めの撤退
10 水 △仕事が停滞中途挫折の兆し

11 木 ○専門家の知識や能力を活用
12 金 ○先輩を表敬訪問で道開ける
13 土 △連絡に行き違いあり再確認
14 日 ◎善行は積極的に推進しよう
15 月 ◎謙虚な態度で好感度アップ
16 火 ○控えめにし表立たぬが賢明
17 水 ●見込み違いで行き詰まる凶
18 木 △部下の不始末荒立てず処理
19 金 △調子に乗りすぎ油断は禁物
20 土 ○持ち前の要領のよさを発揮

21 日 ○安定が一番安全確実策が吉
22 月 △過去にこだわらず前向きに
23 火 ○友人の功を祝福し福運あり
24 水 ◎リーダーシップを発揮する
25 木 ○気がかりなことは早期解決
26 金 ●意地張りすぎで立場苦しく
27 土 △甘い言葉の裏を読み取ろう
28 日 △身勝手な行動で周囲と孤立
29 月 ○従来計画を実行に移す好機
30 火 ○相手に合わせる気遣い大事
31 水 △注意力散漫思わぬ事故警戒

※月盤の吉方表示は、その月だけの吉方は○、年月ともに吉は◎。

発展運◎

令和６年 四緑木星

2月の運勢

＜運勢＞ 本命星は巽宮（そんきゅう）に廻り年盤の二黒と同会。発展の運気に乗って努力が開花する飛躍のチャンス。信用第一の姿勢と、最後まで丁寧にやり遂げる誠実な姿勢が大切。アンテナを高くして情報感度を高め、相手のニーズを捉えることが諸事順調の進展へと導く、成功への近道。地道に人脈畑を耕すことも忘れずに。

仕事運 交流が盛んになり情報も得て好調。信用第一の姿勢で臨もう。

金　運 情報を確かめ将来に有効なお金を使おう。

家庭運 遠方との交流で旧知を温めよう。

健康運 消化器系、胃腸の疾患、流行り病に注意。

2月の方位

吉方　東・南・北
凶方　東南・西南・西北

●凶方　東南は異性問題で社会的信用を失います。計画に失敗して倒産します。西南は過労で体を壊し働けなくなります。詐欺にあって不動産を失います。西北は支援者とのトラブルで苦しみます。

1 木 ○頼まれた用事を最優先する
2 金 ○自我は極力おさえて対処を
3 土 △人への過干渉は控えて無難
4 **日** ●先を見極めずに行動するな
5 月 △スピード出しすぎ事故の元
6 火 △手を抜くと物事が成就せず
7 水 ○気忙（きぜわ）しさあれども成果あり
8 木 ○速かに行動しチャンスあり
9 金 △思わぬ出費あり金運ピンチ
10 土 ◎良識ある行動で好感度上昇

11 ㊐ ◎目標達成意欲が難問を解決
12 ㊊ ○気を散らさずに本分を全う
13 火 ●意地張れば信用ガタ落ちに
14 水 △心配事は一人で抱え込むな
15 木 △人間関係にひずみが生じる
16 金 ○予期せぬ好意に嬉しい一日
17 土 ○流れに乗ってフル回転の日
18 **日** △見栄を張らず内部の充実を
19 月 ◎運気強く強攻策が吉を得る
20 火 ◎感性を生かせば評価が拡大

21 水 ○午前は吉だが昼から注意を
22 木 ●親しい友人にも節度は必要
23 ㊎ △成り行きで出費の可能性も
24 土 △飲み過ぎて大切な事を忘れ
25 **日** ○性急すぎれば結果を生まず
26 月 ○時間は効率的に使う努力を
27 火 △舌禍の日言葉遣いに要注意
28 水 ○周囲への配慮が達成への力
29 木 ◎公も私もともに順調に進展

令和6年 四緑木星

3月の運勢

守勢運△

＜運勢＞ 本命星は中宮（ちゅうぐう）に廻り年盤の三碧と同会。運気は強いが吉凶が交錯する変動のとき。攻めから守りに転じる転換期。手がけてきたことは一段落させ、現状の保持安定に努め、基盤を固めよ。何事にも安定志向で臨み、基本方針に沿って現状の不備を改めることが先決。急いでやったことは特に入念な点検を。

仕事運 自己中心で勝手に物事を進めないで、周囲の意見をよく聞くこと。

金　運 収支バランスをよく見て使う。

家庭運 家族の話題に割って入らないこと。

健康運 持病の悪化、内臓疾患に注意。

●凶方 東南は見込み違いで大損害となり倒産します。不慮の災難に見舞われます。西は異性関係のトラブルで離婚します。資金繰りに行き詰まります。西北は思わぬ事故で大ケガします。

3月の方位

南 八白 ／ 西南 一白 ◎ ／ 西 六白 月破 ／ 西北 五黄 五黄殺 ／ 北 九紫 ○ ／ 東北 七赤 ／ 東 二黒 ／ 東南 三碧 暗剣殺 ／ 中宮 四緑

吉方　西南・北
凶方　東南・西・西北

1 金 ○デート運あり会話楽しむ日
2 土 ●成り行きまかせで停滞気味
3 日 △礼儀不足の相手に手本見せ
4 月 △誤解されぬよう慎重に行動
5 火 ○眼精疲労や火難に用心の日
6 水 △待ちに徹し頭を冷やすこと
7 木 △何事も大げさにしては損失
8 金 ○細かい雑用早いうちに整理
9 土 ◎初心大切にして前向き対処
10 日 ○家族の争い翌日に持越すな

11 月 ●強情な態度は周囲から孤立
12 火 △多忙日注意散漫のケガ用心
13 水 △金銭問題でトラブルの恐れ
14 木 ○持久戦で解決の道が開く日
15 金 ○一歩下がれば視点も変わる
16 土 △軽率な言動がマイナス注意
17 日 ◎僅かな努力でも効果大きい
18 月 ◎良い知恵は対話からヒント
19 火 ○趣味や娯楽を満喫して好調
20 ㊌ ●分外な事に手を出して失敗

21 木 △出しゃばりが誤解される元
22 金 △意見の相違には温和な対応
23 土 ○努力相応の成果を得る好機
24 日 ○積極的に行動して利益あり
25 月 △早トチリで後始末に苦労す
26 火 ○才能見込まれ仕事任される
27 水 ◎言葉遣い対人面を握るカギ
28 木 ○一歩ずつ着実に前進すべし
29 金 ●大きな変化が起こる要注意
30 土 △頑固に固執すると孤立無援
31 日 △調子良くても気を緩めるな

※月盤の吉方表示は、その月だけの吉方は○、年月ともに吉は◎。

慎重運△

令和6年 四緑木星

4月の運勢

＜運勢＞ 本命星は月破を帯同して乾宮（けんきゅう）に廻り、年盤の四緑と同会。気力が充実し運気は旺盛だがトラブル要素も抱えるので要注意。何事もやり過ぎ、広げすぎが摩擦を生じるので自制心が必要。自己過信を戒め、信用第一の姿勢で誠実に対応すれば目上の信頼を得る。多忙のため、とかく無理をしがちなので過労に注意。

仕事運 強気な言動を慎み、周囲と相談しながら進めよう。誠実さと責任を求められる。

金　運 高額品は予算をしっかりと決めて。

家庭運 威張らず話し合いを持つ姿勢で。

健康運 高血圧、神経痛、過労に注意。

4月の方位

●凶方 東は詐欺で全財産を失います。東南は社会的信用を失い離婚や失業します。西は人間関係のトラブルで左遷や失業します。西北は資金繰りに苦しみます。不慮の災難に見舞われます。

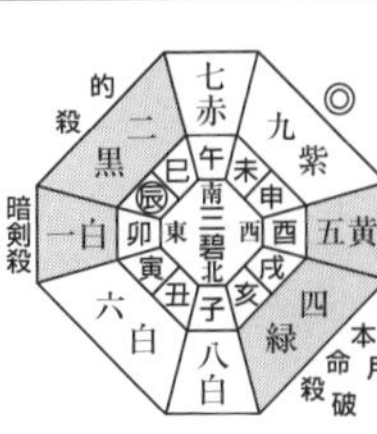

吉方 西南
凶方 東・東南・西・西北

1 月 ○公事を優先し信用を得る事
2 火 ○良い話は遠慮せず受けて吉
3 水 △無理な行動は破産に繋がる
4 木 ○慎重な態度で仕事を進めよ
5 金 ◎きめ細かな対応で商談成立
6 土 ○友人関係でツキに恵まれる
7 **日** ●自己主張強すぎて反感買う
8 月 △せっかくの情報も持ち腐れ
9 火 △あなたの誠意が疑われます
10 水 ○悩みは多くても心配は無用

11 木 △注文は必ず控えを忘れずに
12 金 △顧客の苦情も発展の礎とす
13 土 ◎幸運なハプニングに遭遇吉
14 **日** ◎損得抜きの対人関係が強み
15 月 ○活動的になり諸事多忙な日
16 火 ●身近な問題手抜きで不利に
17 水 △外見飾るな内部充実に力を
18 木 △借金保証人は凶運の渦中に
19 金 ○良き情報を得て利益を得る
20 土 ○内部の弱点を補強して安泰

21 **日** △燃える緑の活力を吸収する
22 月 ◎周囲の助力を得て結果好転
23 火 ◎努力が実り成果をあげる時
24 水 ○周囲の意見に従って喜び事
25 木 ●先行き不透明で混乱に拍車
26 金 △辛抱強く努力で念願成就を
27 土 ●思い違い勘違いあり要注意
28 **日** ○信用の積み重ね仕事の基本
29 ㊊ ○強硬策はとらず穏便に進め
30 火 △車は安全運転スピード注意

令和6年 四緑木星 5月の運勢

自重運△

＜運勢＞ 本命星は兌宮に廻り年盤の五黄と同会。本来は良好な運気のときだが、トラブル要素を抱えて油断できない。緊張感を欠き、些細な油断や軽率な言動からトラブルを招きやすいので要注意。継続中のことは概ね順調に進展するが、努力の成果を手にするためには最後まで手を抜かず、誠意ある態度で臨め。

仕事運 取引先との関係向上にも良い時期。和やかに過ごせる工夫をしよう。

金　運 趣味で散財。交際費も引き締めて。

家庭運 交際が広がり家族との時間が削られる。

健康運 歯、口腔など口のケアが大切。

5月の方位

●凶方 東は計画に失敗して倒産します。西南は過労で体を壊し働けなくなります。西は異性関係のトラブルで離婚します。西北は交通事故で大ケガします。東北は親族と争い絶縁されます。

吉方　東南
凶方　東・西南・西・西北・東北

六白　八白　四緑　三碧　七赤　五黄　九紫　一白　二黒
暗剣殺　本命殺　月破　五黄殺　的殺

1 水 ◎積極的な行動で有利な展開
2 木 ○生き生きとした行動に好感
3 金 ○静かな場所を選んで休息を
4 土 ●不動産の取引き危険はらむ
5 日 △自我を通せば孤独感味わう
6 月 △醜聞で自分の名誉が傷つく
7 火 ○運気好調なれど調子乗るな
8 水 ○資格取得するならよく選べ
9 木 △不用意な言動が反発を招く
10 金 ○感動を素直に表し結束増す

11 土 ◎気分一新して新境地に至る
12 日 △ストレス発散は別の方法で
13 月 ●見栄を張って散財繰り返す
14 火 △余計な物を衝動買い要注意
15 水 △急がば廻れ沈着に行動せよ
16 木 ○順よく選べば無理なく完成
17 金 ○プラス思考で状況を打開す
18 土 △横槍が入り計画変更の予感
19 日 ◎意気盛んで人が支持に回る
20 月 ○社交上の手腕は幸運を招く

21 火 △個人プレー周囲からの非難
22 水 ●忙しいばかりで期待持てぬ
23 木 △気のゆるみから小さなミス
24 金 △大願成就まで手抜きは厳禁
25 土 ○オープンな態度で人心掌握
26 日 ○直感で動くと手元不如意に
27 月 △進み過ぎ手広げ過ぎて失敗
28 火 ◎内部充実を図れば鬼に金棒
29 水 ◎日頃の努力が結果に表れる
30 木 ○事態は自然に好転心配なし
31 金 ●甘い話に乗って落とし穴に

※月盤の吉方表示は、その月だけの吉方は○、年月ともに吉は◎。

変化運△

令和6年 四緑木星

6月の運勢

＜運勢＞ 本命星は艮宮に廻り年盤の六白と同会。変化運の今月は、気持ちや考えが変わりやすく安定性に欠けるとき。変化を求めて動きたくなっても、安易な方針変更は控えて。強気な姿勢は禁物。現状維持に徹することが無難の道。状況変化による計画の見直しが必要ならば、目上と相談して対応せよ。

仕事運 協調するあまり優柔不断になりがち。周囲の意見をまとめる役割に徹する。

金　運 不安定。投資は見送り、貸し借りは厳禁。

家庭運 家族のまとまりが悪くなる。

健康運 腰痛、関節痛、手指の関節に注意。

6月の方位

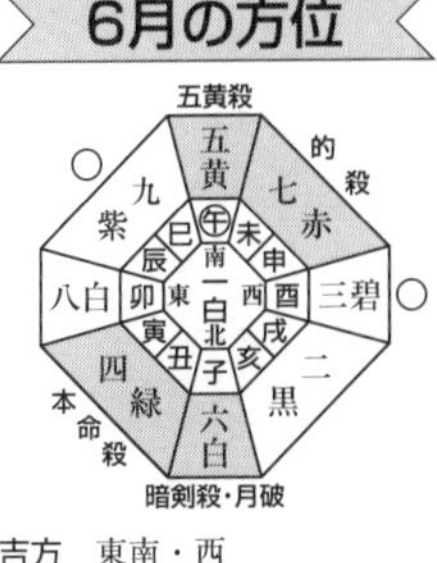

吉方　東南・西
凶方　南・西南・北・東北

●凶方 南は文書印鑑の取り扱いミスで大損害となります。西南は詐欺にあって不動産を失います。北は部下に裏切られて失職します。東北は重い病になります。不慮の災難に見舞われます。

1 土 △邪魔が入って中断仕方なし
2 日 △家庭の和が第一の優先順位
3 月 ○基礎を固めて実力発揮の時
4 火 ○古くても良いものに出会う
5 水 △愚痴は聞いても意見は慎む
6 木 ◎相手の良いところを伸ばせ
7 金 ○好調な時ほど慎重さが必要
8 土 ○日頃の努力が報われる吉日
9 日 ●雑事に没せず大事を忘れず
10 月 △悲観的な言動は沈滞ムード

11 火 △人はあてにせず自力で解決
12 水 ○好奇心から専門知識広がる
13 木 ○相手を侮らずに道理を説明
14 金 △縁の下の力持ち後に開運す
15 土 ○当てにしてない入金あり吉
16 日 ◎上げ潮に運よく乗り絶好調
17 月 ○調子の良い言葉の裏見抜け
18 火 ●飛躍するための実力強化を
19 水 △心配事生じたら素早く対応
20 木 △価値観に違い深追いは禁物

21 金 ○二度ない好機行動は迅速に
22 土 ○こだわり捨てれば悩みなし
23 日 △塩分控えめの食事血圧配慮
24 月 ◎自信を持って前進すること
25 火 ◎気を若くもってチャレンジ
26 水 ○小さい事でも堅実さが大切
27 木 ●他人の土俵で相撲を取るな
28 金 △イラ立っても冷静さ失うな
29 土 △常にクールな視点で観察を
30 日 ●事故の心配あり運転慎重に

注意運△

令和6年 四緑木星 7月の運勢

〈運勢〉 本命星は離宮(りきゅう)に廻り、年盤の七赤と同会。好調に見えても、アクシデントの多いとき。勘が冴え、判断力も増すが、目立つことが吉凶両面に作用する。努力の成果が評価される反面、ミスや秘密が露見して評判を落とすことも。感情的になると周囲と対立して孤立する。文書や印鑑の取り扱いは特に慎重に。

仕事運 直感で動きたくなるが、トラブルの表面化によって失策とならぬよう注意。

金　運 運は強いがリスクが潜む。

家庭運 わがままな態度を慎めば良い関係に。

健康運 頭痛、神経症に注意。

7月の方位

●**凶方** 南は火難や盗難によって困窮します。異性関係のトラブルで離婚します。北は部下に裏切られて失職します。重い病にかかって苦しみます。東北は不慮の災難に見舞われます。

暗剣殺・本命殺
四緑
六白
二黒
一白 ○
五黄
三碧
七赤
八白
九紫
月破
五黄殺・的殺

吉方　西北
凶方　南・北・東北

1 月 △変化は行き過ぎ後戻り必要
2 火 ◎物質運豊かだが浪費に注意
3 水 ◎経験生かして指導力を発揮
4 木 △飾らず話し合うことが大切
5 金 ○相手の出方を見てから行動
6 土 ○余裕を持った行動忘れずに
7 日 ●タカを括(くく)れば思わぬ非難が
8 月 △早めの休養で疲労回復図る
9 火 ●変化を求めると裏目に出る
10 水 △スタートは好調挫折に注意

11 木 ○慣れた仕事に一工夫して吉
12 金 ◎用意周到ならば諸事快調に
13 土 △控えめな行動で波風立たず
14 日 ○恋愛は繰り返しアタックを
15 ㊊ ○頼られても断わる勇気持て
16 火 △言動は慎重に誤解を受ける
17 水 △我を抑え目上の指導受ける
18 木 ●自信過剰で進めば大ケガに
19 金 △調子に乗り口滑らせる注意
20 土 ○誠実さが仕事を有利にする

21 日 ○謙虚な態度は味方を増やす
22 月 △焦っても金銭運のない日凶
23 火 ○他人の世話して人の心知る
24 水 ○欲張らず八分で満足して吉
25 木 △二番手にいて後方を守る事
26 金 △シナリオ通りに運ばず苦労
27 土 ●水辺での事故に注意する日
28 日 ○押しの一手が打開の決め手
29 月 ○情報を収集して上手に活用
30 火 ◎何事も強気が功を奏す強運
31 水 △お金がなければ知恵で勝負

※月盤の吉方表示は、その月だけの吉方は○、年月ともに吉は◎。

衰退運●

令和6年　四緑木星

8月の運勢

〈運勢〉　本命星は坎宮（かんきゅう）に廻り年盤の八白と同会。運気が衰退して実力が発揮できず、物事が順調に進まないとき。積極的な行動は控えて守りに徹するのが無難。今月は充電期間と考えて自己を見つめ直そう。チャンスに備えて知識や技術の習得を。専門性を生かしてスキルを高めることが後のプラスになる。

仕事運　自己の過不足を修正しつつ、内容を充実させることに専念すると良い。

金　運　ひたすら節約。今は蓄えて好機を待つが吉。

家庭運　不調。出費は控えて節約あるのみ。

健康運　冷え、下半身の不調に注意。

8月の方位

●凶方　南は詐欺にあって全財産を失います。西南は過労やストレスで体を壊し働けなくなります。北は部下の裏切りで失脚します。大病を患います。東北は親族とのトラブルで絶縁されます。

的殺　三碧（南）／五黄殺　五黄（西南）／一白（西）○／九紫（西北）○／本命殺　四緑（北）／暗剣殺・月破　二黒（東北）／六白（東）／七赤（東南）／中央　八白

吉方　西・西北
凶方　南・西南・北・東北

1 木 ○約束何をおいても必ず実行
2 金 ○不満でも皮肉小言はいうな
3 土 △調子に乗らず行き過ぎ注意
4 **日** △思わぬ不利招く友人に注意
5 月 ●暗い夜道に危険が待ち伏せ
6 火 △自分勝手では災い招く恐れ
7 水 ○調子に乗り猛進しないこと
8 木 ◎ライバルに一発逆転の好機
9 金 △えこひいきすれば仲間外れ
10 土 ○骨惜しみをせずにまず実行

11 ㊐ ○面倒な事もそれなりに解決
12 ㊊ ●家族の考えが合わず不愉快
13 火 △好奇心や大欲が災厄（さいやく）に連動
14 水 △善悪の判断誤ると結果最悪
15 木 △外出時の戸締まり念入りに
16 金 ◎新規の計画は即実行で吉運
17 土 ◎順序を踏み正攻法で好結果
18 **日** △しきたり無視で恥かく注意
19 月 ○親切が幸せ招く場合もある
20 火 ○思い切った行動が旨くいく

21 水 ●早合点から失敗を招きがち
22 木 △冷たい飲み物取り過ぎ不調
23 金 ●甘い気分では障害突破無理
24 土 △本業以外の浮気心は停滞に
25 **日** ○あきらめず次の機会を持つ
26 月 ○絶やさず種を播（ま）き新規開拓
27 火 △不満を言うより自力で努力
28 水 ○あきらめず努力すれば解決
29 木 ○分相応なら無難に過ごせる
30 金 ●美味しい話は十分吟味して
31 土 △理屈で勝っても情に負ける

四緑

令和6年 四緑木星

9月の運勢

漸進運○

＜運勢＞ 本命星は坤宮（こんきゅう）に廻り年盤の九紫と同会。運気は上向き、停滞していたことも徐々に動き始めるとき。目先の利より、高い視点から明確に目標を定め、将来への布石を打って地盤固めをせよ。地道な努力を積み重ねて盤石な礎を築くことが成功への近道。功を焦らず慎重に歩を進めていけば好結果へとつながる。

仕事運 運気が上がってくるので好調気味だが、派手さにとらわれず地道な努力を続ける。

金　運 資金計画を立てて貯蓄の準備を。

家庭運 女性の意見を取り入れよう。

健康運 胃腸、手足、皮膚のトラブルに注意。

9月の方位

●**凶方** 東は計画が失敗して倒産します。突然の病にかかります。西南は人間関係のトラブルで失業します。西は赤字続きで金銭的に行き詰まります。東北は思わぬ事故で大ケガします。

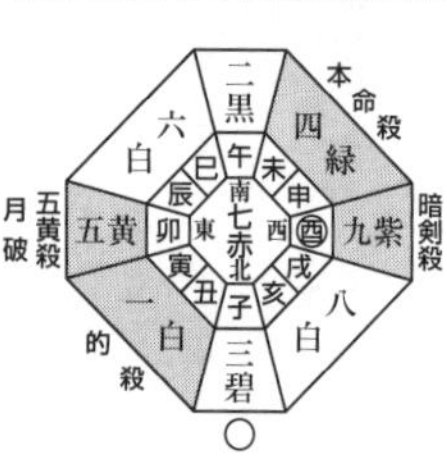

吉方　北
凶方　東・西南・西・東北

1 日 ●波乱含みで金銭貸借は不利
2 月 ○初心を忘れずたゆまぬ努力
3 火 ◎前向きな姿勢には高い評価
4 水 ◎多忙時こそ公用を優先せよ
5 木 △誠意がなければ失望を招く
6 金 ◎計画通りに進めて利益あり
7 土 ○ギャンブルの誘いに乗るな
8 日 △予期せぬ出費後日に見返り
9 月 △事を荒立てずに穏健な対応
10 火 ●疑えばキリなし方向転換を

11 水 △誘いに乗っても期待外れに
12 木 ○誠実さが相手の信用を得る
13 金 ◎恋愛は周囲の後押しで発展
14 土 △過去に固執すれば運気低迷
15 日 ○相手立てればすべてが円満
16 (月) ○意外な異性から告白あり吉
17 火 ●自己過信は災いのもと注意
18 水 △言い訳すると不利な展開に
19 木 △食べ過ぎ無計画な出費注意
20 金 ○自分の技量に磨きをかける

21 土 ○進むより足元を確かめる日
22 (日) ◎注目を一身に集め人気運強
23 (月) △ケアレスミスから結果最悪
24 火 ○情勢好転の望みあり頑張れ
25 水 ○他の意見に従ってツキあり
26 木 △周囲の協力なくば打開せず
27 金 ○何事も挑戦積極性が運開く
28 土 ●ライバルの存在には要注意
29 日 ○迅速さを欠く行動で停滞す
30 月 △甘い話は裏あり内容を調査

※月盤の吉方表示は、その月だけの吉方は○、年月ともに吉は◎。

令和6年

四緑木星 10月の運勢

上昇運◯

＜運勢＞　本命星は震宮に廻り年盤の一白と同会。上昇運だが、不安要因を抱え波乱含み。準備してきたことは実行に移すチャンスで、意欲的な積極姿勢が好感される反面、思いつきでの行動は頓挫の憂き目を見る恐れも。万事に周到な調査と綿密な計画が不可欠。準備不足は致命的な失敗につながる。

仕事運　好調に見えても、衝動的な企画はトラブルを抱える。入念な下準備と確認を。

金　運　衝動買いは禁物。必要かを見極めて。

家庭運　家族の面倒をよく見ること。

健康運　喉、声帯の不調、流行り病に注意。

10月の方位

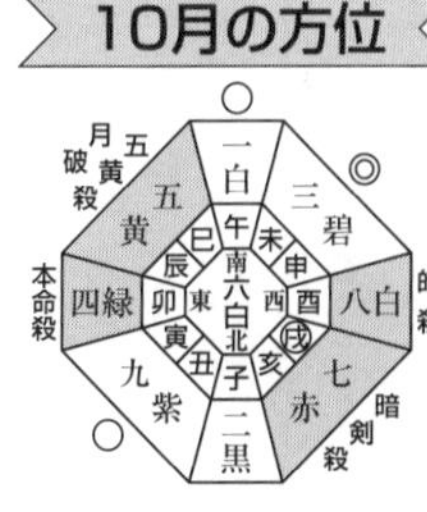

吉方　南・西南・東北
凶方　東・東南・西・西北

●**凶方**　東はミスが重なって大損害となります。東南は不慮の災難に見舞われます。西は異性関係のトラブルで離婚や失業します。西北は金融機関と対立して金銭的に行き詰まります。

1 火 ○目線を高くもって協力得る
2 水 △孤立無援となる周囲に配慮
3 木 ◎新規のアイデアが生き前進
4 金 ○自己の力量内の相談応じ吉
5 土 △サインは内容確認してから
6 **日** △衝動買いしやすい節約せよ
7 月 ●仲間や近親者トラブルあり
8 火 ○多少苦労あっても結果良好
9 水 ◎目上の意見には千金の重み
10 木 ○仕事を片づけて休養をとる

11 金 △先行投資と心得て手を貸す
12 土 ○事を荒だてずに柔軟な対処
13 **日** ○好きなことが出来ることに
14 ㊊ △目先の小利に振り回され凶
15 火 △スタミナ不足に悩まされる
16 水 ●無理なプランは事故のもと
17 木 △自分の健康に特に留意せよ
18 金 ◎他人を思いやれば信用増す
19 土 ○能ある鷹爪を隠して吉なり
20 **日** △余計は口出し身の程を知れ

21 月 ○異業種の人と交際がプラス
22 火 ○スイーツの店でデートが吉
23 水 ●裏切られる気配人間不信日
24 木 △忙しく働く割には成果なし
25 金 ●人を憎むと同様に跳ね返る
26 土 △力ずくでは反感を買うだけ
27 **日** ◎良縁あり見合い話は進展吉
28 月 ○話合いで意見の相違を解決
29 火 △つまらぬ人と係わり苦慮す
30 水 ○大局的な見地から状況判断
31 木 ◎斬新なアイデア生かすとき

令和6年　四緑木星

11月の運勢

波乱運○

＜運勢＞　本命星は巽宮（そんきゅう）に廻り年盤の二黒と同会。トラブル発生の暗示を受け波乱含みの運気。好調に進んできたことが、急転直下で破綻する恐れもあり、最後まで油断は禁物。内部の結束が大切なとき。支えてくれる人たちには感謝の気持ちを明確に表明せよ。信用第一の姿勢と意思の疎通を図る工夫が大切。

仕事運　協力者や日頃引き立ててくれている人に感謝を表し、仕事で恩返しできるように。

金　運　投資話にはトラブルあり。

家庭運　家族の話をよく聞き、和を大切に。

健康運　胃腸、内臓、神経症に注意。

11月の方位

●凶方　東南は見込み違いで計画が失敗し倒産します。不慮の災難に見舞われます。西北は赤字続きで資金繰りに行き詰まります。突然の事故で大ケガします。重い病に苦しみます。

南：九紫○　西南：二黒　西：七赤　西北：六白（的殺）　北：一白○　東北：八白　東：三碧○　東南：四緑（本命殺・月破）　中央：五黄

吉方　東・南・北
凶方　東南・西北

1 金 △儲け話は意外な落し穴あり
2 土 ○目的遂行現状のままで無難
3 ㊐ △悪材料も克服すれば良材料
4 ㊊ ○言葉を慎み積極行動控えよ
5 火 ○見解の相違は話合いで解決
6 水 ○自分自身の今を大切にする
7 木 △短慮からの早トチリに注意
8 金 ○上長に引き立てられ感激す
9 土 ○大切な人脈畑しっかり耕せ
10 日 △油断から風邪で寝込む注意

11 月 △柔軟な対応で物事丸く納め
12 火 ●詐欺の恐れあり甘い話用心
13 水 ○交際は分相応にして吉なり
14 木 ◎財運アップ好機手応えあり
15 金 ◎努力が報われ上昇機運到来
16 土 △思惑や行動が空回りする日
17 日 ◎自ら筋を通せば賛同者得る
18 月 ○見かけより実質を取って吉
19 火 △中年男性からの誘いに用心
20 水 △車の運転飛び出し事故注意

21 木 ●皮肉な言動口論の元になる
22 金 △酒の飲み過ぎ二日酔に注意
23 ㊏ ◎万事が思い通り進み絶好調
24 日 ◎親密な友人から朗報で驚喜
25 月 △親しい友人でも礼節忘れず
26 火 ○家族と協力し人を助け開運
27 水 ○体力の現状維持は自己責任
28 木 ●準備不足で仕事でミスする
29 金 ○目上から助けを得られる吉
30 土 ●余計な口出しは災いを呼ぶ

※月盤の吉方表示は、その月だけの吉方は○、年月ともに吉は◎。

守勢運△

令和6年 四緑木星

12月の運勢

〈運勢〉 本命星は中宮(ちゅうぐう)に廻り年盤の三碧と同会。強い運気が吉にも凶にも作用するとき。以前から手がけてきたことは、ある程度成果が得られるが、余勢をかって深追いしたり新たなことに手を出すと失敗しやすい。今は一時停止してひと息入れ、これまでを振り返って過不足を調整し、内容の充実を図るべきとき。

仕事運 新規着手するより現状維持にとどめる。守りに徹し、今の地盤を固めるが大事。

金　運 収支バランスを把握すること。

家庭運 家族みんなの状態をよく観察する。

健康運 持病、古病の再発・悪化に注意。

12月の方位

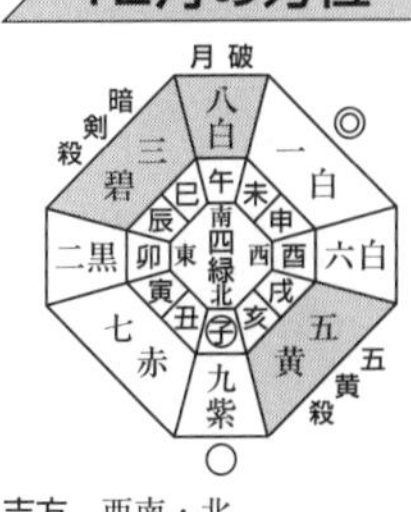

吉方　西南・北
凶方　東南・南・西北

●凶方 東南は機密情報が漏洩して社会的信用を失います。南は火難や盗難によって困窮します。人間関係のトラブルで失脚します。西北は営業不振になり倒産します。重い病にかかります。

1 日 △配慮相手に通じずイラつく
2 月 ◎合格の試験結果出て有頂天
3 火 ◎社会への奉仕運動参加よい
4 水 △うまい話には決して乗るな
5 木 ○利口ぶらず謙虚に相対せよ
6 金 ○思ったより成果得られる日
7 土 △抗議に対して冷静な対処を
8 日 △電話の一言思わぬ波紋広げ
9 月 ●労多くして益なしの不調日
10 火 △目上との意見調整に要努力

11 水 ○欲ばらずにほどほどが無難
12 木 △奇をてらわずに基本通りに
13 金 △宴席で誘いに乗れば後悔す
14 土 ○人の好意は素直に受けて吉
15 日 ○人を先に立てて従うが無難
16 月 ●騙されやすいとき用心せよ
17 火 △有利と判断しても争い禁物
18 水 ●小さな失言が後に大きな傷
19 木 △身近に心配多し冷静に対処
20 金 ◎信用第一という姿勢崩さず

21 土 ○他事に介入すると反感買う
22 日 △依頼心強過ぎて見捨てられ
23 月 ○落ち着いて見直しミス防げ
24 火 ○何に対しても積極的に対応
25 水 △金の貸し借りトラブルの元
26 木 ●独断専行は組織に不協和音
27 金 ○足元固めをしないと崩壊す
28 土 ○誠心誠意の努力で順調な日
29 日 △過労に気づいたら十分休養
30 月 ○始めよくとも後日にツケが
31 火 ◎後輩や目下を思いやれば吉

五黄土星

年度運 ○ 良好運

令和6年〈五黄〉の運気レベルと方位吉凶表

	年運	1月	2月	3月	4月	5月	6月	7月	8月	9月	10月	11月	12月
運勢	○	○	△	○	△	△	○	●	○	○	○	△	○

方位	年	1月	2月	3月	4月	5月	6月	7月	8月	9月	10月	11月	12月
東	×	△	△	○	×	○	○	○	○	×	△	△	○
東南	○	×	△	×	◎	△	◎	◎	◎	◎	×	×	×
南	○	△	◎	◎	◎	◎	×	×	△	◎	△	◎	×
西南	○	×	×	△	◎	×	◎	◎	×	△	△	◎	△
西	×	○	○	×	×	△	△	○	△	×	○	○	○
西北	×	×	○	×	×	×	○	△	○	○	×	○	×
北	○	◎	△	◎	◎	◎	×	×	△	△	◎	△	◎
東北	○	◎	◎	◎	◎	×	△	×	×	△	◎	◎	◎

〔運勢〕◎大吉 ○吉 △吉凶相半 ●凶〔方位〕◎大吉 ○吉 △吉凶なし ×凶

［五黄土星］の生まれ年

令和4年生（壬寅）2歳
平成25年生（癸巳）11歳
平成16年生（甲申）20歳
平成7年生（乙亥）29歳
昭和61年生（丙寅）38歳
昭和52年生（丁巳）47歳
昭和43年生（戊申）56歳
昭和34年生（己亥）65歳
昭和25年生（庚寅）74歳
昭和16年生（辛巳）83歳

令和6年方位盤

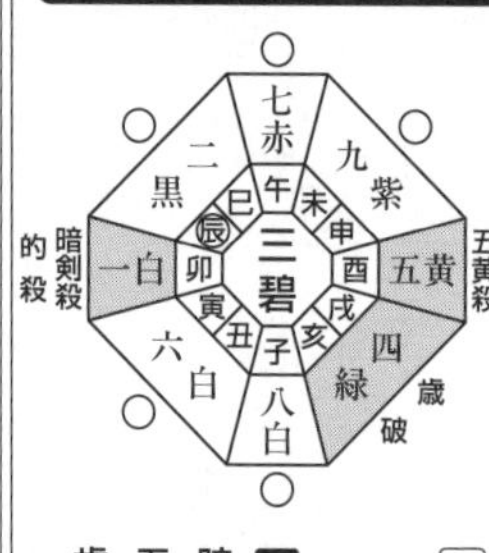

吉方
東南、南、西南、北、東北

凶方
暗剣殺・的殺　東
五黄殺・本命殺　西
歳破　西北

〈吉方〉今年は東南、南、西南、北、東北です。東南は営業の取引が整い、利益の見込みがあります。南は先輩の引き立てにより出世のチャンスをつかみます。西南は年上の女性の後援で不動産を得る機会に恵まれ、北は親戚の陰の支援に助けられます。東北は親戚や知人の援助が受けられれば事業の拡大もあります。

〈凶方〉今年の凶方は、東が暗剣殺と的殺、西が五黄殺と本命殺、西北が歳破です。

東は口の災いから世間の信用を失います。部下の不正行為により、再起不能になるほどの失敗をします。西は言葉巧みな誘惑に迷い財産や名誉を失います。西北は新規の事業を起こしても関係者と争い、心労の種となります。

基本運勢・性格

五黄土星は「独立と統制の星」です。九星の星の中でも特にエネルギーが強く、万物の生成や消滅に大きく関わります。その存在は圧倒的で他者を寄せつけません。

〈男性〉試練を乗り越えてチャンスをつかむ

この星生まれの男性は、肉親との縁が薄く、若いときから故郷を離れ、独立独歩の人生を歩みます。肉親を頼りにできない分、自分で何でもしたくなりますが、ほどよい協調性を持つことができれば、晩年運の助けとなり、人脈も裾広がりに広がっていきます。

〈女性〉チャーミング性を忘れずに

この星生まれの女性は、しっかり者の人が多いです。仕事面でも何事もそつなくこなし、苦労を厭わずにやり遂げられる人です。しっかりした人という面が全面に出過ぎると後輩からは煙たがられるので、周囲との兼ね合いを見て上手に塩梅をして行動するのが得策です。

今年の運勢

今年の五黄は本命星が西（兌宮）に入り、飲食を伴った会食や食事がらみの仕事などが多くなります。飲食の席では、一言が多過ぎて失敗が懸念されますので、注意を要します。

〈男性〉頼りになる先輩に助言を求めてよし

今年は、ピンチに陥ったときには、昔からの頼りになる先輩の一言が救いになります。日頃の連絡を密にしておくことが大切です。時候の挨拶程度の葉書でもショートメールでも、こまめに発信しておくことが万が一のときの強力な助けとなります。

〈女性〉おいしい話には注意を

今年は同僚や後輩、サークル仲間からの誘いが多くなり、飲食の機会や楽しい集まりが増えます。あなたの魅力を正しく理解してくれる人も大勢いますが、中には注意を要する人もいます。甘い言葉には注意が必要です。おやっ？　と思ったことには二度、三度の確認が大切です。

令和6年 仕事運・金運

●仕事は一途に進んでよし

今年は五黄土星が兌宮（西）に入り好調な年回りで、会食中に話が盛り上がり新規事業の企画が生まれます。今まで取り組んできた仕事につながることは、積極的に進めてもよいですが、全く反対の方向の話には注意してください。

男性はいろいろな方面から事業拡大の話がきますが、関係者の意見をよく聞いて判断を。

一時仕事を離れていた女性にとっては、新たな道が開かれます。決断することも大事です。

金運は本命星が西に入り、金融面では恵まれますが、趣味や娯楽にかける費用がかさむ傾向があります。時折、自分で支出をチェックしましょう。男性で特に趣味にはまり過ぎている人は、家族の理解を得られる予算になるよう、調整する必要があります。女性は堅実に家計のやり繰りをしていますす。長期的展望に立った資産運用に心がければよいでしょう。

令和6年 家族運・健康運

●家族団らんで団結力をアップ

家族を率いている人は、毎日の食事の力も借りて家族を一つにまとめていきましょう。鍋を囲むことや家族全員で調理を楽しむことで、思い出の一ページを作ることになります。

年齢のいったご家庭では、完全主義に振り回されず、時には手を抜いても生活を楽しむようにしましょう。特に結婚生活の長いご夫婦は相手を労わる言葉かけをすることで、共に心が豊かになり、人生をいっそう楽しむことができるでしょう。

健康運は、口腔疾患に注意してください。誕生日の月には歯科医院で歯の健康診断をしてもらい、いつまでも食べる楽しみをもち続けましょう。高齢の方はカルシウムの摂取に気を配ると共に、軽度でも毎日少しずつ体を動かす習慣を持つように心がけましょう。また、昨今寒暖差が大きくなっているので、体調不良による呼吸器疾患に注意することが大切です。

令和6年 異性運・相性運

＜男性＞良い縁が近づいています

今年は飲食の機会に恵まれ、異性との出会いも増えます。将来を考えた交際をするときです。

基本の相性は、二黒、六白、七赤、八白、九紫の人が吉。今年の二黒とは価値観も一致してまとまりそうです。六白はとんがったところが魅力。七赤は二度目の出会いなら吉。八白は意気投合して決断するとき。九紫は魅力的なのですが、結婚まではなかなか踏み切れません。

＜女性＞空気のような出会いがあり

今年は楽しいグループでの交際の中から良い出会いが生まれやすい年です。

二黒の人とは話が合って楽しいのですが、まとめるのには難しいです。六白の人とは少し物足りなさを感じても進めて吉。七赤の人との会話は楽しくても、結婚までは難しそう。八白の人とは決断のとき。九紫の人とは長い交際期間を経ている場合は、今年こそまとめて吉。

令和6年 五黄との付き合い方

九星の中心に位置する強運の星で、その強さが善悪両面に表れるのが五黄の特徴。周囲を気にせずゴーイングマイウェイを地でいくため、わがまま、強引、身勝手な印象を与えがちですが、困難や逆境を跳ね返すパワーを秘めた頼もしさは魅力です。また意外なほど純情で情にもろい一面を持っています。頼られれば損得抜きで一生懸命力になろうとする人情家ですが、好き嫌いがはっきりしています。あれこれ指図されることを人一倍嫌うので、多少の無礼には目をつぶって本人なりのやり方を尊重することが大切です。

特に、三碧、四緑の人は、自分の都合や価値観を押しつけていると五黄に誤解されて警戒されがちなので、言葉遣いに注意が必要です。一白は、五黄に対する被害者意識を持ちやすいので、五黄の気持ちを好意的に察するよう努めましょう。今年の五黄は、三碧、七赤と縁が深く、親しみやすいが、一白とは常にも増して鋭く対立しがちなので注意。

発展運○

令和6年 五黄土星

1月の運勢

〈運勢〉 本命星は巽宮（そんきゅう）に廻り、年盤の暗剣殺を帯同した三碧と同会。発展の運気ながら波乱含みで油断できないとき。順調に進んできたことが完成直前で空中分解したり、思わぬ横やりで物事がまとまらない恐れあり。即断は控え、平常心で粛々と対処すること。丁寧に誠意ある対応を心がけていれば無難を得る。

仕事運 調子に乗って交流を拡大するとトラブルが潜む。礼儀を重んじ、何事も慎重に。

金　運 交際費がかさむ。相手をよく考えて。

家庭運 外出が増える。家族との時間も大切に。

健康運 感染症、気管支、食道、腸の疾患に注意。

1月の方位

吉方　西・北・東北
凶方　東南・西南・西北

●凶方 東南は赤字続きで金銭的に行き詰まります。不慮の災難に見舞われます。西南は詐欺にあって不動産を失います。西北は投機に失敗して大損します。交通事故で大ケガします。

1 (月) △獲物目の前でも手にできず
2 火 △遠路の旅行は病気ケガ用心
3 水 △小さな失言が後に大きな傷
4 木 ○肩から力抜いて心身を解放
5 金 △気紛れな相手でも逆らうな
6 土 ◎万事快調で難関も全て突破
7 日 ◎素直な発想が難事を解決す
8 (月) △寒さへの対応をしっかりと
9 火 ●独断専行で仲間に横向かれ
10 水 ○収支は上出来もう少し倹約

11 木 △仲間の不始末皆でフォロー
12 金 ○熱くなりすぎ挫折せぬこと
13 土 ○積極的な気持ち抑えて無事
14 日 △誤解されぬよう慎重に行動
15 月 ◎親切と謙虚が吉をもたらす
16 火 ◎思いやり持って仲間に接す
17 水 △うっかりミスには十分注意
18 木 ●先行き不透明で右往左往す
19 金 ○マイカー族は交通事故警戒
20 土 ●意見対立の恨みは自滅招く

21 日 ○自分のことより家族を優先
22 月 ○予定の変更あり臨機応変に
23 火 △外出先で言葉遣いに要注意
24 水 ○何事も共同作業に徹して利
25 木 ◎周囲との結束強化心がけよ
26 金 △買物は予算オーバーに注意
27 土 ●落とし穴あり用心深く前進
28 日 ○家族ぐるみで楽しく外食を
29 月 △仲間割れ危機間一髪で免れ
30 火 ○家族でもプライバシー守る
31 水 ○知識豊かな人に聞くがよい

※月盤の吉方表示は、その月だけの吉方は○、年月ともに吉は◎。

転換運△

令和6年 五黄土星

2月の運勢

〈運勢〉 本命星は中宮（ちゅうぐう）に廻り年盤の三碧と同会。運気は強いが吉凶が交錯して安定を欠くとき。新規への手出しは控え、手がけてきたことは現状を正確に把握して、過不足の調整を急げ。今月は、今後の展望を考える転換期。前進・拡大路線から、安定・充実の路線に向けてまとめに入る準備を。

仕事運 本来あるべきバランスがとれているかの確認をし、過不足を補う。

金　運 収支をよく見て即決しないこと。

家庭運 家族の中の役割を認識して調整を図ろう。

健康運 内臓疾患、古病、持病のケアを忘れずに。

2月の方位

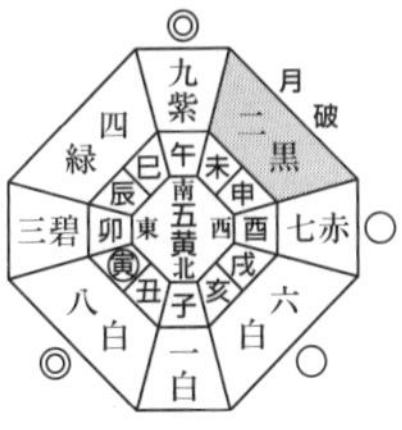

九紫 ◎　二黒 月破　七赤 ○　六白　一白 ○　八白 ◎　三碧　四緑　五黄

午　未　申　酉　戌　亥　子　丑　寅　卯　辰　巳

南　西　北　東

吉方 南・西・西北・東北
凶方 西南

●凶方 西南は過労やストレスで体を壊し働けなくなります。異性関係のトラブルで離婚や失業します。うまい話に騙されて大損します。金銭的に行き詰まります。不慮の災難に見舞われます。

1 木 △衰退の兆しあり一層の努力
2 金 ○あれこれ迷わず一事に専念
3 土 ◎運気良好チャンスつかみ吉
4 **日** △車の運転外出は事故に注意
5 月 ●ギャンブルに溺れると危険
6 火 ○雑談から思わぬヒント得る
7 水 △古傷を悪化させないように
8 木 △金銭貸借は友情の危機招く
9 金 ○公正な姿勢がみんなの評価
10 土 △偏見から大きな間違いする

11 ㊐ ◎史跡巡りや音楽鑑賞して吉
12 ㊊ ○全力投球したうれしい結果
13 火 △住居の修理改善日を変更吉
14 水 ●誤解されて苦難に陥る日凶
15 木 ○明るくこだわらず交際が吉
16 金 ●努力しても成果が表われず
17 土 △気のゆるみからミスを招く
18 **日** ○空いた時間は有効活用する
19 月 △失言から落とし穴に嵌（は）まる
20 火 ◎表現の妙あって説得力増す

21 水 ○信念を貫いて道開く成功日
22 木 △ケアレスミスから結果最悪
23 ㊎ ●倹約最優先迷わず貯蓄して
24 土 ○仕事の成果が大いに上がる
25 **日** △運気低調気疲れ多い注意日
26 月 ○心機一転し計画変更即実行
27 火 ○自己本位やめれば平穏無事
28 水 △何事も思うように進展せず
29 木 ◎大切なのは周囲への気配り

盛運◯

令和6年 五黄土星

3月の運勢

〈運勢〉 本命星は乾宮(けんきゅう)に廻り年盤の四緑と同会。運気は旺盛。活動的になり交際範囲も広がる。何かと頼られ多忙だが、骨惜しみせず誠実に対応すれば相応以上の結果に。人脈の質も向上する反面、自己過信からやり過ぎ、広げ過ぎで目上の反感を買いやすいので注意。約束厳守で責任を果たす姿が好感を得る。

仕事運 多くの人から頼られ仕事が多忙になるので、一つ一つを丁寧にこなそう。

金　運 高額品に縁あり、必要なら出費計画を。

家庭運 年長者は威張らず家族の話をよく聞く。

健康運 過労に注意。十分な休養を。

3月の方位

吉方　東・南・北・東北
凶方　東南・西・西北

●凶方 東南は計画に失敗して大損害となります。西は人間関係のトラブルで職を失い離婚します。不慮の災難に見舞われます。西北は上司と対立して失脚します。交通事故で大ケガします。

1金 ◎不退転の決意で初志を貫徹
2土 △無理して挫折しやすい注意
3日 ●宣伝につられて大損失あり
4月 ○聞き上手で有利な情報あり
5火 △思い上がりが周囲を不快に
6水 △人込みでスリ落し物に用心
7木 ○先を急がずにじっくり対処
8金 △火の元ガス栓再点検で外出
9土 ○会議でしゃべり過ぎ要注意
10日 ◎用意周到ならば諸事快調に

11月 △問題を冷静に処理して好転
12火 ●思わぬ障害たじろぐなかれ
13水 ○古いものにも十分価値ある
14木 △八方美人になり周囲の反感
15金 ○仕事の引き継ぎ文書で保管
16土 ○人の意見よりマイペースで
17日 △相手の都合で振り回される
18月 ◎ツキある日自信を持って吉
19火 ◎対人運アップ人脈作りに吉
20㊌ △ギャンブルの深追いは禁物

21木 ●誤解から生じる対立があり
22金 ○自己主張せず人と協力する
23土 △控えめな行動で波風立たず
24日 ○ボランティア活動の充実日
25月 ○車の運転も慎重心がけ安泰
26火 △悩みあっても努めて明るく
27水 ○思いつき衝動的は成果なし
28木 ◎一歩下がり譲れば進展あり
29金 △重要書類のミス見逃し損失
30土 ●成り行きまかせは諸事停滞
31日 ○忘れていた紛失物見つかる

※月盤の吉方表示は、その月だけの吉方は○、年月ともに吉は◎。

慎重運△

令和6年 五黄土星

4月の運勢

<運勢> 本命星は兌宮に廻り年盤の五黄と同会。従来のことが一段落してゆとりができる運気だが、緊張感が薄れ、些細な油断からトラブルを招きやすいので注意が必要。詰めの甘さが目立ち、物事が中途半端になりやすいので最後まで手を抜かぬこと。口が災いを招くので話題と言葉づかいに注意する。

仕事運 日頃のストレスから解放され一段落。協力者たちへの労いで感謝を表そう。

金　運 冗費の増加、散財に注意。

家庭運 家庭内でも礼儀は大事。

健康運 口腔のトラブル、暴飲暴食に注意。

4月の方位

●**凶方** 東は部下に裏切られて失脚します。重い病にかかって苦しみます。西は異性関係のトラブルで夫婦は離婚し職を失います。西北は資金繰りに行き詰まります。事故で大ケガします。

南：七赤（午）、西南：九紫（未・申）、西：五黄（酉）本命殺・五黄殺、西北：四緑（戌・亥）月破、北：八白（子）、東北：六白（丑・寅）、東：一白（卯）暗剣殺・的殺、東南：二黒（辰・巳）、中央：三碧

吉方　東南・南・西南・北・東北
凶方　東・西・西北

1 月 △筋書きの通りに運ばず苦慮
2 火 ○取引きに運あり利益向上す
3 水 ○相手の立場に立ち発想せよ
4 木 △力量不足でまだ時機至らず
5 金 ◎直感を信じて敢えて勝負を
6 土 ◎誠意と笑顔が交渉成立の鍵
7 日 △自己主張はほどほどにして
8 月 ●予定外の出費ありそう用心
9 火 ○十分な休養でストレス解消
10 水 △堅実そうでも投資は控えよ

11 木 △意見の衝突あり対立避けよ
12 金 ○良い条件で契約が成立する
13 土 △協力者を得る努力が不可欠
14 日 ◎褒められて感激する良き日
15 月 ○祖父母は脇役の立場に徹す
16 火 △高圧的になると順調さ失う
17 水 ●気分で動いて筋道を外すな
18 木 ○人々のペースに合わせて吉
19 金 ●人の心に表裏あること痛感
20 土 ○経験が生かされ成果を得る

21 日 ○成績上がり周囲の信頼得る
22 月 △あまり高く望むとつまずく
23 火 ◎運気好調につき本分を完遂
24 水 ◎憂いなく家庭円満で良好日
25 木 △印鑑の取り扱いに注意払え
26 金 ●仕事は手順よく迅速に処理
27 土 ○現状維持にも強い意志必要
28 日 △お金がなければ知恵で勝負
29 ㊊ ○誇張や批判が対立を助長す
30 火 ○見た目の判断は誤解を生む

変化運△

令和6年 五黄土星

5月の運勢

〈運勢〉 本命星は艮宮に廻り年盤の六白と同会。変化運に翻弄されがちなとき。周囲の状況変化には柔軟に対応する必要があるが、自ら変化を求めて動くことは厳禁。万事受身の姿勢を基本と心得よ。事態が急変しやすいときなので、成り行きを慎重に見守り、変化の兆候をとらえたら臨機応変かつ最小限の対応を。

仕事運 独断専行に走らないよう、年長者の意見もよく聞いて周囲と協調を図ること。

金　運 状況によっては予定外の出費が増えそう。

家庭運 相続問題、家族問題は早めに相談。

健康運 腹痛、腰痛、関節痛に注意。

5月の方位

南 ◎ 六白
西南 八白 暗剣殺 的殺
西 四緑
西北 三碧 月破
北 ◎ 七赤
東北 五黄 五黄殺 本命殺
東 ○ 九紫
東南 一白
中央 二黒

吉方　東・南・北
凶方　西南・西北・東北

●凶方 西南は詐欺にあって不動産を失います。過労で体を壊し働けなくなります。西北は交通事故で大ケガします。東北は基礎疾患が悪化して長期入院します。親族と争い絶縁されます。

1 水 △慣れて油断すれば事故心配
2 木 ◎女性に良縁男性には協力者
3 ㊎ ○チームワークでやれば成功
4 ㊏ △おいしい話に裏あり要注意
5 ㊐ ●焦らず持久戦で解決策探れ
6 ㊊ ○気配りが大切馴れ合い用心
7 火 △雰囲気にのまれ我を忘れる
8 水 ○何事にも敏感に反応して吉
9 木 △思い上がり禁物周囲に配慮
10 金 △身内の金銭貸借争いのもと

11 土 ◎積極的な行動から現状打開
12 日 ○学歴よりも人脈が役に立つ
13 月 △現実を踏まえて何事も我慢
14 火 ●ストレスたまりやすい注意
15 水 ○手と頭と全身使い口は省く
16 木 ●人の噂を気にして出費する
17 金 ○家庭サービスして家族円満
18 土 ○情報収集手間ひま惜しむな
19 日 △口約束は後日の争いのもと
20 月 ◎誠意と努力次第で結果よし

21 火 ○平素の信用が良い運を招く
22 水 △慌て過ぎがミスへと一直線
23 木 ●落ち込み激しく心は不安定
24 金 ○派手な行動服装は控え無難
25 土 △気が緩んで思わぬ失敗あり
26 日 ○噂を気にせず自分のペース
27 月 △現状維持でも十分な成果が
28 火 △初歩的なミスに注意確認を
29 水 ◎周囲との調和が成果を生む
30 木 ○慌てず対処打った手生きる
31 金 △煽てに乗せられぬよう注意

※月盤の吉方表示は、その月だけの吉方は○、年月ともに吉は◎。

好調運○

令和6年 五黄土星

6月の運勢

＜運勢＞ 本命星は離宮に廻り年盤の七赤と同会。運気は好調。思考が冴え判断力も増すとき。良くも悪くも目立ち、これまでの努力が評価され、周囲からも注目される。反面、油断するとミスや隠しごとなどが発覚しやすい。感情的になったり好き嫌いで物事を判断しがちだが、冷静に筋道を立てて考えることが大切。

仕事運 直感が冴え、評価が高まるとき。周囲への配慮をしつつ上手にリードしよう。

金　運 好調。利回りをよく考えて。

家庭運 家庭をしっかり守って役割を果たす。

健康運 血液検査で早めのチェックを。

6月の方位

五黄殺・本命殺

方位	九星	十二支
南	五黄	午
南西	七赤	未・申
西	三碧	酉
北西	二黒	戌・亥
北	六白	子
北東	四緑	丑・寅
東	八白	卯
南東	九紫	辰・巳
中央	一白	

暗剣殺・月破・的殺

吉方　東・東南・西南・西北
凶方　南・北

●凶方 南は文書印鑑の取り扱いミスから裁判沙汰になります。火難や盗難によって困窮します。北は部下の裏切りで失脚します。計画に失敗して倒産します。突然の災難に見舞われます。

1 土 △改善の意見具申しても無駄
2 日 ○新規計画は慎重に検討する
3 月 △悪友の誘いに負けるなかれ
4 火 ○思ったより成果得られる日
5 水 ○何事も誠意を尽くせば良好
6 木 △勝ち目のない競争は避けよ
7 金 ◎控えめな行動で有利な展開
8 土 ◎周囲の協力で業績向上なる
9 日 △準備不足になりやすい注意
10 月 ●意見の対立から大トラブル

11 火 ○周囲と積極的に交流して吉
12 水 △功名を焦れば小石にも躓く
13 木 ○締めくくりに気を遣うこと
14 金 ○雑事は手順良く処理すべし
15 土 △当てにしたこと駄目になる
16 日 ◎目上を敬う心が和を広げる
17 月 ○本業外に心移さず一意専心
18 火 △協力態勢取れず結果不本意
19 水 ●人に厳しく自分に甘くなる
20 木 ○意見聞かれたらハキハキと

21 金 △人の批判自分を律してから
22 土 ○周囲の人と協調して対処を
23 日 ○他力本願でなく自力で挑戦
24 月 △過去の悪事露見しやすい日
25 火 ◎成果を世に問うチャンス吉
26 水 ◎目標も全て達成し万事快調
27 木 △気のゆるみに問題こじれる
28 金 ●油断して体調を崩しやすい
29 土 ●先を見極めずに行動するな
30 日 ○無駄と思えど誠意は尽くす

五黄

低迷運●

令和6年 五黄土星

7月の運勢

〈運勢〉 本命星は坎宮(かんきゅう)に廻って年盤の八白と同会。運気は低調で何をするにもパワー不足。物事が停滞して心労が多いとき。今月は充電期間と心得て、無理をせぬことが大切。発展や拡張を求めず、受け身の姿勢を保って、現状維持に努めることが肝要。チャンスに備えて力を蓄え、体力、知力と技能を蓄積せよ。

仕事運 専門分野の調査や研究に没頭するのによい時期。十分な勉強の上で好機を待とう。

金　運 不調。支出はなるべく抑える。

家庭運 余計な口出しは無用だが秘密は厳禁。

健康運 十分な休息をとり好機に備える。

7月の方位

暗剣殺・的殺
南：四緑　西南：◎六白　西：○二黒　西北：一白　北：五黄　東北：三碧（月破）　東：○七赤　東南：◎八白　中央：九紫
五黄殺・本命殺

吉方　東・東南・西北・西
凶方　南・北・東北

●凶方 南は機密情報が漏洩して社会的信用を失います。異性関係のトラブルで離婚します。北は突然の病にかかり苦しみます。赤字続きになり倒産します。東北は不慮の事故で大ケガします。

1 月 ○手数かかるも助言得るが吉
2 火 ◎守りから攻めへ切替が肝心
3 水 △相手の言い分聞くのが先決
4 木 ○一歩前進で現状を突破せよ
5 金 △子供とトラブルあり後悔す
6 土 ●固くならずに柔軟な対応を
7 日 △代案を立て臨機応変に行動
8 月 ●高過ぎる理想夢見るのは凶
9 火 △異性問題でトラブルの暗示
10 水 ○上下との接触を図り好成果

11 木 ◎頭を柔軟にし世の動き注視
12 金 △周囲の協力なくば打開せず
13 土 ○見栄や体裁より実質本位で
14 日 ○可もなし不可もなし平穏日
15 ㊊ △約束はメモして忘れぬこと
16 火 △積極性より受け身で無難日
17 水 ●暴飲暴食は絶対につつしむ
18 木 △功少ないが不満を言わずに
19 金 ○家事と対話心がけ家庭平和
20 土 ○一緒に食事して孤立を回避

21 日 △柔軟な対応策が窮地を救う
22 月 ○控えめな態度で協調大切に
23 火 ○ヤル気十分難しい仕事も吉
24 水 ●根気と忍耐の大切さを認識
25 木 △健康と安全に特に留意せよ
26 金 ●目先の欲で大損の危険あり
27 土 △マイナス思考に陥るなかれ
28 日 ○約束の時間に遅れないこと
29 月 ◎強気が幸運をつかむ好調日
30 火 △気の緩みが失敗につながる
31 水 ○子供の希望を叶え家族団欒

※月盤の吉方表示は、その月だけの吉方は○、年月ともに吉は◎。

向上運○

令和6年

五黄土星

8月の運勢

〈運勢〉 本命星は坤宮（こんきゅう）に廻り年盤の九紫と同会。運気が徐々に上向き、停滞していたことも動き出すとき。目標を高く掲げ、実現に向けて盤石な土台を築こう。綿密な計画を立て、着実に準備を整えよ。結論を急がず、周囲の意見を参考にして一歩ずつ歩を進めること。先頭に立つよりは二番手で支えに回るのが得策。

仕事運 決断力の冴えるとき。助けを必要とされている人に向けて誠実にサポートしよう。

金　運 計画的な貯蓄が将来を決める。

家庭運 妻や母に感謝。家族のための時間をとろう。

健康運 消化器系、胃腸の変調に注意。

8月の方位

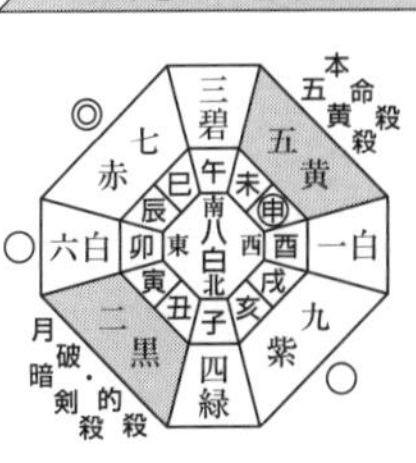

吉方　東・東南・西北
凶方　西南・東北

●凶方 西南は過労やストレスで体を壊し働けなくなります。周囲のトラブルで失業します。詐欺にあって大損します。東北は親族との対立が激化し絶縁されます。突然の交通事故で大ケガします。

1 木 ○プラス思考で状況を打開す
2 金 △食べ過ぎて胃腸に障害生ず
3 土 △周囲の協力を得る努力必要
4 日 ●ケアレスミスから結果最悪
5 月 △苦労多くして実りは少ない
6 火 ◎何事も強気が功を奏す強運
7 水 ◎初心を忘れずたゆまぬ努力
8 木 △欲ばった行動は破滅を招く
9 金 ○ほめ言葉活用対人運アップ
10 土 ○一歩譲って協力を求めよう

11 ㊐ ●神経質過ぎる位に気を使え
12 ㊊ ○欲張らず柔軟な姿勢で対応
13 火 △強気が正義と錯覚しやすい
14 水 △中途半端で投げ出さず我慢
15 木 ◎新規のアイデア活かして吉
16 金 ◎苦労が報われ一転追い風に
17 土 △とばっちりで打撃受く注意
18 日 ○友のアドバイス生かし成功
19 月 ○意地の張り過ぎから自滅に
20 火 ●目下や子供の事で心労あり

21 水 ○緊張感を持って全力投球を
22 木 △無理をせずに控えめが無難
23 金 △問題がこじれて往生しそう
24 土 ○万事周囲の協力を得るが吉
25 日 ◎目上の口利きで運気が好転
26 月 △言葉不足で意思の疎通欠く
27 火 ○日頃の行動が報われる予感
28 水 ○触れ合い大切にして充実感
29 木 ●勝負事ツキなくやれば大損
30 金 ○マイナス要因プラスに転化
31 土 △車の運転慎重に遠出避けよ

注意運○

令和6年 五黄土星

9月の運勢

＜運勢＞ 本命星は震宮に廻り、年盤の一白と同会。今月は複数のトラブル要素を抱え波乱必至のとき。気が急いて一気に歩を進めたくなるが、思うように進展しない。力を発揮するには、綿密な計画と周到な準備、協力者の存在が不可欠。思いつきや気分任せの行動が窮地を招く。何事も急がず用心深く歩を進めよう。

仕事運 好調に見えても波乱やトラブルが起きやすい。何か起きたときの次善策を用意して。

金　運 運気は強いが思わぬ落とし穴あり。

家庭運 軽率な言動はトラブルの元。

健康運 喉、声帯、手足の先の不調に注意。

9月の方位

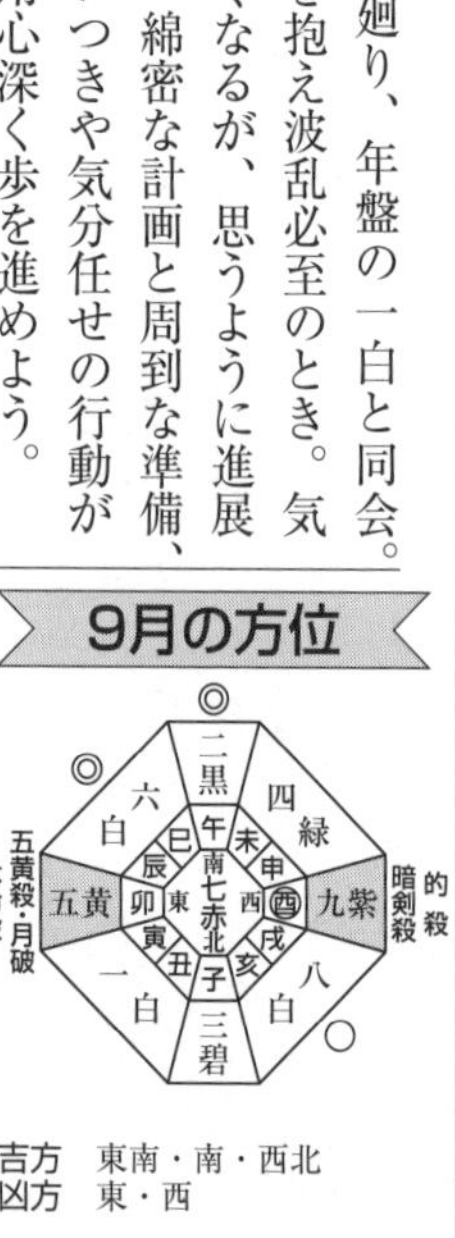

吉方　東南・南・西北
凶方　東・西

●凶方 東は資金繰りに行き詰まり倒産します。周囲のトラブルで失業します。不慮の災難に見舞われます。西は異性関係のトラブルで離婚や失業に至ります。計画が失敗して大損害となります。

1日 △頑固に固執すると孤立無援
2月 ◎周囲の意見を尊重し進展す
3火 ◎着実な努力誠実認められる
4水 △階段の踏み外しケガに用心
5木 ○情報収集の可否が成功左右
6金 ○間違いは潔く訂正して解決
7土 ●自己過信せず人の意見聞け
8日 ○結婚は二人の意見に任せ吉
9月 ●高すぎる大望に挫折も覚悟
10火 △早合点は敵の陥穽にはまる

11水 ○取引に利益あり積極性大切
12木 ◎頑張ったことに成果がある
13金 △事前の打合わせ場所を選べ
14土 ○良い情報も真か確認が必要
15日 △進めば災いストップが安全
16㊊ △異性の接近下心に用心せよ
17火 ○壁は厚そう回り道も選択肢
18水 ●不平不満が雰囲気暗くする
19木 △争い避けよ後日に悔い残す
20金 ○頑張りのきく時やり抜く事

21土 ◎地道な努力が成果を見せる
22㊐ △最終段階で油断せぬように
23㊊ ○気力旺盛で向かい難問突破
24火 ○思いやりの心が共感を呼ぶ
25水 △過去を断ち切る勇気も必要
26木 ○勤務に励んで報われる吉日
27金 ●他人への配慮欠きがち注意
28土 △ちょっとの不注意で事故に
29日 ○出しゃばらず分をわきまえ
30月 ◎基礎固めの結果表れるとき

※月盤の吉方表示は、その月だけの吉方は○、年月ともに吉は◎。

令和6年 五黄土星 10月の運勢

波乱運○

〈運勢〉 本命星は巽宮（そんきゅう）に廻り、年盤の二黒と同会。発展の運気で好調な反面、トラブル要因も抱えるとき。思わぬ番狂わせが生じて足をすくわれ、予期せぬ出来事に苦労を強いられる。何事も焦らず、時間をかけて一つ一つ確実に処理することが大切。特に情報管理は慎重に。発信、受信は正確を心がけて。

仕事運 情報は確証を得るまで確認すること、協力者への労いも忘れずに。

金　運 浪費傾向。付き合いもほどほどに。

家庭運 人との縁、信用ある人の紹介を通そう。

健康運 流行り病、風邪に注意。毛髪ケアも。

10月の方位

一白 南 ／ 三碧 ／ 八白 ○ ／ 七赤 暗剣殺・的殺 ／ 二黒 ◎ ／ 九紫 ◎ ／ 四緑 ／ 五黄 五黄殺・本命殺・月破 ／ 中央 六白

午 未 申 酉 戌 亥 子 丑 寅 卯 辰 巳

吉方　西・北・東北
凶方　東南・西北

●凶方 東南は詐欺で全財産を失います。機密情報が漏洩して社会的信用を失います。不慮の災難に見舞われます。西北は上司とのトラブルで左遷や失業します。金銭的に行き詰まります。

1 火 △人ばかり頼れば何事も失敗
2 水 ◎障害突破し歓喜の時迎える
3 木 ○力量信じてステップアップ
4 金 △注意見かけに惑わされるな
5 土 ○良縁は受け入れ態度万全に
6 日 ●やみくもに人に頼るは危険
7 月 △くよくよせず笑って辛抱を
8 火 ◎落ち着きある態度が好印象
9 水 ○話をよく聞き早合点しない
10 木 △対人関係で問題起きやすい

11 金 ○体を休めて気力充実を図る
12 土 ○恋人への思いが通ずる好日
13 日 △結論急がず正攻法で攻める
14 ㊊ ○実力を発揮できるチャンス
15 火 ●不愉快なこと多く我慢の日
16 水 △我がままな行動に要注意を
17 木 ◎直感が冴え諸事好調に進む
18 金 ○実力過信せず誠実な対応を
19 土 △謙虚な姿勢で信頼関係作る
20 日 ○冷静に対応すれば問題解決

21 月 ◎過去の失敗を生かせば発展
22 火 △高い所や階段など足元注意
23 水 ○ネットに学び良き事は実行
24 木 ●疲労を感じたら休養を取れ
25 金 △スタミナ不足で不調な一日
26 土 ◎公正な判断で好感度アップ
27 日 ○完全休養にてストレス解消
28 月 △他人の不快な話にイライラ
29 火 ○優しさ思いやりを示して吉
30 水 ○控えめなところが好感得る
31 木 △他人に先んじた決断で失策

守勢運 △

令和6年 五黄土星

11月の運勢

〈運勢〉 本命星は中宮(ちゅうぐう)に廻り年盤の三碧と同会。運気は強いが変動性で不安定なとき。物事が速いテンポで進展し、急な変化も生じがち。変化の兆候は、早めにとらえて対処せよ。現状をしっかりと把握し、注意深く見守れ。前進拡大より、安定と充実に向けて今後の方向性を定めることを優先せよ。

仕事運 衝動的な行動は不安定な状況に招くので、入念な下準備と計画性を大切に。

金　運 不安定。株取引には要注意。

家庭運 お互いの意思を理解しあおう。

健康運 体調の急変、持病の悪化に注意。

11月の方位

月破：四緑（東南）
九紫（南）、二黒（西南）、七赤（西）、六白（西北）、一白（北）、八白（東北）、三碧（東）、中宮 五黄

吉方　南・西南・西・西北・東北
凶方　東南

●**凶方** 東南は投機に失敗して大損し倒産します。異性関係のトラブルが激化して社会的信用をなくし離婚や失業します。基礎疾患が悪化して長期入院します。不慮の災難に見舞われます。

1 金 ○忘れ物のないよう身辺注意
2 土 ●自由な行動とれず苦労する
3 ㊐ △内部に問題が生じ苦労する
4 ㊊ ◎物心ともに充実を感じる日
5 火 △目立ちたがり反感もたれる
6 水 △妥協しないと周囲から反発
7 木 ○裏方の大切さも知っておけ
8 金 ○予備知識持ちライバルに差
9 土 △自我は極力おさえて対処を
10 日 ○地道に勤めれば順調に行く

11 月 ●自分のミスは素直に認めよ
12 火 △不動産問題は慎重調査必要
13 水 ◎誠意と努力で好結果を出す
14 木 ◎冷静沈着な態度崩さず進め
15 金 △慢性的な疲れで意気消沈す
16 土 ○流れに乗ってフル回転の日
17 日 ○家庭生活の重要さを再確認
18 月 △準備十分の筈でも念入れよ
19 火 ○他人に先んじた決断決め手
20 水 ●事故の心配あり焦りは禁物

21 木 △目上との意見調整に要努力
22 金 ◎努力を続けて目的を達成す
23 ㊏ ○年寄りの知恵を拝借して吉
24 日 △人間関係で悩みあり要注意
25 月 ○自然体で行動すれば発展す
26 火 ○見栄を捨て堅実な努力必要
27 水 △自分の不注意から損害招く
28 木 ○目上に低姿勢で従い上首尾
29 金 ●背伸びのしすぎは疲れの元
30 土 △うっかりミスが重なる警戒

※月盤の吉方表示は、その月だけの吉方は○、年月ともに吉は◎。

自重運○

令和6年 五黄土星

12月の運勢

〈運勢〉 本命星は乾宮(けんきゅう)に廻り年盤の四緑と同会。運気は旺盛だがトラブル要因を抱えるので要自重。気力に満ちて行動力も増すが、気持ちが大きくなるときなので何事も行き過ぎ、やり過ぎに注意。肩の力を抜いて八分の力で対応せよ。信用第一の姿勢と周囲への配慮を忘れず、強引な言動を慎めば好結果を得る。

仕事運 強い運勢に乗り、逆に自重が難しいとき。周囲への配慮を忘れずに謙虚に過ごそう。

金　運 大きな出費は、計画と相違がないか確認。

家庭運 多忙で家族の時間が少なくなる。

健康運 過労、ストレス、血圧に注意。

12月の方位

吉方　東・西・北・東北
凶方　東南・南・西北

●凶方 東南は見込み違いで計画が失敗し大損します。不慮の事故で大ケガします。南は火事で住居を失います。異性問題で離婚します。西北は資金繰りに行き詰まります。重い病で苦しみます。

1 **日** ◎相手の気持ちに寄り添い吉
2 月 ◎誠意が認められ交渉が成立
3 火 △頼まれ事が力にあまり苦労
4 水 ◎本務に精励で目上の評価に
5 木 ○外見の良さより中身を重視
6 金 △欲ばった言動は自滅の道に
7 土 △消費カロリー低く体重増加
8 **日** ●高慢さが鼻につき総スカン
9 月 △ぼんやりからミスが重なる
10 火 ◎公平な気配りで諸事進展す

11 水 ○仕事や勉強は上昇カーブに
12 木 △次から次と問題起き疲れる
13 金 ○交際復活で前途に灯見える
14 土 ○初心を忘れずたゆまぬ努力
15 **日** ●実力が出せず邪魔も多い時
16 月 △ぼんやりしてミスが多い日
17 火 ●雑事に没せず大事を忘れず
18 水 △迷いから方針一定せず断念
19 木 ◎臨機応変で交渉成立安泰日
20 金 ○他人と協調すれば前途洋々

21 土 △柔軟な対応で攻撃をかわす
22 **日** ○家族団らん明日の英気養う
23 月 ○無理のないペース配分大切
24 火 △調子に乗りすぎ油断は禁物
25 水 ○遠距離旅行は早い出発で吉
26 木 ○らち開かぬ問題方法変えよ
27 金 ●人の意見を無視すると反感
28 土 ○寄り道回り道で散歩楽しむ
29 **日** △筋書きの通りに事は運ばず
30 月 △連絡ミスで大きな失敗をす
31 火 ○仕事の成果は日ごろの努力

六白金星

年度運 △ 変化運

［六白金星］の生まれ年

令和3年生	（辛丑）	3歳
平成24年生	（壬辰）	12歳
平成15年生	（癸未）	21歳
平成6年生	（甲戌）	30歳
昭和60年生	（乙丑）	39歳
昭和51年生	（丙辰）	48歳
昭和42年生	（丁未）	57歳
昭和33年生	（戊戌）	66歳
昭和24年生	（己丑）	75歳
昭和15年生	（庚辰）	84歳

令和6年〈六白〉の運気レベルと方位吉凶表

	年運	1月	2月	3月	4月	5月	6月	7月	8月	9月	10月	11月	12月
運勢	△	△	○	△	△	○	●	○	○	◎	△	○	△

方位	年	1月	2月	3月	4月	5月	6月	7月	8月	9月	10月	11月	12月
東	×	△	△	×	×	△	○	○	×	×	△	△	×
東南	○	×	×	×	◎	◎	△	◎	◎	×	×	×	×
南	○	◎	△	◎	◎	×	×	×	△	◎	◎	△	×
西南	×	×	×	○	×	×	○	×	×	△	△	○	○
西	×	○	○	×	×	△	△	○	×	×	○	○	×
西北	×	×	×	×	×	×	○	○	△	×	×	×	×
北	○	○	◎	△	◎	×	×	×	△	△	◎	◎	△
東北	×	△	○	○	×	×	△	×	×	○	△	○	○

〔運勢〕◎大吉　○吉　△吉凶相半　●凶〔方位〕◎大吉　○吉　△吉凶なし　×凶

〈吉方〉　今年の吉方は、東南、南、北です。

東南は、未婚の人は良き配偶者に恵まれます。南は人から好かれるようになり、人間関係や交際面がスムーズに運び、有益な人脈が構築できます。北は良い上司や部下、仲間に恵まれ、仕事や私生活が好調になります。

〈凶方〉　今年の凶方は、西が五黄殺、東が暗剣殺、西北が歳破、東北が本命殺、西南が的殺です。

西は、金融面が行き詰まり、運営資金が枯渇（こかつ）して倒産します。東は運勢が低迷して何をやってもうまくいかなくなり、西北は投機ごとに関わって大損害を被（こうむ）ります。東北は大病を患い、住居を失う羽目に陥（おちい）り、西南は大きな争いごとや不祥事に巻き込まれて訴訟問題が生じたりします。

令和6年方位盤

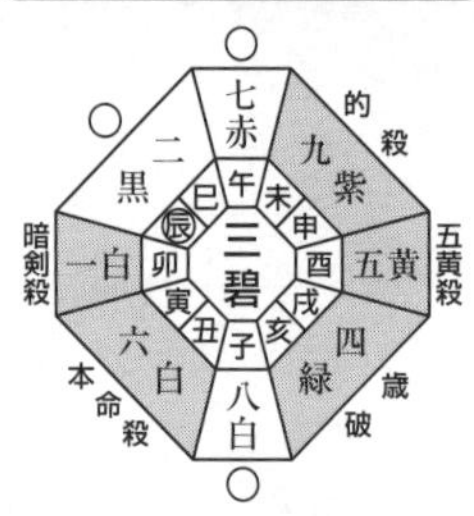

吉方　東南、南、北

凶方
- **五黄殺**　西
- **暗剣殺**　東
- **歳破**　西北
- **本命殺**　東北
- **的殺**　西南

基本運勢・性格

六白金星は西北六十度に位置し、季節は晩秋から初冬、一日では午後七時から午後十一時です。この星は天の象で、天が健やかに休みなく活動するように、権威と蓄積と充実の星とされます。

＜男性＞人間関係を円滑に

活動的で頭脳明晰、不屈の闘志と大胆不敵な行動力を持ち、地位や権力を得られる強運の持ち主です。しかし、自我が強く、頑固で協調性に欠けるため、孤立したり苦労することがあります。寛容さを心がけて人間関係を円滑にしていくように努力すれば、晩年は安泰です。

＜女性＞協和の精神が大切

いつも明るく行動的、知的で頭も良く、社会の第一線で活躍できる能力を備え、家庭と仕事を両立していける人です。しかし、男まさりの気性とプライドの高さが災いして、とかく周囲と摩擦を起こしやすい面があります。謙虚さと協和の精神を心がけることが大切です。

今年の運勢

今年は本命星が東北に廻るので変化運の影響を強く受けます。現状への不安や不満から改革志向が高まっても、大きな変革は控えて、不備、不足の見直しに止めておくくらいが無難です。

＜男性＞柔軟かつ冷静な対応を

今まで順調にきた人も迷いを生じ、行き詰まりや停滞感に悩まされ、思うようにいかないことがあります。周囲の変化に対しても、不用意に動かず、成り行きを見定めてから、柔軟かつ冷静に対応していきましょう。また、一人で苦労を背負い込まず、周囲に協力を仰ぐことも大切です。

＜女性＞妄動せず慎重な対応を

変化、変動の気運にあり、専業主婦は外へ活躍の場を求め、キャリアウーマンは転職を考えるなど、とかく環境の変化を求めがちです。期待通りにいかず迷走してしまうので、妄動せず慎重な行動が望まれます。親族間のトラブルなども、冷静な対応でこじらせないように心がけましょう。

令和6年 仕事運・金運

●不備や不足の見直しで内部充実を図る

仕事運は、将来を案じて改革を試みたくなりますが、迷いを生じて順調にいきません。急激な変化は後に悔いを残すことになるので、目標を定めて焦らずに取り組んでいくべきです。

自営の人は、新規事業展開など外に目を向けるよりも、不備や不足の見直しなど、内部充実に力を注ぎ、今後の発展に備えるほうが得策です。

勤め人は、人事異動や転勤など、職場環境の変化に見舞われやすく、現状に不満を持つようになります。転職や独立を考えますが、不用意に動かず、冷静な判断と対応を心がけてください。

金運は、不安定で変動が多く、収支のバランスがとれない傾向です。資金的にもあまり余裕がないときなので、無理な拡張や投資は命とりになることがあります。経費縮小を図り、堅実な資金運営に努めます。油断すると赤字になるので、カードの利用なども計画的な運用を心がけましょう。

令和6年 家族運・健康運

●よく話し合いベストな選択を

家族運は、家族や親類関係に変化が起こりやすく、何かと落ち着かない年です。夫の転勤や単身赴任、進学や就職、若い人の独立、主婦の自立、親類縁者からの相談事など、煩(わずら)わしい問題で悩み、振り回されがちです。家族間でよく話し合い、ベストな選択を模索してください。また、住居の新築やリフォームは、よく検討して慎重を期すべきです。資金面に不安があるときは、無理せずに見合わせるべき。詐欺にも要注意です。

健康運は変化期にあり、不安定で体調を崩しやすい年です。ちょっとした体調の変化も、侮(あなど)ると大事に至ることもあるので、早めのケアを心がけてください。身体が重く、倦怠感に襲われ、ストレスも溜まりやすいので、適度なスポーツと十分な睡眠、バランスのとれた食生活が大切です。

高血圧症、血行不順、動脈硬化、打撲症、神経痛、肘や膝、腰痛など関節の不調に要注意です。

令和6年

異性運・相性運

＜男性＞何事にも慎重な対応を

異性関係に波乱が生じやすく、周囲の事情や環境の変化に見舞われて思うようにいかない傾向です。悔いを残さないように慎重な対応が大切です。

一白の人との交際は何かとトラブルを生じやすく、二黒の人とは結婚の可能性があります。五黄の人とは楽しくオープンな交際へと発展し、七赤の人とは情熱的な関係に陥り(おちい)やすく、八白の人とはケンカから別離へと発展しやすいときです。

＜女性＞高望みせず分相応に

今まで良縁に恵まれなかった人にはチャンスの年です。焦りは禁物ですが、あまり高望みしても良縁を逃すので分相応にいきましょう。

一白の人とはすれ違いが多く思うように交際が発展せず、二黒の人とは縁がよく結婚へと結実し、五黄の人とはフィーリングが合い楽しい交際となります。七赤の人とは熱しやすく冷めやすく、八白の人との交際は障害が多くまとまり難いです。

令和6年

六白との付き合い方

自尊心が強く照れ屋の六白の人は、社交術が苦手なために損をするタイプ。完全主義の傾向で正義感が強く、義理に厚く、筋の通らぬことを許せない六白は、融通性と協調性に欠けるため剛直な堅物の印象が強いのですが、頼られれば否(いや)とは言えぬ親分肌です。六白の人は誇り高い意地っ張り。真っ向からの否定や対決姿勢には猛烈に反発します。頭ごなしに押さえつけず、自尊心を傷つけない配慮が不可欠です。責任感が強く実行力に富み、独立心旺盛な特性が生かされれば、リーダー的資質は高く、頼れる存在です。

特に九紫は、自分の都合や価値観を押しつけていると六白に誤解されて警戒されがちなので言葉遣いに注意。三碧、四緑は、六白に対し被害者意識を持ちやすいので、六白の気持ちを好意的に察するよう努めましょう。今年は八白と縁が深く良好な関係、四緑とも縁は深いがトラブル含みで要注意。九紫とはいつも以上に対立・反目しやすいです。

転換運△

令和6年 六白金星

1月の運勢

＜運勢＞ 本命星は中宮（ちゅうぐう）に廻り年盤の四緑と同会。運気は強いが吉凶が交錯して安定性がないとき。今月は、拡大発展を目指す攻めの姿勢から、安定と充実に向けて守りに入る転換期となる。既存のことには一区切りをつけ、過去の反省を踏まえて過不足を見直し、特に人間関係の調和と信用の保持を心がけよ。

仕事運 吉凶相反、強気に出過ぎるよりも周囲への配慮と信用確保に務めること。

金　運 収支のバランスを重視。

家庭運 家庭内での役割を認識して。

健康運 古病、持病の再発・悪化に注意。

1月の方位

南 ◎ 一白
五黄殺 五黄
月破 三碧
四緑　卯　東　六白　西　酉　八白 ○
九紫
二黒 ○ 北
暗剣殺 七赤

吉方　南・西・北
凶方　東南・西南・西北

●凶方 東南は詐欺で大損して倒産します。異性関係のトラブルで離婚や失業します。西南は過労で体を壊し働けなくなります。西北は上司と対立して失脚します。交通事故で大ケガします。

1 月 ●現金取扱い厳重注意を要す
2 火 ○些細なことでも感謝は大切
3 水 △外出先でトラブルあり注意
4 木 △取り越し苦労するだけ損失
5 金 △見栄は張らずに素のままで
6 土 △足元固めをしないと崩壊す
7 日 ○スマートな言動が好感得る
8 月 ◎実直な対応姿勢好感度上昇
9 火 △意地を張らず折れる事必要
10 水 ●安全で確実な対応策を取れ

11 木 ○慣れたことでも手順通りに
12 金 △夜遊びは程々に体調崩すな
13 土 ○計画的な行動で好結果得る
14 日 ○雑事は能率よく片付けよう
15 月 △小さなミスが躓（つまず）きの元凶に
16 火 ◎手腕力量評価され気分快調
17 水 ◎日常生活向上へ密かな自信
18 木 △控えめな行動で波風立たず
19 金 ●落とし穴あり用心深く前進
20 土 ○不安なまま計画を進めるな

21 日 △控えめな態度が何事も無難
22 月 ○打ち合わせは特に念入りに
23 火 ○協力者を得て仕事はかどる
24 水 △障害生じやすい用心が肝要
25 木 ○節度ある気配りに場が和む
26 金 ◎周囲と協調できれば好結果
27 土 △調子に乗りすぎ油断は禁物
28 日 ●やみくもに人に頼るは危険
29 月 ○臨時収入あり気分良好な日
30 火 △自分本位の考え方を改めて
31 水 ○予備知識持ちライバルに差

※月盤の吉方表示は、その月だけの吉方は○、年月ともに吉は◎。

令和6年　六白金星
2月の運勢

盛運○

＜運勢＞　本命星は乾宮（けんきゅう）に廻り年盤の四緑と同会。意欲と行動力が増し運気も旺盛。周りからも頼られ多忙になるが、期待に応えれば相応以上の成果が見込まれる。交際範囲が広がり人脈の質も向上すれば有力者からの支援も期待できる。反面、やり過ぎ広げ過ぎには注意。自己過信を廃して謙虚な姿勢を保て。

仕事運　強気に出過ぎると失策を招く。周囲への配慮を忘れずに。

金　運　高額商品が目につくが、予算と相談。

家庭運　家族に頼られたら相談に耳を傾けよう。

健康運　ストレス、血圧、胸部の疾患に注意。

2月の方位

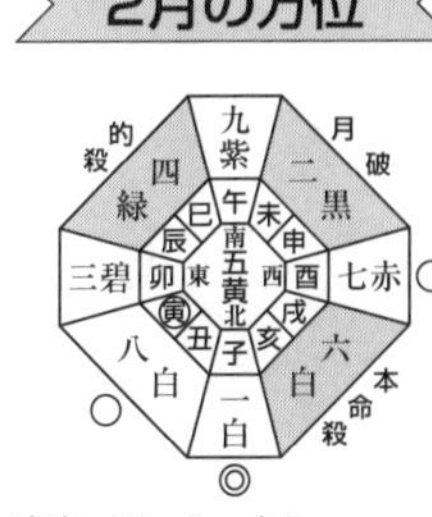

吉方　西・北・東北
凶方　東南・西南・西北

●凶方　東南は異性問題が発覚して離婚や失業します。西南は詐欺で不動産を失います。重い病にかかって苦しみます。西北は資金繰りに行き詰まり倒産します。不慮の災難に見舞われます。

1 木 ○効率を考えて行動すれば吉
2 金 △不平不満を顔に出しては損
3 土 ○独善独行を戒（いまし）め周囲と協調
4 **日** ○甘えずに自力で頑張って吉
5 月 △自己過信は成功を遠ざける
6 火 ●身勝手になれば交際破れる
7 水 ○軽い話題でデート運アップ
8 木 △慎重な計画と準備で行動を
9 金 △家族間に争い起こりやすい
10 土 ○恋愛運好調で楽しいデート

11 ㊐ △買物は計画出費ポイントに
12 ㊊ ◎迅速な決断が出来れば成功
13 火 ◎有力者の引き立てあり好調
14 水 △心ない発言悩まされるとき
15 木 ●独断専行すれば人心離れる
16 金 ○前進発展に備えて充電期間
17 土 △不満を言うより自力で努力
18 **日** ○専門家の知識や能力を活用
19 月 ○性急過ぎても結果は出ない
20 火 △余計な口出しトラブル招く

21 水 ◎今後に繋がる最高の出会い
22 木 ◎好調なときほど気配り大切
23 ㊎ △自慢が過ぎると周囲に不評
24 土 ●失敗して恥をかく不運な日
25 **日** ○守りに回ればチャンス到来
26 月 ●チームワークが乱れて混乱
27 火 ○文書印鑑の保管に注意し吉
28 水 ○相手を立ててトラブル回避
29 木 △見込み薄なら早く方針転換

注意運△

令和6年　六白金星

3月の運勢

＜運勢＞　本命星は兌宮（だきゅう）に廻り、年盤の五黄と同会。不安定かつ波乱含みの運気。緊張感に欠け、無責任な発言が人間関係の破綻を招きかねない。詰めの甘さが目立ち、物事が中途半端になりやすいので最後まで責任を持ってやり通すこと。自分本位の甘えた態度を反省せよ。礼儀知らず、恩知らずに明日はない。

仕事運　人との交流時にトラブルが潜んでいる。約束厳守で誠実な応対を心がけて。

金　運　飲食代に散財する。

家庭運　自己本位で勝手な振る舞いをしない。

健康運　飲み過ぎ食べ過ぎに注意。

3月の方位

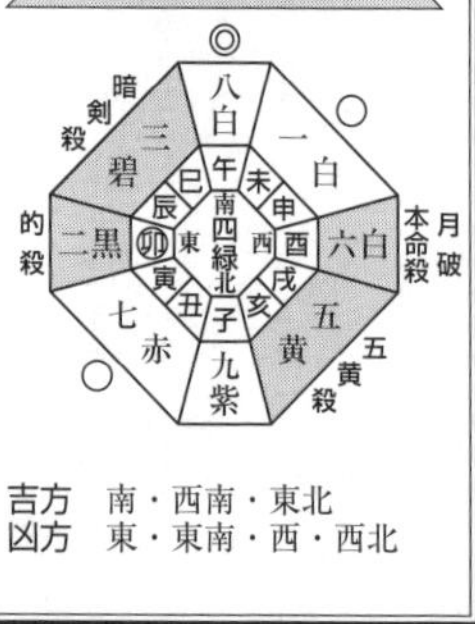

吉方　南・西南・東北
凶方　東・東南・西・西北

●凶方　東は計画に失敗して営業不振となります。東南は不慮の災難に見舞われます。西は異性関係のトラブルで離婚や失業します。西北は金銭的に行き詰まります。交通事故で大ケガします。

1 金 ◎基礎を固めて積極的果敢に
2 土 ◎プレッシャーも大きな励み
3 日 △目移り気迷いの行動は禁物
4 月 ●無計画は時間と金銭の浪費
5 火 ○成り行き任せの行動にツキ
6 水 △やる気満々でも大事は不可
7 木 ○人に喜び伝え幸福感味わう
8 金 ○我慢の結果の報酬こそ宝物
9 土 △金運不調で調子に乗ると凶
10 日 ○努力が成果を生んで好調運

11 月 ○目線を高くもって協力得る
12 火 △背伸びせず分相応な行動を
13 水 ●注意力散漫で金銭トラブル
14 木 ○決断力不足はチャンス逃す
15 金 △勝ち気にすぎると結果出ず
16 土 △控えめな態度で周囲と協調
17 日 △焦らず考え通り進めて無事
18 月 △小さなウソが大きなヒズミ
19 火 ○感情を抑えて協調性を重視
20 ㊌ ◎脇見をせずに我が道を行け

21 木 △契約事は流れやすい慎重に
22 金 ●分外なことに手を出し失敗
23 土 ○自我を主張せず受身が賢明
24 日 △外からの誘い乗らぬが無難
25 月 ○欲張り過ぎは失敗に繋（つな）がる
26 火 ○自案が採用され評判は上々
27 水 △独り合点は独断専行を招く
28 木 ○自分自身の決断が必要な時
29 金 ◎交渉成立の鍵は誠意と笑顔
30 土 △手違いあり打開の道を探れ
31 日 ●気持ち明るく休養を大切に

※月盤の吉方表示は、その月だけの吉方は○、年月ともに吉は◎。

変化運△

令和6年 六白金星
4月の運勢

＜運勢＞ 本命星は艮宮(ごんきゅう)に廻り、年盤の六白と同会。変化運の影響下で諸事不安定なとき。不本意な現状を改善すべく変革を求めて動きたくなるが、無理な軌道修正は不可。現在の方向性は変えずに、実情に合わせた調整程度に止めるのが無難。独りよがりの思い込みで、へたな意地を張ると物事がこじれる。

仕事運 いったん決まったことが揺らぎやすく安定しない。次善策の準備を怠らないで。

金　運 予想外の出費、家族の出費が増える。

家庭運 余計な意地は張らないこと。

健康運 腰痛、関節痛、背中の痛みに注意。

4月の方位

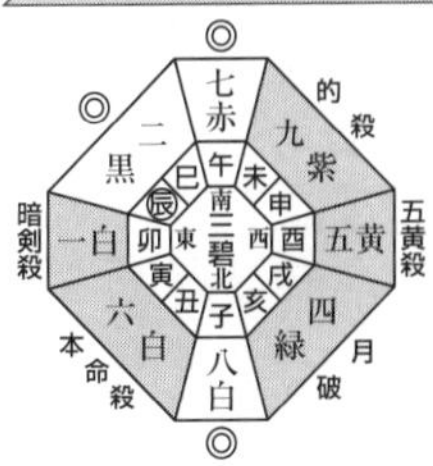

◎ 七赤 午
九紫 未 的殺
五黄 酉 五黄殺
四緑 戌 亥 月破
八白 子 ◎
六白 丑 寅 本命殺
一白 卯 東 暗剣殺
二黒 辰 巳 ◎
三碧 南 西 北

吉方　東南・南・北
凶方　東・西南・西・西北・東北

●凶方 東は重い病にかかって苦しみます。西南は過労で体を壊し働けなくなります。西は詐欺で全財産を失います。西北は上司とのトラブルで失脚します。東北は親族と対立して絶縁されます。

1 月 ○思わぬ援助に救われ難逃る
2 火 ●金銭トラブル起きがち注意
3 水 ○童心に帰って楽しく過ごす
4 木 ○恋人とトラブル仲直り急げ
5 金 △チーム内でトラブルの恐れ
6 土 ◎幸運の女神に恵まれて幸せ
7 **日** ◎奇をてらわず我が道を行く
8 月 △初歩的なミスに注意確認を
9 火 ●投機の話に乗れば損害あり
10 水 ○弱気を起こさず強気で行動

11 木 △感情抑えて協調性の重視を
12 金 ○謙虚になり有能者と協力を
13 土 ○交渉事では根回しが決め手
14 **日** △中年男性からの誘いに用心
15 月 ◎諦めていた事に再度挑戦吉
16 火 ○温かな心で接して喜ばれる
17 水 △手違いで契約不成立となる
18 木 ●甘い話は目上の意見を参考
19 金 ○他の意見に従ってツキあり
20 土 △話題選びと言葉遣いに注意

21 **日** △心の健康にも気を使うこと
22 月 △自己主張は程々にしておけ
23 火 △組む相手間違えて後悔する
24 水 ◎積極策でチャンスをつかむ
25 木 ○手を抜かず追い込んで成功
26 金 △仲間外れにされて孤立する
27 土 ●無理に進めばトラブル生ず
28 **日** ○苦労から開放される兆し吉
29 ㊊ △安易な金銭貸借は信用失う
30 火 ○悩み事には友人の助けあり

六白

好調運○

令和6年 六白金星

5月の運勢

〈運勢〉　本命星は離宮（りきゅう）に廻り年盤の七赤と同会。運気好調、意気揚々と活気のあるとき。高い視点で物事を捉えた的確な判断力で周囲からの評価も高まり、実力発揮のチャンスだが、高慢な態度は成功の足を引っ張る。今まで中途半端だったことに決着をつけよう。言わずもがなの一言で舌禍を招かぬよう注意して。

仕事運　好き勝手をしていると思われないよう、やることには明確な理由と責任を持って。

金　運　高額品の購入は有効かどうかを考えて。

家庭運　家庭内でのわがままが出やすいとき。

健康運　目、頭痛、顔面神経痛などに注意。

5月の方位

一白	六白（本命殺）	八白（暗剣殺）
九紫	二黒	四緑
五黄（五黄殺）	七赤（的殺）	三碧（月破）

（◎一白　巳・午・未・申・酉・戌・亥・子・丑・寅・卯・辰）

吉方　東南
凶方　南・西南・西北・北・東北

●**凶方**　南は文書印鑑の取り扱いミスで大損します。西南は詐欺で不動産を失います。西北は交通事故で大ケガします。北は部下の裏切りで失脚します。東北は重い病で長期入院します。

1水 ○仕事は手順よく迅速に処理
2木 △争い避けよ後日に悔い残す
3㊎ ◎質素誠実であれば喜び多し
4㊏ ○あえて事を構えるべからず
5㊐ △親しい友人にも節度は必要
6㊊ ●船頭多くして物事停滞気味
7火 ○人に先んじるより後方支援
8水 ●邪魔者が現れて混乱を来す
9木 ○良いアイデアはすぐに実行
10金 ○愛があって厳しさが生きる

11土 △車の運転慎重に遠出避けよ
12日 ◎正しい判断で善処して好転
13月 ○相手の意見を聞く耳を持て
14火 △一日中忙しく落ち着けず凶
15水 ●雑事に没せず大事を忘れず
16木 ○順調な一日そのままで前進
17金 △忘れ物落し物しやすい注意
18土 ○二の手三の手を用意し万全
19日 ○迷ったら目上と相談が上策
20月 △見た目の印象で信用するな

21火 ◎互いを思いやって家庭円満
22水 ○子育てにはアメとムチ必要
23木 △気を許さずに本分まっとう
24金 ●不慣れな事はヤケドの恐れ
25土 ○小さい親切から友情生まる
26日 △新規参入には時機が熟さず
27月 △書類印鑑の取り扱いに注意
28火 △誘いに乗っても期待外れに
29水 △妄動すれば失敗の恐れあり
30木 ◎出会いが新しい展開の始め
31金 ◎生き生きとした行動好印象

※月盤の吉方表示は、その月だけの吉方は○、年月ともに吉は◎。

低迷運●

令和6年 六白金星

6月の運勢

＜運勢＞ 本命星は坎宮（かんきゅう）に廻り年盤の八白と同会。運気が低迷しパワーダウン。困難と災厄の暗示を受ける試練のとき。へたに動くと急転直下で事態が悪化する恐れもあり、油断できない。今は充電期間と割り切って積極的な言動は極力控え、受け身の姿勢で現状維持に専念。体力を温存、知力の蓄積を図れ。

仕事運 運気が大変低く望みは薄い。今までの過不足を修正し、自己力の温存につとめる。

金　運 絶不調。支出を抑えて節約を。

家庭運 悩みは家族に相談する。

健康運 冷えからくる体の不調は早めに受診。

6月の方位

五黄殺・的殺

南：五黄　西南：七赤　西：三碧　西北：二黒　北：六白　東北：四緑　東：八白　東南：九紫　中央：一白

暗剣殺・月破・本命殺

吉方　東・西南・西北
凶方　南・北

●凶方 南は火難や盗難によって困窮します。人間関係のトラブルで離婚や失業します。重い病にかかって苦しみます。北は赤字続きになり金銭的に行き詰まります。不慮の災難に見舞われます。

1 土 △失言多く信用が失墜の危機
2 日 ●無理を重ねて成果あがらず
3 月 ○飲み過ぎ食べ過ぎ注意する
4 火 ●ストレスたまりミスが多い
5 水 ○停滞していたこと好転する
6 木 ○迷い込んだ道に新発見あり
7 金 △他人過信し裏目に出て後悔
8 土 ◎自信が結果に反映する吉日
9 日 ○滞っていた事に結論が出る
10 月 △夫婦間に暗雲立ち込める日

11 火 ●独断専行すれば孤立に陥（おちい）る
12 水 △滑り出し好調でも油断禁物
13 木 ●次から次と問題起き疲れる
14 金 ○よく睡眠をとり運気は上昇
15 土 ○迷わず最初の考えを押し吉
16 日 △目上と意見の衝突あり注意
17 月 ◎守りから攻めへ切替が肝心
18 火 ○旧友との懐かしい再開あり
19 水 △見栄の張りすぎ失敗を招く
20 木 ●鍵のかけ忘れ火の元に注意

21 金 △出しゃばりが誤解される元
22 土 △謙虚さ忘れず人の意見尊重
23 日 ○意外な展開で上首尾となる
24 月 ○十分な休養でストレス解消
25 火 △手抜き仕事でピンチを招く
26 水 ◎努力を怠らずに目的を成就
27 木 ○誠意が通じて手腕発揮の場
28 金 △我がままな行動に要注意を
29 土 △大金の持ち歩きは厳重注意
30 日 ○女性には楽しみ事が多い日

漸進運○

令和6年 六白金星

7月の運勢

＜運勢＞ 本命星は坤宮に廻り年盤の九紫と同会。運気は上向き、先行きに明るさが見え始めるとき。高い目線から将来に向けた明確な目標を定め、その実現のために周到な準備を整えることが今月の課題。功を焦らず目先の利益に囚われないこと。先頭に立つより、一歩控えて二番手から漸進する姿勢が賢策となる。

仕事運 着実に積み上げたことが功を成す。大きな取引は文書の扱いに気をつけて。

金　運 中古品の売買を検討する。

家庭運 妻や母の言い分にも耳を傾ける。

健康運 腹部不調、皮膚のトラブルに注意。

7月の方位

八白 ◎	四緑（暗剣殺）	六白（本命殺）
七赤 ○	九紫	二黒 ○
三碧（月破・的殺）	五黄（五黄殺）	一白 ○

吉方　東・東南・西・西北
凶方　南・西南・北・東北

●**凶方** 南は機密情報が漏洩して社会的信用を失います。西南は詐欺で全財産を失います。北は部下の裏切りで失脚します。東北は不慮の災難に見舞われます。親族と対立し絶縁されます。

1 月 ◎明るい言動が運気好転の鍵
2 火 △長電話から口論に発展する
3 水 △スマホゲーム目の酷使注意
4 木 ○何事も積極的に行動して吉
5 金 △軽率な行動が結果を左右す
6 土 ○個人差を考えて柔軟に指導
7 日 ●隠し事が露見し立場は悪化
8 月 △よそ見して障害にぶつかる
9 火 ◎良きアドバイス得て好結果
10 水 ○熱くなり過ぎると失敗する

11 木 △欲張り過ぎると運気を乱す
12 金 ○積極的行動が好結果を招く
13 土 ○周囲との調和重視で好展開
14 日 △情に負けての徒情が逆効果
15 ㊊ △周辺事情に合わせ空気読め
16 火 ●自分の身勝手が不調の原因
17 水 △食べ過ぎて胃腸に障害生ず
18 木 ◎人脈フルに活用し営業拡大
19 金 ◎勘が冴えて成すことも順調
20 土 △つまらぬ事で友人と仲違い

21 日 ○ボランティアに参加して吉
22 月 ○強情にならず和合するべき
23 火 ●思わぬ障害が発生しやすい
24 水 ○結論出すのを急がないこと
25 木 ●海や渓谷水難に注意のこと
26 金 △無駄遣いが将来を暗くする
27 土 ○相手に花を持たせて好結果
28 日 ◎目上から高く評価される吉
29 月 △横着して余計に手間かかる
30 火 ○怠けず楽観せず全力で臨め
31 水 ○意外な喜びあり素直に感謝

※月盤の吉方表示は、その月だけの吉方は○、年月ともに吉は◎。

上昇運◯

令和6年 六白金星

8月の運勢

＜運勢＞ 本命星は震宮（しんきゅう）に廻り年盤の一白と同会。旺盛な運気の上昇運だが、内在する不安要素に足をすくわれる恐れも。積極的に行動して才能を発揮し、準備してきた計画に着手するチャンスだが、勇み足に注意。結論を急いだり、独断で一気に進めるなどはトラブルを招く。協力者への事前の根回しが大切。

仕事運 思い込みや自分勝手な手法は控え、周囲とよく相談。何事も慎重に進める。

金　運 好調だが、うかつな投資や金銭貸借は厳禁。

家庭運 家族の言い分をよく聞いてまとめ役に。

健康運 肝臓、神経、喉の病気に注意。

8月の方位

●凶方 東は計画に失敗して倒産します。西南は過労やストレスで体を壊し働けなくなります。西は異性関係のトラブルで夫婦は離婚し職を失います。東北は思わぬ事故で大ケガします。

吉方　東南
凶方　東・西南・西・東北

1 木 △家庭は安息の場苦言は控え
2 金 ○信念で事に当たれば成功す
3 土 ●自尊心は必要だが程ほどに
4 **日** ○気持ちを整理するのに最適
5 月 ◎努力が報われて難問を突破
6 火 ◎良いチャンスに恵まれ好日
7 水 △金は使うところで使うもの
8 木 △睡眠不足で集中力低下注意
9 金 ○愚痴を聞いてやる事も大切
10 土 △他人の面倒事には口出すな

11 ㊐ ○信用第一の姿勢で千客万来
12 ㊊ ●無用な争いをしやすい用心
13 火 △親切心でも相手には迷惑に
14 水 ◎僅かな努力でも効果大きい
15 木 ○前進ばかりでは効果が薄い
16 金 △平常心失わず行動すること
17 土 ○欲を抑え人とは協調の精神
18 **日** ○異業種の人と交際がプラス
19 月 △悲観的な言動は沈滞ムード
20 火 ○事前に確認細心の策で万全

21 水 ●企画に迷い生じ進退極まる
22 木 △気を引き締めて行動しよう
23 金 ◎過去踏まえての将来展望吉
24 土 ◎人脈を生かすと朗報が入る
25 **日** △独断専行すれば人心離れる
26 月 ○友達以上恋人未満焦らずに
27 火 ○プラン合理的か否か見直せ
28 水 △忘れ物に要注意不自由する
29 木 ○チームワークで勝利を得る
30 金 ●今までの努力が水泡に帰す
31 土 △スタートが大事油断は禁物

発展運◎

令和6年 六白金星

9月の運勢

〈運勢〉 本命星は巽宮（そんきゅう）に廻り年盤の二黒と同会。発展の運気で躍進のチャンス。努力が開花し成果が上がり、最後まできちんと丁寧に仕上げる姿勢が評判を高める。良い縁に恵まれて人脈も広がり、信用第一の誠実な態度が信頼の絆を深める。前に出るより一歩控えて支える姿勢が好感され、協力者も得られる。

仕事運 交流の中でリードできそう。高慢な態度は慎んで協調を心がければ良縁となる。

金運 長期でよい利回りなら投資もよい。

家庭運 家族に対しての物言いに気をつける。

健康運 心臓、血圧、ストレスに注意。

9月の方位

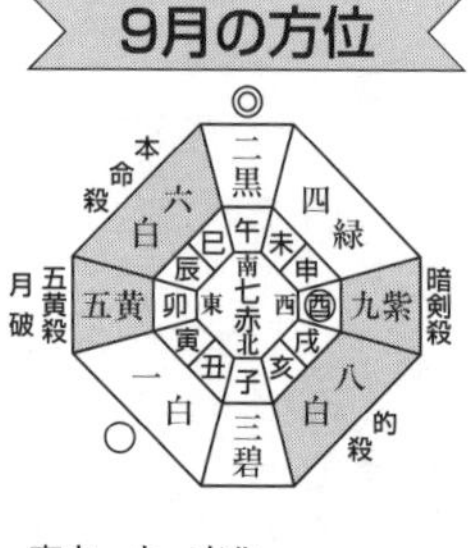

吉方 南・東北
凶方 東・東南・西・西北

●凶方 東は詐欺で大損します。不慮の災難に見舞われます。東南は社会的信用を失って倒産します。西は異性関係のトラブルで離婚や失業します。西北は上司と対立して左遷や失業します。

1 日 ◎社交運も恋愛運も好調吉日
2 月 ◎急がずにマイペースで招福
3 火 △一言の食い違い論争に発展
4 水 ○多忙日骨惜しみせず頑張れ
5 木 ○強気もTPOで使い分ける
6 金 △意外な人からの誘いに注意
7 土 ○頭脳のパワー信じて努力を
8 日 ●小細工を用いずに時を待つ
9 月 △体調低迷静養して回復期す
10 火 ○一目惚れしても慎重に進め

11 水 ◎万事バランス感覚を大切に
12 木 △用件は早く片づけ休むこと
13 金 ○ヤル気を出して事に当たる
14 土 ○何事も丁寧に進めれば吉に
15 日 △筋書きの通りに事は運ばず
16 ㊊ ○交際は話題を豊富で好発進
17 火 ●早合点から失敗を招きがち
18 水 △功を焦ってミスしやすい日
19 木 ○レジャー運好調で楽しい日
20 金 ○あてにしてない手助けあり

21 土 △待ちに徹し頭を冷やすこと
22 ㊐ ◎運気強く強攻策が吉を得る
23 ㊊ ○臨時収入はガッチリ蓄える
24 火 △乗り物の中で落とし物注意
25 水 ○ほめられる事がある良き日
26 木 ●人の批判心の中でかみ砕け
27 金 △余計なことに首を突込むな
28 土 ○地味な仕事ぶりが評価得る
29 日 ◎障害を乗り越え結果が出る
30 月 △功少なくても不満を言わず

※月盤の吉方表示は、その月だけの吉方は○、年月ともに吉は◎。

慎重運△

令和6年 六白金星

10月の運勢

〈運勢〉 本命星は中宮（ちゅうぐう）に廻り年盤の三碧と同会。運気は強いが浮き沈みが激しく、人により、事と次第によって、物事がどう転ぶかわからない。頑張ってきた人は相応の成果、怠けたり手抜きをしてきた人はその報いを受けるとき。今月は、これまでを振り返って過不足を調整し、今後に向けての態勢を整えよう。

仕事運 現状把握が最も重要。今までの過不足を精査し、内面を充実させよう。

金　運 収支バランスを整え、過不足を補う。

家庭運 威張った態度は受け入れられず。

健康運 持病、古病の再発悪化に注意。

10月の方位

吉方　南・西・北
凶方　東南・西北

●凶方 東南は詐欺で全財産を失います。突然の病にかかります。異性関係のトラブルで離婚します。西北は上司と対立して失脚します。交通事故で大ケガします。金銭的に行き詰まります。

1 火 ◎新たな友人を得るチャンス
2 水 △周囲の変化にも冷静に対処
3 木 △安請け合い後で重荷となる
4 金 ○何事にも周囲の協力が必要
5 土 ●度を越した行動が失敗招く
6 日 △商売に利あるも強欲は損失
7 月 ○縁の下の力持ちに徹して吉
8 火 ○会合での言動には注意必要
9 水 △片意地張らず素直な表現を
10 木 ○感情を表に出さず心の奥に

11 金 ○油断せずに足元を固めよう
12 土 △転職や転業は一旦棚上げで
13 日 ○堅実に進めれば次第に好転
14 ㊊ ●疲労を感じたら家庭で休息
15 火 △人間関係に問題あり慎重に
16 水 ◎あきらめていた事に吉報有
17 木 ○優先すべきは実現可能な事
18 金 △些細なことに立腹しやすい
19 土 △部下に優しい呼びかけ必要
20 日 ○手堅く動けばすべて安定す

21 月 △頼まれ事が力にあまり苦労
22 火 ◎気分一新して新境地に至る
23 水 ●ポケットに手入れて歩くな
24 木 △見栄を張らねば無事を得る
25 金 ◎思い切った行動が進展の鍵
26 土 △うっかりミスには十分注意
27 日 △小さなヒビは早めの対応を
28 月 ○雑事は手順よく能率アップ
29 火 ○老親の苦労を思い感謝する
30 水 ●自信過剰で敵視されやすい
31 木 ○無理をせずに安全確実策で

六白

令和6年 六白金星 11月の運勢

自重運◯

＜運勢＞ 本命星は乾宮（けんきゅう）に廻り年盤の四緑と同会。運気は旺盛だが不安要素を抱えるとき。意欲もあり、積極的な活動姿勢が成果につながる反面、自己過信からの強気とやり過ぎがトラブルを招きがち。周囲に頼られても、安易な約束や安請け合いはせぬこと。達成できず信用を毀損する恐れがある。謙虚な姿勢が大切。

仕事運 自分のプライドを優先させるとトラブルの元。周囲への配慮を忘れずに。

金　運 多忙で出費増に。収支の記録を正確に。

家庭運 威張っているだけでは家族の気持ちが離れる。

健康運 過労、ストレス、血圧に注意。

11月の方位

●凶方 東南は計画が失敗して倒産します。うまい話に騙されて大損します。異性問題が発覚して社会的信用を失います。西北は上司対立して失脚します。突然の事故で大ケガします。

吉方　西南・西・北・東北
凶方　東南・西北

1 金 ●夜遊びは疲れが残らぬよう
2 土 ○デート運あり会話楽しむ日
3 ㊐ ◎新規の事は有利に展開する
4 ㊊ ○過去の失敗を生かせば発展
5 火 △ひと息つけるが油断は禁物
6 水 ○一歩譲って協力の要請から
7 木 ○計画を練ってから行動する
8 金 △先行投資と心得て手を貸す
9 土 ○独身の男性に恋愛チャンス
10 **日** ●連絡がつかず恋愛運が下降

11 月 △短気起こさず流れに沿って
12 火 ◎情報を活かせば信用が増大
13 水 ◎誠実に尽くす姿勢に好評価
14 木 △周囲との連携に失敗し停滞
15 金 ○練習繰り返し不安感の解消
16 土 ○焦点を絞れば自ずから結果
17 **日** △価値観に違い深追いは禁物
18 月 ○楽天的に考えれば開運する
19 火 ●無理押しせず受け身の姿勢
20 水 △朝のトラブルで一日ブルー

21 木 ◎幅広い人脈がバックアップ
22 金 ○手出し口出し不仲の原因に
23 ㊏ △落ち着きがなく運気も低下
24 **日** △努力の割合に結果が出ない
25 月 ○孤立せずに周囲と融和する
26 火 △動かず静観するのが安全策
27 水 ○能ある鷹爪を隠して吉なり
28 木 ●口は災いの元できぬ約束凶
29 金 △独断的行動は控え調和図る
30 土 ◎人気と信用がまさかの備え

※月盤の吉方表示は、その月だけの吉方は○、年月ともに吉は◎。

慎重運△

令和6年 六白金星 12月の運勢

＜運勢＞ 本命星は兌宮（だきゅう）に廻り年盤の五黄と同会。穏やかな運気の下で収穫の喜びを味わえるときだが、甘えと気持ちの緩みが心配。心にも余裕が生まれるが、油断がミスを招き、失言が大きなトラブルに発展しかねない。気を引き締め、万事に点検チェックを忘れぬこと。また、礼儀正しく発言は慎重にと肝に銘じよう。

仕事運 穏やかな運気だが、うっかりや軽率な言動でミスをしやすい。儀礼を重んじ慎重に。

金　運 冗費がかさむ、優先順位を決めること。

家庭運 家庭内でも礼儀を尽くせ。

健康運 口腔の疾患、体の右側の不調に注意。

12月の方位

●凶方 東は計画に失敗して大損害となります。東南は周囲とのトラブルで失業します。南は火難や盗難に苦しみます。西は異性問題が激化し離婚や失業します。西北は重い病にかかります。

吉方　西南・東北
凶方　東・東南・南・西・西北

1 日 ○相手の立場を考慮して話せ
2 月 △気配りの有無運を左右する
3 火 ◎基礎固めの結果表れるとき
4 水 ○強欲に走ると諸事に破れが
5 木 △一度ついた悪癖は戻らない
6 金 ○八方に気を配れば運気上昇
7 土 ●あらぬ疑い受けやすい注意
8 日 △欲張った行動は破滅を招く
9 月 ◎積極策が思わぬ成果を生む
10 火 ◎交友関係の広がりで将来吉

11 水 △脇の甘さがチャンスを逃す
12 木 ○周囲とよく話し合えば順調
13 金 ○見解の相違は話合いで解決
14 土 △しっかり生活のペース守る
15 日 ○日頃の努力が認められ発展
16 月 ●色気を出さず現状維持図れ
17 火 ○意地を張らずに和合すべき
18 水 ◎努力と熱意が評価を受ける
19 木 ◎目標も全て達成し万事快調
20 金 △変化を求めずに現状を守れ

21 土 ○美味しい話は話半分と思え
22 日 ○積極的に親睦を図るのが吉
23 月 △スタミナ不足に悩まされる
24 火 ○相手を尊重し聞く耳を持て
25 水 ●心の動揺は判断を誤らせる
26 木 ●暗く落ち込まず時節を待て
27 金 ○交友関係盛んで楽しい一日
28 土 △何事も独り良い子になるな
29 日 △協力態勢とれず結果不調に
30 月 △私欲を捨てて謙虚な姿勢で
31 火 △ひと言を欠き対人関係に溝

令和6年〈七赤〉の運気レベルと方位吉凶表

	年運	1月	2月	3月	4月	5月	6月	7月	8月	9月	10月	11月	12月
運勢	○	△	△	△	○	●	○	○	◎	△	△	△	△

方位	年	1月	2月	3月	4月	5月	6月	7月	8月	9月	10月	11月	12月
東	×	△	×	○	×	△	○	×	○	×	△	×	○
東南	○	×	△	×	◎	◎	△	◎	×	◎	×	×	×
南	×	○	△	○	×	×	×	×	△	○	○	△	×
西南	△	×	×	×	△	×	×	○	×	△	△	○	×
西	×	○	×	×	×	△	△	×	○	×	○	×	○
西北	×	×	○	×	×	×	○	○	×	○	×	○	×
北	×	○	○	△	×	×	×	×	△	△	○	○	△
東北	○	△	◎	×	◎	×	×	×	×	◎	△	◎	×

〔運勢〕◎大吉　○吉　△吉凶相半　●凶〔方位〕◎大吉　○吉　△吉凶なし　×凶

＜吉方＞ 今年の吉方は、東南と東北です。

東南は、何事も計画通り進みます。事業が発展し商売が繁盛します。恋愛が発展し、未婚の人には良縁が得られます。東北は、気力が充実し元気に活躍できるので、昇進や昇給が望め、事業が順調に発展します。いい不動産が見つかり生活が安定します。夫婦は子宝に恵まれます。

＜凶方＞ 今年の凶方は東が暗剣殺、南が本命殺、西が五黄殺、西北が歳破、北が的殺です。

東は不慮の災難に見舞われます。南は火難や盗難に遭って苦しみます。西は異性関係のトラブルで職を失い、夫婦は離婚します。西北は資金繰りが悪化して倒産します。交通事故で大ケガします。北は重い病にかかって苦しみます。

[七赤金星] の生まれ年

令和2年生（庚子）	平成23年生（辛卯）	平成14年生（壬午）	平成5年生（癸酉）	昭和59年生（甲子）	昭和50年生（乙卯）	昭和41年生（丙午）	昭和32年生（丁酉）	昭和23年生（戊子）	昭和14年生（己卯）
4歳	13歳	22歳	31歳	40歳	49歳	58歳	67歳	76歳	85歳

令和6年方位盤

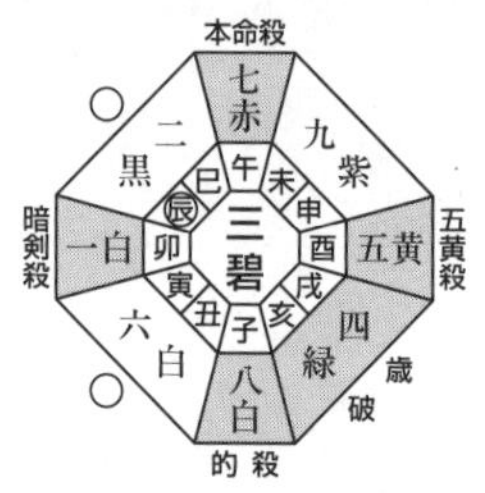

吉方 東南、東北

凶方
暗剣殺 東
本命殺 南
五黄殺 西
歳破 西北
的殺 北

基本運勢・性格

七赤金星は、五行では金に属し、方位では西三十度を定位とします。一日では午後五時から七時まで、新暦の九月で収穫の秋を示します。金銭・恋愛・飲食・喜び・結婚など社交の星です。

＜男性＞社交的なので広く交際して開運

頭の回転が速く会話上手なので、誰とでもすぐに打ち解けます。社交的で周囲からとても好かれます。また研究熱心なので、早くから出世する人もいます。反面、諦めが早く長続きしない傾向があります。最後まで気力を充実させて努力すれば、晩年は相応の財産を築くことができます。

＜女性＞明るく朗らかに活動して開運する

明るく朗らかでユーモアがあるので、多くの人を引きつける魅力があります。洞察力に優れているので、その場の空気を読んで会話を盛り上げます。しかし、気分次第で相手を批判する傾向があるので気をつけて。人間関係を大切にして堅実に行動すれば晩年は安泰となります。

今年の運勢

七赤は南に入るので、好調運となります。気力体力ともに充実して積極的に活動できます。これまでの努力が実り営業成績が上昇します。ただし、善悪ともに表面化しやすいので気をつけて。

＜男性＞努力の成果が表れるとき

好調な運気となるので何に対しても活動的になります。手がけてきたことに成果が表れて実力が認められます。新たな道が開かれて、予想以上の発展も期待できます。その反面、不都合なことも露見しやすいので要注意です。新たな出会いがありますが、腐れ縁は断ち切るときです。

＜女性＞世間の評価が上向く気運

これまでの努力が周囲に認められるときで、仕事は良い結果が得られ、世間の評価も上昇します。収入も上がるときですが、散財しやすいので計画性を持つこと。独身者は恋愛が発展しますが、見た目に惑わされないように。うまい儲け話が来ても、決して乗らないことです。

令和6年 仕事運・金運

●手がけてきたことに成果あり

これまでの努力により営業成績が上がり、増収や昇進が期待できます。地道に積み上げたことが高く評価され発展する気運です。

勤め人は、手がけてきたことが周囲に認められ、実力を発揮するときです。職場の異動がありますが、受けて立つのが有利です。転職や独立の話も出ますが、こちらは慎重に進めましょう。

自営の人は、向上運なので、事業も積極的に進めるときです。ただし、交渉や契約のときには書類の確認を入念に行うことです。

金運は、良好となるので、増収や増益が期待できます。ただし、出入りが激しく収入が増えても散財しやすいので油断しないように。何事にも計画性を持って進みましょう。投機的な事柄は一時的には利益がありますが、引き際が肝心です。衝動買いをしやすいので、カード決済は抑え気味に。また、うまい儲け話には要注意です。

令和6年 家族運・健康運

●家族と協力して行動するとき

家族運は動きやすいときです。進学や就職で新たなところに移るとか、年頃の人は結婚して引っ越すこともあります。独断で進めず家族の意見をよく聞いて慎重に進めましょう。隠されたことが表面化するときなので、異性関係のトラブルにならないように日頃の行いには配慮して。住まいの改築や移転の気運ですが、衝動的に進めず資金計画に無理のないようにしてください。文書印鑑の取り扱いには要注意で、契約時には家族とも相談して慎重に対応することが大切です。

健康運は、良好で、気力体力ともに充実します。積極的に活動できるので、無理を重ねることも多くなります。働き過ぎにならないように、自分のペースを守りましょう。基礎疾患のある人は好調なときですが、早めの検査が大切です。中高年の人は眼科と心臓の疾患に気をつけること。ストレスを溜め込まず気を楽にして活動しましょう。

令和6年 異性運・相性運

＜男性＞努力次第でゴールインの兆し

交際中の人とは結婚の気運が高まります。既婚者は異性から好かれるけれど気を引き締めて。

一白の人とは、長引く傾向があります。二黒の人とは、順調に発展するので努力して。五黄の人とは、恋愛に発展するが時間をかけて。六白の人とは、時間はかかるが積極的に進めて。七赤の人とは、速やかに進めれば好結果となる。八白の人とは、すんなりとは進まないが焦らずに。

＜女性＞高望みせず人柄をよく見て

好調ですが、高望みすると進みません。交際中の人とは、目移りせずに誠実な付き合いを。

一白の人とは、時間をかけて交際しましょう。二黒の人とは、真剣に交際すれば結婚する気運。五黄の人とは、恋愛は進むが結婚は慎重に進めて。六白の人とは、不安定なので焦らず交際。七赤の人とは、目移りしやすいので真剣交際して。八白の人とは、停滞気味ですが誠実に進めば吉。

令和6年 七赤との付き合い方

多芸多才で利発、何事にも器用なマルチタイプの七赤の人は、ソフトなムードと人をひきつける天性の魅力を持ち、卓抜した社交性と豊富な話題で人を楽しませ喜ばせる達人です。反面、口先ばかりで実行が伴わない、詰めが甘く金銭感覚がルーズ、依頼心が強く甘えん坊などの欠点も目立ちます。しかし良好な人間関係と豊かな人生の演出には不可欠な存在です。七赤の人には規則を押しつけてがんじがらめにしたり、細かいことに目くじらを立てたりせず、鷹揚(おうよう)な態度で接することが魅力を引き出すコツです。

特に九紫は、自分の都合や価値観を押しつけると七赤に誤解されて警戒されがち。言葉遣いに注意が必要です。三碧、四緑は、七赤に対し被害者意識を持ちやすいので、七赤の気持ちを好意的に察するよう努めます。今年は九紫、五黄と縁が深くより良好な関係が築けるとき。反面、八白とはいつになく対立しやすいので自己主張は控えめが無難。

令和6年 七赤金星 1月の運勢

警戒運△

〈運勢〉 本命星は暗剣殺を帯同して乾宮(けんきゅう)に廻り、年盤の五黄と同会。強い運気が裏目に出るとき。強気な姿勢が周囲との対立を招きやすく、小さなミスが大きな損失を招くので、自己過信から暴走しないよう自重して。勝手な思い込みや意固地な態度で周囲に迷惑をかけぬように。目上の人を軽んじると大やけどを負う。

仕事運 運気の強さが裏目に出やすい。約束厳守、信用第一で周囲に安心感を与えること。

金　運 高額品の購入には十分な検討を。

家庭運 威勢よりも優しさを表面に出すと良い。

健康運 血圧、肺疾患、骨折に注意。

1月の方位

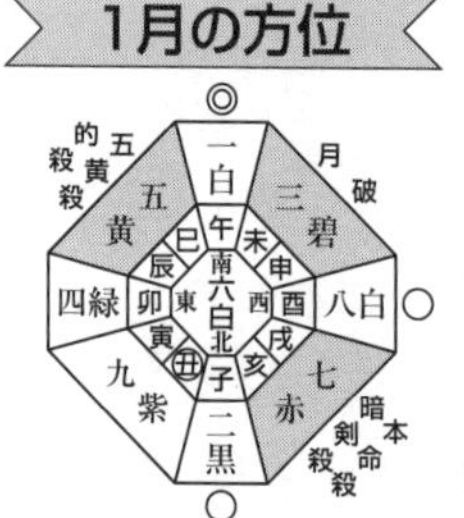

吉方　南・西・北
凶方　東南・西南・西北

●凶方　東南は事業が失敗して倒産します。西南は過労やストレスで体を壊し働けなくなります。うまい話に騙されて大損します。西北は上司と対立して失脚します。不慮の災難に見舞われます。

1 ㊊ ○パートナーからヒント得る
2 火 ●考えに迷い生じ動き取れず
3 水 ○取引きは順調詰めを大切に
4 木 △雰囲気にのまれ我を忘れる
5 金 ○人に喜び伝え幸福感味わう
6 土 △家族の信頼関係くずれ苦労
7 日 △精神的な若さ保ち人脈開拓
8 ㊊ ○実益少なくてもめげず努力
9 火 ◎人気と信用により商談成立
10 水 △ライバルの反論聞く耳持つ

11 木 ●秘密は不安悩みと表裏一体
12 金 ○友が味方間一髪で救われる
13 土 △欲目で見ると真実を見逃す
14 日 ○迷っても焦らず静観姿勢で
15 月 △迷惑な付き合いも我慢せよ
16 火 △言葉の行違い夫婦ゲンカに
17 水 ○人の忠告素直に受けて安全
18 木 ◎目立たぬ心遣いに人望あり
19 金 ○心身の充電が成功の第一歩
20 土 ●率直過ぎればそしりを受く

21 日 ○損得より人情を優先する事
22 月 △余計な口出し身の程を知れ
23 火 ○目移りせずに迷わずに前進
24 水 △気が緩みがち事故に注意を
25 木 △キッパリ諦めることも必要
26 金 ◎お互いの理解を深めて安泰
27 土 ◎有力なバックアップで前進
28 日 △災難日外出を控えて安全に
29 月 ●水辺での事故に注意する日
30 火 ○溜ったストレス上手に発散
31 水 △欲張らずに現状打開に留意

※月盤の吉方表示は、その月だけの吉方は○、年月ともに吉は◎。

自重運△

令和6年　七赤金星

2月の運勢

＜運勢＞　本命星は兌宮（だきゅう）に廻り年盤の五黄と同会。穏やかな好運気だが、些細な油断からトラブルを招く暗示あり。これまでの努力の成果が得られる時期だが、詰めの甘さや中途半端な対応が批判を招く。うかつに拡張策などに取り組むと、力不足から中途挫折の憂き目を見る。誤解される言葉遣い、約束不履行は厳禁。

仕事運　ムードメーカーになって和をつくろう。約束厳守、有言実行の姿勢が大切。

金　運　好調。遊興費の使いすぎに気をつけよう。

家庭運　楽しい団らんをつくる役割。

健康運　口腔内のケアを特に入念に。

2月の方位

●**凶方**　東は見込み違いで計画が失敗し倒産します。西南は詐欺にあって不動産を失います。不慮の災難に見舞われます。西は金銭的に行き詰まります。異性問題が発覚して離婚や失業します。

九紫　二黒　七赤　六白　一白　八白　三碧　四緑　五黄

月破　本命殺　的殺

午　未　申　酉　戌　亥　子　丑　寅　卯　辰　巳

南　西　北　東

吉方　西北・北・東北
凶方　東・西南・西

1 木 ○本分心得て行動すれば良い
2 金 △苦労は多いが報われない日
3 土 △部下のミスフォローに心労
4 日 ○見解の相違は話合いで解決
5 月 ◎心身が充実してくる好調日
6 火 △愛情こそ家族の心の安定剤
7 水 ●疑心暗鬼は失敗を招くもと
8 木 ○前向きな取り組み功を奏す
9 金 △見切りをつけて好結果得る
10 土 ○支出と収入のバランス考慮

11 ㊐ △早く手引かぬと傷口広がる
12 ㊊ △人込みでスリ落し物に用心
13 火 ◎夫婦の協力一致喜び事あり
14 水 ○人の評価に惑わされやすい
15 木 △不動産資産の問題要見直し
16 金 ●外出時にはケガに注意して
17 土 ○権力に執着すると失敗招く
18 日 △今はただ冷静になり考える
19 月 ○目上と連絡し行き違い防止
20 火 ○常識に縛られず発想の転換

21 水 △八方美人になり周囲の反感
22 木 ◎センス生かし独自のお洒落
23 ㊎ ◎強運日だが基本を忘れずに
24 土 ○他の厄介事には手を出すな
25 日 ●人の好き嫌いは表に出すな
26 月 ○依頼心を出さず自力解決を
27 火 ●気持ち明るく休養を大切に
28 水 ○体を休めて気力の充実図る
29 木 △短気起こせば障害が起こる

変化運△

令和6年 七赤金星

3月の運勢

＜運勢＞　本命星は艮宮に廻り年盤の六白と同会。変化運の影響を受け、迷いが多く感情面も不安定になりがち。人間関係や周囲の状況も変化しがちで、従来の方針を変えたくなるが、安易な方針転換はリスクが高いので軽率な決断は控えて。まずは冷静に状況を見定め、背伸びせず受身姿勢で現状維持に徹しよう。

仕事運　むやみに方針を変えず、現状の確認を。目上の人との衝突は避けること。

金　運　不安定。家族のために貯蓄をしよう。

家庭運　意地を張って家庭で孤立しやすい。

健康運　腰痛、背中の痛み、関節痛に注意。

3月の方位

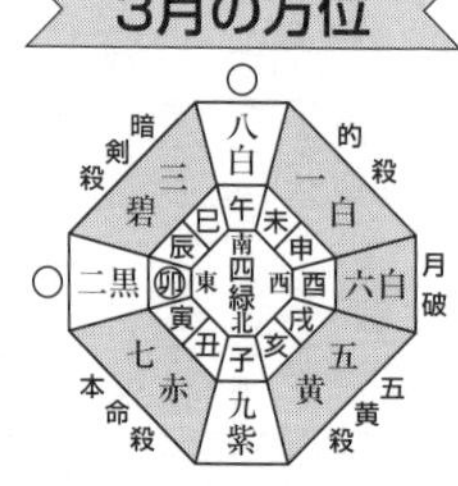

吉方　東・南
凶方　東南・西南・西・西北・東北

●凶方　東南は機密事項が漏洩して社会的信用を失います。西南は重い病にかかります。西は異性問題で離婚します。西北は資金繰りに行き詰まります。東北は親族と争い絶縁されます。

1金　△愚痴は聞くだけにとどめる
2土　◎イメージチェンジが大成功
3日　◎向上心持ち元気に取り組め
4月　△地味でも着実な努力が必要
5火　●無理をしないで急がば回れ
6水　○終わりよければすべてよし
7木　△実行する前の覚悟必要な日
8金　○足元固めをしないと崩壊す
9土　△思いつきや衝動は成果なし
10日　△引っ込み思案より積極行動

11月　△欲張らず柔軟な対応に終始
12火　◎リーダーシップを発揮する
13水　○会話優先し家族の問題解決
14木　●一人で悩みを抱え込まない
15金　○やりかけ事は諦めず続けよ
16土　△注意力低下の日運転は注意
17日　○柔軟な思考法で活路を開く
18月　●勝負運にツキがない日用心
19火　△自説を曲げず敵を作るは損
20㊌　○家族との団欒明日への活力

21木　○忍耐努力できる自分に褒美
22金　○もう一度忘れ物ないか確認
23土　●強気の発言で苦しい立場に
24日　○欲張らず柔軟な対応に終始
25月　△仕事は手順よく迅速に処理
26火　○よそ見して障害にぶつかる
27水　△何事も控えめに足元固めを
28木　△ゴリ押しは不可心の余裕を
29金　○過去のデータが解決の近道
30土　◎直感が冴え新しい企画良好
31日　△控えめな態度で周囲の共感

※月盤の吉方表示は、その月だけの吉方は○、年月ともに吉は◎。

令和6年 七赤金星 4月の運勢

好調運◯

＜運勢＞　本命星は離宮(りきゅう)に廻り年盤の七赤と同会。好調な運気の波に乗り、判断力が増し、閃(ひらめ)きとセンスが冴えるとき。周囲からの注目が集まるのでPR効果も高く、実力を発揮する好機に。反面、好き嫌いで動いたり感情的になって舌禍を招きやすいので注意。中途半端になっていた物事へのけじめをつけよう。

仕事運　今までの成果が出て次へのステップが見込めるとき。自己PRをしっかりと。

金　運　自己満足の高い物にお金を使おう。

家庭運　家族との時間も大切に。

健康運　目の酷使、心臓、神経系に注意。

4月の方位

本命殺　七赤　九紫　五黄　五黄殺　四緑　月破　八白　的殺　六白　一白　暗剣殺　二黒

吉方　東南・東北
凶方　東・南・西・西北・北

●凶方　東は周囲とのトラブルで失脚します。南は火難や盗難で苦しみます。西は異性関係のトラブルで離婚や失業します。西北は不慮の災難に見舞われます。北は重い病にかかります。

1 月 ●無茶な行動すれば失敗招く
2 火 ◎地道な努力が成果を生む日
3 水 △盗難や突発事故に注意する
4 木 ○情けをかけても跳ね返らず
5 金 △あなたの誠意が疑われます
6 土 △人はあてにせず自力で解決
7 日 ◎万事有利に運ぶ絶好調の日
8 月 ○障害を突破するには慎重さ
9 火 ○内に籠らず積極的に外出を
10 水 ●力量に限界あり無理は禁物

11 木 ○公私の区別ははっきりせよ
12 金 △考えに迷い生じ動きとれず
13 土 ○プレゼントには愛情込めて
14 日 △よく見えても結果は悪い日
15 月 △新規の事柄は進展しにくい
16 火 ◎良き縁得て人脈広がる吉日
17 水 ○自主的に行動して成果あり
18 木 ○虚飾より実質を取って好日
19 金 ●物事が障害に阻まれて不調
20 土 ◎問題は全て解決し万事快調

21 日 △外見よりも内部充実に力を
22 月 ○努力しただけ結果得られる
23 火 △気軽な言動がマイナス注意
24 水 △折角のチャンス見逃す恐れ
25 木 ◎生活全般に意欲がみなぎる
26 金 ○他事に介入すると反感買う
27 土 ○出費も多いが得るもの多し
28 日 ●自分本位で他人の嘲笑買う
29 ㊊ ◎諸事積極的な行動で成就す
30 火 △頼まれ事も力にあまり苦労

低迷運●

令和6年　七赤金星

5月の運勢

＜運勢＞　本命星は坎宮(かんきゅう)に廻り年盤の八白と同会。運気は低調、気力も体力もパワーダウンするとき。物事が思うように進まず焦慮(しょうりょ)するが、今月は自分から行動するのは控え、無理をせず守りの姿勢に徹すること。自己の充電期間と心得て、健康に留意し、知力体力を養い、専門性に磨きをかけながら運気の回復を待て。

仕事運　万事が停滞し不調。気持ちが不安定になり焦燥するが、充電期間と心得よ。

金　運　出費よりも節約貯蓄を心がけて。

家庭運　一人で悩まず家族に相談。

健康運　冷えによる内臓疾患に注意。

5月の方位

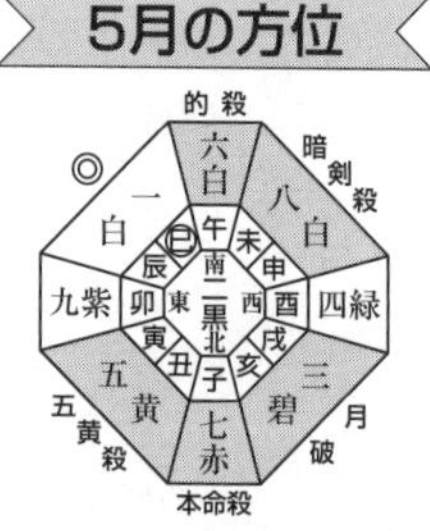

吉方　東南
凶方　南・西南・西北・北・東北

●凶方　南は文書印鑑のミスから大損します。西南は過労やストレスで体を壊します。西北は不慮の災難に見舞われます。北は部下に裏切られて失脚します。東北は親族と争い絶縁されます。

1 水 ○収入も多いが出費も増える
2 木 △利己的考え方は不信感呼ぶ
3 ㊎ △信念大事だが柔軟性も大切
4 ㊏ ◎用意周到にして新規に挑戦
5 ㊐ ○医者の言を忠実に守り快方
6 ㊊ △好意を愛と錯覚されやすい
7 火 ●恋人と価値観で距離を生ず
8 水 ○流れに任せて平穏な日得る
9 木 ●金銭の貸借は問題が起こる
10 金 ○意中の人へ接近して利あり

11 土 △改革目指すも現状維持が吉
12 日 △小事に執着し大損しやすい
13 月 ◎マイペース守れば運気好調
14 火 ○家庭サービス心がけて平穏
15 水 △思っても口に出さず好結果
16 木 ●突発的変事で身動きできず
17 金 ○目的達成近いが焦りに注意
18 土 △相手の都合で振り回される
19 日 ○先手を取って利益が上がる
20 月 △安易な妥協でトラブル招く

21 火 △他人を叩けば我が身に返る
22 水 ○目上の意見に従えば良好運
23 木 ○自己体調万全で順調に進む
24 金 △油断禁物気を緩めると失敗
25 土 ●期待外れの結果に落込むな
26 日 ○強気な勝負に出て諸事好調
27 月 ●事故の心配あり安全運転を
28 火 ○相手の立場に立ち発想せよ
29 水 △独断専行型では周囲と孤立
30 木 △寸暇を惜しんで内実の強化
31 金 ◎何事も順調に事が運ぶ吉日

※月盤の吉方表示は、その月だけの吉方は○、年月ともに吉は◎。

漸進運○

令和6年 七赤金星

6月の運勢

＜運勢＞ 本命星は坤宮に廻り年盤の九紫と同会。運気が上向き、次第に活気が戻ってくるが、新規のことに手を出すには時期尚早。目標を高く掲げ、長期的な展望に立って計画し、準備することが大切。焦って目先の利益や成果を求めず、着実、堅実な歩みを心がけ、根気よく基礎を築いてチャンスの到来を待て。

仕事運 目標達成まであと少し。辛抱して着実な結果を出すために地盤固めをしっかりする。

金　運 上昇傾向。将来に向けての資金計画を。

家庭運 感情的にならずに話し合う。

健康運 良好、口腔ケアをしよう。

6月の方位

五黄殺　本命殺　五黄　七赤　九紫　三碧　八白　二黒　四緑　六白　一白　的殺　暗剣殺・月破

午　未　申　酉　戌　亥　子　丑　寅　卯　辰　巳　南　西　北　東

吉方　東・西北
凶方　南・西南・北・東北

●凶方 南は異性関係のトラブルで夫婦は離婚し職を失います。西南は詐欺で全財産を失います。北は重い病に苦しみます。計画に失敗して倒産します。東北は身内とのトラブルで絶縁されます。

1 土 ○上司の信頼部下を勇気づけ
2 日 △女性の意見無視しないこと
3 月 ●自我を抑え周囲と協調せよ
4 火 ○誠意ある対応が身を守る術
5 水 △手違いで契約不成立となる
6 木 ○研究心がわき理解度高まる
7 金 △出しゃばり言葉遣いに注意
8 土 △慎重な計画と準備で行動を
9 日 ◎気の合う友人と組み大成果
10 月 ○不急不用な支出は控えて吉

11 火 ○忘れていた紛失物見つかる
12 水 ●準備不足で仕事でミスする
13 木 ○油断禁物気を緩めると失敗
14 金 ●落ち込むと思わぬミス続出
15 土 ○真面目な努力に報いがある
16 日 △焦らず待てば解決の道開く
17 月 △感情を抑えて協調性を重視
18 火 ◎才能を大いに発揮して好調
19 水 ◎優しい気持ちを持てれば吉
20 木 △周囲の変化には冷静に対処

21 金 ●万事急進望まず現状維持を
22 土 ○時間の配分を誤れば低迷運
23 日 △些細な事でズレやすい注意
24 月 ○控えめな姿勢が利を生む日
25 火 △周囲への気配りが最重要事
26 水 △飼い犬に手を噛まれる恐れ
27 木 ○仲間の頼み事受けて好結果
28 金 ○根回しの良否が成功のカギ
29 土 ◎行動は仲間誘って積極的に
30 日 ◎人脈が将来の大きな財産に

注意運○

令和6年 七赤金星

7月の運勢

＜運勢＞ 本命星は震宮に廻り年盤の一白と同会。運気は上昇するもトラブル要因を抱え油断できない。物事が速いテンポで進展するが、常に中途挫折の危険性も孕むので油断できない。準備を進めてきた計画は実行に移すチャンスだが、急がず慎重にことを進めよ。前向きな姿勢は良いが、独断と無理は禁物。

仕事運 好調がゆえに凡ミスを犯しやすい。何事も誠実に、軽率な言動は厳禁。

金　運 交際費が増える。優先順位を決めて出費。

家庭運 家族みんなの話をよく聞くこと。

健康運 神経系のケアや、ネイルや毛髪ケアを。

7月の方位

方位	九星	十二支	備考
南	四緑	午	暗剣殺
南西	六白	未・申	○
西	二黒	酉	的殺
北西	一白	戌・亥	○
北	五黄	子	五黄殺
北東	三碧	丑・寅	月破
東	七赤	卯	本命殺
南東	八白	辰・巳	◎
中央	九紫		

吉方　東南・西南・西北
凶方　東・南・西・北・東北

●凶方 東は計画が失敗し倒産します。南はうまい話に騙されて大損します。西は異性関係のトラブルで離婚や失業します。北は重い病にかかって苦しみます。東北は不慮の災難に見舞われます。

1月△周囲との意見調整を第一に
2火△謙虚さで周囲の信頼を回復
3水○多言は禁物誠意ある言動で
4木△中途半端な行動はマイナス
5金○思いつきでの行動は自重を
6土●悲観的な言動は沈滞ムード
7**日**○迷い事は万事静観の姿勢で
8月○苦労あるが辛抱し仕事順調
9火○仕事を片づけて休養をとる
10水△気持ちの焦りで無理するな

11木○人を生かせば自分も生きる
12金◎迷わずに集中すれば功あり
13土△現状維持でも落ち込まずに
14**日**○今までの努力が実る好運日
15㊊●改革には事前調査が不可欠
16火○人頼みせず自力で解決し吉
17水◎内に秘めた闘志を表に出せ
18木◎謙虚な態度で味方につけろ
19金△力ずくでは反感を買うだけ
20土○泉のように知恵出るを願う

21**日**○損得勘定も時には必要な事
22月△弱音吐くならやらない方が
23火△無計画に金銭問題付き纏う
24水●痴漢に用心人込みを避ける
25木△ベストを尽くし苦労も納得
26金◎努力を怠らず目的を成就す
27土◎二段構えで困難を突破する
28**日**△自慢話も時と場合考慮大事
29月△方針に迷い生じ心が乱れる
30火○人が集まり盛り上がる一日
31水●やる気満々でも自重が大切

※月盤の吉方表示は、その月だけの吉方は○、年月ともに吉は◎。

発展運◎

令和６年 七赤金星

8月の運勢

＜運勢＞　本命星は巽宮に廻り年盤の二黒と同会。発展の運気に乗り、これまでの努力が開花するとき。評判が高まり、良い縁に恵まれ、独身者の縁談も吉。信用第一をモットーに、細やかな配慮と周囲に奉仕する姿勢が発展を後押しする。協力者への感謝を忘れず、堅実に歩を進めれば安定的に発展する。

仕事運　交流が盛んになり情報も多く入る。真偽を確認して着実な仕事をしよう。

金　運　接待や交友費がかさむ。有効な使い方を。

家庭運　独身者に良縁あり。

健康運　流行り病、胃腸の不調に注意。

8月の方位

方位	九星	十二支
南	三碧	午
南西	五黄（五黄殺）	未・申
西	一白 ○	酉
北西	九紫（的殺）	戌・亥
北	四緑	子
北東	二黒（暗剣殺・月破）	丑・寅
東	六白 ○	卯
南東	七赤（本命殺）	辰・巳
中央	八白	

吉方　東・西
凶方　東南・西南・西北・東北

●**凶方**　東南は機密情報が漏洩して困窮します。西南は過労やストレスで体を壊します。西北は上司とのトラブルで失業します。東北は詐欺で全財産を失います。突然の事故で大ケガします。

1 木 ○力を合わせ人助けして開運
2 金 ●諸事渋滞しても焦らず我慢
3 土 ○気配りの不足で関係不安定
4 日 ◎積極的に仕掛けて現状打開
5 月 ◎強運日だが調和を乱さずに
6 火 △流れ変っている立ち止まれ
7 水 △焦りから混乱招く恐れ注意
8 木 ○ギャンブルは小利で止める
9 金 △念願成就には辛抱強く待て
10 土 ○ビールで乾杯ストレス解消

11 ㊐ △計画が思うように運ばない
12 ㊊ △部下の不始末荒立てず処理
13 火 ○朝日を浴びてツキを呼ぼう
14 水 ◎対人運が好調で良い縁あり
15 木 △重要な項目は入念に調べる
16 金 ○誠実で真面目に前進して吉
17 土 ○基礎を固めて実力発揮の時
18 日 ●食あたりの下痢には要注意
19 月 ○強情にならず和合するべき
20 火 △協調を大切に行き過ぎ注意

21 水 △手抜き仕事はピンチを招く
22 木 ◎欲出さなければ実入り多し
23 金 ◎地道な努力が成果を見せる
24 土 △努力報われずとも今は辛抱
25 日 ○成果を焦れば足を取られる
26 月 ○粘りある誠意で良い結末を
27 火 ●心がせいて中途半端に終始
28 水 ○新たな出会いが発展を生む
29 木 △確信持てず諸事中途半端に
30 金 △臨時収入あるも投資は不可
31 土 ◎目標定めたら目移りするな

七赤

転換運△

令和6年 七赤金星

9月の運勢

＜運勢＞ 本命星は中宮に廻り年盤の三碧と同会。今月は安定と充実に向けての転換の節目。進行中のことには区切りをつけ、進捗状況を点検して不備を整備し、新たなことに着手するのは控えよう。前進拡大を目指すよりも、守りに転じて内容のレベルアップを図り、流れに逆らわず自然体で内面を見つめ直すことが大切。

仕事運 思いつきの改革は厳禁、現状把握と守りに徹して地盤をしっかり固めよう。

金　運 不安定。守りに徹しバランスを見る。

家庭運 思いつきの言動は家族間にしこりを残す。

健康運 持病、古病の再発・悪化に注意。

9月の方位

●凶方 東は見込み違いで計画が失敗し倒産します。重い病にかかって苦しみます。西は異性関係のトラブルで夫婦は離婚し職を失います。詐欺で全財産を失います。火事で住居を失います。

吉方　東南・南・西北・東北
凶方　東・西

1 日 ◎実になる苦労は買ってでも
2 月 △自我を通せば孤独感味わう
3 火 △体調不良で利益も少ない日
4 水 ◎思わぬ吉報が舞い込む好日
5 木 ●落ち込まず明るい姿勢肝要
6 金 ○見栄を張らずに周囲と協調
7 土 ●辛さに負けず初心を大切に
8 日 ○和気藹々で話が盛り上がる
9 月 ○状況が変われば中止も視野
10 火 ◎運勢強い日情報収集がカギ

11 水 △子供と意見の相違あり不調
12 木 △交際順調だが性急ならば凶
13 金 ○もう一度挑戦で成功を見る
14 土 △自己中心の振る舞いに注意
15 日 ○思いやりも過保護では駄目
16 ㊊ ●神経質過ぎる位災難に注意
17 火 ○外見の良さより中身を重視
18 水 △意地悪をされる事あり我慢
19 木 ○愛してくれる人が一番大切
20 金 △待ちに徹し頭を冷やすこと

21 土 △暴飲暴食を避け堅実に歩め
22 ㊐ ○自身の利点上手にアピール
23 ㊊ △思い上がり禁物周囲に配慮
24 火 ○車の運転はルール守ること
25 水 ●相手の立場で物事を進めよ
26 木 ○緊急事態にすばやく対応を
27 金 ○気合入れ一気に家事片付く
28 土 ◎友人に頼らず自力で解決す
29 日 △恋を告白されてもよく考慮
30 月 △駆け引きは相手に通用せず

※月盤の吉方表示は、その月だけの吉方は○、年月ともに吉は◎。

注意運△

令和6年 七赤金星

10月の運勢

〈運勢〉 本命星は乾宮(けんきゅう)に廻り年盤の四緑と同会。運気は強いが内外に問題が山積し、トラブル多発の暗示。自己過信が強気な言動や傲慢な態度となって表れる。周囲や目上といらぬ摩擦を生じて窮地を招いたり、手を広げ過ぎて思わぬ危険を呼び込むことのないよう自重せよ。言動は慎み、負けず嫌いもほどほどに。

仕事運 自らの軽率な言動でトラブルを起こす暗示あり。責任ある行動を心がけよう。

金　運 安定せず。高額取引はやめること。

家庭運 自らの言動で喧嘩に発展。

健康運 過労、ストレス、精神疾患に注意。

10月の方位

五黄殺・月破　五黄　一白　三碧　四緑　八白　九紫　二黒　七赤　南　北　東　西　六白　子　丑　寅　卯　辰　巳　午　未　申　酉　戌　亥　暗剣殺　本命殺　本命的殺　○

吉方　南・西・北
凶方　東南・西北

●凶方 東南は機密情報が漏洩して社会的信用を失い倒産します。突然の病にかかり苦しみます。西北は金融機関とのトラブルで資金繰りに行き詰まります。不慮の災難に見舞われます。

1 火 ○会話の中に思わぬヒント有
2 水 △見た目の印象で信用するな
3 木 ○高い所に上る時は用心せよ
4 金 △強引な相手に振り回される
5 土 △体調低下持病再発に要注意
6 **日** ○ヤル気十分難しい仕事も吉
7 月 ◎誠心誠意で努めれば福招く
8 火 △内部の融和を図って円満に
9 水 △無理は悪い結果をもたらす
10 木 ◎本音で当たれば望みが達成

11 金 ●相続の事で身内とトラブル
12 土 ○念入りに進めれば契約事吉
13 **日** ●妥協しないと周囲の反感を
14 ㊊ ○自我抑えて周囲に同調で吉
15 火 ◎目標達成意欲が難問を解決
16 水 ○個性強い人と交り知識を得
17 木 △過信が過ぎると身を滅ぼす
18 金 △人を当てにすると肩すかし
19 土 ○積極的に発言して成果あり
20 **日** △愛情面では進展しにくい日

21 月 ○おしゃべり楽しくても程々
22 火 ●人の批判心の中で受止めよ
23 水 ○苦労あるが後に認められる
24 木 ○人に頼らず自分の信念持つ
25 金 △時間を忘れないで失敗する
26 土 △しきたり無視で恥かく注意
27 **日** △依頼心強く見捨てられ苦慮
28 月 ○思い正しければやがて達成
29 火 △小細工を用いずに時を待つ
30 水 ◎節度を持って対応すれば吉
31 木 ●事故の恐れあり沈着さ大切

令和6年 七赤金星

11月の運勢

慎重運△

＜運勢＞ 本命星は兌宮に廻り年盤の五黄と同会。運気は良好だがトラブル要素を抱えて油断できない。一段落してゆとりができるが、余力を駆って新たなことに手を出すのは不可。物事が中途半端になりがちなので最後まで手を抜かぬこと。一見良好な人間関係に騙され、甘い誘いに乗って泣きを見ぬよう要警戒。

仕事運 楽しいことに目が向きがち。軽率な言動を慎んで誠実に応対。

金　運 気の緩みから出費に甘くなる。

家庭運 縁談話、トラブルに要注意。

健康運 口腔、腎臓病、体の右側の不調に注意。

11月の方位

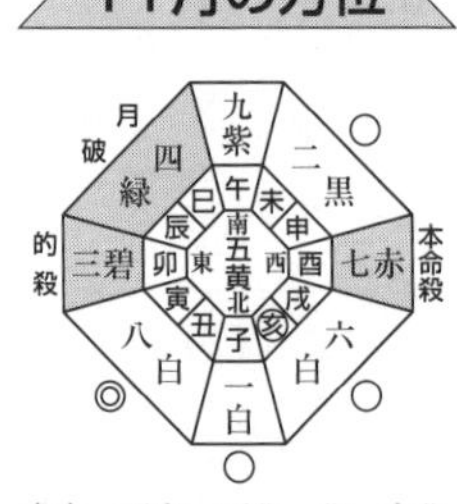

吉方　西南・西北・北・東北
凶方　東・東南・西

●凶方 東はうまい話に騙されて大損します。交通事故で大ケガします。東南は社会的信用を失い倒産します。不慮の災難に見舞われます。西は異性関係のトラブルで夫婦は離婚し職を失います。

1 金 ○周囲との会話の時間大切に
2 土 ◎思い切りのよさで難問解決
3 ㊐ ○何事も正攻法で押し通す吉
4 ㊊ △相手の変化をよく観察する
5 火 △甘事に用心気許せば損あり
6 水 ○相手を許す度量を持てば吉
7 木 △経験に頼り過ぎてミス生ず
8 金 △改善は不可現状維持が無難
9 土 ●金銭トラブル生ずる不運日
10 日 △家族団らん明日の英気養う

11 月 ◎他の喜び事にも素直に共鳴
12 火 ◎やる事なす事思い通り進展
13 水 △家庭の和が第一の優先順位
14 木 △身内の争い家庭内不和生ず
15 金 ○人の話に学ぶ内容が多い日
16 土 ●事故の心配あり焦りは禁物
17 日 ○わだかまっていた誤解解消
18 月 ●癇癪を起こし周囲と対立す
19 火 ○上昇運でも人の協力が大切
20 水 ◎誤解がとけて友人と和解す

21 木 ◎熱心さと若さ切り札に突進
22 金 △強欲に走ると諸事ご破算に
23 ㊏ △慢性的な疲れで意気消沈す
24 日 ○何事にも不言実行を心がけ
25 月 △身内の金銭貸借争いのもと
26 火 ○忠告に耳を傾け問題解決す
27 水 ●逆上すると落し穴あり自重
28 木 ○人に先立たず謙虚が利あり
29 金 ○調子に乗らず何事も慎重に
30 土 ○思いつきの行動は後に苦労

※月盤の吉方表示は、その月だけの吉方は○、年月ともに吉は◎。

変化運△

令和6年 七赤金星

12月の運勢

〈運勢〉 本命星は艮宮に廻り年盤の六白と同会。変化運の影響を受けて迷いが出やすい。人的環境や周辺状況の変化もあり、精神的に不安定になりがちだが、安易な方向転換は控えよう。意固地な頑固さと自分だけが正しいという傲慢な思い込みをなくすことが大切。素直な心で周囲との対話を心がけよう。

仕事運 従来決めてきた方針で進むこと。急な方向転換は周囲にトラブルを招く。

金　運 急な出費に備えて貯蓄を万全に。

家庭運 甘えが出る。家族のために尽くすように。

健康運 腰痛、関節痛、体の左側に注意。

12月の方位

月破　的殺　五黄殺　本命殺　暗剣殺

八白（午）　一白（未・申）　六白（酉）　五黄（戌・亥）　九紫（子）　七赤（丑・寅）　二黒（卯）　三碧（辰・巳）　中宮 四緑

吉方　東・西
凶方　東南・南・西南・西北・東北

●凶方 東南は見込み違いで計画が失敗し倒産します。南は火難や盗難によって困窮します。西南は重い病にかかります。西北は上司とのトラブルで失脚します。東北は親族と争い絶縁されます。

1 **日** △トラブルは早い処理が安泰
2 月 ○自信と慎重さの両方が必要
3 火 ○疑心捨て素直に見ればよい
4 水 △他から疑惑を受ける要注意
5 木 ○出費を抑えて赤字克服成功
6 金 △デートもトラブルに注意を
7 土 ○平素の行いが大事となる日
8 **日** ◎予期しない喜び事が生ずる
9 月 ◎周囲から祝福を受ける吉日
10 火 △古い問題の再燃で困難招く

11 水 △困った時は感謝を忘れない
12 木 ○初対面の人と交流して有利
13 金 △身勝手な行動で非難受ける
14 土 △無理押しせず受け身の姿勢
15 **日** ●不注意が命取りになる用心
16 月 △優柔不断でチャンス逃すな
17 火 ◎冷静沈着な態度崩さず臨め
18 水 ◎謙虚な態度周囲の好感得る
19 木 △印鑑文書類のトラブル暗示
20 金 △隠し事が露見しやすい用心

21 土 ○張り合わずにマイペースで
22 **日** ●トラブルに巻き込まれ注意
23 月 ○計画を練ってから行動する
24 火 ●独断的な行動はミスを招く
25 水 ○公正な姿勢貫けば結果良好
26 木 ○対人関係は良好で良き友が
27 金 ●自分の身勝手が不調の原因
28 土 ○私的なこと優先は不興買う
29 **日** △足元注意転んでのケガ用心
30 月 ○本業外に心移せば停滞する
31 火 △不用意な言動が反発を招く

令和６年〈八白〉の運気レベルと方位吉凶表

	年運	1月	2月	3月	4月	5月	6月	7月	8月	9月	10月	11月	12月
運勢	●	○	△	○	●	△	○	◎	△	○	△	△	△

方位	年	1月	2月	3月	4月	5月	6月	7月	8月	9月	10月	11月	12月
東	×	×	△	○	×	○	×	○	○	×	×	△	○
東南	○	×	△	×	◎	△	◎	×	◎	×	×	×	×
南	×	△	○	×	×	○	×	×	△	○	△	○	×
西南	○	×	×	△	◎	×	◎	◎	×	△	△	×	△
西	×	×	○	×	×	△	×	○	△	×	×	○	○
西北	×	×	○	×	×	×	○	×	○	×	×	○	×
北	×	○	△	×	×	○	×	×	△	△	○	△	×
東北	○	◎	×	◎	◎	×	△	×	×	△	◎	×	◎

〔運勢〕◎大吉　○吉　△吉凶相半　●凶〔方位〕◎大吉　○吉　△吉凶なし　×凶

〈吉方〉

今年の吉方は、東南、西南、東北です。東南は準備してきた計画が発展、商売も繁盛します。西南はこれまでの地道な取り組みが評価されます。失職していた人は職を得て勤労意欲が高まります。東北は、親類や家庭内のもめ事が解決に向かいます。後継者にも恵まれます。また、縁遠かった人には縁談話が浮上します。

〈凶方〉

今年の凶方は、西が五黄殺、東が暗剣殺、西北が歳破、北が本命殺、南が的殺です。

西は異性やギャンブルにのめり込み借金地獄に陥ります。東は計画していたことが失敗、火難に遭います。西北は上司から見放されます。また、交通事故に遭います。北は重病にかかって苦しみ、南は口喧嘩が裁判まで発展して悪評が立ちます。

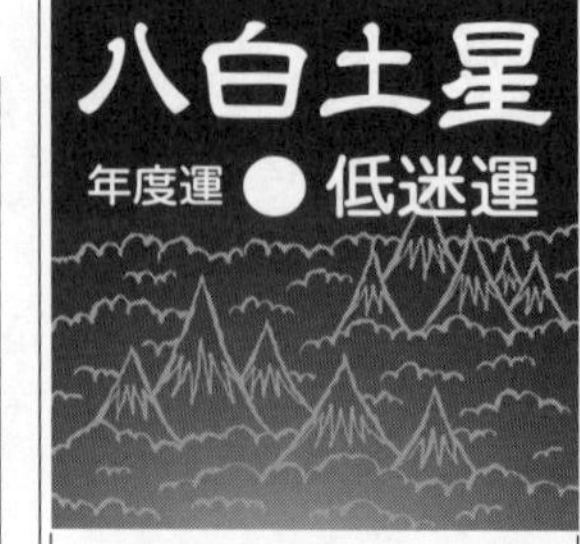

［八白土星］の生まれ年

昭和13年生	（戊寅）	86歳
昭和22年生	（丁亥）	77歳
昭和31年生	（丙申）	68歳
昭和40年生	（乙巳）	59歳
昭和49年生	（甲寅）	50歳
昭和58年生	（癸亥）	41歳
平成4年生	（壬申）	32歳
平成13年生	（辛巳）	23歳
平成22年生	（庚寅）	14歳
平成31年生	（己亥）	5歳

令和６年方位盤

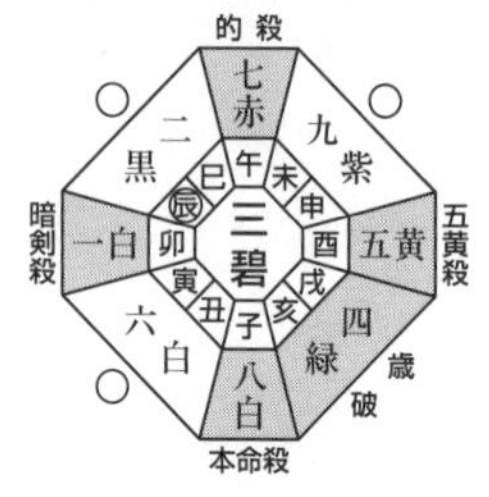

吉方　東南、西南、東北

凶方
五黄殺　西
暗剣殺　東
歳破　西北
本命殺　北
的殺　南

基本運勢・性格

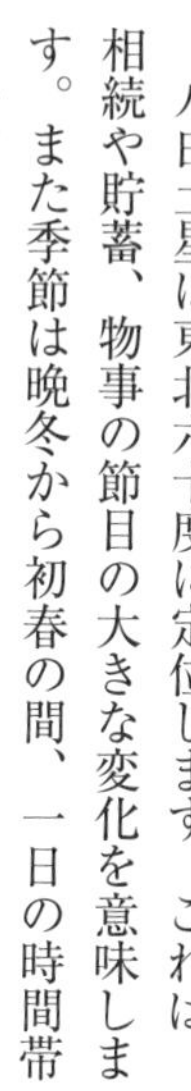

八白土星は東北六十度に定位します。これは、相続や貯蓄、物事の節目の大きな変化を意味します。また季節は晩冬から初春の間、一日の時間帯は午前一時から五時の間です。

＜男性＞臨機応変に対応

人当たりが良く、穏やかな性格の持ち主なので多くの人から好感を持たれます。しかし、相手によっては強気になって自分の意思を通す面もあります。相手の反応を見ながら臨機応変に対応し、柔軟に事を進められれば大成します。蓄財も上手で晩年は安定を得られます。

＜女性＞リーダーシップを発揮して開運

真面目で優しく、世話好きな人柄は周囲から頼りにされます。反面、一本気で好き嫌いが激しく、時には相手からの反発を招きます。こだわりは抑え、フラットな姿勢を心がけてください。目上の引き立ても得られるのでやがて開運し、リーダーシップを発揮できて、中年から開花します。

今年の運勢

今年の八白は北方位への厄年廻りで低迷運となります。低調な運気のときは物事が思い通りに進みません。それでも、資格取得や技術を身につけるには良い年です。焦らず時を待ちましょう。

＜男性＞主役より脇役に徹して

不安を抱える一年となりますが、焦っても余計な波風を立てるだけです。今年は主役より脇役に徹することです。上司や友人の引き立て役になることもありますが、腐らず気配りをしてください。そして、将来を見据えて構想を練りましょう。その気配りと構想は決して無駄にはなりません。

＜女性＞気分転換をしてリフレッシュ

自分の役割を再確認しながら一年を安泰に過ごしてください。下手な小細工は無用です。ただ、精神面では物事を悲観的に見てしまい、不平不満が多くなりそうです。気分転換につながる趣味や計画を立ててリフレッシュするよう心がけましょう。公私共に聞き上手が人間関係を円滑にします。

令和6年 仕事運・金運

●地道な生活基盤を守ること

仕事運は、停滞します。見込み違いがあり努力の割に実りは多くありません。自営の人は手がけている仕事では成果は得られず、それを補うために方針の変更を考えます。しかし、今はその時期ではありません。地道な生活基盤を守るときです。

勤め人は不本意な仕事や雑用に翻弄されそうです。理不尽な上司や得意先との対応は確認作業を怠らないでください。商談や交渉事は、詰めが甘いとあと一歩のところで流れることもあります。今年は自営、勤め人とも忍耐が必要です。

金運は、あまり順調とはいえません。収入は増えないのに支出ばかりが多くなります。特に、交際費、遊興費の比率が高くなりそうです。ストレス発散は大事ですがお金をかけ過ぎず、日頃から倹約を心がけましょう。また、家具や電気器具などの身の回り品も壊れやすいときです。新品の購入の際は慎重に検討してください。

令和6年 家族運・健康運

●秘密を持ちやすいとき

家族運は、家庭内において心配事が持ち上がり、悩みが生じます。日頃から意思疎通を図り信頼を深めてください。自分勝手な思い込みで励ましても喜ばれません。夫婦間では秘密が多くなりそうです。特に、異性問題が起きると取り返しのつかないことになりますので要注意です。若者は自分の世界に入り込み家族の中で孤立します。年配者は積極的に会話に加わるようにしてください。家族の気持ちが和むよう団欒を持ちましょう。

健康運は、精神的、肉体的疲労により、気力体力に影響を及ぼします。今まで元気な人でも、過労や睡眠不足で疲れが取れず、カラ元気でさらに気疲れするという悪循環になりそうです。少しでも変調を感じたら早めの健康チェックが必要です。腎臓、泌尿器、婦人科、耳の病、そして血液系疾患にも注意してください。ストレスを発散するだけでもエネルギーの補給になります。

令和6年

異性運・相性運

＜男性＞盲目の恋には注意

出会いのチャンスが目前にあるように見えて思い通りに運ばないときです。こういうときに情熱的になると盲目の恋となり周囲が目に入りません。

相性は二黒、五黄、六白、七赤、九紫の人とは吉です。二黒、五黄の人とは誠実な交際で順調に進みます。六白の人とは友人関係からゆっくりスタートしましょう。七赤の人とは明るい交際となり、九紫の人とは趣味の話で盛り上がります。

＜女性＞真剣な交際は一歩前進

真面目にお付き合いをしている人とは結婚話が浮上します。未婚、既婚を問わず不倫関係にある人は、泥沼化しやすい年です。注意してください。

二黒、五黄の人とは信頼関係で結ばれ交際は進展します。六白の人とは気分次第で話が進まなくなることがあります。交友関係の広い七赤の人とはアウトドアで距離感が縮まります。九紫の人とは楽しく情熱的な交際となります。

令和6年

八白との付き合い方

一徹な頑固さと、常に変化を目指す改革性の両面を持つ八白の人は、いわば前向きなこだわりの職人気質。自分が納得できないことにはテコでも動かぬ頑固さの反面、一度納得すれば意外なほどの変化を見せます。しかし、口下手(べた)なうえに説明不足もあってムラ気の気分屋と誤解されがちです。

八白の人に押しつけは禁物で、何事もきちんと納得がいくまで説明することが大切です。また凝(こ)り性で「適当に」「ほどほどに」という按配(あんばい)ができないタイプなので、依頼事は目的と程度や内容を具体的に伝えましょう。

特に、三碧、四緑は、自分の都合や価値観を押しつけていると八白に誤解されて警戒されがちなので言葉遣いに注意が必要です。一白は八白に対し被害者意識を持ちやすいので、八白の気持ちを好意的に察するよう努めましょう。今年の八白は一白と六白と縁が深く、絆を強めるチャンス。七赤とはいつになく対立しやすいので注意して。

慎重運○

令和6年 八白土星

1月の運勢

＜運勢＞ 本命星は兌宮(だきゅう)に廻り、年盤の六白と同会。運気は良好だが、トラブル要因を抱え油断できない。努力の成果として、物心両面での実りが期待できるとき。穏やかな運気で対人運、金運も悪くないが、気の緩みから予期せぬほころびが出るので要注意。約束厳守で礼節を重んじ、信頼度を高めることが大切。

仕事運 専門分野であっても謙虚に丁寧に説明すること。周囲の理解あればこその改革。

金　運 甘い儲け話に要注意。

家庭運 家族団らんのひとときを持つとよい。

健康運 口腔、体の右側の不調に注意。

1月の方位

五黄殺 月破 的殺 本命殺 暗剣殺

一白 三碧 八白 七赤 二黒 九紫 四緑 五黄 ◎ ○

午 未 申 酉 戌 亥 子 丑 寅 卯 辰 巳 南 西 北 東 六白

●凶方 東は機密情報が漏洩し社会的信用を失います。東南は詐欺で全財産を失います。西南は周囲とのトラブルで困窮します。西は異性問題で離婚します。西北は不慮の事故で大ケガします。

吉方　北・東北
凶方　東・東南・西南・西・西北

1 月 ○大きな欲の追求は破れの元
2 火 ●やる気が起こらず不調な日
3 水 △価値観の違いあり深追い禁
4 木 ○他の意見に従ってツキあり
5 金 △外見より内実を問われ苦戦
6 土 ○行き過ぎに注意協調の心で
7 日 ○何事も周囲の協力を得る吉
8 月 △言葉を慎みじっくりと内省
9 火 ◎尊敬の念が人の和を広げる
10 水 ○勢いに乗って進んで吉の日

11 木 △周囲の協力なくば打開せず
12 金 ●外出先でのトラブルに注意
13 土 △独断自重で目上の意見尊重
14 日 △自己中心的振る舞いは自滅
15 月 ○アイデアの発表によい機会
16 火 ○空いた時間は有効活用する
17 水 △形式ばった対応は成果なし
18 木 ◎謙虚な態度が人の信頼得る
19 金 ◎私利私欲を脱して成果絶大
20 土 △有望のようでも退くが安全

21 日 ●苦労は多くて実りは少ない
22 月 ○一意専心の気持ちを大切に
23 火 △小さなミスが大きな災いに
24 水 ○自己主張せず人と協力する
25 木 ○投機への手出しは損失覚悟
26 金 △他から疑惑を受ける要注意
27 土 ◎積極的な行動から現状打開
28 日 ◎公私充実格好良さアピール
29 月 △取引きに疑問あり契約心配
30 火 ●海や渓谷水難に注意のこと
31 水 ○直感を生かして決断すべし

※月盤の吉方表示は、その月だけの吉方は○、年月ともに吉は◎。

変化運△

令和６年 八白土星

２月の運勢

＜運勢＞ 本命星は艮宮に廻り、年盤の六白と同会。変化運の今月は、迷いや動揺が生じやすいとき。周囲の状況の変化が多く、その対応に苦慮する。無理に動こうとせず、状況の変化を冷静に見極める姿勢が大切。安易な路線変更は禁物。変化を起こすことはできるだけ避けて、現状維持に努めるのが賢明。

仕事運 迷いが生じるも改善に向かう一途ととらえて現状を正しく把握しよう。

金　運 お金の出し入れ、資産の移動はよく検討して。

家庭運 相続問題や親戚とのトラブルがある。

健康運 腰痛、関節痛、背中の痛みに注意。

２月の方位

方位	九星	印
南	九紫	○
西南	二黒	月破・的殺
西	七赤	○
西北	六白	○
北	一白	
東北	八白	本命殺
東	三碧	
東南	四緑	
中央	五黄	

●**凶方** 西南は詐欺で全財産を失います。過労やストレスで体を壊し働けなくなります。東北は親族とのトラブルで絶縁されます。不慮の事故で大ケガします。重い病にかかって苦しみます。

吉方　南・西・西北
凶方　西南・東北

1木 ●危機万全の警戒で身を守れ
2金 ○目的に向かって一路邁進す
3土 △嘘が露見し立場が悪くなる
4日 △手違いで契約不成立となる
5月 ○心身爽快ペースを守り吉日
6火 ◎手作りの弁当でハイキング
7水 ●親切が仇になりやすい注意
8木 ●騙されやすいとき用心せよ
9金 ○友人の顔を立てすべて順調
10土 △成り行きで出費の可能性も

11㊐ ○人の助けに生き返るおもい
12㊊ ○買物は計画的に情報集めて
13火 △ぎっくり腰やケガには用心
14水 ◎商談はきめ細かな対応で吉
15木 ○仕事は組織力を上手に活用
16金 △後輩に足を引っ張られる日
17土 △スマホは置いて静かに休息
18日 △家庭の和が第一の優先順位
19月 △ケンカすると損に我慢堪忍
20火 ○自分を律して大きな成果に

21水 ○人込みスリひったくり用心
22木 △自慢話も時と場合考慮大事
23㊎ ◎公明正大な対応が吉を呼ぶ
24土 ◎基礎を固めて積極的果敢に
25日 △遠路の旅行は病気ケガ用心
26月 ●心の動揺は判断を誤らせる
27火 ○短気起こさず流れに沿って
28水 △体調低下持病再発に要注意
29木 ○目標決めたらまず足固めを

令和6年 八白土星 3月の運勢

好調運◯

＜運勢＞ 本命星は離宮（りきゅう）に廻り年盤の七赤と同会。運気は好調、思考が冴え自己PR効果が高いとき。研究の成果や自分の考えを発信する良いチャンス。努力を重ねてきたことへの評価や苦労が報われる。一方、感情的になりやすく口論を招かぬように。礼儀を重んじ、約束厳守の姿勢を保てば信頼を得る。

仕事運 今までの成果が表れ、評価が高まるが、ミスも露見するので十分に注意確認。

金　運 見栄のための出費がかさみそう。

家庭運 感情的になってトラブルを招かないように。

健康運 目、心臓、頭の疾患に注意。

3月の方位

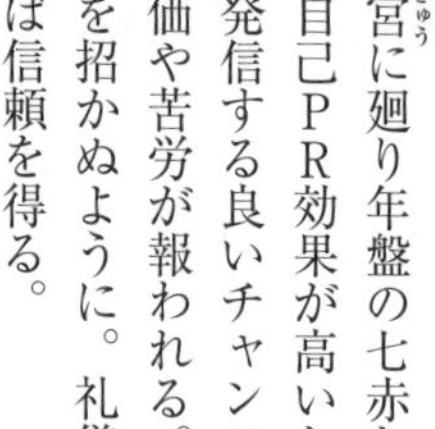

本命殺
八白（南）
暗剣殺 三碧（東南）
一白（西南）
○ 二黒（東）
四緑（中央）
六白（西） 月破
◎ 七赤（東北）
九紫（北）
五黄（西北） 五黄殺
的殺

●凶方 東南は計画に失敗して倒産します。南は詐欺にあって大損します。西は異性関係のトラブルで離婚や失業します。西北は上司と対立して失脚します。北は重い病にかかって苦しみます。

吉方　東・東北
凶方　東南・南・西・西北・北

1 金 ◎チャンス到来積極行動の日
2 土 △獲物目の前でも手にできず
3 日 ◎素晴らしい人物と縁ある日
4 月 ◎守りから攻めへ切替が肝心
5 火 △先輩の忠告には耳を傾けよ
6 水 △複雑な話は手を引くが無難
7 木 ○心身共に多忙健康に注意す
8 金 ●美味しい話に欲を出さない
9 土 ○常に先を見て計画的に実行
10 日 ○夕食は豪華版で一家団らん

11 月 △人ばかり頼って何事も低調
12 火 △急進に失敗あり慎重に前進
13 水 ◎筋を通せば自然に道が開く
14 木 ●楽しい気分でも節度は守れ
15 金 ●自己過信し過ぎて中途挫折
16 土 ○順調期すなら知恵と誠実さ
17 日 △功を急ぐな何事も焦り禁物
18 月 ○前向きな取り組み功を奏す
19 火 ○周囲の話から良いアイデア
20 ㊌ △思惑や行動が空回りする日

21 木 ○薬に頼らず食生活を見直す
22 金 ○平凡の中に幸せあり迷うな
23 土 △享楽を求める気持ちに注意
24 日 ●自己中心の振る舞いに注意
25 月 △夫婦間に暗雲立ち込める日
26 火 △甘事に用心気許せば損あり
27 水 ○気持ちは若く徐々に前進を
28 木 ○口先だけの指示は浸透せず
29 金 △ぼんやりして落とし物注意
30 土 ○グループで行動すれば成功
31 日 ◎良い指導者の助言得られる

※月盤の吉方表示は、その月だけの吉方は○、年月ともに吉は◎。

低調運●

令和6年 八白土星

4月の運勢

〈運勢〉 本命星は坎宮（かんきゅう）に廻り年盤の八白と同会。運気が衰退してパワー不足。努力が空回りして何事も順調に進まない。今月は、次のチャンスに備えての充電期間。無理をして事態の転換を図ろうとしても、かえって悪化するだけ。体調も崩しやすいので健康管理を忘れず、冷静かつ慎重な姿勢で現状維持に徹すること。

仕事運 自己パワーが最も低いとき。新たな挑戦より自身の内面の充実に力を注ごう。

金　運 不調。無理はせず節約しよう。

家庭運 悩みは一人で抱えず家族と相談。

健康運 冷えからの疾患に注意。休息をとって。

4月の方位

的殺 七赤 九紫 五黄 五黄殺 四緑 月破 八白 本命殺 六白 一白 暗剣殺 二黒
午 未 申 酉 戌 亥 子 丑 寅 卯 辰 巳
南 西 北 東 二碧

吉方　東南・西南・東北
凶方　東・南・西・西北・北

●凶方 東は重い病にかかり長期入院します。南は機密情報が漏洩して困窮します。西は赤字続きとなり倒産します。西北は不慮の災難に見舞われます。北は部下の裏切りで失脚します。

1 月 △無理をせず英気養えば無難
2 火 ●親切心が裏目に出て逆効果
3 水 ◎才能を発揮にはまず充電を
4 木 △愚痴は聞くだけにとどめる
5 金 ○無理を避けて英気養うとき
6 土 ○何事もゆとり持ってやり吉
7 日 △腰痛は姿勢正して楽になる
8 月 ◎クジ運あり大勝強気でよし
9 火 ○思慮分別を持って我慢する
10 水 △欲に迷わず現状維持が良策

11 木 △売名行為は周囲の信用失墜
12 金 ○足るをしらねばキリがない
13 土 ●食あたりの下痢には要注意
14 日 ○ヤル気十分難しい仕事も吉
15 月 ○仕事精出し夜に良い事あり
16 火 △怒りをバネにして発奮する
17 水 ○先を焦らず足元を固める時
18 木 ○物事が思った通りに運ぶ日
19 金 ●目下や子供のことで心労深
20 土 ●自分の役目だけ守れば無事

21 日 ○小事でも粗略に扱わず対処
22 月 △方針の変更は注意を要する
23 火 ○仕事が順調に進み信用得る
24 水 ○うまい話があり慎重に検討
25 木 △些細な事から商談が破れる
26 金 ◎目標達成意欲が難問を解決
27 土 △慌てて失策得るもの少ない
28 日 △新規の事は焦らずに慣れる
29 ㊊ ●邪魔者が現れて混乱を来す
30 火 △好調さに陰りが出てくる日

注意運△

令和6年 八白土星

5月の運勢

〈運勢〉 本命星は坤宮（こんきゅう）に廻り年盤の九紫と同会。運気回復の兆しはあるが、いまだ不安定でトラブル多発の暗示も。思わぬ横やりで物事が頓挫したり、準備不足が取り返しのつかない事態を招くこともある。結果を急がず、目標に向かって地道な努力を重ねよ。基盤を固めながら前向きな姿勢を保つ努力が大切。

仕事運 運気は上昇するも、トラブルのリスクが高い。万事出過ぎることなく、慎重に。

金　運 ハイリスクな出費は避けて、堅実な使い方を。

家庭運 女性陣との対立は不利益を生む。

健康運 胃腸、腹部、皮膚病に注意。

5月の方位

●凶方 西南は過労やストレスで体を壊し働けなくなります。計画に失敗して倒産します。西北は上司とのトラブルで失業します。交通事故で大ケガします。東北は親族との争いで絶縁状態になります。

吉方　東・南・北
凶方　西南・西北・東北

1 水 △最終段階で油断せぬように
2 木 △目上に対し口舌の失敗注意
3 ㊎ ○心にゆとりを持ち安全運転
4 ㊏ △中傷からの信用低下を防げ
5 ㊐ ◎先輩の良い忠告を聞き開運
6 ㊊ ◎努力次第でどちらにも進む
7 火 △忙しく働く割には成果なし
8 水 △自分の土俵で相撲取ること
9 木 ○不用の物整理してさっぱり
10 金 △約束の時間に遅れ幸運逃す

11 土 ○誠実さ確実性を出して成果
12 **日** △欲求不満を周囲に当たるな
13 月 △見込み薄なら早く方針転換
14 火 ◎人と強調できれば好結果が
15 水 ◎交際面華やか将来の布石に
16 木 △周囲との協調を大切にする
17 金 ●功名を焦れば落とし穴あり
18 土 ○交渉事焦らずじっくり話せ
19 **日** ●反抗的な態度は絶対見せず
20 月 ○とっぴな言動は浮く可能性

21 火 ○好機到来先手必勝と心得る
22 水 △心が急（せ）いて足元が定まらず
23 木 ○居眠り運転にならぬ用心を
24 金 ○譲り合う精神があれば安泰
25 土 ●複雑な問題が生じがちな日
26 **日** ●部外の誘いは乗らぬが無難
27 月 ○配偶者と共通の時間大切に
28 火 △誠意ある対応が身を守る術（すべ）
29 水 ○背伸せず柔軟に対応して吉
30 木 ○不安な事柄は暫く保留せよ
31 金 △食事のバランス健康管理を

※月盤の吉方表示は、その月だけの吉方は○、年月ともに吉は◎。

上昇運○

令和6年 八白土星

6月の運勢

＜運勢＞ 本命星は震宮（しんきゅう）に廻り年盤の一白と同会。今月は波乱含み。上昇運に乗って新たな道が開けてくるが、一方ではトラブルの種を抱えて一触即発の危険もある。悪運を招くきっかけになるので、やる気があっても、無計画、身勝手な行動は禁物。功を焦るあまり、暴走せぬよう努めて冷静に、慎重に行動せよ。

仕事運 秘密が漏れたり足をすくわれるトラブルも。周囲との関係を密にすること。

金　運 運気はあるものの落とし穴あり。

家庭運 独自のこだわりを押しすぎないように。

健康運 喉、声帯、手足の先の異常などに注意。

6月の方位

五黄殺
五黄　七赤　三碧　二黒　六白　四緑　八白　九紫
中央 一白
的殺　本命殺　暗剣殺・月破

吉方　東南・西南・西北
凶方　東・南・西・北

●凶方 東は見込み違いで計画が失敗し倒産します。南は文書印鑑の取り扱いミスで裁判沙汰になります。西は異性関係のトラブルで離婚や失業します。北は不慮の災難に見舞われます。

1 土 ◎謙虚な態度で信頼を得る日
2 **日** ○楽しみは分け合って味わう
3 月 △争いの兆しあり細かい配慮
4 火 ●運気低迷し意欲が空転する
5 水 △些細な事でズレやすい注意
6 木 △勝ち気にすぎると結果出ず
7 金 ○多少の苦労十分に報われる
8 土 ○親切が幸せ招く場合もある
9 **日** △勘違い起こりがち発言用心
10 月 ◎励めば確実な成果と発展運

11 火 ○交渉不利でも手を打ち順調
12 水 △身勝手な行動で非難受ける
13 木 ●独断専行は家族の反目あり
14 金 ○書類は念を入れてミス防止
15 土 △騒動に巻き込まれ立往生す
16 **日** ○備えあれば憂いなしの道理
17 月 ○念入りに進めれば契約事吉
18 火 △自我は極力おさえて対処を
19 水 ◎素直な言動から応援得る吉
20 木 ◎博物館美術館巡り収穫あり

21 金 △欲も過ぎれば見苦しさ残る
22 土 ●あらぬ疑い受けやすい注意
23 **日** ○協調のない極論で交友消滅
24 月 ●取り引き商談錯誤あり注意
25 火 ○挨拶は人間関係を豊かにす
26 水 ○真面目な努力に報いがある
27 木 △立場は不利でもじっと我慢
28 金 ○一人合点では成功は望めず
29 土 ◎手腕力量評価され気分快調
30 **日** △功少なくても不満を言わず

発展運◎

令和6年 八白土星 7月の運勢

＜運勢＞ 本命星は巽宮に廻り年盤の二黒と同会。発展運の追い風を受け絶好調。良い縁に恵まれ、これまでの地道な努力が花開くとき。相手のニーズに極力応えようとする誠実な姿勢、細やかな気配りとバランス感覚が成功のポイント。信用第一の姿勢で最後まで丁寧に対応すれば、評判も高まり、さらなる飛躍も。

仕事運 好調の波に乗る。信用第一にして人の輪を上手に利用すること。

金　運 好調。出費、蓄財ともに健全に。

家庭運 独身者には良縁あり。

健康運 胃腸、気管支、流行り病に注意。

7月の方位

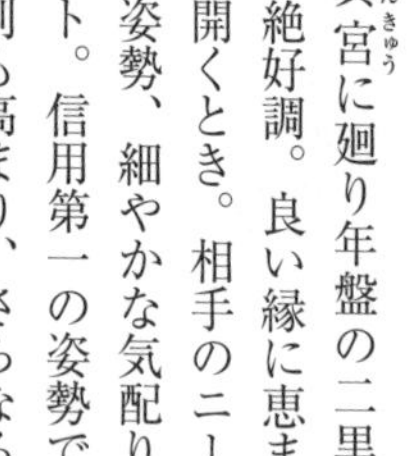

●凶方 東南は重要な取引に失敗して大損します。南は機密情報が漏洩して困窮します。西北は交通事故で大ケガします。北は部下の裏切りで失脚します。東北は親族とのトラブルで絶縁されます。

吉方　東・西南・西
凶方　東南・南・西北・北・東北

1 月 ○不慣れな事は手出しするな
2 火 △短期決戦は避けるのが賢明
3 水 △家族に病気が出やすい警戒
4 木 ○マンネリ打破して一歩前進
5 金 ●投資投機の情報不足は危険
6 土 △足元固めながら着実に進め
7 日 ◎人と協調するなら結果出る
8 月 ◎抜群の提案能力が開花の日
9 火 △結論急げば成果も期待薄に
10 水 ○予備知識持ちライバルに差

11 木 ○背伸びは化けの皮剝がれる
12 金 △念願成就には辛抱強く待て
13 土 ○欲張らずに現状打開に留意
14 日 ●正論通らず万事が沈滞気味
15 ㊊ △健康を過信せず自己管理を
16 火 ○地道な努力が結実信用得る
17 水 ◎人気と信用がまさかの備え
18 木 △外出は火の元用心確かめて
19 金 ○心配事は解決に向かう日吉
20 土 ○悩みは多くても心配は無用

21 日 △固くならずに柔軟に対応を
22 月 ○地味でもこつこつ積み重ね
23 火 ●火の始末には細心の注意を
24 水 △気取りは他人の反感を買う
25 木 ◎冷静沈着な態度崩さず臨め
26 金 ◎我欲を捨てれば魅力が増す
27 土 △欲ばった言動は自滅の道に
28 日 ○協調も心を込めて好結果に
29 月 ○協調路線で進めば発展する
30 火 △何事も控えめにし我が道を
31 水 ○他人のミス許し力貸して吉

※月盤の吉方表示は、その月だけの吉方は○、年月ともに吉は◎。

自重運△

令和6年 八白土星 8月の運勢

＜運勢＞ 本命星は中宮（ちゅうぐう）に廻り年盤の三碧と同会。運気は強いが変動性で不安定。吉凶が交錯し、人や事によって良し悪しが分かれるとき。従来から手がけてきたことは一区切りをつけて成果を確認し、過不足を調整しよう。まずは現状をしっかり把握すること。急がず足元を固めてから今後の方向性を定めよう。

仕事運 これまでの成果が出るも不安定。状況判断をしっかりした上で対処すること。

金　運 収支バランスを整えて、無駄遣いを確認。

家庭運 自己中心にならず周囲の意見を聞く。

健康運 持病、古病の再発悪化に注意。

8月の方位

●凶方 西南は過労やストレスで体を壊し働けなくなります。周囲とのトラブルで職を失います。思わぬ事故で大ケガします。東北はうまい話に騙されて大損します。家庭不和になり困窮します。

吉方　東・東南・西北
凶方　西南・東北

1 木 ●気負い込んでも前途は多難
2 金 △安全確実な方法で利殖図れ
3 土 ○横着せず積極的に行動が吉
4 **日** ◎約束時間を守り順調となる
5 月 △買い物焦って後でガッカリ
6 火 ○寝る前に戸締りと火の用心
7 水 △縁の下の力持ちに徹し我慢
8 木 ●辛抱我慢かならず報われる
9 金 △何事も大げさにしては損失
10 土 ●折角の才能発揮できず不満

11 ㊐ △自分のルールにこだわる日
12 ㊊ ○親しい人の依頼に骨を折る
13 火 ◎トントン拍子で大願成就も
14 水 △気持ち明るく休養を大切に
15 木 ○ゼロからやり直す姿勢必要
16 金 ○平常のペースを守れば安泰
17 土 △外見で人を判断し痛い目に
18 **日** ○恋愛は気持ち伝わり発展す
19 月 △欲張らず柔軟な対応に終始
20 火 △言葉上手に溺れず我慢せよ

21 水 ○あれこれ手を出さず堅実に
22 木 ◎万事快調で難問も全て解決
23 金 △始めよくとも後日に苦労が
24 土 ○焦らず順序を踏み進むが吉
25 **日** ○苦労あるが辛抱し仕事順調
26 月 △思わぬハプニングあり用心
27 火 ○感情を抑えて協調性を重視
28 水 △見込み違いをしやすい用心
29 木 ●年代の相違思いやり持って
30 金 ○年下の提案を入れて利あり
31 土 ◎チャンス到来行動あるのみ

令和6年 八白土星 9月の運勢

盛運◯

〈運勢〉 本命星は乾宮に廻り年盤の四緑と同会。運気は旺盛だが不安要因も抱えるとき。強い運気に刺激され活発に行動したくなるが、手を広げ過ぎないこと。周囲に頼られ多忙で、頑張れば相応以上の成果を得て信用も増すが、万事やり過ぎる傾向がある。無理はせず、ほどほどに。目上との対立は極力回避せよ。

仕事運 専門分野で活躍できるが自己中心的になると周囲との軋轢を生む。

金　運 投資話がきても迂闊に乗らない。

家庭運 多忙になるが家族のケアも忘れずに。

健康運 過労による体調不良、ストレスに注意。

9月の方位

方位	九星	備考
南	二黒	○
南西	四緑	
西	九紫	暗剣殺
北西	八白	本命殺
北	三碧	
北東	一白	
東	五黄	五黄殺・月破
南東	六白	的殺
中央	七赤	

吉方　南
凶方　東・東南・西・西北

●凶方 東は強気に突き進んで大損害となり倒産します。東南は交通事故で大ケガします。西は異性問題で離婚や失業します。金銭的に行き詰まります。西北は不慮の災難に見舞われます。

日	曜	運勢
1	日	△ギブアンドギブとなりそう
2	月	○根性大事だが柔軟さも必要
3	火	○自分勝手な言動なければ吉
4	水	●期待外れの結果でも怒るな
5	木	○ギャンブルは引き際が肝心
6	金	●小細工を用いずに時を待つ
7	土	△スポーツでのケガに要注意
8	日	○仕事に勉強にと充実感あり
9	月	◎人に従い順風に乗る強運日
10	火	△見切りをつけて好結果得る
11	水	◎本音で当たれば望みが達成
12	木	△強い信念も空振りになる日
13	金	△塩分控えめの食事血圧配慮
14	土	○買物で掘り出し物の好運も
15	日	●不運な事に遭う注意を要す
16	㊊	△トラブルに巻き込まれそう
17	火	○油断していると足元崩れる
18	水	◎生き生きと積極行動で打開
19	木	△些細な争いもエスカレート
20	金	○流れに乗ってフル回転の日
21	土	○何事も中庸を心がければ吉
22	㊐	△抗議に対して冷静な対処を
23	㊊	○実用的知識を生かして良好
24	火	●意見の相違には温和な対応
25	水	△決断を急ぐと収穫見込めず
26	木	○信用を守るには発言に注意
27	金	◎才能開花させ羽ばたくとき
28	土	△若者の反抗に寛容見られず
29	日	◎思いがけない喜び事あり吉
30	月	○意中の人に接近は少し待つ

※月盤の吉方表示は、その月だけの吉方は○、年月ともに吉は◎。

慎重運△

令和6年 八白土星

10月の運勢

＜運勢＞　本命星は兌宮に廻り年盤の五黄と同会。穏やかな運気だが、トラブル要因を抱え波乱含み。手がけてきたことの成果は得られるが、欲張って深追いしない。また、甘言に乗せられると大損するので要警戒。人間関係も一見良好だが、甘えと油断が舌禍やトラブルを招く。話題選びに配慮し言葉づかいにも注意。

仕事運　穏やかな運気で動くが、緩みっぱなしもだめ。最後まで油断しないように。

金　運　財布の紐が緩みがち。貯蓄するべし。

家庭運　交際が広がり外出が多くなる。

健康運　口腔、腎臓、体の右側の不調に注意。

10月の方位

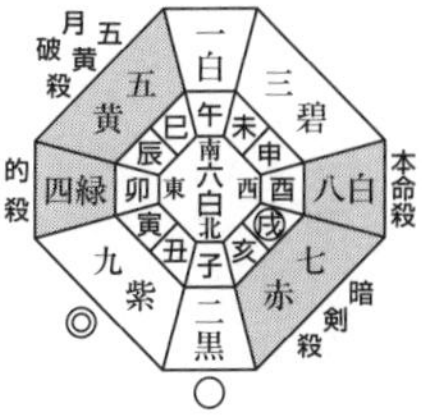

●**凶方**　東は詐欺で全財産を失います。東南は機密事項が漏洩して社会的信用を失います。西は投機に失敗して大損します。不慮の災難に見舞われます。西北は交通事故で大ケガがします。

吉方　北・東北
凶方　東・東南・西・西北

1 火 △周囲との対立避け柔軟性で
2 水 ◎貯蓄を心がければ金運上昇
3 木 △外野の雑音で惑いやすい日
4 金 △変化ある日油断すると危険
5 土 ○同じ目線で親しみを増す日
6 日 ◎人脈が将来の大きな財産に
7 月 △今日の予定は崩さないで吉
8 火 ○世間体気にし出費が増える
9 水 ○多忙時こそ人への気配りを
10 木 ●油断から騙される暗示あり

11 金 ◎予想通り実益あり運気好調
12 土 ●人を憎むと同様に跳ね返る
13 日 △先を急がずにじっくり対処
14 ㊊ ◎能率アップで評価が上がる
15 火 ○人を生かせば自分も生きる
16 水 △自信が結果に繋がらない日
17 木 ○配慮十分にすれば上首尾に
18 金 ○発言する時は有利な状況で
19 土 △出かける用事多し事故注意
20 日 ○恋の気持ち素直に伝え成功

21 月 ●感情的な闘争は破滅を招く
22 火 △イラ立っても冷静さ失うな
23 水 ◎過剰な競争意識は敵を増す
24 木 ○家庭サービス心がけて平穏
25 金 △外見よりも内部充実を図れ
26 土 ○理解力研究心の高まる吉日
27 日 ○独りでのんびりと過ごす時
28 月 △親友でも保証問題には注意
29 火 ○相手の心つかむことが先決
30 水 ●計画の遅れが散財に繋がる
31 木 △身内の不始末荒立てず処理

変化運△

令和6年 八白土星

11月の運勢

＜運勢＞　本命星は艮宮に廻り、年盤の六白と同会。変化運の影響を受け、精神的に不安定なとき。現状に不満でも、強引な方向転換は避けるべき。安易な変革は破綻を招く恐れもあるので、改善すべき点を検討するに止めよ。現状を守り、当初の方針を堅持する姿勢が大切。独断は控え、目上に相談する謙虚さが必要。

仕事運　状況は不安定で気持ちが焦るが、平常心と専門性を高める努力を忘れずに。

金　運　専門分野への投資は計画を持って。

家庭運　こだわり過ぎもほどほどに。

健康運　腰痛、関節痛、体の左側の異変に注意。

11月の方位

月破 四緑（巳・辰）	九紫 ○（午・南）	的殺 二黒（未・申）
三碧（卯・東）	五黄	○ 七赤（酉・西）
本命殺 八白（寅・丑）	一白（子・北）	○ 六白（戌・亥）

吉方　南・西・西北
凶方　東南・西南・東北

●**凶方**　東南は重要な計画に失敗して倒産します。突然の事故で大ケガします。西南は詐欺にあって不動産を失います。東北は身内とのトラブルで絶縁されます。重い病にかかって苦しみます。

1 金 ◎気分一新し新規計画に着手
2 土 ○言い訳は不可だが説明は可
3 ㊐ △車は安全運転スピード注意
4 ㊊ ○実力発揮できる環境が用意
5 火 ○家族団らん明日の英気養う
6 水 △不平不満が家庭を暗くする
7 木 ○良いアイデアはすぐに実践
8 金 ●道楽が過ぎ諸事停滞気味に
9 土 ●自己過信は中途挫折に陥る
10 日 ◎努力を続けて目的を達成す

11 月 ○誠意と努力でよい人間関係
12 火 △自暴自棄な行動は挫折確実
13 水 △心ない発言が不信感募らす
14 木 ○苦労から開放される兆し吉
15 金 ●強情な態度は周囲から孤立
16 土 ○譲歩した態度が好印象呼ぶ
17 日 △うっかりミスが重なる警戒
18 月 △進展に迷い生じ進退窮まる
19 火 ◎少し休んで英気を養う時期
20 水 ○お年寄りに感激し花束贈る

21 木 △過剰な疑心暗鬼は逆効果に
22 金 ○積極的に発言して成果あり
23 ㊏ △早トチリで無駄骨折る用心
24 日 △惰性でデートはマナー違反
25 月 ○相手をよく理解する心大切
26 火 ●心が急いて足元が定まらず
27 水 △焦り抑え着実に予定の行動
28 木 ◎初心大切に前向きな対処を
29 金 ○動かずの後悔なら踏み出せ
30 土 △出しゃばりが誤解される元

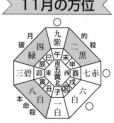

※月盤の吉方表示は、その月だけの吉方は○、年月ともに吉は◎。

自重運△

令和6年 八白土星 12月の運勢

＜運勢＞ 本命星は離宮に廻り、年盤の七赤と同会。顕現の作用で目立つが、悪目立ちもしやすいとき。注目を浴びて、今までの努力が認められ評価される反面、ミスや隠しごとも露見しやすく不利なことも生じる。センスが冴えるが、感情的になって舌禍を招きやすいので要注意。礼儀正しく、言行一致の姿勢を大切に。

仕事運 専門分野での直感やひらめきはあっても、実現させるときは慎重に。

金　運 金銭の出入りが激しい。優先順位を決めて。

家庭運 家族のメンバーに変化の予兆。

健康運 目や精神疲労、心臓に注意。

12月の方位

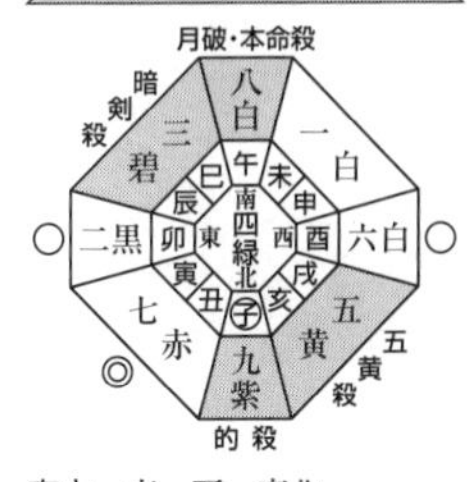

吉方　東・西・東北
凶方　東南・南・西北・北

●凶方 東南は異性問題が発覚して社会的信用を失います。南は火難や盗難によって困窮します。西北は上司と対立して失業します。北は不慮の災難に見舞われます。北は重い病にかかります。

1 日 ○気持ちを整理するのに最適
2 月 ○臨機応変な行動で利益あり
3 火 △目先の小利に振り回され凶
4 水 ○誠実に努力すれば結果は大
5 木 △人真似より自分の個性大事
6 金 △人込みでスリ落し物に用心
7 土 ◎交友関係の広がりが将来吉
8 日 ○楽しく交流しストレス解消
9 月 △独断で行動すると孤立招く
10 火 ○周囲の人と協調して対処を

11 水 ○律儀な対応が信用を高める
12 木 △酒席での態度は気をつけよ
13 金 ○親友知己と別離が生じがち
14 土 △心配事は親友や家族に相談
15 日 ●悲観的な言動が停滞を招く
16 月 ◎全てが順調で喜び事も多い
17 火 ◎恋愛運に期待増すアタック
18 水 △注意力低下の日運転は注意
19 木 △頼りにされても体調に注意
20 金 ○自信と慎重さの両方が必要

21 土 ●不確かな情報に惑うと失敗
22 日 ○親しき仲にも金銭のけじめ
23 月 ●不満があっても謙虚さ大事
24 火 △口約束は後日の争いのもと
25 水 ◎迷わず即決すれば話は早い
26 木 ◎直感が冴えて新企画が通過
27 金 △意欲空回り任せる心が必要
28 土 ●自宅でおとなしく休養せよ
29 日 ○平常心が運気支え発展する
30 月 △バーゲンセールで無駄遣い
31 火 ○意欲上昇仕事勉強に成果が

九紫火星

年度運 ○ 向上運

令和6年〈九紫〉の運気レベルと方位吉凶表

	年運	1月	2月	3月	4月	5月	6月	7月	8月	9月	10月	11月	12月
運勢	○	△	○	●	○	○	◎	△	○	●	△	○	●

方位	年	1月	2月	3月	4月	5月	6月	7月	8月	9月	10月	11月	12月
東	×	○	○	○	×	×	○	△	△	×	○	○	○
東南	○	×	◎	×	◎	△	×	◎	×	△	×	×	×
南	△	△	×	×	△	△	×	×	○	○	△	×	×
西南	×	×	×	△	×	×	△	△	×	○	×	○	△
西	×	○	△	×	×	×	○	○	△	×	○	△	△
西北	×	×	△	×	×	×	×	△	×	○	×	△	×
北	○	◎	×	×	◎	△	×	×	◎	◎	◎	×	×
東北	×	×	○	△	×	×	○	×	×	△	×	○	△

〔運勢〕◎大吉 ○吉 △吉凶相半 ●凶〔方位〕◎大吉 ○吉 △吉凶なし ×凶

＜吉方＞ 今年の吉方は、東南と北です。

東南は社会的信用も確立し、社交面においても信頼厚く良縁にも恵まれ発展の喜びを得られます。北は子孫繁栄し、堅実な態度から周囲と信頼関係が生まれ、行動範囲も拡大されて将来の発展につながります。また陰の援助も得られます。

＜凶方＞ 今年の凶方は、東が暗剣殺、西が五黄殺、西北が歳破、西南が本命殺、東北が的殺です。

東は事業の挫折や営業不振に陥り倒産。隠していたことが露見し持病の再発も。西は対人関係のトラブル、金銭の浪費や医療ミスに。西北は上司やスポンサーとのトラブル、約束の破棄、交通事故による長期の入院に。西南は仕事上のトラブルで蓄えを失う危険。東北は親族関係が不和に。

［九紫火星］の生まれ年

平成30年生	戊戌	6歳
平成21年生	己丑	15歳
平成12年生	庚辰	24歳
平成3年生	辛未	33歳
昭和57年生	壬戌	42歳
昭和48年生	癸丑	51歳
昭和39年生	甲辰	60歳
昭和30年生	乙未	69歳
昭和21年生	丙戌	78歳
昭和12年生	丁丑	87歳

令和6年方位盤

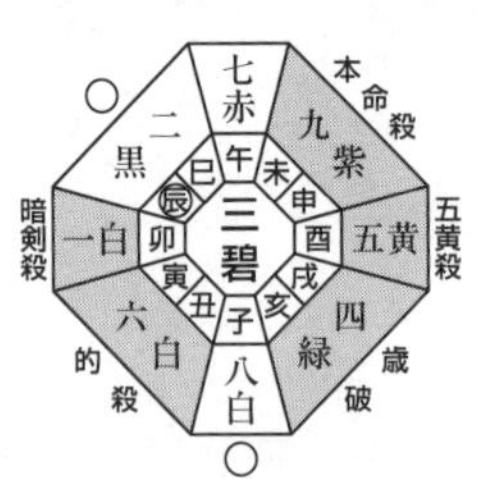

吉方 東南、北

凶方
- **暗剣殺** 東
- **五黄殺** 西
- **歳破** 西北
- **本命殺** 西南
- **的殺** 東北

基本運勢・性格

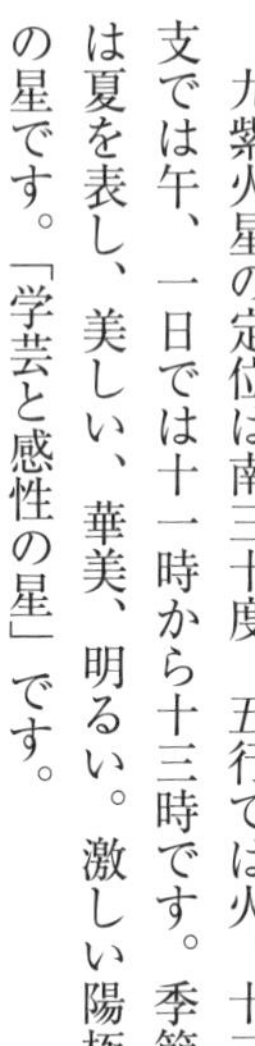

九紫火星の定位は南三十度。五行では火。十二支では午、一日では十一時から十三時です。季節は夏を表し、美しい、華美、明るい。激しい陽極の星です。「学芸と感性の星」です。

＜男性＞周囲への気配りが開運のポイント

知力に優れた直感力の持ち主です。持ち前の明るさと行動力もあり、人の上に立ちますが、派手を好み気分にむらがあり、飽きっぽい性格のために対人関係に摩擦を起こしやすい面もあります。周囲への心配りと内容の充実を図ることで運気も上がり開運の兆しも見えてきます。

＜女性＞収入に見合った経済観念を

容姿端麗で明るく頭も良く、美的感覚にも優れ個性的なセンスにも恵まれています。勝ち気で派手を好み虚栄心も強く、人との摩擦を起こしやすく配慮に欠けるところも。謙虚さを忘れずに周囲への思いやりが大切で、経済面でも気をつけて無駄を省くよう心がけることが開運につながります。

今年の運勢

今年の九紫火星は西南の「坤宮」に回座し、将来に向けての助走を始める向上運です。今まで停滞していたことも年の後半から徐々に改善されてきますが、性急に動くのは控えましょう。

＜男性＞良き協力者を得ることが成功のカギ

人の意見を聞き目標を明確にして資金計画、周囲への心配りと根回しなど、着実な準備、基礎作りを心がけることが大切です。人脈が広がっても相応の対応をしないと不評不信を買う結果になるので、新事に手を広げるのは慎重に。ゆっくりと進むときなので、事を進めるのは時期尚早です。

＜女性＞思いやりとユーモアを

地道に働くことが大切なときです。周囲への心配りと思いやりが何よりも大事で、親和の輪を広げます。職場や家庭でも明るさを出して働くことが和を繋げていきます。真面目に努力して「小を積んで大と成す」で、人にも尽くし、自分もよくなる気持ちで努力して幸運期に花を咲かせます。

令和6年 仕事運・金運

●基礎作りで幸運を得る

前年のエネルギー不足から立ち上がってきたばかりです。まだウォーミングアップの最中ですから走り始めてはなりません。地道な努力を積み重ねてから助走です。将来に向けた基礎作りの計画を進めることが大切です。事業や営業面での意欲が旺盛になり、日々の状態に満足せず背伸びした利益や活動を追い求めたくなりますが、今は足元を固めることに専念するときです。

金運は、低迷期から解放され購買意欲が出てきます。土地やマイホームの購入話が持ち上がりますが、しっかりした生活設計を立ててから考えることです。生来の派手を好み見栄張りから浪費を繰り返すようなことをすると、収支が見合わない事態になりかねません。自重することです。それにリスクのある金融商品に大きな夢を託すより、小さな金額を継続して蓄えていく安全策を選ぶことです。無駄使いをせず節約が第一です。

令和6年 家族運・健康運

●家族との対話と団らんが円満の秘訣

家族運は、精神的にも身体的にも活気にあふれる好調な運気に支えられ、予想以上に仕事の成果も上がり、多忙を極める生活になって家族との団らんもない状態になってしまう危険があります。家族との心の触れ合いを何よりも大事にして、家庭の輪の中に溶け込み、明るく楽しい家庭があればこそ明日への活力も湧いてきます。お互いに支え合ってこそ家族の絆が深まっていくのです。会話のある温もりの家族を築いてください。夫婦で子供の将来や自分たちの老後の生活プランなどを話し合うことも大事です。主婦は家族が安心して仕事ができるよう心がけ、互いを思いやり家族団らんの中で支え合っていくことです。

健康面は、気力体力ともに充実して活力全開でフル回転を続けるので、過労から消化器系、胃腸障害などに注意。また眼精疲労など視力の衰えや血圧、皮膚疾患にも注意を。十分の休養が大事です。

令和6年

異性運・相性運

＜男性＞良妻に巡り合えるチャンス

今年は新しい異性運が巡っているときなので出逢いのチャンスもあり、縁談も持ち込まれてきます。意中の人がいれば結婚へと一歩前進です。

九紫の人は二黒、三碧、四緑、五黄、八白、九紫の女性と相性が吉。二黒の人は真面目な良妻賢母型。三碧は明朗で社交的な人。四緑は優しい従順タイプ。五黄の人とは寛容な心で付き合い、八白の人は保守的。九紫とはライバル意識を捨てること。

＜女性＞堅実な愛の家庭を築く

今までなかなか進展しなかった関係も順調に進み、出会いや縁談も多く持ち込まれるようになります。はやる心で結論を急がず熟慮することです。

二黒、三碧、四緑、五黄、八白、九紫の人とは相性が良く、二黒は真面目な勤勉家。三碧は軽快で陽気なお付き合い。四緑の彼は優しい愛の持ち主。五黄の人は強引さが目立ちます。八白の彼は信頼し付いていける人。九紫とは趣味で投合します。

令和6年

九紫との付き合い方

情熱的で直感力と美的センスに優れた九紫の人は、華やかな個性派揃い。極めてプライドが高く、上昇志向が強いタイプだけに、悪くするとその上昇志向が虚栄心と嫉妬心の強さに変わる恐れもあります。また、人に弱みを見せまいとして、つい背伸びや無理をしがち。九紫の人は光の中でこそ輝くタイプ。いかにその向上心と情熱を燃え立たせ、才能とセンスを引き出すかがポイントです。面子を傷つけられると感情的になり、自己コントロールが効かなくなりがちな九紫には、プライドを傷つけないよう気遣いを忘れずに。

特に、一白は、自分の都合や価値観を押しつけていると九紫に誤解されて警戒されがちなので、言葉遣いに要注意。六白、七赤は、九紫に対し被害者意識を持ちやすいので、九紫の気持ちを好意的に察するよう努めましょう。今年は二黒、七赤と縁が深くいつも以上に親しみを感じ、六白とはいつにも増して反目・対立しやすいので注意して。

変化運△

令和6年 九紫火星

1月の運勢

∧運勢∨ 本命星は艮宮に廻り年盤の七赤と同会。変化運となる今月は、自ら変革を求めたくなるだけでなく、否応なく変化の波が押し寄せてくるとき。安易な方針変更は中途半端な結果を招く。見通しが甘く、物事が予定通りに進展せず、対応に追われる。現実を直視して誠実に対応し、堅実な金銭管理を心がけよ。

仕事運 方向転換には臨機応変に対応。無闇にこだわると周囲との対立を生む。

金　運 安定せず。堅実な資金計画を。

家庭運 こだわりすぎは家族と距離を生む。

健康運 目の不調、顔面神経痛、心臓に注意。

1月の方位

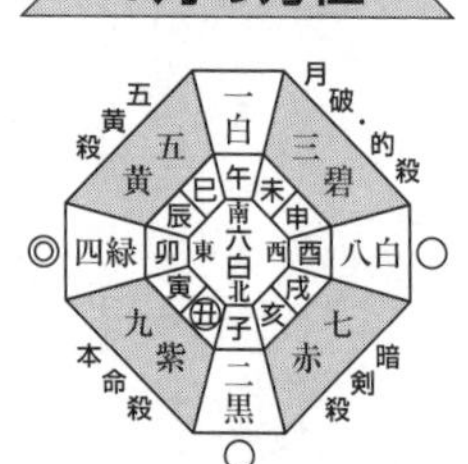

吉方　東・西・北
凶方　東南・西南・西北・東北

●凶方 東南は強気な計画が中途挫折して倒産します。西南は過労やストレスで体を壊し働けなくなります。西北は上司とのトラブルで失脚します。東北は親族との争いで絶縁状態となります。

1 ㊊ ◎斬新なアイデア生かすとき
2 火 ○積極的に人と関わること吉
3 水 △独り占めせず周囲にも配慮
4 木 ●何事も意思に反し停滞傾向
5 金 ○薬に頼らず食生活を見直す
6 土 △言葉で言えない時は行動で
7 **日** △思わぬ横やりに邪魔される
8 ㊊ ○成果を焦れば足を取られる
9 火 △独り合点で人心掌握できず
10 水 ○何事も控えめにすれば無事

11 木 ◎才能評価されて運気向上す
12 金 ○思いやりの心が共感を呼ぶ
13 土 ●表面的には平穏も中身戦争
14 **日** ○計画にミスないよう再考を
15 月 △欲望のままに行動して孤立
16 火 △脇を締めてすきを見せるな
17 水 △強引な行動は信頼関係崩壊
18 木 △気を引き締めて周囲を見る
19 金 ○思慮が不十分だと交渉決裂
20 土 ◎注目を一身に集め人気運強

21 **日** ○目上に尽くす姿勢が好印象
22 月 ●不愉快なこと多く我慢の日
23 火 ○いままでの評価が高まる時
24 水 △専門分野に磨きをかけよう
25 木 △言葉に責任を持って行動す
26 金 ○摂取カロリー調整し健康に
27 土 △何事にも周囲の協力が必要
28 **日** ○情報は選別精査し活用せよ
29 月 ◎忍耐と熱心さが好機を招く
30 火 △子供との対立さけ柔軟性で
31 水 ●孤立化は戒めて周囲と協調

※月盤の吉方表示は、その月だけの吉方は○、年月ともに吉は◎。

好調運◯

令和6年 九紫火星 2月の運勢

<運勢> 本命星は離宮(りきゅう)に廻り年盤の七赤と同会。運気は上々、決断力が増し、閃(ひらめ)きとセンスの良さで評価を得るとき。まさに実力発揮の好機だが、詰めの甘さと失言で立場を悪くする危険も。決着すべきことを優先し有言実行を第一に。わがままが出て感情的になりやすいので、親しき仲にも礼儀ありの姿勢が大切。

仕事運 自己PRも高く、脚光を浴びるとき。同時にミスも目立つので謙虚な姿勢を持って。

金　運 外見を飾るより自分を高める内面の出費を。

家庭運 自己中心的なわがままは控えて。

健康運 眼の酷使、ストレス、心臓に注意。

2月の方位

本命殺　月破　的殺

九紫　二黒　七赤　六白　一白　八白　三碧　四緑　南五黄北

吉方　東・東南・東北
凶方　南・西南・北

●凶方 南は機密事項が漏洩して社会的信用をなくします。西南は詐欺で不動産を失います。重い病にかかって苦しみます。北は部下に裏切られて失職します。不慮の災難に見舞われます。

日	曜	運勢
1	木	○自己PRで評価を高めよう
2	金	●親しい友人にも節度は必要
3	土	△面倒な相談を持ち込まれる
4	日	○多忙な一日計画立てて実行
5	月	△子供と意見の相違あり不調
6	火	◎楽しみ事はみんなで分かつ
7	水	○暴飲暴食は避けて腹八分目
8	木	△勘違いのミスを犯しやすい
9	金	●家庭の融和を図ること先決
10	土	○感情的にならず冷静に対処
11	㊐	△人の振り見て我が事再認識
12	㊊	△欲ばった言動は自滅の道に
13	火	○前向きな取り組み功を奏す
14	水	△遊興に溺れて本分怠りがち
15	木	◎思い通りに運ぶ万事好調日
16	金	○新規のアイデア採用し前進
17	土	○会話優先し家族の問題解決
18	日	●雑事に没せず大事を忘れず
19	月	○体よく断われば支障はなし
20	火	△異性の友人に見栄張り失敗
21	水	△疲れたら無理をせずに休養
22	木	○調子に乗って猛進しない事
23	㊎	△暑さでミスを起こしやすい
24	土	◎気持ちの若さで目的完遂に
25	日	◎許可証や免許証の期限確認
26	月	○臨時収入はガッチリ蓄える
27	火	●無計画が時と金との浪費に
28	水	○強欲は周りの評価も落とす
29	木	△強情張らず人の意見に従う

令和6年 九紫火星 3月の運勢

低調運●

〈運勢〉 本命星は坎宮（かんきゅう）に廻って年盤の八白と同会。運気は低調で諸事停滞し、思うように前に進まないとき。身内の厄介な問題が持ち込まれ苦労が多い。精神的に追い詰められた気分で孤独になりやすいが、一人で抱え込んで悩まず、周囲に相談しながら協力を求める姿勢が大切。栄養と睡眠をしっかりとること。

仕事運 前進、改革を望まず、自己内容の充実を図るとき。苦手な分野の克服を。

金　運 とりあえず節約、投資は不利。

家庭運 一人で悩まず家族で解決。

健康運 腎臓、尿道、冷えに注意。

3月の方位

的殺
暗剣殺
月破
五黄殺
本命殺
八白　一白　六白　五黄　九紫　七赤　二黒　三碧　南四緑北
午　未　申　酉　戌　亥　子　丑　寅　卯　辰　巳
東　西
○

●凶方 東南は重要な計画に失敗して倒産します。南は火難や盗難によって困窮します。西は異性関係のトラブルで離婚します。西北は金銭的に行き詰まります。北は重い病にかかります。

吉方 東
凶方 東南・南・西・西北・北

1金 △誠意を持ってことに当たれ
2土 ○何事も不言実行を心がけ吉
3日 △周囲から孤立しやすいとき
4月 ◎持てる力を存分に発揮せよ
5火 ◎折り目正しく素直に振舞う
6水 ○謙虚な気持ちが信頼関係を
7木 ●欲目で見れば真実を見逃す
8金 ○情勢好転の望みあり頑張れ
9土 ●自信過剰で進めば大ケガが
10日 △酒席での失態は後々問題に

11月 ○家の中で過ごすのがベター
12火 △夜遊びすぎると体調不良に
13水 ○誤解されやすい行動に注意
14木 ○恋愛は気長に交際すれば吉
15金 △過去を断ち切る勇気も必要
16土 ●万事に好都合な解釈は危険
17日 ○一言多くなる口出しは慎む
18月 △軽率な言動から窮地に陥る
19火 △無理押しは禁物譲歩も大切
20㊌ ○優先すべきは実現可能な事

21木 △うまい話に騙され損害被る
22金 ○水辺の夜景がムード高める
23土 ◎真面目に応対して信用増大
24日 △対人関係のトラブルに注意
25月 ●交通事故や足のケガに用心
26火 ○買い物で掘り出し物の好運
27水 △外野の雑音で惑いやすい日
28木 ●焦らず持久戦で解決の道が
29金 △盛り上がりに欠ける不調日
30土 △何事もバランス感覚が重要
31日 ○任せたら手も口も出さず吉

※月盤の吉方表示は、その月だけの吉方は○、年月ともに吉は◎。

漸進運〇

令和6年　九紫火星

4月の運勢

＜運勢＞　本命星は坤宮に廻り年盤の九紫と同会。運気は次第に上向き、停滞していたことも動き始める。今月は磐石な土台を築くとき。結論を急がず、高い視点から見た長期的な計画に沿って、地道に準備を進めていけば、早くチャンスに近づく。周囲への配慮やいつも身近で支えてくれる人たちへの感謝も忘れずに。

仕事運　運気の上昇はあるが油断せず、やってきたことを確実に実現させるよう慎重に。

金　運　上昇するが出費は堅実に。

家庭運　女性陣の意見をよく聞く。

健康運　手足のケガ、皮膚病に注意。

4月の方位

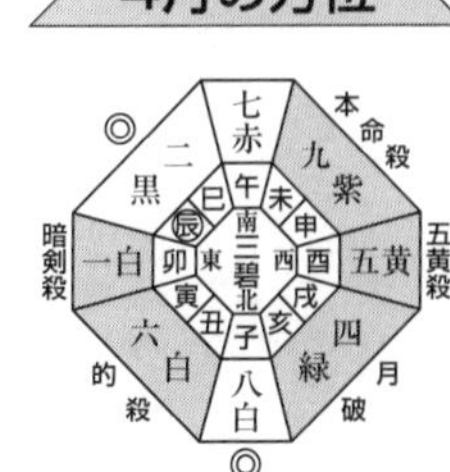

●凶方　東は過労やストレスで体を壊します。西南は異性問題で離婚や失業します。西は人間関係のトラブルで失脚します。西北は経営不振で倒産します。東北は不慮の事故で大ケガします。

吉方　東南・北
凶方　東・西南・西・西北・東北

1 月 ◎社交運・商運ともに絶好調
2 火 ○派手な行動服装は控え無難
3 水 △飲み過ぎて大切な事を忘れ
4 木 ○多少に拘わらずお礼は必要
5 金 △思慮分別を持って我慢する
6 土 △ボロが出ぬよう緊張感持て
7 日 ○少し強引でも積極的に行動
8 月 △金銭の争い事は避けて無難
9 火 ◎気持ちの若さが閃きを生む
10 水 ○小さな親切に大きな感謝を

11 木 ○相手の親切が救いとなる日
12 金 ●ミスが多発しやすい要注意
13 土 ◎人脈の幅広さが幸運を招く
14 日 ●集中力欠きボンヤリで失策
15 月 △生活の基本ペースを守ろう
16 火 ○マイペース守って本領発揮
17 水 △うっかり乗れない儲け話凶
18 木 ◎力を抜いて自然体で過ごせ
19 金 ○映画でデートに期待高まる
20 土 △不満でも皮肉小言は言うな

21 日 ●会計不足で補塡するハメに
22 月 ○新局面あれば勝負をかけろ
23 火 △目上の叱責に弁解無用の日
24 水 △自信が結果に繋がらず落胆
25 木 ○進むより足元を確かめる日
26 金 △強引な相手に振り回される
27 土 ◎積極策でチャンスをつかむ
28 日 ○根性大事だが柔軟さも必要
29 ㊊ ○自分の土俵で負けない相撲
30 火 ●その気になっても一時停止

上昇運○

令和6年 九紫火星

5月の運勢

＜運勢＞ 本命星は震宮に廻り年盤の一白と同会。上昇の運気で気力が充実、行動力が増すが、内部にトラブル要因が潜んで不安定な状態。準備してきたことを実行に移し、新たな道を開く好機だが、無計画と準備不足は決定的なマイナスを生む。疑心が暗鬼を生じぬよう不安があればオープンに話し合え。

仕事運 好調な運気だが、うっかりミスで状況は暗転する。何事にも慎重さと確実さを。

金運 浪費しやすい。儲け話には要注意。

家庭運 家族に秘密を持たぬこと。

健康運 喉、声帯、毛髪のケアをしっかり。

5月の方位

六白 八白 四緑 三碧 七赤 五黄 九紫 一白 二黒
午 未 申 酉 戌 亥 子 丑 寅 卯 辰 巳
南 西 北 東
暗剣殺 的殺 月破 五黄殺 本命殺

吉方 なし
凶方 東・西南・西・西北・東北

●凶方 東は積極策が裏目に出て大損害となります。西南は詐欺で不動産を失います。西は異性関係のトラブルで離婚します。西北は金銭的に行き詰まります。東北は親族と争い絶縁されます。

1 水 ○周囲の事情に合わせて計画
2 木 △心配事ひとり悩まず家族に
3 ㊎ △金銭問題でトラブルの恐れ
4 ㊏ ○強気もTPOで使い分ける
5 ㊐ △電話の一言思わぬ波紋広げ
6 ㊊ ◎感性を磨いて情報収集せよ
7 火 ○思いやり持って仲間に接す
8 水 △不慣れな事は手出しするな
9 木 ●疲労を感じたら静かに休め
10 金 ○迷うより行動し意外な成果

11 土 △他人に振り回されぬ用心を
12 日 △ぼんやりからミスが重なる
13 月 ○周囲との対話が歩み寄る鍵
14 火 △家族との意見の違い要調整
15 水 ◎万事順調で前進あるのみだ
16 木 ◎目上の助言に従えば好結果
17 金 ○性急に事を運ぶと失敗多い
18 土 ●独断的な行動はミスを招く
19 日 ○ネットワークから新規開拓
20 月 ●自己中心の振る舞いは最悪

21 火 ○欲を捨てれば諸事進展する
22 水 ○ライフスタイル改め変化す
23 木 △口論に注意温和な姿勢貫く
24 金 ◎考えを素直に表明すれば吉
25 土 ◎向上心を持ち活気を大切に
26 日 △小さな挫折も次のステップ
27 月 ●頼りの人も力なく当て外れ
28 火 ○遠距離旅行は早い出発で吉
29 水 △安易な妥協は後に悔い残す
30 木 △思い上がらず行動は慎重に
31 金 ○今日の交渉相手のペースで

※月盤の吉方表示は、その月だけの吉方は○、年月ともに吉は◎。

発展運◎

令和6年 九紫火星

6月の運勢

＜運勢＞ 本命星は巽宮に廻り年盤の二黒と同会。運気は発展運で絶好調。諸事順調の進展が望める飛躍のチャンス。良い縁に恵まれ、人間関係が広がり、質量ともに人脈の充実が期待できる。細やかな配慮で支えに回ることで、信用信頼を得る。万事最後まできちんと整え、まとめる努力と、誠実な態度が成功のカギ。わがままは慎んで謝意を表そう。

仕事運 良い協力者に恵まれ好調な運気に乗れる。

金　運 好調。為替の動向に留意。

家庭運 皆に協調して和気あいあいと。

健康運 胃腸、流行り病に注意。

6月の方位

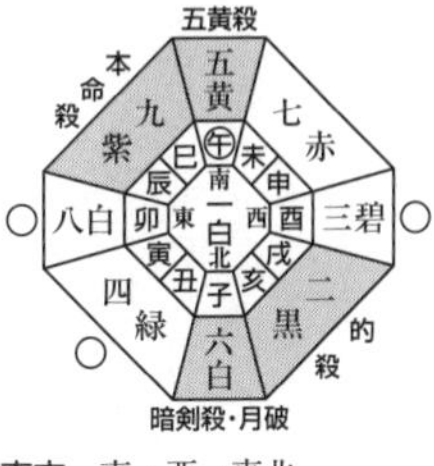

五黄殺
本命殺
的殺
暗剣殺・月破

九紫（巳）	五黄（午・南）	七赤（未・申）
八白（辰・卯・東）	一白	三碧（酉・西・戌）
四緑（寅・丑）	六白（子・北）	二黒（亥）

吉方　東・西・東北
凶方　東南・南・西北・北

●凶方　東南は過労やストレスで体を壊し働けなくなります。南は機密事項が漏洩して社会的信用を失います。西北は上司とのトラブルで左遷や失業します。北は重い病にかかって苦しみます。

1 土 △家族の記念日忘れぬ配慮を
2 日 ◎誠心誠意で努めれば福招く
3 月 ◎目上に尽くす姿勢が評価に
4 火 ○控えめな態度が好感を呼ぶ
5 水 ●ゴリ押しせず受け身の姿勢
6 木 ○酒席での態度には注意せよ
7 金 △人ばかり頼って何事も失敗
8 土 △酒の飲み過ぎ二日酔い注意
9 日 ○責任持って任務を完遂せよ
10 月 △無理な行動自ら窮地に陥る

11 火 ◎誤解がとけて友人と和解す
12 水 ○目上の口添えに良いヒント
13 木 ○対立が起きがち和合第一に
14 金 ●ただ競っても勝ち目はなし
15 土 ○公私とも早めの手配りが吉
16 日 △奇をてらわずに基本通りに
17 月 △うかうかと人を信じて失敗
18 火 ○活字から幸運を得られる吉
19 水 △衝動的になりやすい注意を
20 木 ◎積極的に仕掛けて現状打開

21 金 ◎努力に相応した成果望める
22 土 ○慢心は周囲との関係悪化に
23 日 ●詐欺の恐れあり甘い話用心
24 月 ○難関の突破は頭の切り替え
25 火 △人の助けが当てにできない
26 水 ○新しい出会いがある幸運日
27 木 ○始めよくとも後日にツケが
28 金 △対応には時間の余裕が必要
29 土 △遠出せず近間ですますこと
30 日 ○夕方以降思わぬ幸運ある日

令和6年 九紫火星 7月の運勢

変動運△

〈運勢〉 本命星は中宮(ちゅうぐう)に廻り年盤の三碧と同会。運気自体は強いが、吉凶が交錯して不安定なとき。手がけてきたことはある程度の成果が得られるが、新規のことへの着手や、拡張策は控えるのが無難。情勢の推移を静観しつつ現状の不備を補い、今後に備えることを優先せよ。急ぐことと気まぐれな言動は厳に慎め。

仕事運 中心になって動くときは周囲との連携をよく図ること。独断専行は命取りになる。

金　運 出費がかさみ、バランスが崩れる。

家庭運 わがままはほどほどに。

健康運 体調変化に気づいたら早めにケア。

7月の方位

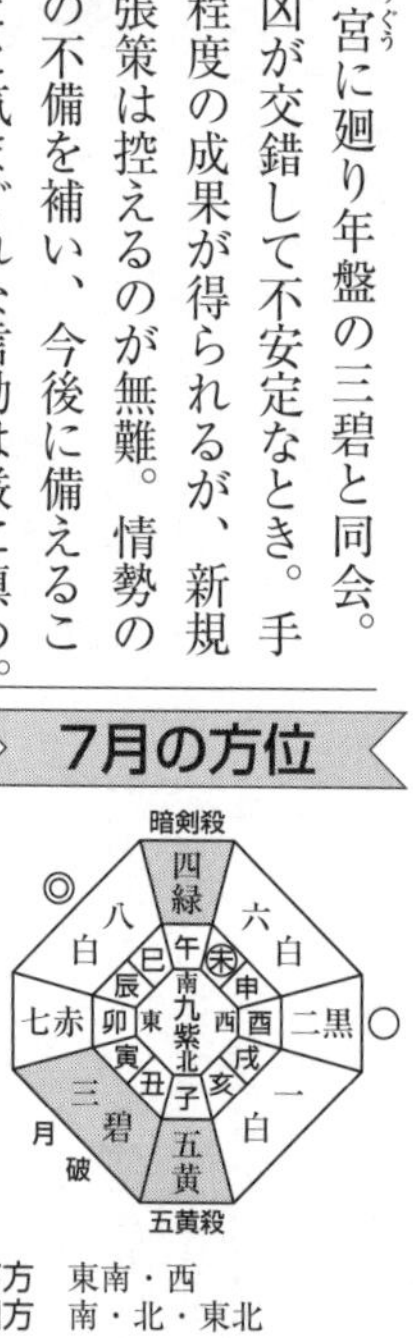

暗剣殺　四緑　六白　二黒○　一白　五黄　五黄殺　三碧　月破　七赤　八白◎

吉方　東南・西
凶方　南・北・東北

●凶方 南は文書印鑑の取り扱いミスで大損害となります。火難や盗難によって困窮します。北は部下の裏切りで失脚します。重い病にかかって苦しみます。東北は親族と争って絶縁されます。

日	曜	運勢
1	月	△自己主張せずに人に尽くす
2	火	△目標を絞れずに迷う事あり
3	水	○多忙時こそ自分の立場認識
4	木	●将来に対し迷い不安が募る
5	金	○多少は不利でも忍べば挽回
6	土	○何事もサクサク進む好調日
7	日	◎心身共に充実を感じ絶好調
8	月	△勘違いが生ずる正確に話せ
9	火	○協力しようとする努力重要
10	水	△失言が思わぬ波紋を呼ぶ日
11	木	△欲心を抑えて控えめに行動
12	金	○初対面の人との交流が招福
13	土	●欲張らず地道な努力を積め
14	日	○協力者への根回しを十分に
15	㊊	◎これまでの努力が実益生む
16	火	◎お金より思いやり笑顔輝く
17	水	△忘れ物落し物しやすい注意
18	木	○勝運あり自信を持って勝負
19	金	△功を焦らず基礎固めに専心
20	土	△自分の立場を考えて慎重に
21	日	○知識豊かな人に聞くがよい
22	月	●相手の心推し量れずに苦慮
23	火	△気持ち先走り足下定まらず
24	水	○多少波乱あるも乗り切れる
25	木	◎調整能力発揮して順調進展
26	金	△休業日知らず無駄足を踏む
27	土	○大らかに対応すれば利あり
28	日	△サインは内容確認してから
29	月	△睡眠不足疲労蓄積でダウン
30	火	○恋人と出会うチャンスあり
31	水	●功名を焦れば落とし穴あり

※月盤の吉方表示は、その月だけの吉方は○、年月ともに吉は◎。

自重運◯

令和6年 九紫火星

8月の運勢

〈運勢〉 本命星は乾宮（けんきゅう）に廻り年盤の四緑と同会。運気は旺盛で行動力も増すが、トラブル要因を抱えるとき。意欲的な行動姿勢は良いが、やり過ぎて摩擦を生じやすいので注意。特に目上との衝突は避けたい。万事、八分の力で対応せよ。責任感を持ち、謙虚な言動を心がければ周囲の協力も得られて好結果となる。

仕事運 高飛車な物言いでトラブルを起こしやすい。協力してくれる人には感謝を伝えて。

金　運 高額商品の購入と金銭トラブルに要注意。

家庭運 自己主張を押しつけない。

健康運 過労、ストレスによる不調に注意。

8月の方位

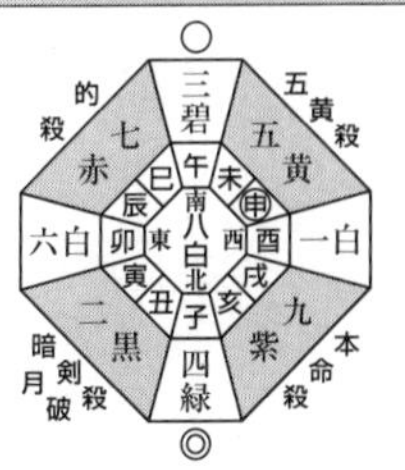

南 ◯ 三碧／東南 七赤 的殺／西南 五黄 五黄殺／東 六白／中央 八白／西 一白／東北 二黒 暗剣殺 月破／西北 九紫 本命殺／北 四緑 ◎

吉方　南・北
凶方　東南・西南・西北・東北

●凶方 東南は異性関係のトラブルで夫婦は離婚し職を失います。西南は過労やストレスで体を壊し働けなくなります。西北は有力者と対立して失脚します。東北は不慮の災難に見舞われます。

1 木 ◯地道な準備と根回しが奏功
2 金 ◎人を生かせば自分も生きる
3 土 ◯交渉事では根回しが決め手
4 日 △出しゃばりが誤解される元
5 月 ◯インターネットからヒント
6 火 △相手の都合で振り回される
7 水 △自分のルールにこだわる日
8 木 ◯ムキにならず静観の構え吉
9 金 ●今までの努力が水泡に帰す
10 土 △神経の疲れ癒し物事進展す

11 ㊐ ◯無理なく順調進展の上昇運
12 ㊊ ◎外交手腕を発揮し前途有望
13 火 △積み残した仕事片付ける日
14 水 ◯迷わず押せば成果は上々吉
15 木 ●何事も一方通行で解決せず
16 金 △大きな変化が起こる要注意
17 土 ◯新規計画は慎重に検討する
18 日 ●噂がしこりとなり友情乱る
19 月 △一歩出遅れるとひけを取る
20 火 ◯小刻みな前進が将来の布石

21 水 ◎新たな交際が生まれ新展開
22 木 △雑事に惑わされる日我慢を
23 金 ◯自然のなり行きまかせが吉
24 土 ◯財布の紐ゆるんで出費多し
25 日 △強情は人間関係に溝を作る
26 月 ◯秘めた力を表わすチャンス
27 火 ●迷いから方針一定せず断念
28 水 △無理な行動は人心が離れる
29 木 ◯決断力とスピードが大切に
30 金 ◎喜び事には一家全員で会食
31 土 △こだわり過ぎが停滞の原因

注意運●

令和6年 九紫火星

9月の運勢

＜運勢＞ 本命星は兌宮(だきゅう)に廻り、年盤の五黄と同会。複数のトラブル要因を抱えて運気は荒れ模様。見込み違いで損失を招いたり、障害にあって物事が中途挫折しがちなとき。対人関係も不調。迂闊(うかつ)な言動が舌禍を招き、周囲の不評を買って思わぬ窮地に追込まれる危険も。礼節を守り慎重な言動を心がけよ。

仕事運 わがままな言動が思わぬ反感を買いトラブルの元となりやすい。協調を心がけて。

金　運 冗費の使いすぎに注意。

家庭運 わがままが出やすいので丁寧に話して。

健康運 口腔のケア、腎臓病に注意。

9月の方位

●凶方 東は積極策が裏目に出て大失敗します。重い病にかかって長期入院します。西は異性関係のトラブルで離婚や失業します。企画が失敗して大損します。思わぬ事故で大ケガします。

六白	○ 二黒（午）	○ 四緑
月破・的殺 五黄殺　五黄（東・卯）	七赤（中宮）	九紫（西・酉）　本命殺 暗剣殺
一白	◎ 三碧（子）	○ 八白

吉方　南・西南・西北・北
凶方　東・西

1日 ○心身の充実を感じ諸事順調
2月 △軽率な請負仕事は失敗の元
3火 △集中力なし気分転換を図る
4水 ○大きな信頼自分の努力から
5木 ●気配りに欠けると孤立する
6金 ○頼まれ事はよく考えて受諾
7土 △見栄張らず堅実主義でゆく
8日 ◎納期はゆとりを持って契約
9月 △中途半端な仕事で問題発生
10火 ○積極策で対処し好結果得る

11水 △自信あっても結果にならず
12木 △家庭サービス心がけて平穏
13金 ○小細工を用いずに正々堂々
14土 △意思に反し何事も停滞気味
15日 ○来訪者が福運もたらす吉日
16㊊ ●見当違いの発言で恥をかく
17火 ◎誠実な対応が好感され成功
18水 ○他人の言動に惑わされるな
19木 ◎一点に気力を集中し全力で
20金 △重要な品物落とし信用失う

21土 △順調ならずとも焦りは禁物
22㊐ ◎新しい構想のもとで再出発
23㊊ △盗難病難水難すべてを警戒
24火 ○周囲のサポートに感謝する
25水 ●成り行き任せの行動は不可
26木 ◎前向きな行動で目標達成を
27金 ○多忙でも残務整理を怠るな
28土 ○手堅く動けばすべて安定す
29日 △外出多く家事が疎かになる
30月 △車の運転外出は事故に注意

※月盤の吉方表示は、その月だけの吉方は○、年月ともに吉は◎。

変化運△

令和6年 九紫火星

10月の運勢

〈運勢〉 本命星は艮宮（ごんきゅう）に廻り、年盤の六白と同会。変化運の今月は、物事が二転三転しがちで不安定なとき。強引に物事を推し進めたり、自分から積極的に変化を求めるのは不可。現状に不満でも、方針変更などは論外。受身に徹して情勢を静観し、訪れる変化には柔軟かつミニマムの対応を心がければ無難となる。

仕事運 物事の変化にイラつきがち。専門的な研究作業と協力者への感謝を忘れずに。

金　運 迷いが生じ不利益な出費につながる。

家庭運 一致団結、家庭を大切に。

健康運 腰痛、背中の痛み、関節痛に注意。

10月の方位

●**凶方** 東南は計画が失敗して大損害となります。西南は過労やストレスで体を壊し働けなくなります。西北は赤字続きとなり金銭的に行き詰まります。東北は火難や盗難によって困窮します。

吉方　東・西・北
凶方　東南・西南・西北・東北

1 火 ○割り切った行動がツキ招く
2 水 △不安の原因を取除く努力を
3 木 ○健康管理に心配り家内安全
4 金 ●軽率な行動がトラブル招く
5 土 ◎求める思いはかならず実る
6 日 △基礎を固めて発展に備える
7 月 ○才能見込まれ仕事任される
8 火 △行き詰まり原因無理を通す
9 水 △家族とくつろぐ時間が大切
10 木 ○情熱とともに冷静さも大切

11 金 △不用意な言葉波紋を呼ぶ凶
12 土 ○アレコレ迷わず一つに絞る
13 日 ◎手腕発揮の場で努力が開花
14 ㊊ ○成果を求める前にまず努力
15 火 △浮気心出さずに現状維持で
16 水 △予算オーバーで財政ピンチ
17 木 △身近に心配多し冷静に対処
18 金 ○趣味に傾き本分怠りがちに
19 土 △慣れた仕事に一工夫して吉
20 日 △周囲との対立は長引く注意

21 月 ○強気になって相手を潰すな
22 火 ◎努力をすれば多大な成果が
23 水 ○周囲への配慮姿勢が好評価
24 木 △財布カードの盗難紛失注意
25 金 ○地道な努力が結実信用得る
26 土 △対応が遅れると右往左往も
27 日 △自分から積極行動せぬこと
28 月 ○プレッシャーも大きな励み
29 火 ●ケンカをしては損我慢堪忍
30 水 ○高すぎる期待は挫折を招く
31 木 ◎早めに行動して成果がある

好調運○

令和6年

九紫火星 11月の運勢

〈運勢〉 本命星は離宮(りきゅう)に廻り年盤の七赤と同会。運気は好調で思考力や判断力が増すとき。発想力が高まり、直感やセンスも冴える。積極的な自己アピールが有効。日頃の悪縁や悪習との決別を図るなど、思い切ったイメージチェンジのチャンス。何事も言行一致で行うことが大切。約束厳守と有言実行が成功の鍵。

仕事運 持ち前の直感とセンスは活かし、その上で謙虚さを持てば、よい成果を得る。

金　運 直感で取引もよいが引き際も肝心。

家庭運 感情的にならず冷静な対応を。

健康運 目、頭痛、心臓のトラブルに注意。

11月の方位

方位	九星	十二支
南	九紫（本命殺）	午
南西	二黒 ○	未・申
西	七赤	酉
北西	六白	戌・亥
北	一白（的殺）	子
北東	八白 ○	丑・寅
東	三碧 ○	卯
東南	四緑（月破）	辰・巳
中央	五黄	

吉方　東・西南・東北
凶方　東南・南・北

●**凶方** 東南は人間関係のトラブルで職を失います。不慮の災難に見舞われます。南は機密事項が漏洩して社会的信用を失います。北は部下の裏切りで失脚します。重い病にかかります。

1 金 ○ペース守ってゆうゆう前進
2 土 △ひと息つけるが油断は禁物
3 ㊐ ○常に先を見て計画的に実行
4 ㊊ △しばらく耐えるより他なし
5 火 △人と競っても勝ち目ない日
6 水 ○口論には注意温和な姿勢で
7 木 ●奉仕精神で縁の下の力持ち
8 金 ○相手の立場考慮し行動せよ
9 土 ◎新規のアイデア活かして吉
10 日 ◎予想通り実益あり運気好調

11 月 △旅先で思わぬ出費赤字注意
12 火 ○意外な人物と意気投合する
13 水 △落ち込まず明るい姿勢貫け
14 木 △人に騙されやすい時用心を
15 金 ○独りよがりせず人に従い吉
16 土 ●段取りが狂ってドミノ倒し
17 日 ○頑張り過ぎはやめて程々に
18 月 ◎人の縁と家族の絆好調の源
19 火 ◎頼まれごとは誠意で応じる
20 水 △執着し過ぎると進展はなし

21 木 ○古い物上手に使い価値増す
22 金 △謙虚さ忘れず人の意見尊重
23 ㊏ △何事も控えめに足元固めを
24 日 ○安全確認計算通りの行動吉
25 月 ●誠意を示して協力を求めよ
26 火 ○相手をよく理解する心大切
27 水 ◎本音で当たれば望みが達成
28 木 ◎才能を大いに発揮フル回転
29 金 △調子に乗ると落とし穴待つ
30 土 ○身辺に喜びが舞い降りる吉

※月盤の吉方表示は、その月だけの吉方は○、年月ともに吉は◎。

衰退運●

令和6年 九紫火星

12月の運勢

〈運勢〉 本命星は坎宮(かんきゅう)に廻って年盤の八白と同会。運気が衰退し、気力も体力も不足して万事が不調、努力が空転して徒労に終わりがち。無理に積極策をとればかえって状況が悪化する。体調を崩さぬよう摂生を心がけ、受け身に徹して現状を守り、進むより内面の充実を図って力の蓄積を図れ。

仕事運 変革を求めるとリスクが高い。まずは現状の安定と内部の改善に努める。

金　運 不調。年末の出費も極力抑えて。

家庭運 悩みは抱え込まず家族に相談。

健康運 冷えの対処を万全に。

12月の方位

月破・的殺
八白
一白
六白
五黄 五黄殺
九紫 本命殺
七赤
○ 二黒
三碧 暗剣殺
午 未 申 酉 戌 亥 子 丑 寅 卯 辰 巳
南 西 四緑 北 東

吉方　東
凶方　東南・南・西北・北

●凶方 東南は機密事項が漏洩して社会的信用を失います。南は詐欺で全財産を失います。西北は目上とのトラブルで失業します。不慮の災難に見舞われます。北は重い病にかかって苦しみます。

1 日 △他人を叩けば我が身に返る
2 月 △強過ぎる競争意識進展阻む
3 火 ○判断力が増して良好な選択
4 水 ●義理が絡んで望み果たせず
5 木 ○計画実行は機の熟すを待つ
6 金 ◎努力を続けて目的を達成す
7 土 ○フレンドリーな交際が無難
8 日 △苦労多くして実りは少ない
9 月 △仕切る態度に反感が生じる
10 火 △連絡事項は必ず再確認せよ

11 水 △計画変更がエネルギー浪費
12 木 △家庭サービスして家族円満
13 金 ●期待外れの結果でも怒るな
14 土 ○成功の秘訣相手を知ること
15 日 ◎新提案新企画が脚光浴びる
16 月 ○強情は人間関係にヒビ作る
17 火 △周囲との連携に失敗し停滞
18 水 ○身銭を切っても効果はなし
19 木 △調子に乗らず行き過ぎ注意
20 金 ○予定がころころ変更の兆し

21 土 ○計画的に情報集めて買物吉
22 日 △意地張れば人に迷惑かける
23 月 ○何事も用心戸締り念入りに
24 火 ◎面倒見のよさが評価受ける
25 水 ○交際順調でも性急ならば凶
26 木 △余裕を持って当たれば有効
27 金 ○万事に控えめな対応が無難
28 土 ○何事も万全の準備が運開く
29 日 ●功少ないが不満を言わずに
30 月 △あちこちに顔を出すと有利
31 火 △不平不満は心に留めておけ

来年（令和七年）を占う

令和七年は「漸進と育成の星」であり、万物を生成する大地を象徴する「二黒土星」が中宮に廻ります。前年は「三碧木星」の影響から世界各地で大規模地震や大噴火などの自然災害、戦乱やクーデターなどのニュースが飛び交うなど驚かされる出来事が続きました。本年はその後始末のために、地味だけどおろそかにはできない重要な事件が続きます。

4月13日から10月13日まで184日間にわたって大阪・夢洲で、「いのち輝く未来社会のデザイン」をテーマに「大阪・関西万博」が開かれます。万博人気の高まりで他の観光地は閑散となったり、海外から予想以上の人が来るなど話題は尽きず、期間後半は大混雑となるので早めに訪れたほうがよいでしょう。

米中関係は、米国、中国とも相手を非難する国内世論が高まり、ギクシャクとした厳しい関係が続きます。米国は好景気が続くと言えますが、欧州経済は2022年ロシアのウクライナ侵攻などが足かせとなって厳しい経済環境です。中国では失業者の増大に対する政治経済対策が注目され、インドでは好景気が続くでしょう。

国民の4人に1人が75歳以上という超高齢化社会をこの年（令和七年）に迎えます。認知症高齢者は約320万人、高齢者世帯は約1840万世帯でそのうち7割が一人暮らしか高齢夫婦のみ、65歳以上の年間死亡者は140万人と予想されています。この状況であるにもかかわらず、政治は政党間の駆引きと政治家の離合集散を相変わらず繰り返しますが、そんな中にも新しい動きが現われて今後の主流派となる大きな変化が見られます。

産業界はDX（デジタル・トランスフォーメーション）による変革が迫られ、適応できなければ衰退します。デジタル社会とするための法律や税制、リアルタイム接続などの社会基盤の変革、デジタル人材育成が進みます。

株式市場は海外投資家の動向が不透明のため、上半期は保ち合い相場が続き、下半期は急落に注意しましょう。コロナウイルス禍は、社会的には過去の出来事です。稲作は平年並みの作柄です。野菜価格は一瞬高騰しますが押し戻され、果物価格は比較的落ち着いています。

大地震には引き続き警戒が必要です。冬は厳寒の日がありますが、桜の開花は例年通りです。梅雨は長く、集中豪雨が心配されます。夏は曇りがちですが、レジャーは賑わいます。台風は中国・四国地方が心配です。秋は晴天が続き、冬の訪れは平年通りです。

＜砂原良治＞

運勢学会の最高権威者による占法大百科

運勢学特集

命学

- 十二支・今年の運勢
- 十二支の相性
- 十二支の守り本尊
- 生まれ月別運勢
- 九星と相性
- ラッキーカラー
- 気学傾斜法
- 四柱推命

相学

- 人相ホクロ占い
- 地　相
- 家　相
- 墓　相
- 印　相
- 姓名判断

卜術

- 易占の秘訣

上手な占いの活用法

占うとは、「状況を知る」ために「分析」し、「行動の指針を得る」ために「予測」すること。占いは、そのための方法論です。

そして、占いによって得られた「情報」をもとに、「どうするか」という最終的な判断は自分自身が行い、その決心に従って自ら主体的・能動的に行動するのが正しい占いの活用法です。

＊

占いの仕方、占う方法（「占法」といいます）にはいろいろあり、お医者さんが専門分野に分かれて体の状態を各方面からチェックするように、それぞれの占法にも特長があります。ですから、「どの占法がどんなことを知るのに向いているのか」を知ることで、より的確に自分の知りたいことを知ることができます。

占法は、大別して①「命学」、②「相学」、③「卜術（ぼくじゅつ）」に分類できますが、占法によっては境界が曖昧（あいまい）で、複数の分類に属するものもあります。それぞれの特長は、次のようになります。

命学

①「命学」は、生年月日をもとにして、「どのように生まれたか」を知り、「どのように生きる」のが効率的かを考えます。タイプ分類による人物分析やその人の個性、適性、相性などを知ります。また、時の経過による運勢の推移を知って、タイミングを計ることにも向いています。

占者によって解釈や言い方に違いがあるとしても、原則として、対象の人が同じである限り、いつ占っても答えは同じとなります。

代表的な命学は、「四柱推命」「アストロロジー（西洋占星術）」「気学」「算命」「紫微斗数（しびとすう）」「宿曜占星術」などです。

相学

②「相学」は、姿形のあるものを対象として、その存在の在り様（在り方）が天地自然の理に適うか否かを論じるもので、現状を分析して対策を講じ、多くは相を調えることによって開運できると考えます。

対象が同じであれば（例えば姓名）、原則として同じ答えが出ます。ただし、手相や人相など、その人の置かれた状況や年月とともに変化するものもあり、固定された現象・対象として診るものと、時や状況の変化に従って診るものとがあります。

代表的な相学は、「手相」「人相」「名相（姓名判断）」「印相」「家相」「地相」「風水」などです。

卜術

③「卜術」は共時性（シンクロニシティ）、つまり「意味のある偶然の一致」という考え方に基づいた占法です。占うたびに違った答えが出るのが原則（例外的に同じ答えが出るときもあります）で、今現在の情勢や成り行きを知ることに長けている占法です。

時や状況が変われば違う答えが得られます。二択（YES／NO）や、三択（進む・止まる・退く）で迷ったときなど、明確な目的を持って答えを得たいときに向いています。

代表的な卜術は、「周易」「五行易」「タロット」「ホラリー占星術」などです。

＊

通常は、「命」を基本として、それに「卜」と「相」を加えて占うという解釈が一般的ですが、「命」「卜」「相」を目的に応じてバランスよく調和させて使うことが大切です。

あなたの人生はあなたのものですから、占いで得た答えを参考にして、最終的には自分で決めて行動していただきたいのです。もちろん、それが占いの示した方向性と同じでも、また違っても構いません。要は、自分自身で納得して決めて行動してほしいのです。

「なんでも占いに聞いてその通りに行動する……」や「自分が欲しい答えが得られるまで、占い師巡りをする（つまり大吉が出るまでお神籤を引く）」のはちょっと困った態度です。

ご自身が何を知りたくて占うのか——それが明確であれば、より的確な答えを得ることができるでしょう。

そのためにも、抱えている問題を、「誰が、何を（何のために）、いつ、どこで、誰と、どのように、どうする（どうしたい・どうすれば良いか）」というような諸要素に分類整理してみます。すると、自分自身が選ぶことのできる要素は、「時」か「場」か「相手」か、また「やり方」か「する・しない」なのか、はっきりさせることができます。

占いを上手に活用して、ご自分の人生を切り拓いていってください。

十二支・今年の運勢

三須啓仙

干支（十干と十二支）は、古代中国の殷王朝の時代（紀元前1500年～紀元前1100年頃）には日を表すために用いられていました。陰陽五行説が成立し、前漢の初期（紀元前120年頃）に最初の暦・太初暦が編纂される頃には、干支は、年、月、日、時間と方位、季節などを表すために用いられ、陰陽や五行も配当されるようになりました。

一般的に十二支といえば、鼠・牛・虎…という十二支獣を思い浮かべますが、本来の十二支は、天干に対する地支です。大地を支配し、地上に生きるもの全てと方位と時の流れを司るとされ、一年十二カ月の季節の循環と命のサイクルをあらわすシンボルなのです。

十二支に対して十二支獣のイメージが定着したのは後漢の時代・紀元100年頃に、王充が、本来の意味の十二支の概念に、それぞれの性質に近いイメージの身近な動物をあてはめて普及を図ったためとされています。

本来の十二支には、年、月、日、時間、方位や季節、そして五行や陰陽や易の卦が配当されて、それぞれの文の性質やイメージを構成しています。

例えば、『午』は、陰陽の分別では陽性に属し、五行は火性に属し、方位は南、一年の中の月では6月で季節は夏、一日の中の時間では真昼の午前11時から午後1時の間、に配当されます。『午』年生まれの人の性格に、明るく情熱的で開放的、上昇志向、自己顕示欲が高く激しい性質…などと出てくるのは、陽、夏、南、火のイメージから連想されることなのです。

反対に『子』には、陰陽は陽、五行は水、方位は北、季節は冬、時間は真夜中の午後11時から午前1時が配当されています。クールで思慮深く、物事に緻密で用心深く、小事を積み重ねて大事に至る傾向がある…などは、北、水、冬、夜中などのイメージが作用しているのです。

本稿では生まれ年の十二支別に、年支との関係から本年の運勢を導き出します。

■注意■十二支占術では、一年の始まりを立春とするため、元旦から節分までに生まれた人は、前年の十二支に属します。

では次から、十二支別の今年の運勢を紹介しましょう。

子年（令和六年）

◎発展運

今年の子年は、年支辰とは三合の関係にあり、心身ともに壮快な運気発展の年。何事も順調に推移し、新たなことへの挑戦も吉。仕事運はレベルアップが期待でき上昇機運に乗って好調。金運も収支のバランスがよく余裕があるので自分に投資しましょう。対人面は、既存の関係は平穏で、独身者には出会いのチャンスも。健康運も良好ですが、オーバーワークに注意です。

好調月…◎4月、11月、12月／○1月、3月、6月、9月
不調月…△2月、5月、7月／●8月、10月

丑年（令和六年）

△自重運

今年の丑年は、年支辰とは土性同士の比和の関係。陰陽が和合しても、破の関係で、吉凶相半の変化の多い年、前向きでありつつ慎重さが必要です。仕事運は順調とは言えず試行錯誤するとき。野望を抱いて無理をしてはいけません。金運は出入りが激しく不安定なので冗費に注意。対人面は進退を明確にしてはっきりした態度を心がけ、健康運は持病の悪化、内臓疾患に注意です。

好調月…◎7月／○2月、5月、9月、10月、12月
不調月…△1月、6月、8月、11月／●3月、4月

寅年（令和六年）

○良好運

今年の寅年はおおむね順調な良好運。危なげなく伸びていきます。積極的に進んで利を得ますが、進み過ぎには注意。無駄な動きをせず発展の手がかりを摑(つか)みましょう。仕事運は積極的に活躍する意欲が高まり、好成績を上げます。金運も平均を上回る利益を得るので蓄財に励みましょう。対人面も華やかですが、節度をもった交際を。健康面は、無理をしがちなので過労に注意。

好調月…◎2月、5月／○4月、7月、9月、10月
不調月…●6月、11月／△1月、3月、8月、12月

卯年（令和六年）

△慎重運

今年の卯年は年支辰とは害の関係で、不和や分離の作用ですれ違いや問題が生じがちな不調運。物事が思い通りに運ばずイライラしがちですが、冷静かつ慎重な態度で過ごしましょう。仕事運は見込み違いで損失が出たり、仕事が渋滞してストレスが溜まります。金運は思いがけない大出費で赤字に。対人運も不調で金銭や舌禍によるトラブルに注意。健康面はストレス性疾患に注意。

好調月…◎4月／○1月、3月、6月、8月、11月
不調月…●7月、10月、12月／△2月、5月、9月

辰年（令和六年）
○平運

今年の辰年は太歳の年にあたり、自身のパワーが強まる強運の年。反面、自刑による凶作用も受け、過剰な闘争心や不注意からトラブルを招きやすいので注意が必要。仕事運はムラ気を抑えて最後までやりぬく姿勢が大切。焦りと短慮は禁物で地道な努力を。金運は我欲を抑え、堅実に貯蓄に励むように。対人面は自身の気持ちを見つめ直し、健康運は神経の緊張を解きほぐす工夫を。

好調月…◎1月、4月／○7月、8月、10月、11月
不調月…●2月、9月／△3月、5月、6月、12月

巳年（令和六年）
○順調運

今年の巳年は年支の辰とは相生（そうしょう）の良好な関係で順調な年。前向きな姿勢で頑張れば好結果が期待できます。仕事運は、慢心せずに人間関係を良好に保てば、人脈が有利に働いて成功に導きます。金運は入りも多いが出も多いとき。収支管理は冗費を抑えて計画的に。対人運は良好で良縁も期待できますが、恋愛は三角関係のトラブルに注意。健康面は不規則な生活で体調を崩さぬこと。

好調月…◎4月、6月／○1月、2月、7月、9月、11月
不調月…●8月／△3月、5月、10月、12月

午年（令和六年）
○良好運

今年の午年は年支辰とは相生の関係で良好な運勢。孤立せず、自分から働きかけて周囲と協働、協調することで成果を得ます。仕事面では有能な人のアドバイスを得て問題を解決し、立て直しに力を尽くしましょう。金運は突発的な出費に備えて早めに準備し、日頃から健全財政を心がけます。対人面は厳しく自己を律して信頼の絆を深め、健康面は関節の故障に注意し足腰を鍛えよう。

好調月…◎5月、6月、7月／○3月、10月、12月
不調月…●2月、4月／△1月、8月、9月、11月

未年（令和六年）
○良好運

今年の未年は年支辰とは土同士の比和に加え、陰陽も和合するので良好運。協調精神を発揮し、上手にバランスを取ることで安定性も増します。仕事面ではチームの要となって役割分担をし、連帯意識を盛り上げて成果を出しましょう。金運は堅実な方針で無駄を抑え、地道な節約でコツコツ蓄財。対人面は分かり合えるよう対話を重視して。健康面はストレス性疾患と持病の悪化に注意。

好調月…◎7月、10月／○1月、2月、5月、9月、12月
不調月…●3月、4月／△6月、8月、11月

申年（令和六年）

◎盛運

今年の申年は年支辰とは三合という大吉の関係、運気は旺盛で努力のしがいがある年です。万事に積極的に行動し努力することで成果を得られます。既存のことは順調に進展、新規の挑戦も可。対人面は手堅く堅実な姿勢が大切。金運は好調ながら出費も多いので管理を厳格に。見栄を張ったり、派手な動きは足をすくわれます。健康面は良好ですが生活のリズムを乱さぬよう注意。

好調月…◎3月、5月、8月／○1月、6月、10月、11月
不調月…●7月／△2月、4月、9月、12月

酉年（令和六年）

◎発展運

今年の酉年は年支辰とは支合となり、さらに土生金の良い関係。強い運気に恵まれて明るい希望に輝くとき。好調な流れに乗って物事はスムーズに展開し、何事にも真摯に取り組めば、好結果が期待できます。仕事運は持ち前の器用さが各所で活かされ、思い切った積極策も功奏します。金運も好調ですが一攫千金を狙うのは不可。対人運は公私に良い縁に恵まれ、健康面は過労が心配。

好調月…◎2月、10月、12月／○1月、4月、7月、9月
不調月…●6月／△3月、5月、8月、11月

戌年（令和六年）

●低迷運

今年の戌年は年支辰とは冲という大凶の関係なので、トラブル多発の暗示です。運気も低迷して荒れ模様。物事が順調に進まず、迷いも多く、見通しもつけにくい状況です。万事に欲張らず、無理や油断は禁物。前に進むより守りに徹して我慢強く現状維持に注力すべきとき。金運も不安定でやりくりに苦労します。対人面は何かと対立が生じやすく、健康面は消化器系疾患に注意です。

好調月…◎1月／○4月、7月、8月、11月
不調月…●2月、9月、12月／△3月、5月、6月、10月

亥年（令和六年）

△慎重運

今年の亥年は、年支辰から剋されるマイナスの関係。パワー不足で運気が弱まり何事にも慎重さが必要です。仕事運は誠実さが大切で、思うような評価が得られなくても結果を焦らず、地道な努力を積み重ねて成果を得ます。金運は停滞気味で、節約を心がければ赤字は免れます。対人運は良好とは言えないので、初対面の第一印象が大切。健康運は体力を過信せず疲労をためないこと。

好調月…◎10月、12月／○2月、3月、5月、7月
不調月…●1月、6月、8月／△4月、9月、11月

十二支の相性

藤田荘宗

十二支の相性は合うものと相反するものとの組み合わせによって吉凶が生じます。その吉凶を印で示しました。相性は同性、異性を問わず、職場、家庭をも含みます。

◎……互いに和合してよい相性（大吉）
○……普通一般の相性（吉または中吉）
△……時々意見が相違するもの（凶または小凶）
●……和合を得ない星情のもの（大凶）

★子年から見る相性

○子とは、双方の心遣いが通じ合って親しくなれる相性
◎丑とは、丑の方に主導権が移行するも離れがたい相性
○寅とは、親切心を発揮したくなるような魅力ある相性
△卯とは、子のお節介が過ぎると卯に嫌われる相性関係
◎辰とは、気分的に落ち着けるような不思議な相性関係
○巳とは、意地と情けが邪魔になるも意思は通じる相性
●午とは、表面的には対立するも心と心は結ばれる相性
△未とは、時として対立するも新たな境地を開ける相性
○申とは、子の理想となるものを秘めている大切な相性
△酉とは、気は合うが深入りしすぎると破局を招く相性
○戌とは、ゆとりと時間をかければ一致協力できる相性
○亥とは、頑（かたくな）な面が気になるも推進力となる大切な相性

★丑年から見る相性

◎子とは、双方の知徳を生かし合い目標達成できる相性
○丑とは、希望を持つことの技術を語り合えるよい相性
○寅とは、意思表示を明確にし相対すれば良薬的な相性
○卯とは、気難しさを感じても近寄れば楽しくなる相性
△辰とは、共感する点の違いを認識すれば難は去る相性
○巳とは、素朴さが魅力となり安心できるよい相性関係
△午とは、丑から見た場合は午は親の代役的存在の相性
●未とは、長短補える面を生かし協力し合えばよい相性
○申とは、先を楽しみに尽して後で感謝される相性関係
◎酉とは、理想や目標を相互理解できるようになる相性
△戌とは、利害関係やポスト争いを避ければ安泰の相性
○亥とは、貴重な資源となるものを提供してくれる相性

★寅年から見る相性

○子とは、心労を理解し打開策を講じてくれる相性関係
○丑とは、表面の華やかさより内的世界を補う相性関係
○寅とは、目標達成のために意気投合のできる相性関係
○卯とは、時代の思潮が共感でき手を携えていける相性

○辰とは、目下や部下あるいは恋人に持つにはよい相性
△巳とは、惜しみない援助に感謝心の薄さを感じる相性
◎午とは、主導権を握られても運勢的には上昇する相性
○未とは、積極的行動が短所を補正してくれる相性関係
●申とは、相互に助け合う心構えが新たな道を開く相性
○酉とは、収拾策で困った場合に力を貸してくれる相性
◎戌とは、心情的な面が和合して気持ち休まる相性関係
○亥とは、同情心を寄せ何かと援助してくれる相性関係

★卯年から見る相性

△子とは、礼節や謝意を欠くと仲違いになりやすい相性
○丑とは、時間をかけて相手の立場を認めればよい相性
○寅とは、感覚のズレを感じるも気分的に合う相性関係
○卯とは、考え方に柔軟性を持たせ相対すればよい相性
△辰とは、双方ともに肌が合わず疎遠になりやすい相性
○巳とは、力を貸して面倒をみれば禍(わざわい)も福に転じる相性
△午とは、努力の蓄積を台なしにされそうに思える相性
◎未とは、年輪を増しても互いに若さが保てる相性関係
○申とは、協力し合って時代を先取りできる貴重な相性
●酉とは、運勢的にズレを生じるも気持ちは通じる相性
◎戌とは、精神的に安心できて喜びを分かち合える相性
◎亥とは、無理なく自然に打ち解け合える安定した相性

★辰年から見る相性

◎子とは、ポストの座が逆転しても和解できる相性関係
△丑とは、爽快さが保てず徐々に気持が離れやすい相性
○寅とは、味方となり難題の解決策を教えてくれる相性
△卯とは、生意気さを感じても七転八起をもたらす相性
△辰とは、相互に依頼性が強く責任を転嫁しやすい相性
○巳とは、便宜を図って親身に対応してくれる相性関係
○午とは、情的な心遣いに感謝し交情も深まる相性関係
○未とは、内と外とは異なるも協力していける相性関係
◎申とは、嫉妬心が気になっても志は通じ合う相性関係
◎酉とは、身勝手さに難あるも放っておけない相性関係
●戌とは、対立すると収拾つかない面に注意を要す相性
○亥とは、心情を察してあげると有力な味方となる相性

★巳年から見る相性

○子とは、束縛される面もあれど互いに向上できる相性
◎丑とは、心おきなく相談できて何事も任せられる相性
△寅とは、口うるさい点を理解すれば助け船となる相性
○卯とは、素朴な割り切りかたが魅力に思える相性関係
○辰とは、竜頭蛇尾に終る脆(もろ)さをカバーすればよい相性
○巳とは、競争意識に注意し共栄に努めれば平穏な相性
○午とは、感情的にならず冷静さを保てれば尚よい相性
○未とは、小さな心配りで運勢も上昇する憎い相性関係

○申とは、権力争いに注意すれば心情も通じ合える相性
◎酉とは、力の限り助け合いお互いが豊かになれる相性
○戌とは、さりげなく打ち解け合える平穏で無難な相性
●亥とは、運勢的には波風も立つが暗に親しくなる相性

★午年から見た相性

●子とは、一触即発的な中にも情熱で結ばれている相性
△丑とは、雰囲気を大切に保ち落し穴に注意を要す相性
◎寅とは、煮つまり状態に陥っても再起できる相性関係
△卯とは、含みや深みを理解し合えば和解もできる相性
○辰とは、寂しくなったときの話し相手によい相性関係
○巳とは、立場を明確にして接すれば能率も上がる相性
△午とは、相互の反発や反抗心を抱かぬ努力を要す相性
◎未とは、離れたくても離れることのできない相性関係
○申とは、現実を生き抜くため双方に必要とされる相性
○酉とは、持ち味を提供し相互の発展が期待できる相性
◎戌とは、心労を労(いたわ)り妙味を話し合える大切な相性関係
○亥とは、運気の勢いを調整してくれる存在の相性関係

★未年から見る相性

△子とは、観察眼の相違が逆に推進力の秘薬となる相性
●丑とは、ここ一番という時に頼りがいとなる相性関係
○寅とは、煙たい相手でも耳を傾ける価値ある相性関係
◎卯とは、パワーアップで斬新(ざんしん)な先取性に恵まれる相性
○辰とは、多少の間延びは生じるも妙案をもたらす相性
○巳とは、隠されている才能の発掘に役立つ貴重な相性
◎午とは、後ろを振り返りたくなるような気になる相性
○未とは、気心も知れて楽しく夢を話し合える相性関係
○申とは、困っても機知と才気で打開も可能となる相性
○酉とは、不利益を承知の上で力となり感謝される相性
△戌とは、親切があだとなり反発し合うような相性関係
◎亥とは、若さと希望の秘術で時代をつくれる相性関係

★申年から見る相性

◎子とは、途方に暮れても乗り越えることのできる相性
○丑とは、志の実現に援助を惜しまない大切な相性関係
●寅とは、相手の発案に耳を傾ければ運気好転する相性
○卯とは、アイデア交換で新たな芽生えに気づける相性
◎辰とは、何事も理解し合えて親身になれる間柄の相性
○巳とは、利害が絡(から)むと厄介でも普段は譲り合える相性
○午とは、気が進まなくても会ってプラスにもなる相性
○未とは、胸の中を察して協力し力を与えてくれる相性
○申とは、引き合う作用は薄くても未来を楽しめる相性
○酉とは、角張らず楽しく過ごせば英知となる相性関係
○戌とは、反感を感じても共通する話題が財となる相性
△亥とは、深入りすると亥が嫌うので間(ま)を要す相性関係

★酉年から見た相性

△子とは、親密になりすぎると破たんを生じやすい相性
◎丑とは、丑が歩調を合わせてくれるので安定した相性
○寅とは、活動しやすい環境を整え提供してくれる相性
●卯とは、実生活では無理でも内面的には引き合う相性
◎辰とは、さりげなく親身になり援護を惜しまない相性
◎巳とは、諸事に無理なく同じ目標に向かって進む相性
○午とは、緊張感を覚えるも独自性の発揮に大切な相性
○未とは、豊かな発想の原点を教えてくれる貴重な相性
○申とは、短期決戦には向くも長期提携には飽きる相性
△酉とは、譲歩し合えば凶も吉に好転化する微妙な相性
△戌とは、戌のためにとサービスしすぎて後悔する相性
○亥とは、運勢を豊かに進展させる鍵に当たる相性関係

★戌年から見た相性

○子とは、発展向上のために資源を提供してくれる相性
△丑とは、譲り合う余裕が息詰まりを解消する相性関係
◎寅とは、緩急の妙味が和合して協力関係が保てる相性
◎卯とは、組織作りに役立つとともに長続きもする相性
●辰とは、辰の持味を活かせば逆に発展向上となる相性
○巳とは、光り輝く活力で勇気を持たせてくれる相性
◎午とは、人生の栄冠を共に喜び合える間柄の相性関係
△未とは、責任問題を避ける努力が凶象を吉と化す相性
○申とは、相手の行為が気になり目が離せない相性関係
△酉とは、気心を認め合えば名誉利達も可能な相性関係
○戌とは、初心を貫徹するように心がければ尚よい相性
○亥とは、積極的な交誼（こうぎ）が両者を格上げするような相性

★亥年から見た相性

○子とは、新旧の違いを認識し合えば平穏な相性関係
○丑とは、生理的に引き合うも表現の明確さを要す相性
○寅とは、主導性を寅に握られても気にはならない相性
◎卯とは、努力の蓄積をみごとに開花させてくれる相性
○辰とは、気おくれしても相手は受け入れてくれる相性
●巳とは、価値観の相違を認識し合えば吉に転じる相性
○午とは、静を動に転化させ希望を持たせてくれる相性
◎未とは、ひと味違う点が魅力で長続きもする相性関係
△申とは、時代感覚のズレを補正し合えば難も去る相性
○酉とは、亥のために酉は尽力しよき理解者となる相性
○戌とは、固く結ばれるためには時間のかかる相性関係
△亥とは、窮屈な感じを払拭すれば共に繁栄できる相性

以上の判断は十二支から十二支を見た相性判断の一例です。相性とは各自がもって生まれた個性であり、その個性が持つ許容範囲内に納まるか否かであり、さらに大切な要因は互いの人生観を理解し合えるか否かです。

十二支の守り本尊

子 年生まれ　千手観世音菩薩

千手観世音菩薩は、千手千眼自在菩薩、二十五世の観音ともいわれています。一手よく二十五有界の衆生を救い、千の慈顔、千の慈手をもって一切の人々の悩みを救い、願いごとは全て叶えてあげようという観音さまの大慈悲心を、具体的な形で示したのがこの像で、お顔が一面のもの、十一面のもの、二十七面のものがあります。

奈良唐招提寺、大阪葛井寺、京都清水寺、和歌山道成寺、宇都宮大谷寺本尊の磨崖仏も有名です。

御縁日は毎月十七日です。

御真言　オン・バザラ・タラマ・キリク・ソワカ

丑・寅 年生まれ　虚空蔵菩薩

虚空蔵菩薩は、全ての福徳と智恵を授け、この菩薩を念ずれば記憶力が良くなるという学徳、聞持の仏で、受験生のお参りが盛んです。災難を除き、病気を治し、さらに財宝に恵まれるので、奈良や京都、茨城村松山の虚空蔵さんでは、男女十三歳になると、智恵と徳が授かるように、「十三まいり」をすることが習慣です。

京都の広隆寺、奈良の法輪寺、矢田寺北僧坊、尾張の虚空蔵、京都の三千院、滋賀の円満寺が有名です。

御縁日は毎月十三日です。

御真言　オン・バザラ・アラタンノウ・オン・タラク・ソワカ

卯 年生まれ　文殊菩薩

平安時代初期には、文殊菩薩に対する単独信仰が比叡山で始められ、伝教大師（最澄）が持ち帰ったといわれる童子の姿をした稚児文殊像は清純さを表象したものです。文殊の智恵を授かろうとする願望があるので、進学や就職など、諸願成就を祈る人で賑わっています。

日本三大文殊と呼ばれるものが、奈良の安倍文殊院の渡海文殊、天橋立にある智恩寺、山形亀岡の大聖寺です。他には、奈良興福寺、京都の光台院の文殊像があります。

御縁日は毎月二十五日です。

御真言　オン・アラハシャ・ノウ

辰・巳 年生まれ　普賢菩薩

天台密教の四大法に普賢延命法があり、「衆生に応じて為に化を現ずる」という、人として本当のあり方を教えてくれたり、他人の為に役に立っている人は、普賢菩薩かも知れません。法隆寺金堂の壁画が最も古く、大倉集古館の普賢像が最も有名で、鳥取豊乗寺は仏画です。

御縁日は毎月二十四日です。

御真言　オン・サンマイヤ・サトバン

午 年生まれ　勢至菩薩（せいしぼさつ）

勢至菩薩は、阿弥陀如来の脇侍としての認識が強くて、単独で作られているものは少ないのですが、月輪の本地として「南無勢至月天使」といわれ、月侍供養の本尊としてまつられています。石に線刻されたのがさいたま市三室にあります。

御縁日は毎月二十三日です。

御真言　オン・サンザン・ザンサク・ソワカ

未・申 年生まれ　大日如来（だいにちにょらい）

凡名を摩訶毘盧遮那仏（まかびるしゃなぶつ）といい、法身の仏とされ、人間、自然、天地の全ての本質を仏格化した密教の主尊で、五智宝冠をいただき智拳印相が金剛界大日如来です。五仏座像の宝冠をかぶって法界定印相が退蔵界大日如来です。

大日如来は真言密教の本尊で全国各地にあり、奈良の大仏は高さ十五米（メートル）近くあって日本一といわれていたが、現在は青森の昭和大仏が二十一米余りで青銅座像仏としては日本一の大きさで、胎内に十二支本尊が全て安置されています。御縁日は毎月八日です。

御真言　オン・アンビラウンケン・バサラ・ダト・バン

酉 年生まれ　不動明王（ふどうみょうおう）

不動金剛明王ともいわれ、大日如来の使者として悪魔煩悩を降伏させるため忿怒相（ふんぬそう）をしています。不動信仰は日本が一番盛んで、成田山を筆頭に、全国各地にたくさんのお不動さんがあります。

御縁日は毎月二十八日です。

御真言　ナウマク・サマンダ・バサラ・ダン・カン

戌・亥 年生まれ　阿弥陀如来（あみだにょらい）

西方極楽浄土の阿弥陀如来を、密教でも金剛界五仏の西方の守護仏として、阿弥陀如来が配されています。

御縁日は毎月十五日です。

御真言　オン・アミリタ・テイ・ゼイ・カラ・ウン

生まれ月別運勢

長瀬充宗

●一月生まれ（丑月）

この月生まれの人は寒さが厳しい季節を生き抜く忍耐力と、静かなる闘志を内に秘めています。たとえ紆余曲折があっても目的に到達する粘り強さと、勤勉でひたむきな努力は長所となります。何事にも慎重で慌てず、良くも悪くもマイペースを堅持します。ただし自我の強さと頑固な点には注意が必要です。対人関係では融和と協調に努めましょう。物質的に恵まれた人が多いです。

今年は周囲から期待されて、重要な仕事を任される年。地味な努力が認められて、開運のチャンスを摑むことになります。キーワードは「あなたの隣に援助者あり」。

●二月生まれ（寅月）

季節は立春となり、万物、特に植物の伸長が顕著なときです。この月生まれの人は積極的で行動力旺盛、じっとしていることが苦手です。向上心が強く、リーダーシップを発揮する人が多いです。慈愛心に富み、困っている人を見れば放っておけないタイプです。明朗闊達ですが対人関係では協調性を心がけましょう。独りよがりと強引なところが短所となります。

今年は積極策に出ることで、過去からの課題を乗り越えて好結果を見ます。我を張らず、仲間との連携や協調が大切な年になります。キーワードは「機は熟した」。

●三月生まれ（卯月）

気温の変化の激しい季節です。この月生まれの人は強気と弱気が同居しているような二面性があります。神経質で迷いやすい性格です。人当たりが柔和で強い人気運に支えられて、開運発展をする人が多いです。流れに沿って素直に成長するとよいですが、屈折した生い立ちのもとではひねくれやすく、複雑な心情の人になりやすいです。男女ともに結婚後の異性問題に注意が必要です。

今年は人から頼りにされることが多く、対人関係でストレスを感じる年。何かと出費もかさむため、財布の口を締めておくこと。キーワードは「時には諦めも肝心」。

●四月生まれ（辰月）

野も山も花の春、陽光天地に満ち溢れる季節に生まれた人で、バイタリティーに溢れ、対人関係では勢いあまって失敗するような傾向があります。勝気で闘争心が強いので、運勢は起伏が大きく、波乱万丈型の人が多くなります。喜怒哀楽が激しく、プライドが高いので短慮と強情を慎んで、他人の忠告に耳を傾けることが開運発展につながります。頭を低く人を立てていくことが肝心。

今年は動きのある年ですが、何事も手を広げ過ぎないことです。完全を求めずに、早めに切り上げることで好結果を得られます。キーワードは「ベストは腹八分目」。

●五月生まれ（巳月）

新緑の色は増し風薫る季節。この月生まれの人は伸び伸びと何の屈託もない、陽気で明朗なタイプの人が多いです。礼儀を重んじ、感受性が鋭敏で、特に美的感覚に優れた人です。適職は技芸などの専門職に就くのが成功への早道になります。執念深いのと嫉妬心がせっかくの才能を埋もれさせてしまう恐れも。愛情問題に注意が必要です。財運が強く、物質的に恵まれた人が多いです。

今年は家庭内や社内といった内輪の問題がテーマになる年。課題を先送りせず、内部充実を心がけることで飛躍が望めます。キーワードは「重要な事は日中に実行」。

●六月生まれ（午月）

時刻にたとえれば正午、季節は盛夏。この月生まれの人は開放的で前進あるのみ、後退することは大の苦手です。明朗活発型の人が多く、何事にもストレートで、あきらめが早く、根気に欠けるところが短所です。集中力を養い、持続性に注意すれば成功も望めます。特殊な専門職か、学芸技能によって成功を収めるタイプ。反抗心を慎み、良いブレーンを持つことが開運のコツです。

今年は新たなものを吸収することで、次のステップにつながる転換の年です。今まで諦めていたことが再び燃え上がります。キーワードは「今まさに飛び立つ時」。

●七月生まれ（未月）

梅雨が明け、夏の太陽が照りつけて海や山の恋しい季節。この月生まれの人は、外柔内剛型で芯の強い一面があります。地味で真面目、こつこつと努力を積み重ねてゆくタイプです。物欲旺盛で物質運は強い人が多く、特に不動産に恵まれる人が多いです。冒険を嫌い、慎重すぎてチャンスを逃しやすいですが、蓄財に励む質素倹約型の人が多く、保守的で堅実です。

今年は何事にも積極的に取り組む意欲が湧いてくる年です。パワーアップには良いですが、周りと孤立しないよう心がけることが必要。キーワードは「人に従う」。

●八月生まれ（申月）

暦の上では立秋となります。窓辺に集く虫の音にも、近づく秋を感じさせます。この月生まれの人は社交性に富み、器用で如才なく、才気煥発にして人の気をそらさない人で、人気運もあります。短所は目先のことを追いすぎて、軽薄な一面を見せることがある点です。利己的主張を押し通して組織の中で孤立しがちです。理論家で好奇心旺盛、弁舌さわやかで多弁な人が多いです。

今年はパワフルに活躍できる積極的な年です。困難だと思ったことでも、身近な所の良き指導者がバックアップしてくれます。キーワードは「自ら教えをこうむること」。

●九月生まれ（酉月）

涼風の立つ頃で、灯火親しむべき候。この月生まれの人は物静かで落ち着いた印象を与えます。地味な努力家で、几帳面で何事にも慎重です。よく働き、自らの地位を築いていく人が多く、知的な分野で頭角を現すタイプです。高慢な態度で自己主張を押し通す傾向があり、理屈っぽいところもあります。金運に恵まれ物質的には豊かです。愛情のトラブルに要注意です。

今年は今まで課題であったことも、テーマを持って積極的に行動すれば、好結果につながる年。何事も不屈の精神で臨むこと。キーワードは「チャレンジあるのみ」。

●十月生まれ（戌月）

秋深く大空も高く澄み切って稲も豊かに稔り、収穫の季節です。この月に生まれた人は物事に忠実で正義感が強く、何よりも信用を重んじ義理人情に厚いです。正直者で活動的、責任感が強く、逆境にあっても不屈の闘志で困難を克服していくタイプです。縄張り意識が強く、防衛本能が前面に出すぎると、自己中心的になりやすく孤立しやすいです。物質的に恵まれる人が多いです。

今年は何かと多忙ですが、華やかで楽しい行事も多い年です。その反面、充実が伴わず空振りに終わる傾向があるので注意。キーワードは「立ち止まり見渡すこと」。

●十一月生まれ（亥月）

落葉の音もうらさびしく日増しに寒さが募り、野も山も霜枯れる季節。この月生まれの人は冷静沈着にして意志堅固、何事にもストレートで直情径行型の人が多く、さっぱりした性格で猪突猛進しやすいです。独断専行になりやすいので、他人の忠告を素直に受け入れることが好結果を招きます。良いブレーンを集め、広範囲なアドバイスに耳を傾けることが発展へのカギとなります。

今年は公私ともに素敵な仲間が周囲に集まってくる賑やかな年です。これまで取り組んできたことの成果が出ます。キーワードは「ちょっと無理してやってみよう」。

●十二月生まれ（子月）

暦の上では冬至を境に一陽来復となります。子は古いものが終わって新しいものが始まる新しい出発とみます。この月生まれの人は蓄財心旺盛で、物質的に恵まれた人が多く、バイタリティーがあり困難に直面しても行動力で難局を突破していく人です。環境に対する順応性は高いものの、変化変転も多く、愛情問題でトラブルを起こしやすい傾向があるので、注意を要します。

今年は発想の転換をするのに好都合の年。身近な関係者の中の些細な言葉に、貴重なヒントが埋もれているので見逃さないこと。キーワードは「逆転の発想が大切」。

九星と相性

石原明順

相性の吉凶を見るのは、お互いが生活していくうえで適した性格であるか、否かを見ることです。従って相性が吉の夫婦の場合は、和合しやすいといえます。また他人同士であっても、共同で仕事をする場合などは、人間関係が特に大切ですから、お互いの相性が吉の場合は円満で協力が得やすくなり、当然仕事の実績も上がるといえます。

そういうことから、現代は多くの人が相性の吉凶について、強い関心をもっておりますが、この考え方はわが国では十五世紀頃から盛んになったといわれます。その相性の見方の根本となっているのは、周易の陰陽観と、次に記す五行説です。

五行説というのは、「木」「火」「土」「金」「水」の五つの気の系列に、自然界の物とか現象などを当てはめ説明するもので、古代の中国から伝えられた考え方です。もともとは古代中国の王朝の交替の説明に用いられたものでしたが、漢代以降は、吉凶禍福を判断する基本的な見方になりました。

相性の吉凶を見る多くの運命方術は、この五行の関係のうえに見て「相生」及び「比和」の関係にあるものを吉とし、「相剋」の関係のあるものを凶とします。次にそれを詳しく説明します。

一、相生の関係

相生の関係とは、お互いに助け合う関係で、ちょうど理想的な親と子との関係のようなもので、大変よい関係とします。それは「木生火」「火生土」「土生金」「金生水」「水生木」の五つの関係をいいます。

「木生火」…木と火との関係では、木は火を生じます。火を作るには木と木とを摩擦して火をおこします。また主要な燃料であった薪はいうまでもありません。石油も石炭ももとは木です。

「火生土」…火と土の関係では、火は土を生じます。火は燃えて灰となり、灰はいずれ化して土となります。

「土生金」…土と金の関係では、土は金を生じます。金属は鉱石よりつくられますが、その鉱石の多くは土中より採掘されます。

「金生水」…金と水との関係では、金は水を生じます。鉱石が発掘されるところには必ず湧水があって、清流があるものです。また厳寒期になると、大気中の水蒸気が金属の表面に水滴となっているのが見られます。

「水生木」…水と木との関係では、水は木を生じます。植物の成長には、水分は欠くことのできない必要なものです。水を断てば木は枯れてしまいます。

このように、相生の関係には生む立場と生まれる立場になるものとがあって、それによって次のような違いを見ることができます。つまり、自分を生じてくれる関係の場合、例えば火から木を見た場合は、子供を中心にした親との関係に当たり、専門的にはその星「木」を生気といって、相手の人からなにかと支援協力を得られることが多いとします。

反対に自分が親に当たっている場合、例えば木から火を見た場合は、専門的にはその星「火」を退気といって、相手の人の世話をしたり、援助する立場になることが比較的多いとします。

二、比和の関係

同じ五行に属するもの同士の関係で、お互いに親しみ助け合うとし、よい関係とします。理想的な兄弟の関係のように見ます。

三、相剋の関係

相剋の関係とは、お互いに対立して相手に勝とうと争う関係で、悪い関係で相性は凶とします。それは、「木剋土」「土剋水」「水剋火」「火剋金」「金剋木」の五つの関係をいいます。

この関係の場合にも、自分が相手を剋害する立場になる関係と、自分が相手から剋害される立場になる関係の二つの場合に分けられます。そしてその両者の間には多少は違いがありますが、相性の吉凶を見る場合は、特にそこまで見る必要はありません。

「木剋土」…木と土との関係では、木は土を剋すとします。木は土の養分を吸い上げて成長するもので、地味は痩せていきます。

「土剋水」…土と水との関係では、土は水を剋すとします。水は低い方に向かって流れていきますが、堤防(土)はその流れに逆らって向きを変えさせたり、水流を抑えたりします。

「水剋火」…水と火との関係では、水は火を剋すとします。水は火の勢いを弱め、水の勢いが強ければ火を消してしまいます。

「火剋金」…火と金との関係では、火は金を剋すとします。金属は火の勢いによって溶け、元の形を全く変えてしまいます。

「金剋木」…金と木との関係では、金は木を剋すとします。木は鋏によって枝を切られ、斧や鋸によって倒されます。そのいずれも鉄によって造られたものです。

以上が五行の相生相剋の関係の説明ですが、この説明はあくまでその関係を覚えやすくするため、理解しやすくするためのものです。例えば「木」といっても、本来は「木」そのものをいっているのではありません。「木気」または「木行」に属するものとして理解するのが正しいのです。

九星を用いる占いは、一般の人に広く馴染（なじ）まれていて、九星による相性の吉凶は広く用いられています。その見方は、主に生まれた年の九星を基にして見ます。関係者の生まれた年の九星を五行に振り当てて、右の五行の相生、比和、相剋の関係のいずれに該当するかを見て、それによって吉凶を断じます。

九星を五行に配当すると次のとおりです。

一白は「水」。二黒は「土」。三碧は「木」。四緑は「木」。五黄は「土」。六白は「金」。七赤は「金」。八白は「土」。九紫は「火」。

相生、相剋の関係をわかりやすく次に図にします。

【縁談と相性について】

縁談が生じた場合に、相性の吉凶は、お互いに和合しやすい性格であるか否かを見ることですから、双方の相性を重く見ることは当然なことです。しかしそのほかに、相手の人の教養、趣味、職業、健康状態、生活力なども検討することが大切です。相性は吉であっても、それが直ちに幸福な結婚を意味するものではありません。このことは誤解されている人も結構おられるようなので、よくご理解いただいて、活用していただくようにお願いいたします。

九星相性吉凶表

◎…吉　△…凶

	一白	二黒	三碧	四緑	五黄	六白	七赤	八白	九紫
一白	◎	△	◎	◎	△	◎	◎	△	△
二黒	△	◎	△	△	◎	◎	◎	◎	◎
三碧	◎	△	◎	◎	△	△	△	△	◎
四緑	◎	△	◎	◎	△	△	△	△	◎
五黄	△	◎	△	△	◎	◎	◎	◎	◎
六白	◎	◎	△	△	◎	◎	◎	◎	△
七赤	◎	◎	△	△	◎	◎	◎	◎	△
八白	△	◎	△	△	◎	◎	◎	◎	◎
九紫	△	◎	◎	◎	◎	△	△	◎	◎

生まれ星の五行による ラッキーカラー

源　真里

ふだん私たちが色と呼んでいるのは、物体が反射した光が目に入って感じる色――物体色――のことです。そしてこの世のあらゆる色は、三原色といわれる赤、青、黄の組み合わせから生まれ、光がすべて反射されたときは白、すべて吸収されたときは黒となって私たちの目に映るのです。彩度（あざやかさ）、明度（明るさ）、色相（色合い）を色の三属性といいますが、これらは、すべて、先に述べた「赤、青、黄、白、黒」という要素の組み合わせから生まれてきます。

さて、東洋運勢学において、吉凶を定める基本理論の一つに五行説（ごぎょうせつ）があります。五行説の考え方は、まずこの世のすべて、森羅万象を「木・火・土・金・水」の五つの要素とそれに属するグループ（五行）に分類します。そして、その循環と相関関係から物事の吉凶や傾向を探っていくのですが、これは言い換えればこの世のすべては五行によって構成されているということです。ここから、五行のどの要素が欠けても完全とは言えず、五行がバランスよく整っていることが望ましい姿であるという考え方が生まれました。

これら五行のシンボルとして、次のように五つの色が配当されています。

木…青　火…赤　土…黄　金…白　水…黒

五行の五色と、色の基本の五色はピタリと一致します。五行説の考え方にしたがって、自分の五行（生まれ星で決まります）と色の五行の相関関係（相性）から、どの色をどのように使っていけば、自分の運命にとってプラスになるのかを導き出すことができます。色は工夫次第で無限の有効性を発揮できるのです。

★ここで注意したいのは、好きな色と自分の色は必ずしも一致しないということ。また、同じ色でもかなりの幅があり、赤といえば真っ赤ではなく、赤は赤系の色、青は青系の色というように、要はその色が何色をベースにした色なのかということが重要なのです。また、青と黄を合わせると緑というように、複数の色を組み合わせれば別の色が生まれますが、同じ緑でも青味の緑なのか、黄味の緑なのかで違いが生じます。

★色は上手に使えば、あなた自身に秘められた力と感応して必要なパワーを効果的に制御して、あなたの運勢をプラスにもっていく働きをするのです。自分の運気に合わせて過不足を補い、バランスを整えることで安定と向上を目指してください。

★色を使う場所はいくらでもあります。まずは自分の色を身につける、自分の色の中に身をおくなどの方法で、身近な生活の中に自分の色を上手に取り入れて使うことから始めましょう。

★特にあなたのメインカラーが、あなたのラッキーカラーコーディネイトの基本色（ベースカラー）となります。衣服、インテリア、アクセサリー、そして各種の生活の小道具まで。財布やハンカチなどの小道具でもラッキーカラーを取り入れると効果がありますから、いつも身近に置いたり身につけているといいでしょう。

あなたを守る色・助ける色

〈表1〉

九星		三・四	九	二・五・八	六・七	一
五行		木	火	土	金	水
メインカラー		青	赤	黄	白	黒
サポートカラー	リリーフ	黒	青	赤	黄	白
	セーブ	赤	黄	白	黒	青
スパイスカラー	アタック	黄	白	黒	青	赤
	レシーブ	白	黒	青	赤	黄

・スパイスカラーは必ずサポートカラーと併用する
・組み合わせは、
　アタックカラーとセーブカラー
　レシーブカラーとリリーフカラー
※各色の意味と使い方は本文参照

〈色の使い方〉

では、具体的に、**誰がどの色をどのように**使ったらいいのかを五行ごとに説明しましょう。色の使い方には何通りもの方法があるのですが、ここでは最も基本的な各人の定まった色を使う方法を示すことにしましょう。

各人の生まれ星が五行のいずれに属するかで五つの色の使い方が変わってきます。まずは〈表1〉で、あなたの生まれ星がどの五行に属するかを見て、自分の五行を自覚することが大切です。

例えば、三碧木星の人の五行は『木』ですし、六白金星の人は『金』という具合です。

自分の五行がわかったら、次は自分の五行のシンボルとなる色、つまり**メインカラー**が何色であるかを見てください。これであなたの色、自分自身のシンボルとなる基本の色が一つ定まります（この色をあなたのメインカラーと呼びます）。この色はあなたを守るとともに、あなた自身の能力、パワーを増幅して質を高め、あなたの運気を活性化してバックアップする守護色となります。

いつもその色を身につける（といっても例えば青い服だけを着るという意味ではなく、どこかしらに青が入っている）というような工夫をしてください。

寝間着や寝具、住まいのインテリア、いつも身につけるアクセサリー等にこの色を使用するのも良い方法です。

【サポートカラー】

さらに、各人にはメインカラーを補助し、パワーを高めたり抑えたりしてコントロールし、運気を安定させる作用をもつ二つの色があります。これらを**サポートカラー**と呼び、パワーを高める作用をする色を**リリーフカラー**、パワーを抑える作用をする色を**セーブカラー**と呼びます。これらには、相性のよくない五行との間に生じるマイナスのパワーを中和する作用もあります。このようにサポートカラーを特定の五行の間の橋渡しをする作用で使用するときは、特にブリッジカラーと呼んでいます。

メイン、リリーフ、セーブ、これら三つの色があなたを守る色、助ける色となるのです。

パワーが不足しているときは凶運につけこまれやすく、またパワーが強過ぎても暴走したり、我が出過ぎたりするなどしてトラブルの原因となる恐れがあります。それぞれの色の働きを上手に生かして、自分のパワーをコントロールしてください。

この他に**スパイスカラー**と呼ぶ二つの色があります。これらは常にメインカラーと併用する必要があります。そしてサポートカラーと併用することで、メインカラーの作用を引き立てる役割を果たすようになります。

■**木の人**

メインカラーは青。サポートカラーは黒と赤。

あなたは青をベースにした色使いをしてください。

積極性を出したいとき、パワー不足のときは黒を、少々自分を抑えたいとき、パワー過剰のときは赤を使うといいでしょう。

あなたがあなたと相性のよくない五行との間に生じるマイナスパワーを中和するために使うブリッジカラーは、土に対しては赤、金に対しては黒を用いてください。また、あなたがスパイスカラーの黄色（土の色）を使うときは、赤（火の色）を、白（金の色）を使うときは黒（水の色）をいっしょに使うといいでしょう。

■**火の人**

メインカラーは赤。サポートカラーは青と黄。

あなたは赤をベースにした色使いをしてください。

積極性を出したいとき、パワー不足のときは青を、少々自分を抑えたいとき、パワー過剰のときは黄を使うといいでしょう。

あなたがあなたと相性のよくない五行との間に生じるマイナスパワーを中和するために使うブリッジカラーは、金に対しては黄、水に対しては青を用いてください。また、あなたがスパイスカラーの白色（金の色）を使うときは黄（土の色）を、黒（水の色）を使うときは青（木の色）をいっしょに使うといいでしょう。

■土の人

メインカラーは黄。サポートカラーは赤と白。

あなたは黄をベースにした色使いをしてください。

積極性を出したいとき、パワー不足のときは赤を、少々自分を抑えたいとき、パワー過剰のときは白を使うといいでしょう。

あなたがあなたと相性のよくない五行との間に生じるマイナスパワーを中和するために使うブリッジカラーは、木に対しては赤、水に対しては白を用いてください。また、あなたがスパイスカラーの青（木の色）を使うときは赤（火の色）を、黒（水の色）を使うときは白（金の色）をいっしょに使うといいでしょう。

■金の人

メインカラーは白。サポートカラーは黄と黒。

あなたは白をベースにした色使いをしてください。

積極性を出したいとき、パワー不足のときは黄を、少々自分を抑えたいとき、パワー過剰のときは黒を使うといいでしょう。

あなたがあなたと相性のよくない五行との間に生じるマイナスパワーを中和するために使うブリッジカラーは、木に対しては黒、火に対しては黄を用いてください。また、あなたがスパイスカラーの赤（火の色）を使うときは黄（土の色）を、青（木の色）を使うときは黒（水の色）をいっしょに使うといいでしょう。

■水の人

メインカラーは黒。サポートカラーは白と青。

あなたは黒をベースにした色使いをしてください。

積極性を出したいとき、パワー不足のときは白を、少々自分を抑えたいとき、パワー過剰のときは青を使うといいでしょう。

あなたがあなたと相性のよくない五行との間に生じるマイナスパワーを中和するために使うブリッジカラーは、火に対しては青、土に対しては白を用いてください。また、あなたがスパイスカラーの黄（土の色）を使うときは白（金の色）を、赤（火の色）を使うときは青（木の色）をいっしょに使うといいでしょう。

以上、五行ごとに基本的な色の使い方を説明しました。日常の生活の中に上手にあなたの色を取り入れて、あなたを守る色、助ける色〈ラッキーカラー〉として使ってください。

気学傾斜法

（特別寄稿）富久純光

傾斜法とは、人が誕生した時を支配する生まれ星（生年を支配する本命星と、生月を支配する月命星）がどのような関係をもっているかを考察して、本命星と月命星の組み合わせから導かれる傾斜宮、ならびに月命星を中心にしてさまざまな判断を行おうとする鑑定法です。

通常の気学では、本命星を主に性格や運勢を考察するのですが、傾斜法では月命星を中心におき、月盤上のどの位置（宮）に本命星が廻座しているかということで、『傾斜宮』というものを導き出します。そして、その傾斜宮を定位とする九星の性質や、月盤の九星の配置、月盤上の各種吉凶要素の配置によって、その人の内面に存在する性質や運勢の傾向を考察します。いわば、視座を変えて、別の方向から当人の性質や運勢傾向を考察するのです。持って生まれた自己の性格、そこに秘められた才能や長所、そして欠点や短所を、自己の個性として十分に認知することはとても大切で有用なことなのです。自己の才能や特徴を十分に活かし、適性に合った生き

表1　月盤と傾斜宮の早見表
（■は傾斜宮に暗剣殺・月破などの凶神のついている人）

星	一		二		三		四		五		六		七		八		九	
生月	傾斜	月盤	傾斜	月盤	傾斜	月盤	傾斜	月盤	傾斜	月盤	傾斜	月盤	傾斜	月盤	傾斜	月盤	傾斜	月盤
2	兌	8	中	2	震	5	坎	8	艮	2	乾	5	巽	8	**坤**	2	離	5
3	艮	7	乾	1	**巽**	4	坤	7	離	1	**兌**	4	中	7	震	1	坎	4
4	離	6	兌	9	中	3	震	6	坎	9	艮	3	**乾**	6	巽	9	坤	3
5	坎	5	**艮**	8	**乾**	2	巽	5	坤	8	離	2	兌	5	中	8	震	2
6	坤	4	離	7	兌	1	中	4	震	7	**坎**	1	艮	4	乾	7	巽	1
7	**震**	3	坎	6	**艮**	9	乾	3	巽	6	坤	9	離	3	兌	6	中	9
8	巽	2	坤	5	離	8	兌	2	中	5	震	8	坎	2	**艮**	5	乾	8
9	中	1	**震**	4	坎	7	艮	1	乾	4	巽	7	坤	1	離	4	兌	7
10	乾	9	**巽**	3	坤	6	**離**	9	兌	3	中	6	震	9	坎	3	艮	6
11	兌	8	中	2	震	5	坎	8	艮	2	乾	5	**巽**	8	**坤**	2	離	5
12	艮	7	乾	1	**巽**	4	坤	7	**離**	1	兌	4	中	7	震	1	坎	4
1	離	6	兌	9	中	3	震	6	坎	9	艮	3	**乾**	6	巽	9	**坤**	3

方をすることで、より積極的に生きることができます。

傾斜法は、的確にあなたの個性を浮き彫りにしてくれることでしょう。

傾斜法による性格判断で注意すべきは、傾斜宮だけで短絡的に性格を判断すべきではないということです。その人の表面に表れる性格や運勢の状態は、あくまで本命星を主としてみる（本文中の各九星の「基本運勢・性格」の項を参照）べきなのです。傾斜宮による性格は、あくまで補足的なものと考えて、表面には表れていない、その人の内面に存在する隠れた性格（あるいは、潜在意識の中におけるものの感じ方や考え方……無意識の本音）として捉えるとよいのです。

傾斜法の第一歩は、自分の傾斜宮を見つけることです。〈表1〉を使ってあなたの傾斜宮を探してください。

★本命星と月命星が同じになる人は中宮傾斜といって、通常とは別のルールで傾斜宮が定まります〈表2参照〉。

中宮傾斜の人は、通常より波乱性が高いので常に安定志向を心がける必要があります。

★〈表1〉の自分の傾斜宮が■の表示になっている人は、傾斜宮に月破や暗剣殺などの凶神がつく人です。これらの人は、運勢上に波乱が多く、目的に向かって行動してもさまざまな障害に行く手を遮（さえぎ）られたりして中途挫折しやすく、無理がきかないタイプです。何事も七分八分の

表2　中宮傾斜の人の傾斜

中宮星	一	二	三	四	五	六	七	八	九
傾斜宮	離	乾	巽	震	無	坤	艮	兌	坎
傾斜九星	九	六	四	三	無	二	八	七	一

★中宮傾斜の人の傾斜宮は、自己の九星の定位の裏卦とし、五黄中宮の場合は、傾斜せずとする。

★中宮傾斜に関しては他にもいくつかの学説がありますが、本稿では前途の説を採用します。

各傾斜宮と九星定位の関係は次のとおりです。

坎宮傾斜…一白水星
坤宮傾斜…二黒土星
震宮傾斜…三碧木星
巽宮傾斜…四緑木星
乾宮傾斜…六白金星
兌宮傾斜…七赤金星
艮宮傾斜…八白土星
離宮傾斜…九紫火星

南

東 \ 西		
巽宮 四緑	離宮 九紫	坤宮 二黒
震宮 三碧	中宮 五黄	兌宮 七赤
艮宮 八白	坎宮 一白	乾宮 六白

北

傾斜宮による性格的特徴は傾斜宮を定位とする九星の性質を強く反映します。

ところで良しとする姿勢を心がけると無難です。

以下に傾斜宮ごとの性格の特徴をまとめておきます。

坎宮傾斜

良い面　思慮深く、論理的。計画的で用心深いので大きな失敗は少ない。仕事に忠実で、自分の才能を活用することが上手。辛抱強い。

悪い面　健康面に不安がある。理屈っぽい。猜疑心が強く、臆病で人を信用しない。秘密主義で自分の気持ちをオープンにしない。情に流されやすい。

坤宮傾斜

良い面　真面目で実直な努力家。素直で面倒見がよく人に親切。安定志向で無茶をしない。忠誠心が高く、地道にコツコツ職務を果たす。

悪い面　決断力に欠け、自主性に欠ける。指示待ち的で責任をとらない。短絡的で目先の欲得に弱い。リーダーシップがとれない。向上心に欠ける。

震宮傾斜

良い面　前向きで、積極的で明るい。行動的で、チャレンジ精神と好奇心が強い。直感力と決断力がある。進取の気性があり発想力がある。

悪い面　落ち着きがなく計画性に欠ける。せっかちで神経質で怒りっぽい。気分屋で一貫性に欠ける。大言壮語を好み、虚言に対する罪悪感が少ない。

巽宮傾斜

良い面　バランス感覚に優れ商才や社交の才がある。温和な平和主義者で調整役に適任。物事を上手にまとめる。情報力に優れ幅広い視野をもつ。

悪い面　調子がよく、八方美人的。外面がいい分内面は悪い。優柔不断で決断力に欠ける。放浪癖があり外出好きで落ち着きがない。お人好し。

乾宮傾斜

良い面　大局的に物事を考え社会的。責任感、正義感が強く真面目。リーダーシップをとれる。完璧主義で規則を守る。負けず嫌いで努力家。

悪い面　気位が高く人を見下す。無愛想で協調性がない。人の上に立って仕切りたがる。融通性がなく頑固。負けず嫌いで勝負にこだわる。

兌宮傾斜

良い面　柔軟で器用。社交的で如才ない。弁が立ち説得力がある。お洒落で楽しい。サービス精神旺盛。楽観的で心の潤いを大切にする。味覚が鋭い。

悪い面　自己中心的でわがまま。アバウトで責任感に欠ける。道楽や色情や酒食に溺れやすい。自己制御が苦手。規則にルーズ。楽をしたがる。

艮宮傾斜

良い面　家庭的で家族、身内を大切にする。独立心、向上心が旺盛。改良、改善の工夫をする。専門性が高く、こだわりの職人気質。潔癖で凝り性。

悪い面　強欲で頑固。融通性がない。思い込みが激しく説明不足。安定性がなく常に変化を求め、移り気で飽きっぽい。他人の気持ちに無頓着。

離宮傾斜

良い面　発想力が豊かなアイデアマン。高尚の気性で、上昇志向が強く名誉を重んじる。派手好きで陽気な情熱家。白黒を明確にし決断力を有する。

悪い面　移り気で飽きっぽく、熱しやすく冷めやすい。高慢な態度で人を見下す。勝ち気で嫉妬深い。感情的になって争いを生じがち。見栄っ張り。

なお、傾斜宮に暗剣殺や月破などの凶神（凶要素）を持つ場合には、傾斜宮による性格タイプのよい特徴は現れにくく、悪い面が強調されることになります。また、良い面に関しては、むしろ、その正反対の状態となり悪い面として表れやすいようです。

傾斜宮に凶神を持つ人は、その特徴となる悪い面を抑え、良い面を引き出す方向で努力することで凶神の作用を抑えることができます。また前述したとおり、無理のきかないタイプなので、自分の限界を考えて、何事も余裕をもって行える範囲内に抑えれば無難となります。

傾斜宮による性格は、表面には表れない内面的な（潜在意識として存在する本音的な）ものの感じ方や思考のしかたに表れます。本命星による性格やタイプと異なる場合でも、『私（あの人）には、こういう一面もあるのだ』というような理解のしかたをしてください。

傾斜法による鑑定は、生月の月盤を重要視することに特徴があります。生月盤のどの宮にどのような星（九星）がどのような状態で廻座しているかによって様々な運の鑑定をするのです（本稿では特に凶神として暗剣殺・月破・五黄の存在に注目し、また紙面の都合上、天道・天徳・月徳・生気などの吉神の作用やその解説は省略しました）。

以下に結婚運と家庭運の鑑定法をごく簡単に記します。

■結婚運の見方■

結婚運を見るときは、主として巽宮と兌宮の状態に注目します。また、生月盤の中の、四緑木星と七赤金星の状態にも注目します。

《傾向》

生月盤の巽宮や兌宮に暗剣殺や月破などの凶神がついている場合や、巽宮や兌宮に五黄土星が廻座している場合は、家庭不和や離婚の状態に向かいやすく、初婚では収まりにくい可能性を示しています。

このような場合には、相手（夫や妻）の仕事や性格、気持ちを理解できない（理解しようとしない）で、自分本位に物を見たり、考えたりして結果的に相手の邪魔をするハメになるとか、感情的になって争う、相手を非難、中傷したりして円満に向かう努力がなされないことが多いようです。

《対策》

この場合はパートナーの生月盤の巽宮や兌宮に凶神（暗剣殺・月破・五黄殺）が存在しない人や、相性の良い人を選ぶことで無難となります。万一、自分とパートナーの両方の生月盤の状態が悪いときには、互いへの配慮、思いやりを忘れず、特に日常の言葉遣いや態度に十分注意してトラブルを未然に防ぐ生活態度が大切です。

《巽宮・兌宮の凶神》

一般に生月盤の巽宮や兌宮に凶神（暗剣殺・月破・五黄）があったり、四緑木星や七赤金星が凶神（暗剣殺・月破）を帯同する人は、自己の理想や意見、意識を相手に押しつけがち（つまりわがまま）な傾向が強いようです。自己の理想を相手に押しつけるだけで相手への理解に欠けるため、相手の短所や欠点に気づかずにいたり、また、相手に対する協調や同調の精神を著しく欠くことが多いため、不和の状態に追い込まれてしまう傾向が高いのです。心当たりのある人は注意しましょう。

《婚期》

生月盤の巽宮や兌宮に、土星の星（二黒土星、五黄土星、八白土星）が入っている場合は、晩婚の傾向が出やすく、結婚話の進み方もゆっくりです。このような場合は、むしろ晩婚であったり、ゆっくり話を進める方が、良い結果となりやすいのです。

この他の普通の婚期の場合は、相性のよい相手を選べば無難です。要は、自分の結婚運をよく知って、相手を選ぶことが大切なのです。

《相性》

相性の良し悪しは人間関係に大きな影響を与えます。相性が良ければプラスの作用が期待でき、相性が悪ければマイナスの作用が心配されます。

人生の半分以上を共にする配偶者の選択は人生を大きく左右する要素といえます。結婚相手との相性がよければ、夫婦の関係を良好に保つための大きな助力を得ることが期待できます。ここでは参考のため、よい相性の相手『自分の傾宮からみた吉となる傾斜宮』を示します。

坎宮傾斜からみて相性が吉となる傾斜宮
乾宮傾斜　兌宮傾斜　震宮傾斜　巽宮傾斜

坤宮傾斜からみて相性が吉となる傾斜宮
離宮傾斜　兌宮傾斜　乾宮傾斜　艮宮傾斜

震宮傾斜からみて相性が吉となる傾斜宮
離宮傾斜　坎宮傾斜　巽宮傾斜

巽宮傾斜からみて相性が吉となる傾斜宮
離宮傾斜　坎宮傾斜　震宮傾斜

乾宮傾斜からみて相性が吉となる傾斜宮
坤宮傾斜　艮宮傾斜　兌宮傾斜　坎宮傾斜

兌宮傾斜からみて相性が吉となる傾斜宮
坤宮傾斜　艮宮傾斜　乾宮傾斜　坎宮傾斜

艮宮傾斜からみて相性が吉となる傾斜宮
離宮傾斜　兌宮傾斜　乾宮傾斜　坤宮傾斜

離宮傾斜からみて相性が吉となる傾斜宮
震宮傾斜　巽宮傾斜　坤宮傾斜　艮宮傾斜

■家庭運の見方■

家庭運の見方は、結婚運と深く関連しています。

ここでは、女性の家庭運は夫運と見做（みな）して生月盤の乾宮の状態をみて判断し、また、男性の家庭運は妻運と見做して生月盤の坤宮の状態をみて判断します。

女性の生月盤の乾宮、男性の生月盤の坤宮に凶神がつく場合の作用はおおむね以下のような傾向を示します。

月　破　性格的に偏っていたり、争い事が多い。相性が悪い場合は離婚に至ることも多い。悪くすると夫や妻に先立たれる場合もある。

暗剣殺　この凶神がついている宮（乾宮か坤宮）に入っている星の悪い面の性格が表出し、良い面は正反対の欠点となって現れる。
特に女性の乾宮に暗剣殺がある場合は、夫の道楽や借金で苦労する暗示となることもある。

五　黄　妻は、強情できつい性格のいわゆるカカア天下。夫は、頑固で強情で偏屈な性格。収入の不安定の暗示となる。また、夫や妻の身体が弱いとか持病や障害があって無理ができない状態を示すこともある。

■生まれ月について■

『生月盤』は、生まれた月の九星配置を示す九星盤です。傾斜法などの東洋占術（気学、四柱推命他）に用いられる年や月の区切りは、通常の西暦のカレンダー上の区切りとは異なります。東洋占術における年の区切りでは立春から翌年の節分までを一年とし、月の区切りは『節月』という区切り方で一月（ひとつき）を定義します。『節月』における月首（月始め）は、二十四節気の立春からスタートした、一つおきの節気です（本書七ページからの『暦の予備知識』のところに二十四節気の解説があります）。

月が入れ替わる日を『節変わり日』と呼んでいます。ある月の節変わり日から、翌月の節変わり日の前日までが『ひと月』なのです。例えば、二月節は立春から啓蟄の前日まで、三月節は啓蟄から清明の前日までです。

各月の『節変わり日』と節気はおおむね以下のようです（過去五十年の平均値。年によって前後に一日程度ずれることもあります。詳しくは万年暦等を参照）。

二月	立春	四日頃	三月	啓蟄	六日頃
四月	清明	五日頃	五月	立夏	六日頃
六月	芒種	六日頃	七月	小暑	七日頃
八月	立秋	八日頃	九月	白露	八日頃
十月	寒露	八・九日頃	十一月	立冬	七日頃
十二月	大雪	七日頃	一月	小寒	六日頃

一白・四緑・七赤（子卯午酉）の年の月盤

（■は暗剣殺、○は月破、▨は五黄殺の凶神を示す。なお、月盤上の天道・天徳・生気その他の吉神は省略）

2月（立春）寅

7	3	▨⑤
6	8	1
■2	4	9

3月（啓蟄）卯

6	2	4
▨5	7	■⑨
1	3	8

4月（清明）辰

▨5	1	3
4	6	8
9	2	■⑦

5月（立夏）巳

4	9	2
3	5	7
8	1	⑥

6月（芒種）午

■3	8	1
2	4	6
7	⑨	▨5

7月（小暑）未

2	7	9
■1	3	▨5
⑥	8	4

8月（立秋）申

1	6	■8
9	2	4
▨⑤	7	3

9月（白露）酉

9	▨5	7
⑧	1	3
4	■6	2

10月（寒露）戌

⑧	■4	6
7	9	2
3	▨5	1

11月（立冬）亥

⑦	3	▨5
6	8	1
■2	4	9

12月（大雪）子

6	②	4
▨5	7	■9
1	3	8

1月（小寒）丑

▨5	1	③
4	6	8
9	2	■7

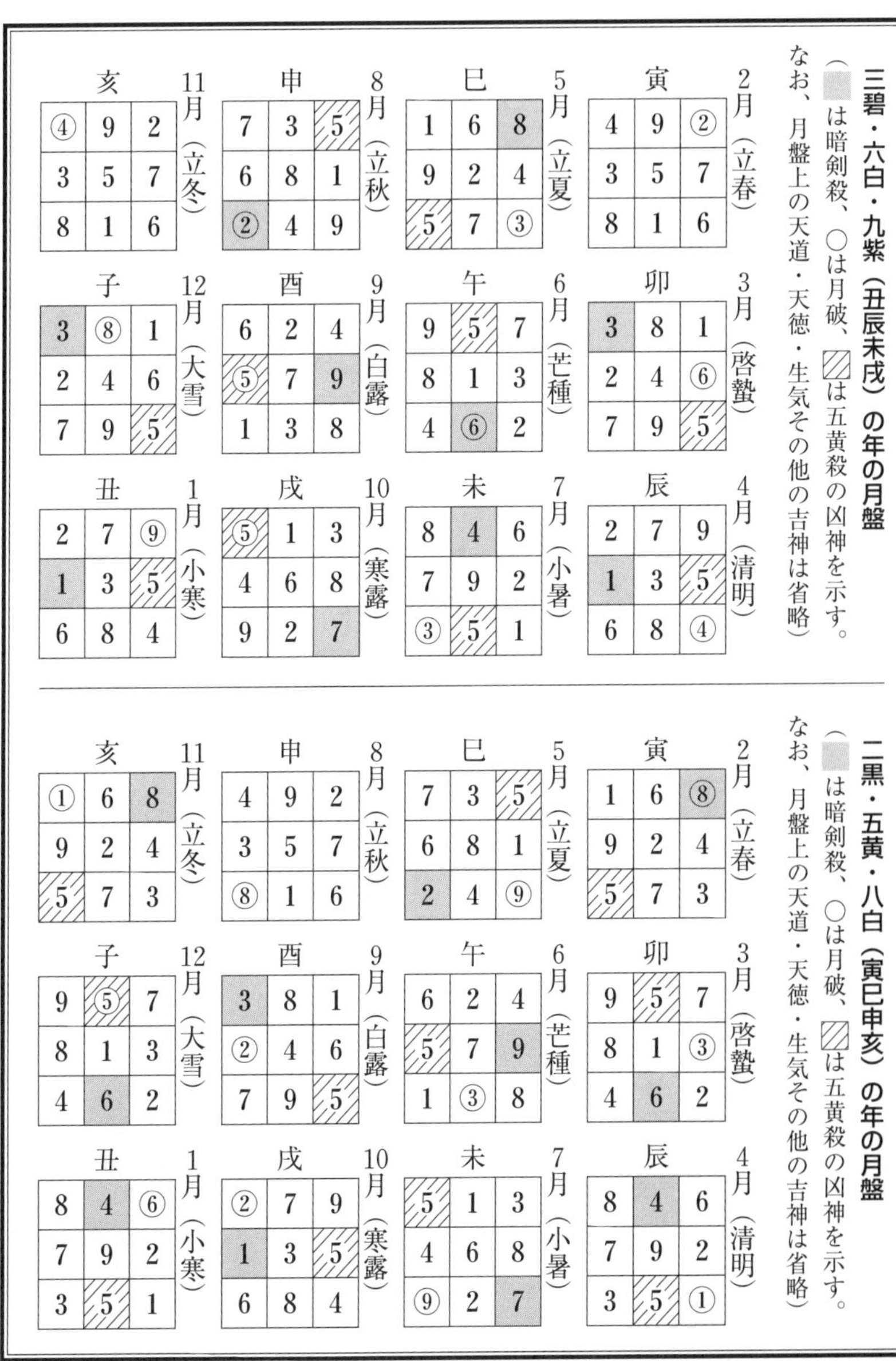

三碧・六白・九紫（丑辰未戌）の年の月盤

（▒は暗剣殺、○は月破、▨は五黄殺の凶神を示す。なお、月盤上の天道・天徳・生気その他の吉神は省略）

2月（立春）寅

4	9	②
3	5	7
8	1	6

3月（啓蟄）卯

3	8	1
2	4	⑥
7	9	5

4月（清明）辰

2	7	9
1	3	5
6	8	④

5月（立夏）巳

1	6	8
9	2	4
5	7	③

6月（芒種）午

9	5	7
8	1	3
4	⑥	2

7月（小暑）未

8	4	6
7	9	2
③	5	1

8月（立秋）申

7	3	5
6	8	1
②	4	9

9月（白露）酉

6	2	4
⑤	7	9
1	3	8

10月（寒露）戌

⑤	1	3
4	6	8
9	2	7

11月（立冬）亥

④	9	2
3	5	7
8	1	6

12月（大雪）子

3	⑧	1
2	4	6
7	9	5

1月（小寒）丑

2	7	⑨
1	3	5
6	8	4

二黒・五黄・八白（寅巳申亥）の年の月盤

（▒は暗剣殺、○は月破、▨は五黄殺の凶神を示す。なお、月盤上の天道・天徳・生気その他の吉神は省略）

2月（立春）寅

1	6	⑧
9	2	4
5	7	3

3月（啓蟄）卯

9	5	7
8	1	③
4	6	2

4月（清明）辰

8	4	6
7	9	2
3	5	①

5月（立夏）巳

7	3	5
6	8	1
2	4	⑨

6月（芒種）午

6	2	4
5	7	9
1	③	8

7月（小暑）未

5	1	3
4	6	8
⑨	2	7

8月（立秋）申

4	9	2
3	5	7
⑧	1	6

9月（白露）酉

3	8	1
②	4	6
7	9	5

10月（寒露）戌

②	7	9
1	3	5
6	8	4

11月（立冬）亥

①	6	8
9	2	4
5	7	3

12月（大雪）子

9	⑤	7
8	1	3
4	6	2

1月（小寒）丑

8	4	⑥
7	9	2
3	5	1

四柱推命

東海林 秀樹

本稿四柱推命では、歴史的背景、占法的意義、推察可能範囲、方法について、順次解説を試みたいと思います。本稿は一般読者を対象としていますので、あまり専門的な部分まで踏み込めませんが、四柱推命とはこのような術であるということをお知らせしたいと考えています。

残念ながら我が国において、正しく中華の地より伝承されたとはいえない現状が存在します。単に通変星と補助星である十二運星との組み合わせ、また、全くの枝葉の判断である神煞吉凶星をことさら強調して拡大判断をするような方法は、本来の四柱推命とはあまり関係はないと考えます。本稿は紙数の関係もあり多くを詳述できませんが、本来の推命とは五行の強弱、調候と呼ばれている生まれた季節を考察し、最終的に日干にとって必要な五行干支を導き出します。それを用神（用神を扶ける五行を喜神という）と正式には呼びます。日干にとって害となる五行干支を忌神と呼んでいます。その後、通変星などに対する吉凶の影響を見るのです。あくまでも個人差を重視する術なのです。

●歴史について

歴史的な背景については諸説あり、絶対的な根拠はないでしょう。中国戦国時代に鬼谷子といわれている軍略家であり、導師が初歩的な干支術を創始したのが淵源と思われます。因みに鬼谷易（五行易）も彼の作とされます。さらに時代が下り、李虚中などが生年の干支より星を算出する法などを巷に流布したのですが、社会が複雑化するに従い、これでは的確な判断ができにくく、その後、西暦九二〇年頃に徐子平が『淵海子平』を著し、現代の推命の形に近づけたといわれています。

この書を江戸時代に長崎に寄港していたポルトガル人より入手し、この書の研鑽に没頭した人物に桜田虎門がいます。彼はこれを元とし、『推命書』四巻として発刊し現代に至っています。ただ残念なことに日本ではこの書を絶対視したことから、中国では推命のバイブルといわれており、推命におけるテクニックの宝庫と呼ばれる『滴天髄』などに研究が及ばなかったのが、その後の術の発展に停滞を招いた主たる原因と思われます。

因みに四柱推命と呼ばれる言葉は、明治に活躍した推命家で、松本某という方が命名したといわれています。中国では八字とか子平と呼ばれています。

●占法と手順

干支や星を導き出すについて、その人の正しい生年月日時を必要とします。生時が不明で、生年月日のみで判定した場合、四柱ではなく単に三柱推命となってしまうでしょう。これはしかたがない部分もありますが、やはりなるべく正確な生時を使用したいものです。

ではその干支と星の算出法をできるかぎりわかりやすく説明します。図示すると以下のようになります。

年	月	日	時
年の干支（蔵干）	月の干支（蔵干）	日の干支（蔵干）	時の干支（蔵干）
通変	通変	通変	通変
十二運	十二運	十二運	十二運

ステップ1

万年歴などを用いて生年月日時より、年の干支、月の干支、日の干支、時の干支、つまり四柱を導き出すことが最初の作業となります。

表1　出生時刻の干支早繰り表

刻名	時間区分＼生日干	甲日 己日	乙日 庚日	丙日 辛日	丁日 壬日	戊日 癸日
子	午後 11時0分 午前 0時59分	甲子	丙子	戊子	庚子	壬子
丑	午前 1時0分 2時59分	乙丑	丁丑	己丑	辛丑	癸丑
寅	午前 3時0分 4時59分	丙寅	戊寅	庚寅	壬寅	甲寅
卯	午前 5時0分 6時59分	丁卯	己卯	辛卯	癸卯	乙卯
辰	午前 7時0分 8時59分	戊辰	庚辰	壬辰	甲辰	丙辰
巳	午前 9時0分 10時59分	己巳	辛巳	癸巳	乙巳	丁巳
午	午前 11時0分 午後 0時59分	庚午	壬午	甲午	丙午	戊午
未	午後 1時0分 2時59分	辛未	癸未	乙未	丁未	己未
申	午後 3時0分 4時59分	壬申	甲申	丙申	戊申	庚申
酉	午後 5時0分 6時59分	癸酉	乙酉	丁酉	己酉	辛酉
戌	午後 7時0分 8時59分	甲戌	丙戌	戊戌	庚戌	壬戌
亥	午後 9時0分 10時59分	乙亥	丁亥	己亥	辛亥	癸亥

ステップ2

次の作業として各年、月、日、時の干支の下の（　）に『蔵干（ぞうかん）』、つまり十二支が内包する干を書き入れます。これは、十二支の中に蔵された十干の要素で、四柱推命において本来は重要なファクターとなります。各支に複数の干が含まれますが、やや算出が複雑になるので、本稿ではすべて省略いたします。

表2　簡易万年暦表

西暦	邦暦	干支	指数	九星	逆算
1921	大10	辛酉	0	7	
1922	11	壬戌	5	6	
1923	12	癸亥	10	5	
1924	13	甲子	15	4	
1925	14	乙丑	21	3	
1926	昭元	丙寅	26	2	
1927	2	丁卯	31	1	
1928	3	戊辰	36	9	
1929	4	己巳	42	8	
1930	5	庚午	47	7	
1931	6	辛未	52	6	
1932	7	壬申	57	5	
1933	8	癸酉	3	4	
1934	9	甲戌	8	3	
1935	10	乙亥	13	2	
1936	11	丙子	18	1	
1937	12	丁丑	24	9	
1938	13	戊寅	29	8	
1939	14	己卯	34	7	
1940	15	庚辰	39	6	
1941	16	辛巳	45	5	
1942	17	壬午	50	4	
1943	18	癸未	55	3	
1944	19	甲申	0	2	
1945	20	乙酉	6	1	
1946	21	丙戌	11	9	
1947	22	丁亥	16	8	
1948	23	戊子	21	7	
1949	24	己丑	27	6	
1950	25	庚寅	32	5	
1951	26	辛卯	37	4	
1952	27	壬辰	42	3	
1953	28	癸巳	48	2	
1954	29	甲午	53	1	
1955	30	乙未	58	9	
1956	31	丙申	3	8	
1957	32	丁酉	9	7	
1958	33	戊戌	14	6	
1959	34	己亥	19	5	
1960	35	庚子	24	4	
1961	36	辛丑	30	3	
1962	37	壬寅	35	2	
1963	38	癸卯	40	1	
1964	39	甲辰	45	9	
1965	40	乙巳	51	8	
1966	41	丙午	56	7	
1967	42	丁未	1	6	
1968	43	戊申	6	5	
1969	44	己酉	12	4	
1970	45	庚戌	17	3	
1971	46	辛亥	22	2	
1972	47	壬子	27	1	
1973	48	癸丑	33	9	
1974	49	甲寅	38	8	
1975	50	乙卯	43	7	
1976	51	丙辰	48	6	
1977	52	丁巳	54	5	
1978	53	戊午	59	4	
1979	54	己未	4	3	
1980	55	庚申	9	2	
1981	56	辛酉	15	1	
1982	57	壬戌	20	9	
1983	58	癸亥	25	8	
1984	59	甲子	30	7	
1985	60	乙丑	36	6	
1986	61	丙寅	41	5	
1987	62	丁卯	46	4	
1988	63	戊辰	51	3	
1989	平元	己巳	57	2	
1990	2	庚午	2	1	
1991	3	辛未	7	9	
1992	4	壬申	12	8	
1993	5	癸酉	18	7	
1994	6	甲戌	23	6	
1995	7	乙亥	28	5	
1996	8	丙子	33	4	
1997	9	丁丑	39	3	
1998	10	戊寅	44	2	
1999	11	己卯	49	1	
2000	12	庚辰	54	9	
2001	13	辛巳	0	8	
2002	14	壬午	5	7	
2003	15	癸未	10	6	
2004	16	甲申	15	5	
2005	17	乙酉	21	4	
2006	18	丙戌	26	3	
2007	19	丁亥	31	2	
2008	20	戊子	36	1	
2009	21	己丑	42	9	
2010	22	庚寅	47	8	
2011	23	辛卯	52	7	
2012	24	壬辰	57	6	
2013	25	癸巳	3	5	
2014	26	甲午	8	4	
2015	27	乙未	13	3	
2016	28	丙申	18	2	
2017	29	丁酉	24	1	
2018	30	戊戌	29	9	
2019	令元	己亥	34	8	
2020	2	庚子	39	7	
2021	3	辛丑	45	6	
2022	4	壬寅	50	5	
2023	5	癸卯	55	4	
2024	6	甲辰	60	3	

(注)この簡易万年暦の指数は１月１日を基準にして作成していますので、立春前に生まれた人でも、年月の指数は変えないでそのまま用います。

ステップ3

次の作業として、各四柱の下に『十二運』を書き入れます（表3参照）。この十二運は生日の干（日干）と、年、月、日、時の各柱の十二支より導き出します。本稿では各十二運の意味合いにはあまり深く言及しないこととし、簡便な意味合いを説明いたします。

ステップ4

次に表4を使って『通変星』を算出します。年柱、月柱、日柱、時柱の天干に附します。通変星は本来十種類あり、本稿では年干、月干、時干を中心として算出する法を採用しますが、本来は各柱の蔵干にも通変星を附します。

ステップ5

次に『空亡』を日干支より導き出して（表5参照）命式の外側に記しておきます。空亡は本来の推命においては重要度はあまり高くはないと思われます。空亡は宿命に対して微妙に作用し、空亡が年運に及ぼす影響は多少あるでしょう。

ステップ6

本来は次に大運を算出しますが、本稿では割愛いたします。

ステップ7

次に身強と身弱の区別をしますが、本稿では割愛いたします。

表3　十二運（十二誘導星）配当表

十二運＼生日干	甲	乙	丙・戊	丁・己	庚	辛	壬	癸
胎	酉	申	子	亥	卯	寅	午	巳
養	戌	未	丑	戌	辰	丑	未	辰
長生	亥	午	寅	酉	巳	子	申	卯
沐浴	子	巳	卯	申	午	亥	酉	寅
冠帯	丑	辰	辰	未	未	戌	戌	丑
建禄	寅	卯	巳	午	申	酉	亥	子
帝旺	卯	寅	午	巳	酉	申	子	亥
衰	辰	丑	未	辰	戌	未	丑	戌
病	巳	子	申	卯	亥	午	寅	酉
死	午	亥	酉	寅	子	巳	卯	申
墓	未	戌	戌	丑	丑	辰	辰	未
絶	申	酉	亥	子	寅	卯	巳	午

表4　変通星（通変星）配当表

生日干＼変通星	比肩	劫財	食神	傷官	偏財	正財	偏官	正官	偏印	印綬
甲	甲	乙	丙	丁	戊	己	庚	辛	壬	癸
	寅	卯	午	巳	戌辰	未丑	申	酉	子	亥
乙	乙	甲	丁	丙	己	戊	辛	庚	癸	壬
	卯	寅	巳	午	未丑	戌辰	酉	申	亥	子
丙	丙	丁	戊	己	庚	辛	壬	癸	甲	乙
	午	巳	戌辰	未丑	申	酉	子	亥	寅	卯
丁	丁	丙	己	戊	辛	庚	癸	壬	乙	甲
	巳	午	未丑	戌辰	酉	申	亥	子	卯	寅
戊	戊	己	庚	辛	壬	癸	甲	乙	丙	丁
	戌辰	未丑	申	酉	子	亥	寅	卯	午	巳
己	己	戊	辛	庚	癸	壬	乙	甲	丁	丙
	未丑	戌辰	酉	申	亥	子	卯	寅	巳	午
庚	庚	辛	壬	癸	甲	乙	丙	丁	戊	己
	申	酉	子	亥	寅	卯	午	巳	戌辰	未丑
辛	辛	庚	癸	壬	乙	甲	丁	丙	己	戊
	酉	申	亥	子	卯	寅	巳	午	未丑	戌辰
壬	壬	癸	甲	乙	丙	丁	戊	己	庚	辛
	子	亥	寅	卯	午	巳	戌辰	未丑	申	酉
癸	癸	壬	乙	甲	丁	丙	己	戊	辛	庚
	亥	子	卯	寅	巳	午	未丑	戌辰	酉	申

ステップ8

本来は正式な用神、喜忌（きぎ）を取りますが、本稿では定義の解説のみにいたします。

ステップ9

次に命式に補足的に影響する各種の神殺星を算出いたします。正式な四柱推命ではあまり重要でありませんが、本稿では比較的作用の強いと思われる星の解説をいたします。

ステップ10

最後に『合、刑、冲、破、害』などの記号を書き入れて完成します。

※年の変わり目について

年・月・日の区切りが通常と異なりますので注意が必要です。後述しますが、一年は二月四日前後の「立春」からスタートし、月も「節」で変わります。

●命式作成

実際に命式を作成してみましょう。昭和40年11月13日、午後0時5分生まれの女性を例題とします。命式作成の手順の最初は、年月日時の干支を見つけ出します。本稿では万年暦を使用しないで命式を作成することができるように、各種の表を用意しました。では、以下の手順にしたがって例題の年、月、日、時に干支を附します。

表5　六十干支（干支番号　納音五行　空亡）表

干支	干支	納音	干支	干支	納音	干支	干支	納音	干支	干支	納音	干支	干支	納音	空亡
1 甲子	2 乙丑	納音金性	3 丙寅	4 丁卯	納音火性	5 戊辰	6 己巳	納音木性	7 庚午	8 辛未	納音土性	9 壬申	10 癸酉	納音金性	戌亥
11 甲戌	12 乙亥	納音火性	13 丙子	14 丁丑	納音水性	15 戊寅	16 己卯	納音土性	17 庚辰	18 辛巳	納音金性	19 壬午	20 癸未	納音木性	申酉
21 甲申	22 乙酉	納音水性	23 丙戌	24 丁亥	納音土性	25 戊子	26 己丑	納音火性	27 庚寅	28 辛卯	納音木性	29 壬辰	30 癸巳	納音水性	午未
31 甲午	32 乙未	納音金性	33 丙申	34 丁酉	納音火性	35 戊戌	36 己亥	納音木性	37 庚子	38 辛丑	納音土性	39 壬寅	40 癸卯	納音金性	辰巳
41 甲辰	42 乙巳	納音火性	43 丙午	44 丁未	納音水性	45 戊申	46 己酉	納音土性	47 庚戌	48 辛亥	納音金性	49 壬子	50 癸丑	納音木性	寅卯
51 甲寅	52 乙卯	納音水性	53 丙辰	54 丁巳	納音土性	55 戊午	56 己未	納音火性	57 庚申	58 辛酉	納音木性	59 壬戌	60 癸亥	納音水性	子丑

表6　生月の支より繰り出す吉凶神

	吉凶神／生月の支	寅	卯	辰	巳	午	未	申	酉	戌	亥	子	丑
◎	天徳貴人	丁	申	壬	辛	亥	甲	癸	寅	丙	乙	巳	庚
◎	天徳合	壬	巳	丁	丙	寅	己	戊	亥	辛	庚	申	乙
◎	月徳貴人	丙	甲	壬	庚	丙	甲	壬	庚	丙	甲	壬	庚
◎	月徳合	辛	己	丁	乙	辛	己	丁	乙	辛	己	丁	乙
△	日時華蓋（カガイ）	戌	未	辰	丑	戌	未	庚	丑	戌	未	辰	丑
◎	月空	壬	庚	丙	甲	壬	庚	丙	甲	壬	庚	丙	甲
●	飛廉殺	酉	子	卯	午	酉	子	卯	午	酉	子	卯	午
●	白衣殺	巳	子	丑	申	卯	戌	亥	午	未	寅	酉	辰

以上のほかにも吉凶神があります。本文ではその一部について触れましたが、表ではほとんどの吉凶神を紹介しています。

手順①

表2の簡易万年暦表から、生まれた年の干支と生年指数を検出してください。例題の昭和40年の年干支は『乙巳』で、その横には指数『51』と記してあります。

手順②

表7の出生月の指数早繰り表と、表8の生月の干支早繰り表を使って生月の干支と生月指数を検出します。

例題の昭和40年11月は月支は『亥』で、指数は『4』となります。表8の年干「乙」を見ると、月干『丁』が導き出されます。つまり生月の干支は『丁亥』で、生月指数は『4』です。

手順③

手順①で検出した生年指数に、手順②で検出した生月指数を加え、それに生日の数を加えます。

生年指数＋生月指数＋生日＝答え（答えが60を超えたら、60以下になるまで何度でも60を引いた残りが答え）。

例題は、51＋4＋13＝68　68―60＝8

手順④

手順③で算出された数は干支番号を示しますので、表5の六十干支表で生日の干支を検出します。例題の日干支は、干支番号8で『辛未』です。

手順⑤

表1の出生時刻の干支早繰り表を使って、時柱の干支

表7　出生月の指数早繰り表

月数	月支名	指数
1	丑	0
2	寅	31
3	卯	59
4	辰	30
5	巳	0
6	午	31
7	未	1
8	申	32
9	酉	3
10	戌	33
11	亥	4
12	子	34

平年の生月指数

月数	月支名	指数
1	丑	0
2	寅	31
3	卯	0
4	辰	31
5	巳	1
6	午	32
7	未	2
8	申	33
9	酉	4
10	戌	34
11	亥	5
12	子	35

閏年の生月指数

表8　生月の干支早繰り表

月支名	年干／月名	甲己	乙庚	丙辛	丁壬	戊癸
丑	1月	乙	丁	己	辛	癸
寅	2月	丙	戊	庚	壬	甲
卯	3月	丁	己	辛	癸	乙
辰	4月	戊	庚	壬	甲	丙
巳	5月	己	辛	癸	乙	丁
午	6月	庚	壬	甲	丙	戊
未	7月	辛	癸	乙	丁	己
申	8月	壬	甲	丙	戊	庚
酉	9月	癸	乙	丁	己	辛
戌	10月	甲	丙	戊	庚	壬
亥	11月	乙	丁	己	辛	癸
子	12月	丙	戊	庚	壬	甲

を検出します。午後0時5分は、午の刻です。日干は辛ですから、午の刻と辛日の交点を見て、時柱の干支『甲午』を検出します。以上で四柱の干支、八字がすべて揃いました。

年柱　乙巳
月柱　丁亥
日柱　辛未
時柱　甲午

となります。この四柱干支を詳しく考察することにより、さまざまな人生上の事象が判別するのです。各柱から次のようなことを基本的に判断します。

年柱　初年運、先祖の流れ。
月柱　中年運、父母との関係、自己の性格。
日柱　中晩年運、自分自身のこと、配偶者。
時柱　最晩年運、子供との関係。

後は一部の通変星、十二運、空亡などを附します。その他の条件として、吉凶神殺星などを書き入れます。

※本稿では紙数の都合上、蔵干、大運、流年、調候などは省略いたします。

手順⑥

表4の変通星（通変星）配当表を使って、通変星を検出します。通変星は日干を中心にして探します。本稿では蔵干には附しませんが、正式な推命においては通常全蔵干に附します。例題の日干「辛」より、年柱の乙には偏財、月柱の丁には偏官、時柱の甲には正財がつきます。

手順⑦

表3の十二運（十二誘導星）配当表を使い、日干と四柱の各柱の支から十二運を検出します。例題の年柱は死、月柱には沐浴、日柱には衰、時柱には病が附きます。

［吉凶神殺星について］

表6を使って例題の人物に生月の支より吉凶神殺星を宿命に書き入れます。また表9を使って同様に今度は生日の干より吉凶神殺星を宿命に書き入れます。それぞれの柱の下に書き込みます。

手順⑧

表5の六十干支（干支番号、納音五行、空亡）表を使い、日柱の干支を元にして空亡を検出します。例題の干支は、辛未ですから、空亡は戌亥です。

それでは例題の命式を作成してみましょう。

年	偏財	乙巳	死	天徳貴人	福星貴人
月	偏官	丁亥	沐浴	太極貴人	金輿禄
日		辛未	衰	華蓋	
時	正財	甲午	病	天乙貴人	

●四柱推命で何が判るか

さて四柱推命で実際に鑑定すると、その人の精神構造

（性格）や才能その他について詳細に判断が可能です。適性、職業、身内運、人間関係、財的要素、いつ運が開くか、また閉じるか、結婚はどうかなど多岐にわたって知ることが可能です。では、実際にどのように鑑定していくか、前記例題を使って簡単に説明してみます。

例題の女性の日干は、「辛」です。辛は自然界においては宝石です。自尊心がやや高いのが特徴です。日干支・辛未日は壬を見ると辛の宝石は輝きますが、残念ながら天干に存在しません。月支の亥水の中の蔵干壬がその代わりをしますが、巳・午・未の方合（理論割愛）をするので渇水し作用が減退してしまいます。天干丁の偏官星が日干辛を熔かし、さらに時柱天干甲の正財星が丁の燃料となり良好となりません。つまり偏官星、正財星がよい働きをしないので、財運や仕事運はあまり良好となりません。自営せず、地味ですが堅い仕事に勤めるほうが安全でしょう。

大運や年運に湿土の土や比肩や劫財の金、食神、傷官の水が巡る時期が人生の安定を得られます。一見すると、火が強くなるので、従殺格になりそうですが、この宿命は純粋な従殺格となりません。

本稿では、残念ながら、紙数の都合上、多くを語ることができません。四柱推命とはこのような術であると認識なさり、これをきっかけとして将来ぜひ専門的な推命の研究に入られることを望みます。

●行運鑑定法

四柱推命は宿命はもちろん、巡り来る年なり、月なり日なりの吉凶を詳しく鑑定することが可能です。年の変わり目は現行暦の1月1日ではなく、毎年2月4日前後の立春から次の年の立春の前までで、月も1日からではなく、節気から次の月の節変わりまでの1カ月です。日の境は午後11時から次の日の午後11時前までです。正式には子刻法といいます。

●通変星の持つ意味

通変星は必ず、日干（日主）から年、月、日時の干との関係から算出する星です。宿命の判断をするためのとても大切な要素となります。ただし、正しい推命の判断においては、ただちに通変星に吉凶を求めるのではありません。五行の力関係や調候といわれている季節との兼ね合いによって初めて吉に赴くか、逆に凶に赴くかが決定されるのです。これを用神、喜神、忌神などと呼んでいます。これらの概念を正しく会得している専門家の鑑定を受けるとよいと思います。

比肩　吉の場合＝独立。兄弟や友人、知人などの助力、よい意味のライバル。

凶の場合＝独立の失敗。兄弟や友人などの助けを得られない。破産。離婚。

却財（ごうざい）　吉の場合＝集団をうまく活用。交渉能力が高い。
凶の場合＝物事を破壊する。やりすぎる。破財。

食神（しょくじん）　吉の場合＝明るい。人気が出る。活動的。物事が比較的冷静。

傷官（しょうかん）　凶の場合＝離婚しやすい。仕事運が悪い。体が弱い。
吉の場合＝手先が器用。芸術的才能所有。愛情豊か。観察力がある。
凶の場合＝トラブル。舌禍に注意。反抗する。

偏財（へんざい）　吉の場合＝変動財。活動。衆人の財。愛人。孤独。
凶の場合＝破産、借金。異性の失敗。派手。

正財（せいざい）　吉の場合＝慎重。労働対価の財。妻。
凶の場合＝蓄積。徒労。妻に振り回される。ケチ。

偏官（へんかん）　吉の場合＝よい意味の正義。変化。機敏。合理的。
凶の場合＝争い。トラブル。圧迫。アウトロー。不健康。

正官（せいかん）　吉の場合＝組織。几帳面。責任感。プライド。
凶の場合＝組織に適応できない。嫌味な自負心。プライド。

偏印（へんいん）　吉の場合＝広い知恵。活動的。探求心。風流。
凶の場合＝思考にまとまりがない。

印綬（いんじゅ）　吉の場合＝深い洞察力、伝統。賢母。
凶の場合＝無駄な智恵。物事に拘る。理屈っぽい。

表9　生日の干（日干）より繰り出す吉凶神

吉凶神＼生日の干	吉凶	甲	乙	丙	丁	戊	己	庚	辛	壬	癸
大極貴人	◎	午子	午子	酉卯	酉卯	辰丑 戌未	辰丑 戌未	亥寅	亥寅	申巳	巳申
天乙貴人	◎	丑未	子申	亥酉	酉亥	未丑	申子	未丑	午寅	巳卯	卯巳
福星貴人	◎	寅	亥丑	戌子	酉	申	未	午	巳	辰	卯
天厨貴人	◎	巳	午	子	巳	午	申	寅	午	酉	亥
天官貴人	◎	未	辰	巳	寅	卯	戌	亥	申	酉	午
文昌貴人	◎	巳	午	申	酉	申	酉	亥	子	寅	卯
羊刃	●	卯	辰	午	未	午	未	酉	戌	子	丑
飛刃	●	酉	戌	子	丑	子	丑	卯	辰	午	未
暗禄	◎	亥	戌	申	未	申	未	巳	辰	寅	丑
金輿禄	◎	辰	巳	未	申	未	申	戌	亥	丑	寅
紅艶	△	申	午	寅	未	辰	辰	戌	酉	子	申
魁罡	●					戌		戌辰		辰	

●十二運について

四柱推命における十二運は、仏教でいうところの十二因縁、輪廻思想と同様に人間の一生の盛衰を意味します。

正当な推命学においては星の意味はあまり深く追求しませんが、本稿ではその意味合いを解説することにします。


胎＝母胎に生命が宿ります。

養＝母の体内で養われます。

長生＝体内で生命が養われ、人が生まれます。

沐浴＝生命が誕生し、沐浴し胎児を洗います。

冠帯＝昔なら元服です。今ならさしずめ社会に出る直前です。

建禄＝人生においては働き盛りです。

帝旺＝人生においては活躍期、ベテランの領域です。人生の絶頂期で、月にたとえるなら満月です。

衰＝肉体も精神もピークが終わり、衰えます。

死＝機能が停止し、生命活動は終わりです。

墓＝すべて土に帰ります。

病＝年齢を重ねます。

絶＝すべて絶え、無となります。

●吉凶神煞について

本来の推命においては、吉凶神煞星は枝葉末節だと思いますが、比較的作用の強い星についてのみ解説します。

太極貴人　天乙貴人　天徳貴人　天徳合
月徳貴人　月徳合　暗禄

以上は先祖の福分の星とし、社会より愛され、困苦のとき、人の助けを受けやすくなります。

福星貴人　天厨貴人　天官貴人
以上は福分や食禄が備わります。

文昌貴人→聡明の星。

金輿禄→配偶者より徳分がある。

魁罡→意志が強い。女性には凶。

羊刃→妻を剋し、破財の命。女性は夫に凶意をまねく。

紅艶→色事を司る。

飛刃→勝負好き。

●調候について

四柱推命において命式を鑑定する場合、季節を重視し寒暖湿燥を考察します。寒に傾く命式には暖を取り、逆もまたしかりです。燥には湿も同様です。有名な原典として、「窮通宝鑑」があります。

●扶抑法について

強い五行は抑え、弱い五行は扶ける方法です。

人相ホクロ占い

田中裕子

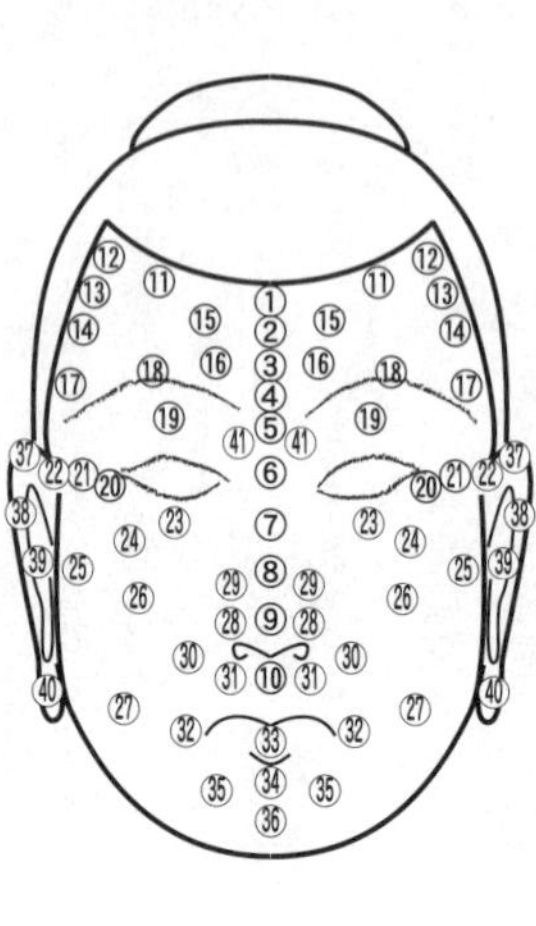

①天中
②天庭
③④官禄、司空
⑤印堂
⑥山根
⑦⑧年上、寿上
⑨準頭
⑩人中
⑪天陽
⑫⑬⑭辺地、山林、駅馬
⑮日角（右）、月角（左）
⑯交友
⑰福堂
⑱兄弟宮
⑲田宅
⑳㉑㉒魚尾、妻妾、奸門
㉓臥蚕涙堂
㉔㉖観骨、賊盗
㉕命門
㉗地庫下墓
㉘金櫃、甲櫃
㉙仙舎香田
㉚法令
㉛食禄
㉜口角
㉝水星
㉞承漿
㉟奴僕
㊱地閣
㊲耳輪
㊳耳廓
㊴風門
㊵垂珠
㊶夫座、妻座

★魅力ホクロ（活きホクロ）と鬼ホクロ（死にホクロ）

活きホクロとは、黒くて艶（つや）があり、盛り上がり気味のホクロです。このホクロは、災難病災訴訟を受けても、克服できる吉祥ホクロです。

死にホクロは、薄茶色で艶がなく平（たい）らです。このホクロは、不運招来の暗示となりますので、この警告を知って精進努力すれば、運命は好転することになります。

①天中（てんちゅう）

死にホクロは、目上（親、夫、上司）に逆らい上司からの恩恵を得られず、地位名誉財産を失い、刑法のトラブルに巻き込まれます。活きホクロは、精神面豊かとなり、特に宗教家、慈善事業家などには吉祥です。

②天庭（てんてい）

一世一代に関する事象の良否善悪を意味し、死にホクロは突発的災難に遭遇します。活きホクロは、突発的災難が起こることで、かえって信用を獲得したり、凶転じて吉の運を得ます。

③④官禄、司空

死にホクロは、運勢が好転しかけても、必ず邪魔が入り期待どおりの発展を得られません。活きホクロは、他人の世話事、慈悲の行為が運命を好転させ、眉間の広い人は、世人の愛を得る徳分があります。

⑤印堂

物事の成否希望願望目的を表し、死にホクロは諸事達成不可となります。活きホクロも、精神的な仕事のみよき影響が出ますが、一般的には苦情処理ホクロです。

⑥山根

特に山根が低く、死にホクロの場合は、責任感薄く怠け者で、胃腸疾患があります。活きホクロは、独立心旺盛で周囲の人に推され指導者となり重い責任を持たされます。女性はカカァ天下です。

⑦⑧年上、寿上

死にホクロで鼻が低いと、自尊心強く軽率で情け容赦なき性格となり、中年期に事業・家庭の破綻を招きます。段鼻は特に強烈です。活きホクロは個性強く闘志満々で向上心旺盛となります。

⑨準頭

死にホクロは、色難で悩み慢性金欠病です。活きホクロは財産名誉ともに恵まれ、精力旺盛で、特に、この部位が丸く豊かならいっそうハッピーです。

⑩人中

深く明確な活きホクロは生命力根気意志強く、部下運（子供含む）最良で諸事順調です。人中浅くの死にホクロは、諸事低下で生殖器に障害を生じます。

⑪天陽

身に覚えなき災難に遭遇し、特に死にホクロは冤罪があります。

⑫⑬⑭辺地、山林、駅馬

死にホクロは、放浪の人生となり変化転宅するたび苦労が増大します。活きホクロは面倒なことに巻き込まれますが、転居旅行変化にて、運命上好影響を得ます。

⑮日角（右）、月角（左）

死にホクロは両親の恩恵を得ぬか親不孝をします。活きホクロは両親の恩恵を受け孝養を果たします。

⑯交友

死にホクロは常に、仲間はずれ、いじめセクハラの対象となり損失大です。活きホクロは、協力助力を得る友人に囲まれ交流します。

⑰福堂

死にホクロは、散財ホクロで、身内にまでも利用され散財します。活きホクロは、散財はなくとも金銭の出入りが激しくなります。

⑱兄弟宮

死にホクロは、兄弟身内のトラブルに巻き込まれ損失を受けます。特に中央は要注意。活きホクロ、特に眉頭にあると勘が鋭く先見の明を発揮して、すばらしい功績を得ます。身内の協力絶大です。

⑲田宅

死にホクロは、家庭不和財産の損失または相続問題のトラブルにての損失があります。活きホクロは、祖先の恩恵を受け幸福な人生です。

⑳㉑㉒魚尾、妻妾、奸門

死にホクロは、夫婦仲険悪、色情で苦しみ、下手をすると生涯人より恨みを受けます。活きホクロは双方の親愛協力を得る配偶者を得ます。

㉓臥蚕涙堂

死にホクロは、子供の苦労、色情のトラブルや性機能の支障があります。活きホクロは、子供の孝養を受け、精力強く豊かな家庭を得ます。

㉔㉖観骨、賊盗

死にホクロは、他人を踏みつけてでも地位名誉を奪います。活きホクロは、他人の協力で支配的立場に立ち、地位名誉を得ます。

㉕命門

死にホクロは、人間としての美徳信義欠損し、秘密保てず、盗心も生じ生命力も乏しいです。活きホクロは、他人の信望を受け幸福で長寿です。

㉗地庫下墓

死にホクロは、家屋不動産のトラブルに巻き込まれ、胃腸病重症となります。活きホクロは、家屋不動産のトラブルなしとなりますが、胃腸を患う傾向があります。

㉘金櫃、甲櫃

死にホクロは、投機的勝負事で財産を失い、中年以後孤独流浪の境涯となります。活きホクロであっても、勝負事は初め勝利でも最終的には損失に至ります。

㉙仙舎香田

死にホクロは、財を失い晩年孤独、肺系統の病災があります。活きホクロは、外面蓄財できますが予期せぬ失費があり、貯蓄高の波があります。

㉚法令

死にホクロは、家業継承せず、仕事上のトラブルが常時発生し職が定まりません。活きホクロは、特に法令が明確なら衣食住は保証されます。

㉛食禄

別名ご馳走ホクロとも呼ばれ、死にホクロは、他人の世話にて損失損害多く、社会的家庭的にも争い多くなります。活きホクロは、交際上他人の世話やご馳走をする機会が多くなりますが後で何倍にもなって返ってきます。

㉜口角（こうかく）

死にホクロは、初婚破れやすく、多弁のために自ら墓穴を掘り、水難の恐れがあります。活きホクロは能弁にて欠点を補います。

㉝水星（すいせい）

恋愛性愛の場合、上唇のホクロは積極的に働きかけ、下唇は相手のモーションを待ちます。死にホクロは、三角関係や愛情問題で苦慮します。活きホクロは、美食に縁が深く、夫婦円満で子供運も良好です。

㉞承漿（しょうしょう）

死にホクロは、飲食に関した病難災難また薬害で苦しみ、男性は女性を傷つけます。活きホクロは、同様な目に遭遇しても大事には至りません。

㉟奴僕（ぬぼく）

死にホクロは、使用人の苦労続出にてノイローゼ気味となります。活きホクロは、目下の協力を得て繁栄します。

㊱地閣（ちかく）

死にホクロは、希望願望は中途挫折となり、家族運に恵まれず老年は孤独です。活きホクロは、この欠点を補ってくれますが、地閣の中心線上ですと死にホクロと同様です。

㊲耳輪（じりん）

耳輪が弱々しく死にホクロの場合は、世渡り下手で軽率です。活きホクロで耳輪が強く張っていると聡明で、特に高度なる知識を要する職業の人は成功します。

㊳耳廓（じかく）

死にホクロは、わがままで何としても自我を通し失敗します。活きホクロは、活発旺盛となりお山の大将となりますが、自我を押し切り成功します。特に耳廓が飛び出していると、いっそう強くなります。

㊴風門（ふうもん）

死にホクロは、散財多くカードローン地獄となり、秘密べたで不用意な言動で自ら首を絞めます。活きホクロは、このことを多少補うことになります。

㊵垂珠（すいじゅ）

死にホクロの場合はスタミナ不足となり、晩年は金運も尽きます。活きホクロで、特に裏側のホクロは幸運で、多少なりとも子孫に財を残します。

㊶夫座（ふざ）、妻座（さいざ）

死にホクロは、特に男性の場合、浪費家で虚栄心強く恐妻家または性生活不都合なる妻を得ます。活きホクロは、精神面の支えとなり内助の功となる妻を得ます。女性の場合も死にホクロは夫の異性問題、金銭などで苦慮します。活きホクロは、金銭愛情ともに、満足を得る夫となります。

地相

赤部聖晃

★土地によって人生が変わる

「地善ければ苗しげり、宅吉なれば人栄える」とは、土地に関して昔からいわれている格言です。選んだ土地が悪ければ、豊かな実りもなく、幸せな生活も望めないという戒めであり、真実を伝える言葉です。

人生には、いくつかの大きな節目があり、右に行くか、左に行くか、重大な選択に迫られる場合があります。そうした選択の中でもっとも慎重を要するのが土地の選び方です。上手に選ぶかどうかで、その後の運命に大小さまざまな影響が表れてきます。

自宅や会社、工場、商店などの敷地がどのような環境の中にあるかによって、そこで四六時中過ごしている人たちの、将来の幸福や繁栄が約束されたり、真剣に働き、正直に暮らしていても、いつまでも社会の底辺で苦労を余儀なくされたり、明暗が分かれてしまうのです。

地理的にどんなに便利で、安く、景色のいい土地であっても、地相（地質や地形などから判断される地勢の吉凶）が悪ければ、後になって、精神的にも、身体的にも、経済的にも、社会的にも、苦汁をなめる結果になります。

敷地の地相は、希望に満ちた人生をおくれるかどうかの原点であり、カギなのです。

★よい地相を選ぶ

その場所に立っているだけで、精気（気力や意欲）がわいてくる地相を探し、住居や墓地を建て、家運を良好にする条件を作ります。

精気が感じられる理想的な所とは、日当たりも、水はけもよく、適度な湿りのある、土の色が黄色か黒色を帯びている平地です。少々堅い草木が育ち、地質が一定していて、地盤が堅固で、力強さのある土地です。砂漠のような土地はよくありません。

その場所が以前にどのように造成されたのか、何のために使用されていたのか、地下に何があるのかなどにも注意しなければなりません。造成や使い方、埋蔵物で土地の吉凶が変わってくるからです。たとえば、山の開拓地や河川、田畑の埋立地、元工場や焼却場、排泄物や危険物、ごみなどが埋められてはいないかといった、土地の実情を詳しく調査する必要があります。

風水的要素（住居周辺の自然環境や地形など）から見た悪い地相もあります。

変形・三角・L字・U字・凹凸の多い土地、欠けた土地などは、統計的に、凶現象が発生する原因となる報告がされているからです（後述）。

一般的には、日当たりがよく、西北全体が高く、しっかりした強度のあるごく普通の平坦な土地は吉相で、一族の繁栄を招き、それぞれ出世栄達の道が開けます。川や河が美しく澄んでいて、穏やかに流れている側の土地は吉です。逆に、流れの速い川、河の側は凶です。

★凶相の土地

周りを高い建物で囲まれた土地は、後半生にさまざまなトラブルや財政的危機に遭う可能性があり、火難に見舞われる暗示もあります。

発電所、鉄塔、高圧電線の近くは避けましょう。貯水場など大きな建物のそばや行き止まりの土地も凶です。

沼、池、墓、塚、泥土などのような湿気、水分を多く含む土地、乾燥しているとか、凸凹であるとか、すり鉢型などの土地もよくありません。

総体的に、東西南北から吹く風や空気、温度、湿度などの地理の状態を検査することが大切です。東西の調和（バランス）に心がけるようにしてください。

宅地の中央部分が高く、小山のように盛り上がって、風雨のよく当たる場所は凶です。山頂の住宅は思いがけない災難が降りかかり、一家を不幸のどん底に落としたり、不運に出合ったりします。平和な状態は長続きしないでしょう。

三方を小山などに囲まれ、陽気を受けられない土地も凶相です。

格好の悪い動物の形をした小山や岩が飛び出したような丘、岩山の下にある土地には要注意です。墓地、教会、火葬場、病院などの跡地や埋立地、敷地のバランスの悪い土地、開拓中の小山の真下にある土地はよくありません。

建物が建っている土地で、自分にとって五黄殺、暗剣殺、歳破の方位にある所も選ばないようにしましょう。

次に挙げるような土地や建物、家は避けるほうが無難です。重複する点もありますが、まとめてみましょう。

・建物の玄関の前に円を描いた道がある所
・真正面に道があり、突き当たりにある家
・高い建物と高い建物の間にある土地
・車の制限速度の速い高速道路などの高さと同じ高さの建物が建つ土地
・玄関が隣の建物の角に面し、そのような建物が建ちやすい土地
・建物に囲まれやすい土地
・家と家の間に高い建物が建っている土地
・三角形、変形した土地
・土に締まりがなく崩れやすい土地
・乾燥して石ころが多く土が見えない土地
・草木の生えない土地

★四神相応の地相

青龍（東方を司る神）、白虎（西方を司る神）、朱雀（南方を司る神）、玄武（北方を司る神）が四神です。

地相について書かれている『営造宅経』には、

「青龍とは左に流水あるをいい、白虎とは右に長道あるをいう」

と記してあります。

自宅（家）を中心にして、玄関のある正面の左側（東）に川、河（流水）が流れ、右側（西）に大きい道路（長道）が通っている土地は、言葉を換えると、青龍が少し高く、白虎が少々低い土地は、住む人々に隆盛をもたらす吉相の地であると説いています。

同書はまた、

「前に低地あるを朱雀といい、後ろに丘陵あるを玄武という」

とも述べています。

自宅（家）を中心にして、玄関のある正面（南）が低く、家の裏側（北）が高い土地は、言葉を換えると、朱雀は開け、玄武が山となっている土地は、財産と長寿の吉相の地であると推奨しています。

四神相応の地相とは、良い勢力があり、豊かで精気が感じられる理想的な地相をいいます（図1）。

図1

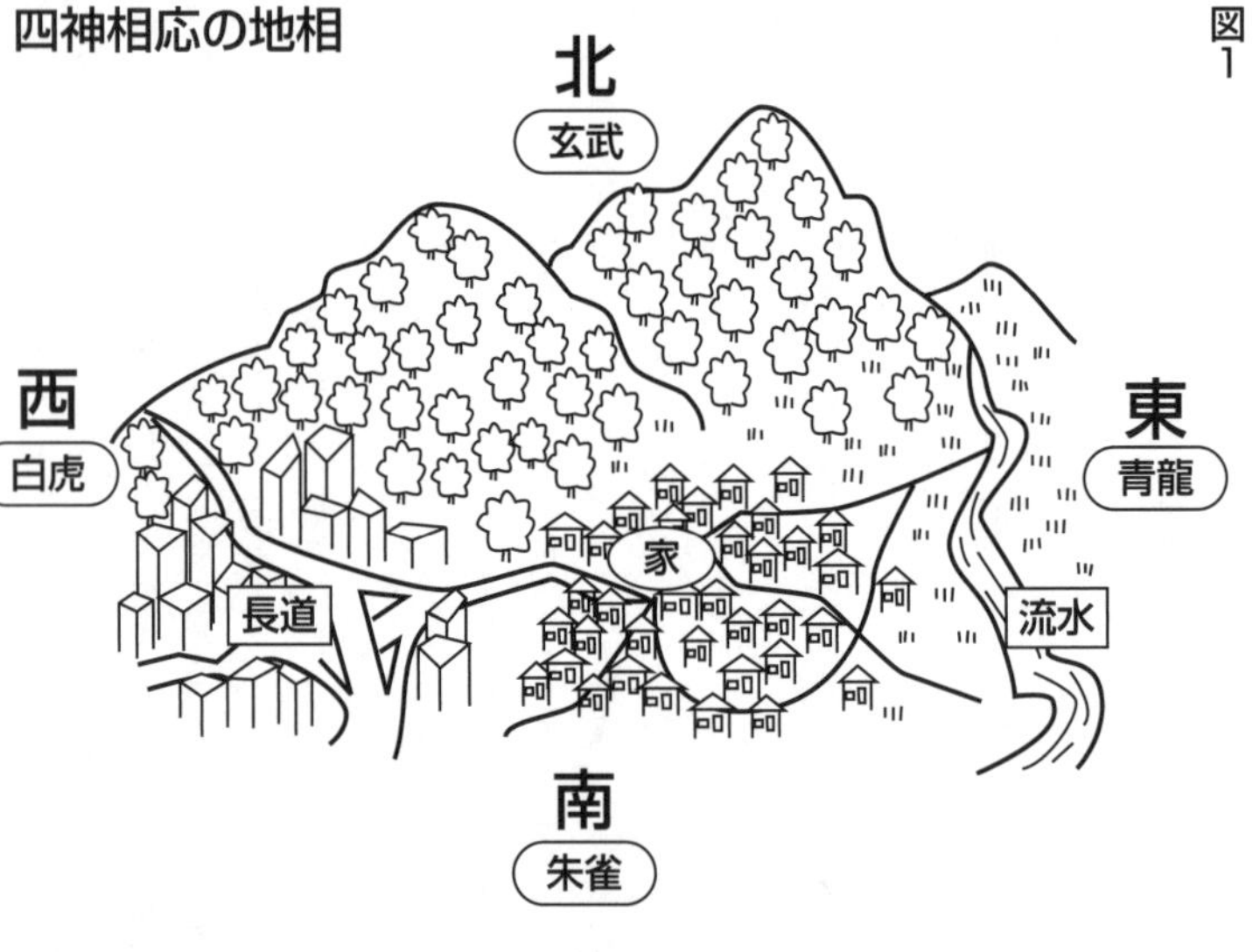

四神相応の地相

北
玄武
西
白虎
東
青龍
家
長道
流水
南
朱雀

★地形から見た吉凶

土地の形から判断しますと、長方形や正方形の土地は吉相です。しかし、道に沿って斜めに変形している土地（図２）は凶相です。

土地を購入する場合、もう一つ、注意しなければならない点があります。「張り」と「欠け」の状態をしっかり見極めなければなりません。

張りとは、縦横三分の一以内の出っ張り（図３）であり、住人に幸福と財産をもたらします。

東の張りは、発展性の暗示であり、家運は上昇し、目的が達成されます。

西の張りは、金運につながり、生活が充実します。

南の張りは、家族の中から歴史に残るような成功者が出て、衆目を集めます。

北の張りは、内面的な充実が一家の運気を強くします。

欠けとは、三分の一以内のへこみ（図４）であり、住人に不幸と貧困を運んできます。

東の欠けは、挫折の暗示であり、努力しても、目的は達成されません。

西の欠けは、経済的な苦労とつながります。

南の欠けは、不名誉な事件に見舞われたり、悪事が発覚したりして、世の非難を浴びます。

北の欠けは、第三者の介入で家庭の平和が乱されます。

図2

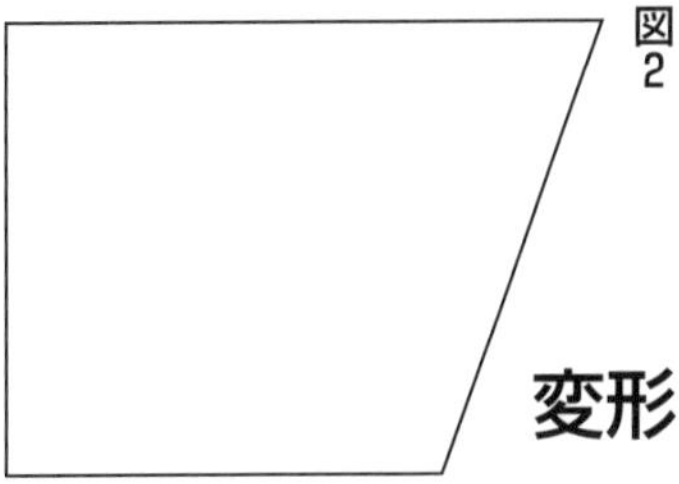

図3

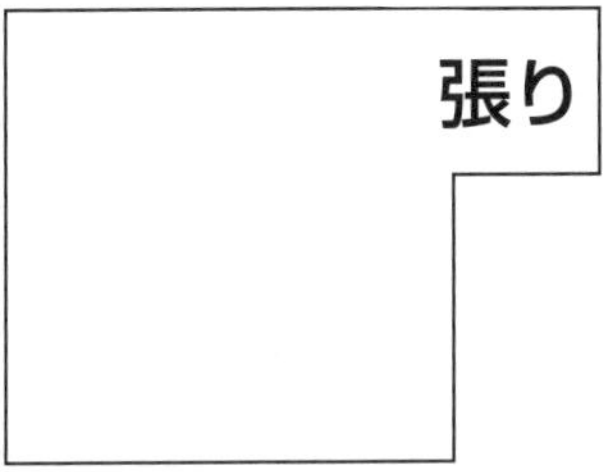

図4

家相

源　真里

家相は、手相や人相と同じ『相学』のジャンルに属する運命学です。まず、運命学的にみた「家」という存在の持つ意味を考えてみましょう。

人間が生きていくのに最低限必要なことは、生きるためのエネルギーを摂取するための「食べる」ことと、消耗した英気を養うための「睡眠」です。その、毎日「食べて」「寝る」場所が家ですから、家は命と運命のコンセントといえます。そのような大切な場所である家の相を良好にすることで、運勢を向上させ人生を良導することが家相の目的です。

家相の基本的な考え方は次のとおりです。

★「よい運を持った人が吉相の家に住めば、さらによい運に恵まれる」
★「悪い運を持った人でも吉相の家に住めば運勢が向上し、凶運を抑えて平穏に過ごせる」
★「よい運を持った人でも凶相の家に住めば運勢が悪化し、災難が生じて発展を阻止される」
★「悪い運を持った人が凶相の家に住めばさらに運勢が悪化し、災難が次から次へと起こる」

家相とは、『家の姿形や配置から生じる相』です。その吉凶は、その中に生活する人の運や心身に作用し、大きな影響を与えるのです。したがって何よりも大切なことは、まず、家相に凶相が生じるのを避けること。そして、そのうえで、可能な限り吉相を取り入れた家相とすることです。

家相の作用は、居住する場所が「持ち家」「借家」にかかわらずそこに住む人に影響力を及ぼしますから、住居の家相の吉凶を見定めることは大切なことです。

健康運や家庭運、対人運、仕事運など、運勢の向上を図り活性化させるために、凶相を避け、家屋の全部が吉相とはならないまでも、吉相の条件をより多く備えた家屋で、幸せな生活を送りたいものです。

移転と増改築の時期

どんなに吉相の家屋を新築しても、移転する時期を間違えると、家相の吉相の現象より先に「移転方位」の凶作用が出てしまいます。転居の際は前もって吉方位を調べてから行動するようにしてください。また増改築の際も、家相とともに家のどの場所（方位）をいじるかによって、方位の吉凶が作用するので要注意です。

今年（令和六年）の方位は…

今年は「歳破」の西北、「五黄殺」の西、「暗剣殺」の東が全ての人に凶方です。生まれ星（九星）ごとに異なる「本命殺」と「的殺」という凶方や吉方は、ご自分の生まれ星（九星）の年運の頁を参照してください。

家相の見方

家相の見方の大切なポイントは、「家の中心と方位」「家の形」「建物内部の配置」です。順に説明しましょう。

《家屋の中心と方位》

家相の吉凶を見るのに一番大切なポイントは、中心（大極）の定め方です。家屋全体の中心（大極）を正確に求め、その中心に磁石で求めた北（磁北）を定め、それに方位盤の北を合わせ、八方位に照らして判断するのが正しい方法です。

大極をさがす一番簡単な方法は、家の縮刷図を厚紙に切り取って、重心を求めます。

《家の形》

張り（吉相）と欠け（凶相）

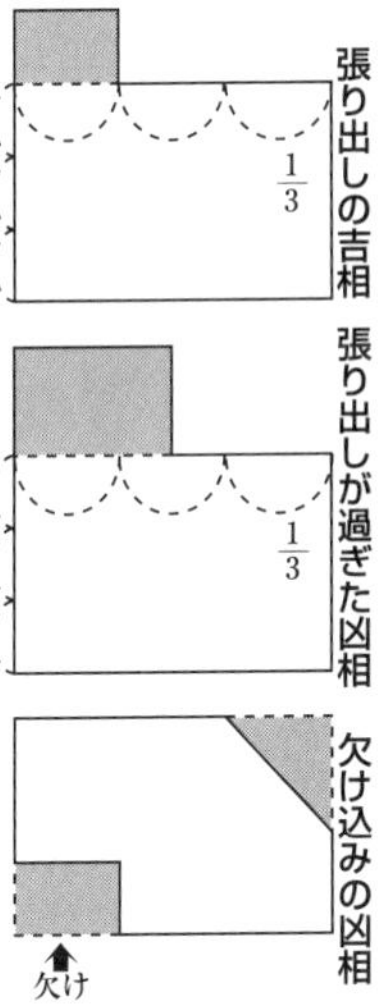

張り出しの吉相
1/3
1/3

張り出しが過ぎた凶相
1/3
1/3

欠け込みの凶相
欠け

一般的に、家屋全体の間口幅1／3×奥行幅1／3を限度として、それ以内で張り出しているところを張りと呼び、吉相とします（東北〈鬼門〉・西南〈裏鬼門〉を除く）。限度を超えた大きい張りは、残りの部分が欠けを生じて逆に凶相となります。また家屋の間口幅、奥行き幅の1／5以上の欠け込んだ部分やへこみのある部分が欠けで、何処にあっても凶相となります。また、大きすぎる吹き抜けも欠けとなるので注意が必要です。

開口部（窓と出入り口）

大きな開口部（窓や出入り口）は東から南にかけて作るのがよく、西南（裏鬼門）、東北（鬼門）の大きな開口部（はき出し窓や出入り口）は必ず凶相となります。しかし、採光や風通しをよくするために腰窓や高窓などの開口部の小さい窓はかまいません。

《間取り（部屋や施設の配置）》

家屋の間取りは、どの場所に何を設置するかで吉凶が左右されます。二四九ページの表の中から凶相を避け、少しでも多くの吉相となるものを取り入れ、運勢を強める努力をしたいものです。

家相では原則として「水」と「空気」を汚す場所と、危険を生じる場所を嫌います。そのため、トイレ、浴室、台所、ガレージ、階段など、水と火を使用する場所や空気が汚れる所、危険が生じる場所に注意が必要です。まずは、これらを無難な位置に配置することが大切です。

方位の現象

［北］　子

座敷か居間が北にあると吉相となり、主人の健康と子孫に恵まれ、夫婦円満が得られます。ただし子の方（真北）にトイレなどの不浄物がある場合は、先祖からの財産を失い、他から損害を受ける大凶相となります。

台所、浴室、トイレ、玄関などは北の中心15度のエリアをはずして配置する必要があります。

［東北］　丑・寅

東北は表鬼門といわれる場所で、季節では立春にあたり、陰と陽の両気が交わる重要な方位です。そのため両気のバランスを崩さないこと（張り出しや欠け、大きな開口部分がないこと）が吉相になるためのポイントです。

この方位にトイレ、井戸、出入り口、浴室、台所や、欠け、張りなどのある場合は凶相です。相続人が育たず病災や家庭不和が頻発する恐れがあります。

［東］　卯

この方位が吉相なら家運が栄え、世間の信用や福徳が得られます。ただし、東の正中（真中）に出入り口やトイレ、欠けなどがあると凶相となり、親子不和、悪友の出入りによる子供の不良化など災難の生じる恐れがあります。

玄関や台所、浴室、不浄物などは真東より約10度ずれていれば問題はありません。

［東南］　辰・巳

東南に門や玄関があるのは、たつみ玄関といわれ大吉相になります。この方位が吉相なら営業が繁昌し家運栄える幸運が開けます。ただし、東南の正中（真中）にトイレや欠けなどの凶相のある場合は、営業不振になり、世間の信用を失い家運の乱れを生じます。

その他、商品倉庫や物置、離れなどの別棟も吉相です。

［中央］　中心

この方位に主人の居間や寝室、応接室、営業所や事務所があれば吉相となります。しかし、この場所にトイレ、階段、浴場や欠けなどがあると凶相になり、主人の病災など、その害は家族にまで及ぶことになります。

［南］　午

南に門や玄関があれば吉相になります。この方位が吉相ならば子孫繁栄の吉慶が得られます。しかし、この方位に欠けや、浴室、トイレ、台所、井戸、池などの凶相がある場合は、公難、家庭不和、病災などの凶害を受けることになります。

［西南］　未・申

この方位は裏鬼門の場所であり、季節では立秋にあたります。ここも東北と同じように陰と陽の気が交わるところです。常に清浄にしておけば吉相となり、母や妻など女性の健康に恵まれます。この方位に張りや欠け、トイレや玄関、台所、浴室などの不浄物があると大凶相となり、病災、争い事や財産の損失などを招き、家運を傾けることになります。

［西］ 酉

この方位が清浄（吉相）であれば財運、家運富裕の喜びが得られます。夫婦関係も円満となる吉相となります。ただし、真西に欠け、玄関やトイレ、台所などの不浄物があると凶相となり、金銭の損失や家庭内の婦女子の問題が出てきます。

［西北］ 戌・亥

西北は家屋の中でも一番縁起のいい場所で、この方位が吉相ならば主人の威厳位を得て家業繁昌し、発展します。この方位に倉庫や蔵があれば、家運が発展する吉相となります。ただし、欠け、階段、トイレ、浴室などの凶相がある場合は、主人や長子に差し障りが出て、家運の乱れる原因となります。

家相方位盤

丙 午 丁 ／ 未 坤 申 ／ 庚 酉 辛 ／ 戌 乾 亥 ／ 壬 子 癸 ／ 丑 艮 寅 ／ 甲 卯 乙 ／ 辰 巽 巳
裏鬼門 ／ 鬼門
南：華美・名誉・明智
西南：従順・寛容・勤勉
西：愉快・和合・食録
西北：堅固・向上・充実
北：愛情・思考・交際
東北：変化・蓄財・静止
東：発展・進取・希望
東南：温順・繁栄・信用

	北	東北	東	東南	南	西南	西	西北
神棚	○	×	◎	○	◎	×	△	○
仏壇	○	×	△	△	×	○	◎	◎
門	○	×	◎	◎	○	×	×	◎
玄関	○	×	△	◎	○	×	×	○
営業所	○	△	○	◎	○	○	○	◎
事務所	△	△	○	◎	○	○	○	◎
居間	○	△	◎	◎	◎	○	○	◎
応接間	○	△	○	◎	◎	△	○	◎
子供部屋	×	×	◎	◎	◎	○	×	○
蔵・倉庫	△	×	△	◎	×	△	△	◎
物置	△	△	△	○	×	△	○	◎
台所	△	×	○	◎	×	×	△	△
浴室	△	×	△	○	×	×	△	△
トイレ	△	×	△	○	×	×	△	△
ガレージ	○	×	△	○	△	×	○	◎

注◎は大吉・○は条件付き吉・△は無難・×は凶

・台所は東北より約10度東に移してください。
・浴室・トイレは真東・真西・真北の方位で、左右に約10度移してください。
・生年月日と業種によっては、この表と多少異なります。

墓相

林　隆造

生きとし生けるもののなかで、墓のあるのは人間だけです。人間が墓を作るのは、誰もが必ず死に直面することを知っているからです。

死という必然に対して恐れるのは、死後の世界が未知だからで、死後の世界を安穏でありたいと望むのは当然のことです。

この死の恐れから逃れることはできないかと、昔から人間は考えてきました。そして、人間が死を迎え、肉体は滅びても、滅びのない何かがあればと願うようになり、肉体は滅びても、滅びのないものとして、霊魂（たましい）という形而上の概念を生み出し、信じてきました。

霊魂は、万葉集や平安時代の文学に「たま」として諸処に表現されています。現代では、人間の霊魂は「いきたま（生霊）」と呼び、死体と離れた直後の霊魂は「あらたま（新霊または荒魂）」として恐れられてきました。「あらたま」は生に対しての執着があり、生きている人間にとりつきたいとしています。特に不自然な死に方をした「たま」にその傾向が強く、怨霊として恐れられています。

一方、墓の誕生の歴史をみると、古くは私たちの遠い祖先のネアンデルタール人は、すでに遺体を埋め、弔っていたと記録が残っています。紀元前二千年に建てられたギゼーのピラミッドは、エジプト王の権力の象徴と、生前に変わらぬ死後の世界を意識して作られたものです。秦の始皇帝の墓は、七十万人の人間を動員して作られ、お墓の内部は豪華な宮殿になっており、宝物で満たされた部屋がしつらえられていました。

また、日本においては、土盛りの古墳を時の権力者が作り、地下には石室が設けられて、死後の生活に使うための生活必需品などが納められていました。

このように、古今東西を問わず、人間は死後の世界のやすらぎを得るため、墓は良い形態を成しているのが、人間の死後の世界が安穏であると考えて、墓を建て、故人を祀(まつ)り、礼を尽くしてきました。

墓を祀るということは、自分ばかりでなく子孫代々が生から死への儀式を受け継いでいくことです。私たち人間は、先祖があって今の人間があるわけで、墓所は、亡き人と語り合える交流の場所でもあります。

その墓の相について、家の相の吉凶が住者の運命に大きく作用するように、墓相の吉凶が、墓を守る人及びその家族の運命にまで影響することを発見し、明治以後特にその研究が進められ、今日に至りました。

★吉相の墓地

墓地は、ご先祖様が安らかに眠っていただける環境、すなわち陽がよく当たり、草木がほどよく茂り、明るく清浄なところを選ぶべきです。この条件を持っているのは、墓地全体が東南に開けた斜面に位置するところで、背中に山、前面に川が流れていれば、雨が降っても乾きが早くなり、吉相の墓地といえます。

地形としては、欠けのない四角形か長方形の平坦なところが良い地相となります。

しかし、墓地の相がよくても家族や子孫に至るまで、供養されなければ何の意味もありません。良い墓地を選ぶには故人の供養が続けられる環境でなければなりません。したがって、生活の場から離れた遠隔地は避けたほうがよいでしょう。家族が揃って、お墓参りができるところをまず選ぶべきです。

また、墓地の運営管理をしっかりやっている事業体を選ぶことも大切なことです。

★石塔と石碑の違い

墓石には石塔と石碑があります。この違いは、葬法の違いによるものです。土葬で遺骸を埋葬する場合は、石碑とします。また、火葬によって遺骨を埋葬し、その家代々の遺骨を納める場合は石塔となります。

★吉相の墓碑

和型墓の吉相は二段の台石の上に、長方形の竿石をのせたもので、左の第一図のように構成されます。

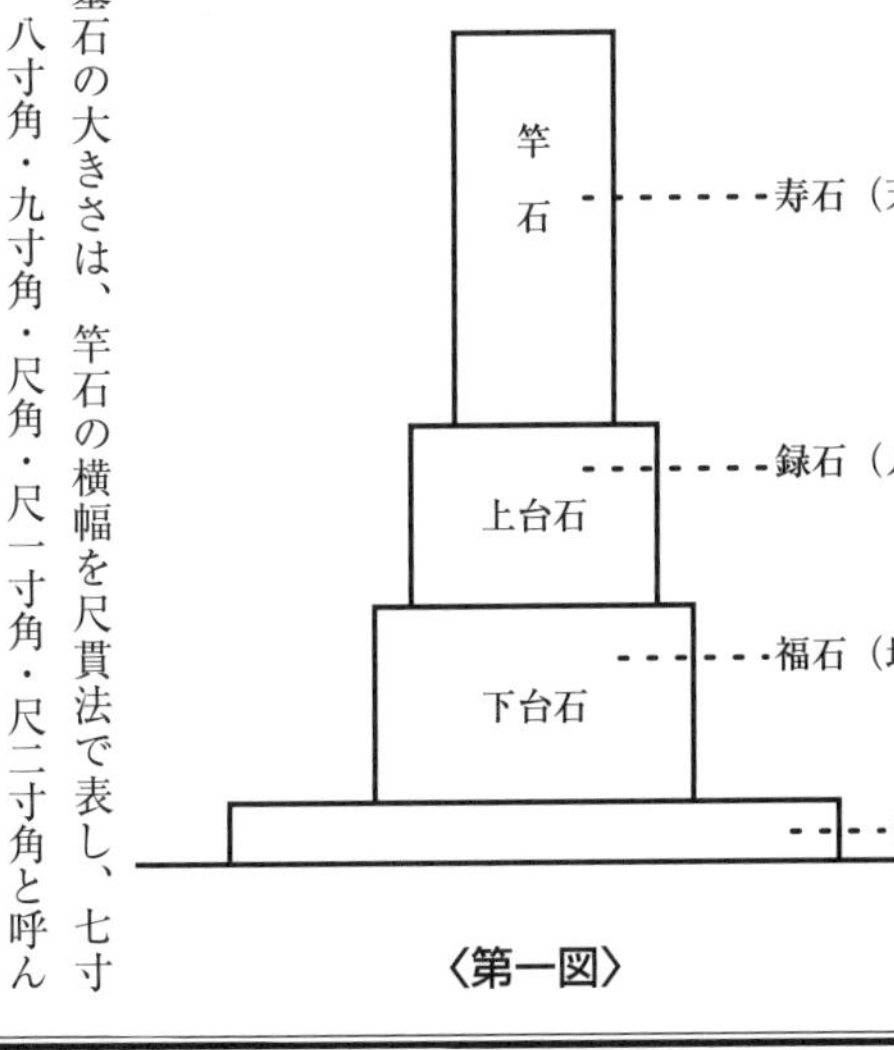

〈第一図〉

墓石の大きさは、竿石の横幅を尺貫法で表し、七寸角・八寸角・九寸角・尺角・尺一寸角・尺二寸角と呼んでいます。幅と高さの関係は、竿石の幅が一尺の場合は高さが二尺五寸と、一対二・五の割合になります。

墓石に使われる石は、子孫の代にわたって永くお祀りしていくものですから、永年の風化に耐え、刻んだ文字が見やすく、美しい仕上がりの石であることが大切です。石の種類としては、硬くて美しい、みかげ石として親しまれている花崗岩がいいでしょう。みかげ石は種類が多いのですが、色の上からみると白色がよく、白みかげ（茨城）、稲田石（茨城）、真壁石（愛知）、岡崎石（愛知）、北木石（岡山）などです。これらの素材を使用して作られたものが、吉相の墓石となります。

次に、好ましくない墓相としては、自然石で作られた墓があります。自然石は、自然の趣きがあっていい印象を与えるものの、墓石としては戒名などの彫刻がしにくい難点があり、文字がきれいに浮き出てきません。材質としても脆く（もろく）て風化に弱いところがあります。

このほかに、変わった形のお墓もありますが、あまり珍奇な形や、丸や三角を組み合わせた不安定な形のものは避けたほうがよいでしょう。これらは、墓相としてはよくないものです。

〈第二図〉

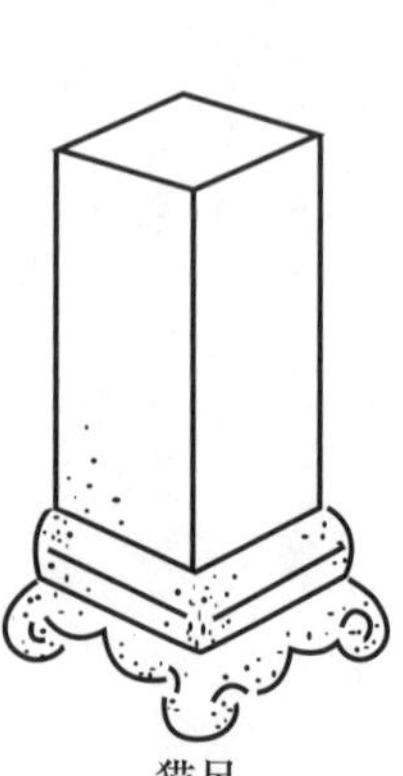

猫足

また、次に記すようなものは避けるべきです。

墓地の中に大きな木があって、枝や葉から雨の滴（しずく）が墓石に落ちるのはよくありません。

墓石にひびが入ったり、割れたり欠けたりしているもの、高圧線の下にあたる墓地はよくありません。

猫足（第二図）、蓮華台、布団台の墓石も、なるべくなら避けたほうがいいでしょう。

墓所内には木を植えないことです。

墓地内を板石で敷きつめたり、コンクリートでぬり固めるのはよくありません。

自分の墓を自分で建立する場合、専門家の意見をよく聞いて行うことが肝要です。親戚や知人と共に建墓するなどはよくありません。

墓相が吉相であることは望ましいことですが、それだけでは十分とはいえません。供養の心が正しく表現されていることも、また重要なことであります。

★納骨棺

納骨棺は、墓石の下に作られた一立方メートルくらいのコンクリートの小さな室です。普通、五、六個の骨壺が安置できます。

納骨棺に水が溜まらないように、底に水抜きの穴を開け骨壺が水浸しにならないようにし、また、カロートの底は、土のままにしておき、遺骨が早く土に還ることができるようにするのがよいのです。

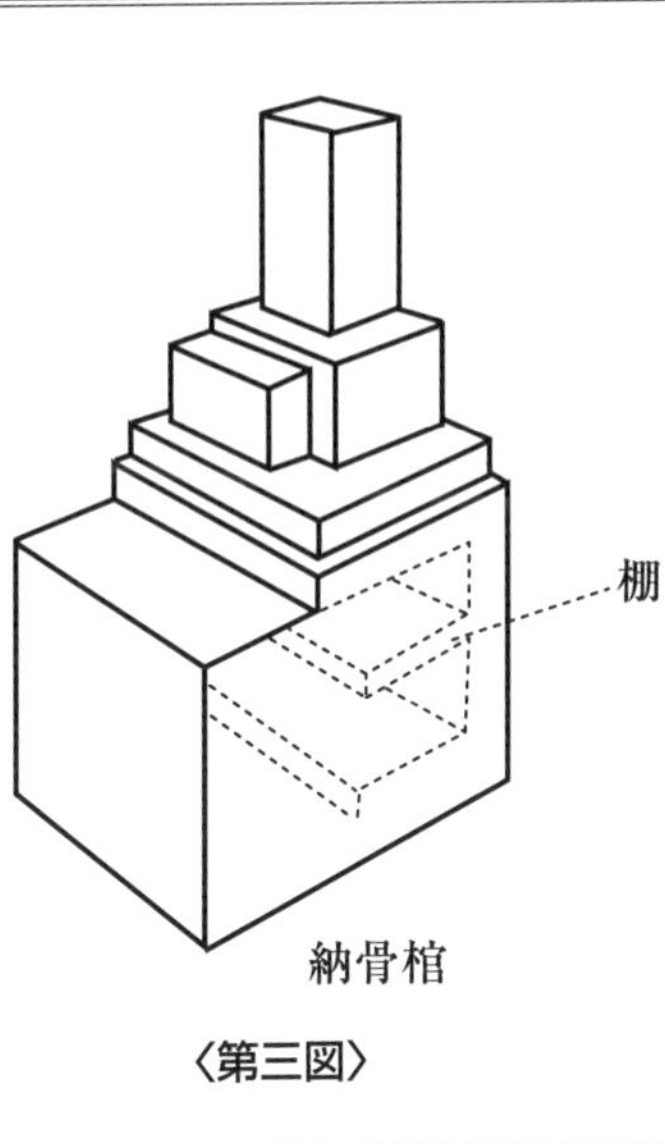

〈第三図〉

★五輪塔

五輪塔は霊を成仏・解脱に導いて、仏の世界に送る供養のために建てられるものです。この五輪の五は、「空」「風」「火」「水」「地」の宇宙の形成元素を表したものです。

塔形は、下の図のように下から方形・円形・三角形・半月形・宝珠形の五つの石を積み上げて一つの塔形にしたものです。平安時代に創始され、初期のものは梵字で、空・風・火・水・地を書いていましたが、後期のものには「南無阿弥陀仏」「南無妙法蓮華経」などの題目が書かれるようになりました。

〈第四図〉

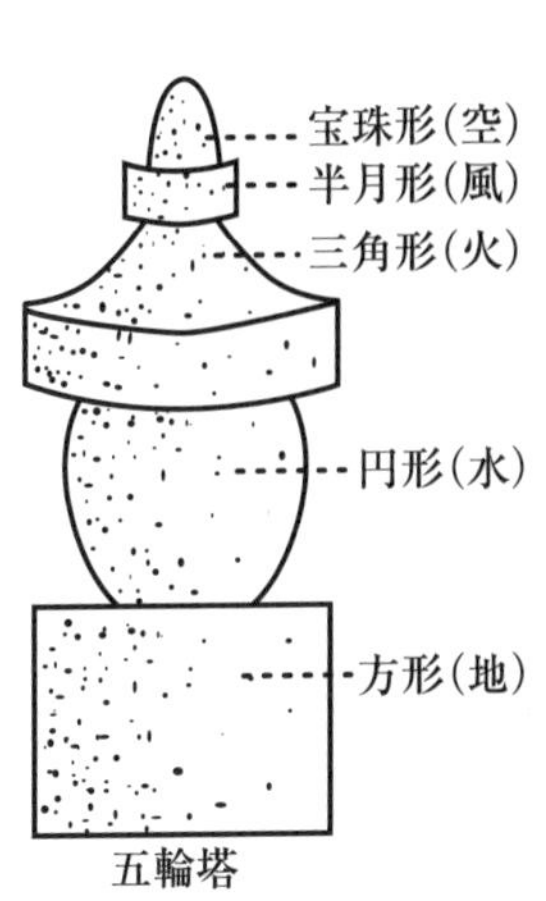

★供養

古来、私たち日本人は敬神崇祖の観念が強く、特に墓に対しては、故人の遺骨や遺骸を埋葬してあるというだけでなく、故人の霊を祀り、供養をつとめ、死後の安穏を求めてきました。

それと同時に、供養祭祀をすることにより、自分たちの安泰を願ってきました。このことは『死』を意識することにより、充実した『生』を考えるからです。

お墓は末代まで供養を続けることに、お墓の真の意義があるのです。供養する心が、その家の力となって子孫に伝承されていくものです。

印相

三須啓仙

★印と印相

人に人相があるように、印にもそれぞれの印相があります。

印の歴史は、はるか中国古代の秦の始皇帝の以前にさかのぼりますが、我国で『印判』や『押字』の形（相）から人の運勢を占うという相法が一般に広まったのは江戸中期ごろからです。

『印判秘訣集』（享保十七年刊）や『名判集成』など、以後の文献や印形が印相研究の対象となっています。

当時は「印は首と引き替え」といわれ、一身一家のお護りとして大切に扱われたものでした。

現代生活は、ますます印鑑との結びつきが密接になってきています。出生の届けから進学、就職、結婚と人生のあらゆる節目に印鑑が登場します。最近は若い人たちから「実印がほしいのですが、どう作ったらよいでしょうか……」と、相談を受けることが多くなりました。

マイホームやマイカーの購入、ローンの手続きや、保険契約には実印と印鑑証明が要求されるからです。

何かといえば、印がなければ事のすまないハンコ社会日本、そのわりに印にまつわる知識、知恵は不足しているようです。

★こんな印は運命を悪くする

次の九つのタイプは、運勢に凶暗示をあたえる凶相印の代表です。注意してください。

（一）

（一）角型……この印鑑は努力しても恵まれず、一時的に好調の時があっても持続せず、運勢にムラが生じて財の持てない相。また家族関係がスムーズにいかず孤立します。

印鑑は正円形（丸）が吉相です。

（二）

（二）太枠細字彫り……印の輪郭が太く中の名前の文字が細いものは、発展性に乏しく財運に恵まれません。また対人関係がうまくいかず、胃腸病にも悩みます。中年期にさかんに活躍しても晩年衰運に陥る人が目立ちます。

よい印相は輪郭より名前の文字が太く充実して彫られていることが第一条件です。

（三）

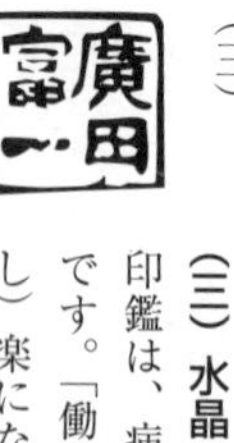

（三）水晶・めのう印……この種（石類）の印鑑は、病気に悩み金運に見放される凶相です。「働けど働けどなおわが生活（くらし）楽にならざり」で家族に病人が絶えず、苦労します。水晶の角印は特に凶。

（四）

（五）

（六）

（七）

（八）

石類は雅印（がいん）とか遊印に用いれば無難です。

（四）斜め彫り……この印鑑は、仕事運が伸びず散財運の相。家庭内でもトラブルを生じ不安定になりがち。とかく自分の本業がおろそかになり、無用な見栄を張ったり、投機やギャンブルに夢中になって失敗するのも斜め彫り印の持ち主です。

（五）小判型……この印鑑は受け身の相となり、物事が達成せず苦労ばかり多くて成功運がないものです。

（六）三文判……店頭売りの出来合い印で、ラクトロイドやプラスチックの合成印材は生気なしで凶。いつもお金が不足しがちです。

（七）大型と小型……印相には定まった寸法の規格があり、それより大きくても小さくても凶。調和と安定を欠き財運や発達運がありません。

（八）欠けや傷のある印……文字や輪郭が欠けていたり、印材に傷のある印は凶。事故にあったり損害を蒙ることになります。

（九）彫り直し印……印鑑はその人一代限りのものです。古い印を彫り直すのも人にあげるのもいけません。親からゆずり受けた印を自分用に使ったりすると、家運の衰えを招きます。

★印相の正しい判定

よい印相は「生年月日の星と名前の字画」を調べて、本人の運命に適合した作印をすることで得られ、よい印鑑とは「健全、成功、富栄」の幸運を誘導し増進するものでなければなりません。

印相を論ずる上で問題になる点が三つあります。これらについて正しい判定を下さないと、せっかくの印相が間違ってしまい、よいと思ったことが全く逆の結果を招き、吉相のつもりが、とんだ凶相印をつかむことになりかねません。

・三つのポイント

印の吉凶を占うには、三つのポイントがあります。

（1）印材の選び方……よいのは自然の生気ある材質で、彫刻保全の条件に合うもの。吉相は「象牙（ぞうげ）、黒水牛、黄楊（つげ）」の三種です。この中から自分の生まれ星に合ったものを選ぶのが和合発展、財運繁栄の吉相となります。別表「生まれ年と印材の相性表」をごらんください。

（2）印面八方位と接触点……名前の字画によって八方位の位置と接触点（文字と輪郭の接続した個所）を鑑定して作印します。この法則によって名前が悪い人でも、改名しないで吉運に転換することができるのです。

（3）字体の配分法……印章文字は、普通の楷書や、行書、草書のくずし字はいけません。

篆書（てんしょ）体が正法で、これには長い伝統に基づく深い理由があります。篆書は中国の漢代に完成された印刷の字法で、この研究がしっかりできていないとよい印相にはなりません。

★よい印材・悪い印材

印相法に合った印材は、象牙（ぞうげ）、黒水牛、黄楊（つげ）の三種で、これは原則的に吉相の条件に合うものです。

生まれ年と印材の相性表

あなたの生まれ年				星の名	相性のよい印材
令和・平成	昭和	大正	明治		
29 20 11 2	56 47 38 29 20 11 2	・ 7	・ 42	**一白水星**	象牙または黄楊が吉
28 19 10 1	55 46 37 28 19 10	15 6	・ 41	**二黒土星**	黒水牛または象牙が吉
令6 27 18 9	63 54 45 36 27 18 9	14 5	・ 40	**三碧木星**	黄楊または黒水牛が吉
令5 26 17 8	62 53 44 35 26 17 8	13 4	・ 39	**四緑木星**	黄楊または黒水牛が吉
令4 25 16 7	61 52 43 34 25 16 7	12 3	・ 38	**五黄土星**	黒水牛または象牙が吉
令3 24 15 6	60 51 42 33 24 15 6	11 2	・ 37	**六白金星**	象牙または黒水牛が吉
令2 23 14 5	59 50 41 32 23 14 5	10 1	・ 36	**七赤金星**	象牙または黒水牛が吉
令1 22 13 4	58 49 40 31 22 13 4	9 ・	44 35	**八白土星**	黒水牛または象牙が吉
30 21 12 3	57 48 39 30 21 12 3	8 ・	43 34	**九紫火星**	象牙または黄楊が吉

印鑑に求められる何よりの条件は、天地の精気を受けて育ち、大自然の霊気のある材質がよく、従ってこれに反した水晶やめのうの石類、人造合成品のラクトロイド、エボナイト、金や銀、ステンレスなど、金属類は凶相です。このような印材を使用しますと、家庭に病人が絶えないばかりか、苦労ばかり多くなって財運に恵まれず幸福が得られません。

★三印材の美点

◎象牙――印材としての品質は最高で、彫刻面の仕上がりも見事です。白の色感、色調に品格があり、水牛にくらべて倍の硬さがあります。ひび割れや虫食いの心配がなく、長く使えば使うほど朱色との調和が美しく手ざわりもよくなります。独立営業や自由業の人、個性や才能で生きる人にはうってつけで、発展性が強く財運に恵まれます。「一白水星」「六白金星」「七赤金星」「九紫火星」の人にはとくにラッキーな印材です。

◎黒水牛――耐久力があり摩滅や汚れが目立たず、字線も奇麗に彫刻できます。手頃な価格が魅力で現代ではもっとも多く利用されている材質です。とくに「二黒土星」「五黄土星」「八白土星」の人には安定と調和を得る吉相です。

黒の色感には不思議なムードがあって、黒といえば不吉な色として喪服に使われる一方で、永遠に変わらぬ色として儀式に着用されます。黒色は合う人にとってはまたとない理想の吉相であり、合わない人にとっては不吉な衰気、退気の相となります。

◎黄楊――柘植とも書き、木性の印材ではもっとも堅牢で彫刻に適しています。一般的な材質で、実印にも認印にも、また官公印にも古くから用いられてきました。「三碧木星」「四緑木星」の人には、愛情運、家庭運に恵まれる良相です。

正しい印鑑

印鑑には実印、認印、銀行印の種別があります。それぞれの用途に応じて、正しい作り方、用い方を心がけることが処世の秘訣です。

服装でいえば、実印（印鑑証明）は公式な礼服、訪問着であり、認印は仕事着、ふだん着というところでしょう。また小切手や手形、証券など事業上には銀行印が必要です。

印の形は、正円形（丸）が陽の気運で、健全・発展・財運の吉相。そして印の寸法は実印―直径15ミリ（五分丸）、認印―11ミリ（三分五厘丸）が福徳の相で、女性はひとまわり小さめが円満、調和の相（すがた）としてよいのです。

◆使用上の心得――新印を調製したときの心得には、古来、「印形開眼並に供養得益」の作法があります。現代ではことさら儀式は必要ありませんが、あくまでも印は自分の生命、財産、権利の集中するところであることを心に銘じて取り扱うべきです。

まず白紙に載せて、自家の神棚または仏前に供え（机の上でも可）拍手礼拝してもって入魂開眼の式としますが、その作法は各自の信念、あるいは信仰する宗教の方式で結構です。

◆印鑑は、月に一回は清め拭う習慣が大切です。決して古印肉で埋もれたり、汚損した印は用いるものではありません。月に一度は白布で清拭して用いてください。この心がけは、必ず印徳となって現れるものです。

◆不用になった印や所有者が死亡したため廃印になった印は、直ちに焼却したり、破棄することはいけません。少なくとも三年間はていねいに保管する必要があります。

それはどんな印でも、それがよいにつけ悪いにつけ、その人と共にあった、印霊が存在することと、将来その古印を必要とする問題が発生するかも知れないからです。

神棚か仏壇の下に白紙に包んで保存することがよく、その後地下（土中）に埋めることが適当です。

姓名判断

三須啓仙

「名は体を表し、運命を誘導する」といいます。運勢とか占いとか特に興味のない人でも、自分の名前のこととなると、また格別の関心を抱いている人が意外に多いようです。

運勢のリズム、高調、低調の周期は本書の九星占術で詳しく（年度運として）記した通りですが、名前（名相）の持つ運気は一生にわたる運の強弱を示しているのです。姓名五格の分類から人生の前半運、後半運など二期に分けてみます。あなたの運勢は強運か、弱運か、あるいは中運ぐらいか……。生まれ星（生年月日）では、良い運気の時期にありながら、名前の運気が弱いとその好調期が乱れてしまいます。反対に名前の運が強い人は低調運の時期でも、さしたる障害もなく乗り切っていけるのです。

名前は単なる記号や符丁ではありません。人間がそれぞれ違った顔を持つように、名前もそれぞれ異なったタイプの運命を持って生きているのです。

名前の相が秘めている「数の霊意」「音の霊意」は日本的霊性の発現されたものといえるでしょう。

なお、愛児の命名、会社名や店名、商品名などにも、この姓名判断法を応用して、よい名前を選んでください。

■名前の数の霊意

文字には霊意と霊数があり、名前には格数があります。姓名判断のポイントは、文字の数とその構成にあります。名前を形成している文字の持つ、ニュアンスと字画数によって「幸運な名前」「不幸な名前」、さまざまな運命が現れてくるのです。

※〈数の霊意八十一数吉凶表〉（二六二頁）を参照。

■判断のポイント

運命学の根本は『数』の作用にあります。数は一から九までが基本となって、九と九の交錯、八十一数のなかに天地の万象はことごとく含まれていると解釈します。姓名のなかでも最も重大な力を持っているのが数理の霊導です。姓名判断に際しては、まず、姓名五格の数と数の霊意の対照から吉凶の判定を行うことになります。では五格分類の方式に則（のっと）って、判断を行っていただきましょう。あなたの名前はどんな数を持ち、それはどのような意味を持ってあなたの運命を導いていくのでしょうか。五格の数が示すあなたの一生の運勢をご覧ください。

■姓名判断の手順

①姓名を構成する文字を『文字の霊数（字画）』に置き換えます。

②文字の霊数（字画）をもとに、あなたの名前を五つのパートに分けて、五格（天格・人格・地格・総格・外格）の数（格数）を導き出します。

③五格のうち、天格を除いた他の四格の数を、それぞれ八十一数に照らし、数の霊意（吉凶とその程度、内容）を調べ、判断します。

■姓名判断上の注意点

①文字の霊数（字画）を正しく計算する。

数令姓名学は『さんずい』『くさかんむり』『しんにゅう』など、ふつうの字典・辞書と画数の算定法が違う字がたくさんありますので要注意です。

※〈正しい字画（文字の霊数）の算定〉（二六四頁）を参照してください。

②姓名判断は、戸籍に記載された文字をもとに行います（文字には同じ字でありながら　辺―邊、沢―澤のように画数の異なる二つ以上の字体を持つ字があります）。日常では『沢』と書いていても、戸籍が『澤』となっている人は『澤』の画数で判断します。

〈姓名の五格分類法〉

■五格分類例

日本人の姓名で最も多いのが姓二字・名二字のタイプでしょう。最初にそれを基本型として例示します。

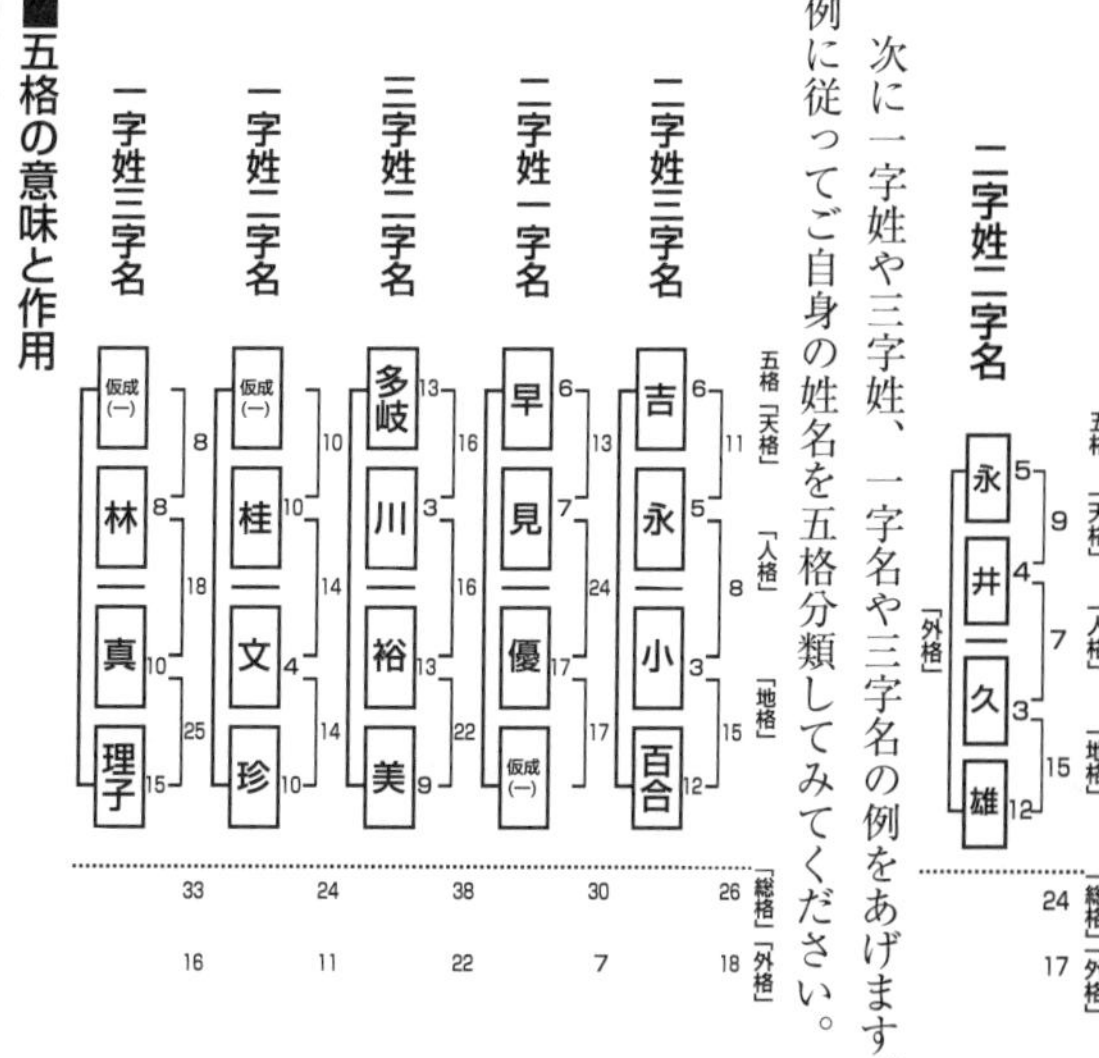

次に一字姓や三字姓、一字名や三字名の例をあげます。例に従ってご自身の姓名を五格分類してみてください。

■五格の意味と作用

①天格（姓の画数）

姓は家代々のもの、家族全体のものですから、天格の画数では個人の運命の吉凶は論じません。判断上は名前との関連性によって吉凶を生じる要素となります。

②人格（主運・一生の中心運）

姓の一番下の字と、名の一番上の字の画数を合計した数です。主運ともいい、中年期を中心として一生の運勢のバックボーンを示す部位です。判断上は、まずこの人格部の数に注目してください。性格や適性なども人格部を主として見ます。例の永井久雄は「井と久」の合計で7画です。また、三字名や一字名の場合も同様で、吉永小百合は「永と小」の合計で人格の数は8となります。

③地格（前運・人生の前半運）

名前の画数で別名を前運ともいい、主に初年から30歳頃までの若い頃の運勢を表します。地格に良い数があれば少年青年期の好調を示し、また凶数があると幼少期や若い時代の苦労や障害を表すことが多いのです。例にあげた久雄は15画、小百合も15画の吉数の名前です。

④総格（後運・人生の総体運と晩年運）

姓と名の全部を合わせた画数が五格の総格となります。後運といって主に人生の後半期に強い影響力を発揮し、晩年運を支配します。特に男性にとっては、30歳以後は本当に自分自身の才覚と力量で築く人生ですから、総格は一生の総体的な運勢を示すことになります。女性は作用の発現が早く、20歳頃から総体運としての強い影響力を生じます。女性の後運・晩年運は、結婚後の姓が変わってからの総格数に注目することが肝要です。

永井久雄の総格は24画。吉永小百合26画です。一字姓や一字名の場合、桂文珍24画、早見優30画となり、仮成の一画は総格の画数には加えませんから要注意です。

⑤外格（副運・対人関係と家庭運）

人格部の主運に対して副運ともいい、外格は人間関係、結婚運、家族関係などに強い影響力を発揮する部位です。外格には人格の主運を補佐する作用があり、人格の数が悪くても外格の数が良ければプラス材料になります。

外格に凶数を持つ人は、人事面や家族関係でトラブルが生じやすく、恋愛、結婚運にも悪影響が出やすいので要注意です。五格分類では総格の数から人格の数を差し引いた数が外格の数ですが、一字姓や一字名の場合は仮成の一画を加え外格数を算出します。

〈赤ちゃんに良い名前を―命名・選名の心得〉

命名の第一のポイントは、『**いかに凶数を避け、吉数を使うか**』です。八十一数を吉凶に分類すると、吉数が40、凶数が34、そして吉凶相半ばの中数が7です。数の霊意を宿す八十一数は、それぞれにその数特有の個性を持っています。そしてその一つ一つの数が、独自の個性を発揮して人の運命に作用し、五格のどこに位置するか、また、他のどんな数と組み合わされているかによって、千差万別の人生を織りなしていきます。

数と五格との関わり合いは絶対にして不思議です。次の表は、命名、選名の際にチェックを要する数です。個性、特徴を発揮する数で、五格のどこに位置しても一生を通じて強く作用する特殊な数です。

◎男女とも良いラッキー数	11・13・15・24・31
×不和・トラブルの凶運数	12・14・22・27・34
×危険・事故・病難の障害数	9・10・19・20・28
△波乱運・人気運の吉凶半ばの数	26・30・36・40・46
○男は強運・発展運 △女は孤独・不安定数	21・23・29・33・39

ベスト5のラッキー数『11　13　15　24　31』

八十一数の中でも男性女性ともに良い、円満・健全発展の幸運数。これらの数は、個人の名前だけでなく会社名や商号、屋号などに用いても良好です。

住友（11）、三越（15）、松坂屋（24）などは良い屋号の例です。

女性の孤独相、後家相数『21　23　29　33　39』

これらの数は仕事運が強く運気は旺盛ですが、家庭運や愛情運では孤独相を生じます。男性には強運の数ですが、女性には愛の孤独と不安定を招く数なので女児の命名には用いるべきではありません。

危険・事故・病難の凶運数『9　10　19　20　28』

ワースト5の凶運数。危険、事故、遭難、難病を強く暗示する大凶数です。凶災を招く傾向が極めて強く、健康と命を蝕（むしば）む凶運数であるとともに、貧困と苦悩を招く大凶相の数ですから命名には絶対に使用しないことです。

不和・トラブルの障害数『12　14　22　27　34』

人間関係の調和を乱し物事の順調な進展を阻み不和・トラブル・中途挫折の結果を招く数。本人に悪気はなくとも、この数を持つ人が自分の意志を通そうとすると、必ずといっていいほどトラブルを招き、周囲にまで悪影響を及ぼす傾向が強い数。命名には避けます。

波乱・変動の不安定数『26　30　36　40　46』

幸・不幸、運・不運の変転が極端に入れ代わり、吉と凶とが激しく交錯する波乱と変動の運気を招く数です。よく言えば波乱万丈の英雄的人生ですが、それは浮き沈みが激しく、身の上が定まらぬ不安定な人生を表し、命名に使用すべきではありません。

女性の名前に避けたい音

女児の命名で注意したいのは『濁音』と『ツ』です。静子、貞子、順子、信子、和美のように濁音のつく名前が該当します。また光子、節子、勝子、悦子のように『ツ』の音が入る名前は、障害が多く、孤独相となり、運命にムラが激しいとされています。

本格的な姓名判断は、この他に天格、人格、地格の配置構成による優劣（三才の配列・姓と名のバランスの吉凶）、音の霊意、ラッキー音、生まれ星との関連等の要

素も加わる奥深いものですが、一応、五格分類法を基本とした姓名判断、命名法のポイントを理解してください。

〈数の霊意八十一数吉凶表〉

1	万物の基元、富貴名誉、最良の吉祥運	吉
2	独立進歩の気運なく不安紛争変動の凶	凶
3	知能明敏、行動力と先見性順調に発展	吉
4	不運不幸の暗示、病難遭難、金運薄弱	凶
5	心身健全にして繁栄長寿発達の吉祥運	吉
6	天徳を受け能力充実、家運隆昌の好運	吉
7	独立権威自我強きも万難を排し成功す	吉
8	進取の気性あり努力発達、志望貫徹す	吉
9	窮迫病難孤独災害あり遭難短命の暗示	凶
10	事故遭難波乱の凶数、病難悲運の凶相	凶
11	順調の発展、温和篤実一家子孫繁栄す	吉
12	薄弱無力にて孤独失意、破財を招く相	凶
13	知能明達、学芸技芸、才能に富む吉運	吉
14	破兆あり家族縁薄く孤独不和逆境の兆	凶
15	福寿円満上位の引立あり繁栄有徳の象	吉
16	凶を吉に転じ人の上位に立ち成功富栄	吉
17	意思堅固、万難を突破して目標達成す	吉
18	知謀あり、意志強固、発展向上の吉運	吉
19	障害多難、病弱不和孤独波乱の凶運数	凶
20	厄難凶禍、病弱短命、障害多い大凶数	凶
21	偉大な頭領運尊敬富貴、女性は後家運	吉凶
22	薄弱不如意不平逆境物事中途挫折の意	凶
23	運気旺盛富栄の発達運、女性は孤独相	吉凶
24	知力あり資財豊厚吉慶多し成功繁栄す	吉
25	資性鋭敏にして、発展奏功幸福を享く	吉
26	波乱変動の変怪数、吉凶が極端に出る	凶
27	運命の曲折多く努力すれど不和不成功	凶
28	遭難或いは病難家族の苦労あり不安定	凶
29	知謀発達活動力あり、但し女性は凶相	吉凶
30	浮沈多く急変の難あり吉凶禍福相半す	中
31	健全有徳志望を達す富貴幸福一生安泰	吉
32	実力信用の運、上の引立成功財運多し	吉
33	隆昌盛大の発達運、但し女性は後家運	吉凶
34	破壊滅亡の兆大凶受難の意短命の暗示	凶
35	知達能才・学術技芸に長ず女性に大吉	吉
36	侠情波乱に富む浮沈万態の象災禍多し	凶
37	忠実誠意あり発展し有徳豊栄の吉祥運	吉
38	温厚まじめ型、学問技芸文化面に適性	吉
39	権威長寿財運あり子孫繁栄女性は凶数	吉凶
40	知謀才能あれども運気は変転不和多し	凶
41	才謀あり健全和順大志遂げ高名富栄也	吉

42 博達技能あれど不和散漫悲哀失敗の意 中
43 散財運の相、家族縁薄く不遇失意の意 凶
44 破家亡身の最悪兆病遭難逆境不安の意 凶
45 経綸深く万難を排し成功繁栄吉祥を得 吉
46 精力欠乏病身波乱多く稀に成功者あり 凶
47 開花幸福の象、事業盛運発達の好運格 吉
48 智徳を兼備し成功名誉利達あり発展す 吉
49 吉凶相半変化あり災害を受ける事多し 凶
50 一成一敗の運、波乱多く吉凶は相半す 凶
51 一成一衰あり、成功運あれど運気弱勢 中
52 勢力強大で先見の明機略あり、発展す 吉
53 外見慶福内実障害多し後半生凶災来る 中
54 不和損失苦労の象、短命横死刑傷多し 凶
55 知的発達運、意思つよく努めて大成す 吉
56 実行力乏しく損失厄災続出し晩年衰退 凶
57 資性剛毅天与の幸慶得るが遭難に注意 吉
58 浮沈消長多く波乱あるも晩年は安定す 中
59 忍耐勇気なく失意逆境、一生苦労多し 凶
60 不安定苦労多し病難短命の相晩年凶運 凶
61 名誉利益とも繁栄吉祥、成功運財運大 吉
62 志望達せず内外不和厄災あり心身衰退 凶
63 目的達成し子孫繁栄・家運安泰の好運 吉
64 波乱滅亡の凶相、病難厄事困苦の衰運 凶

65 公明正大、隆昌発展の良運長寿富栄也 吉
66 進退の自由を失い、苦悩病難の凶運数 凶
67 万事支障なく目的伸長家運盛大に至る 吉
68 知徳明敏意思堅固にして発達名利を得 吉
69 困難障害多く病災非業失敗争論の悪運 凶
70 険悪滅亡悲哀の凶兆あり刑傷不和生ず 凶
71 実行力と堅実性をもって後半運は吉慶 吉
72 外見は吉、内実凶の如く吉凶相半の運 凶
73 進取心なく実行性に乏し、晩年は平安 中
74 無能徒食の象、一生苦労不遇失意の意 凶
75 努力発展運、行動力有し困難を突破す 吉
76 内外ともに不和、一家離散薄縁の凶相 凶
77 上位の引立あり前半苦労後半良運あり 中
78 知能あり温和篤実に進み晩年吉慶を得 吉
79 精神不安定、節度なく信用を失い逆運 凶
80 終生苦労多く波乱障害病災を生じ凶運 凶
81 終極の数にして基数一と同様の吉祥運 吉

※『吉凶』の表示のあるものは特運数
男性は吉、女性は凶

〈正しい字画（文字の霊数）の算定〉

『字画数（文字の霊数）』を間違えたら台なし

姓名学では、文字を数字に変換して、その数（文字の霊数…字画）によって五格を算定し、数の霊意によって姓名の相の吉凶を判断します。その際に、文字を数に置き換える方法（文字の霊数の算定）は、数の霊意を正しくつかむために漢字の起源までさかのぼって、文字を成立させている一点一画の字画数に従っています。ですから、文字によっては字画の数え方が、ふつうの字典や字引とはまったく異なるものがあるわけです。

ふつうの数え方やいいかげんな方法で算定したりすると、正確な判断がくだせないばかりでなく、まったく正反対の間違った結果を引きずり出すことにもなりかねません。ここではふつうの字画の数え方とは違う、特に注意を必要とする文字について説明します。

漢数字の数え方

一から十までの漢数字は姓名学では字源の霊意にしたがって以下のように算定します。

一…1画　二…2画　三…3画　四…4画
五…5画　六…6画　七…7画　八…8画
九…9画　十…10画　百…6画　千…3画
万…3画　萬…15画

正字と略字（主な正字と略字の例）

現在戸籍に記載されている文字で判断します。

廣15…広5　惠12…恵10　榮14…栄9
齊14…斉8　學16…学8　澤17…沢8
邊22…辺9　實14…実8　與14…与4
會13…会6　彌17…弥8　豐18…豊13
萬15…万3　圓13…円4　關19…関14
龍16…竜10　繪19…絵12　總17…総14

「へん」「つくり」「かんむり」の数え方

漢字は「部首」とそれ以外の部分で成り立っています。数令姓名学では、文字の霊数（字画）を算定する際には、文字の「部首」の部分は、その字源にそった形に戻して画数を算定します（例　人偏…人2、木偏…木4、手偏…手4、示偏…示5）。その際、よく使われているヘンとツクリの中で、ふつうの字典とはまったく数え方が違うものがありますから、特に注意してください。例えば「清」の場合、部首である「さんずい」を、ふつうは3画と数えますが、数令姓名学では（部首となる）「さんずい」は水や液体を意味し、字源が「水」ですから4画となります。同様に「くさかんむり」も艸が字源ですから6画と数えます。次頁に主なヘンとツクリとカンムリの画数を、通常の画数との違いが判るように例をそえて表で示します。

●へん・つくり・かんむり

（カッコの中は通常の数え方による画数です）

部首	読み	画数	例
氵	さんずい	水の意で4画（3）	清は11画ではなく12画
忄	りっしんべん	心の意で4画（3）	悦は10画ではなく11画
扌	てへん	手の意で4画（3）	持は9画ではなく10画
艹	くさかんむり	艸の意で6画（3）	芳は7画ではなく10画
犭	けものへん	犬の意で4画（3）	猛は11画ではなく12画
ネ	しめすへん	示の意で5画（4）	神は9画ではなく10画
衤	ころもへん	衣の意で6画（5）	裕は12画ではなく13画
王	たまへん	玉の意で5画（4）	理は11画ではなく12画
月	にくづき	肉の意で6画（4）	胸は10画ではなく12画
辶	しんにゅう	走の意で7画（3）	進は11画ではなく15画
阝	おおざと	邑の意で7画（3）	部は11画ではなく15画
阝	こざとへん	阜の意で8画（3）	阿は8画ではなく13画
罒	あみがしら	网の意で6画（5）	置は13画ではなく14画
飠	しょくへん	食の意で9画（8）	飯は12画ではなく13画
韋	なめしがわ	韋の意で9画（10）	偉は12画ではなく11画

また、部首でなくとも文字の構成要素中の以下の形は、牙…4、臣…6、毎…7、成…7、卄…4、と数えます（例　雅…12、姫…9、梅…11、城…10、瑛…14）。

カタカナとひらがなの数え方

これはどちらも、すべてその字形に従って画数を算定します。

●ひらがな

あ	い	う	え	お
あ(三)	い(二)	う(二)	え(三)	お(四)
か(三)	き(四)	く(一)	け(三)	こ(二)
さ(三)	し(一・二)	す(三)	せ(三)	そ(三・四)
た(四)	ち(三)	つ(一)	て(二)	と(二)
な(五)	に(三)	ぬ(四)	ね(四)	の(一)
は(四)	ひ(二)	ふ(四)	へ(一)	ほ(五)
ま(四)	み(三)	む(四)	め(二)	も(三)
や(三)		ゆ(三)		よ(三)
ら(三)	り(二)	る(二)	れ(三)	ろ(二)
わ(三)	ゐ(三)	ゑ(五)	を(四)	ん(二)

●カタカナ

ア	イ	ウ	エ	オ
ア(二)	イ(二)	ウ(三)	エ(三)	オ(三)
カ(二)	キ(三)	ク(二)	ケ(三)	コ(二)
サ(三)	シ(三)	ス(二)	セ(二)	ソ(二)
タ(三)	チ(三)	ツ(三)	テ(三)	ト(二)
ナ(二)	ニ(二)	ヌ(二)	ネ(四)	ノ(一)
ハ(二)	ヒ(二)	フ(一)	ヘ(一)	ホ(四)
マ(二)	ミ(三)	ム(二)	メ(二)	モ(三)
ヤ(二)		ユ(二)		ヨ(三)
ラ(二)	リ(二)	ル(二)	レ(一)	ロ(三)
ワ(二)	ヰ(四)	ヱ(三)	ヲ(三)	ン(二)

〈姓名学による特殊な数え方をする文字の画数一覧表〉
――常用漢字と人名用漢字（新人名用漢字は太字）

※これ以外の常用漢字・人名用漢字の画数は、筆画（通常の漢和辞典に掲載されている画数）になります。

四　画　及才四之比与**牙**
五　画　五充**此**
六　画　冴汁臣打汀犯払礼六収
七　画　汚汗江汐七成池忙毎免**汝托汎**
八　画　沖快汽技扱汲狂玖決抗沙社抄政折汰択沢直沈投把肌八抜批卑扶没抑**臥祁沌**肋
九　画　芋泳沿押河怪拐拡肝祈泣拒拠況九拘込祉治招沼肖性拙泰拓担抽注抵泥波拝拍泊披泌
姫怖侮沸辺勉抱法泡抹油怜拂赳**玩穿肘沫辻**
十　画　育花芽括活挟狭芹衿芸肩恒洪肯拷骨恨指肢持芝狩拾洲十祝巡城浄神迅浅洗祖挑珍津
洞独派肥芙芳肪祐洋流玲恆洸洵祕**按迂珂珈芥恢迄肴恰拶拭芯迪祢芭珀洛芦珊**
十一画　胃胤英悦苑茄悔海茅飢近苦茎迎堅胡悟浩邪若珠消祥振浸捜胎胆悌那悩肺背梅班晩被
苗浜敏浮返浦捕胞邦茂浴琉浪晨晟毬狹眸笙茉**挨袖埴疏捉苔挺苺絆挽狼浬**
十二画　茜惟異液雅涯掛渇球据胸脅掘掲渓現控荒混採済惨脂視捨授渋淑述舜淳渚捷渉情深推

据清盛惜接措掃草荘琢淡探茶猪朕邸迭添悼胴惇捺能排買迫防脈猛理涼猟淨迪**迦掬脇**
袴惚茨茸捻淀阪捧掠淋椛捲

十三画　阿握渥郁飲渦援温荷慨換莞揮脚逆琴敬減湖港郊湿阻送測惰退脱追提渡塔湯逃豚猫脳
飯描附補募満迷愉湧猶裕揺裡琳禄湾脩荘莉**琥惹竪湘惺揃湊陀湛荻琶琵莫裡溜**

十四画　瑛猿禍華菓滑褐寛漢監菊緊菌郡携源限瑚慌溝降菜罪搾飼慈滋署菖飾慎瑞誠逝摂禅造
速損滞滝置逐著脹通禎逓途透搭搬舞福碧墓萌飽幕夢滅溶裸連郎腕愼捜揺滉瑶菫**溢萱**
裾腔獅這腎逞逗萄菩逢萠萊菱榊

十五画　葵逸院演郭潅慣陥漁興郷賢獄腰瑳磁漆週除進陣節漸葬憎逮腸漬摘滴都萩漠罰漂部腹
複陛慕暮慢漫模郵葉落瑠漏漱滞**葦嘩萱葺摺漕董葡餅萬漣樫葛**

十六画　違陰運過餓瀉樺遇潔険撮蒔潤蒸遂澄潜蒼諾達遅蓄潮撤陶憧道陪罷憤遍撲遊蓉遥覧璃
陸隆陵澁陥**蓋膏蓑撒蒐撰撞遁播撫蒲蒙憐**

十七画　遠憶懐階憾館謹隅激瞬蕉随操蔵隊濁蔦瞳濃繁膚膜擁陽臨蓮濘**蔭蔣遡遜蓬蔓遙隈**

十八画　獲隔環簡擬擦遮蕉遭濯適膨翼濫濕**蕎隙蕨濡膳蕃蕪蔽**

十九画　遺隠穫襟薫際遵障薪髄薦選遷薄蕗繭薬遼**蘭襖臆薙蕾**

二十画　還警瀬避羅欄藍隣懷藏**藁薩瀧**／二十一画　護臓藤藩藝藥險**瀕**

二十二画　鑑藻蘭攝權歡覽**蘇**／二十三画　驚鱗**灘**／二十四画　臓

※特に、及4、才4、之4、牙4、充5、臣6、成7、毎7、直8、韋9、華14、節15、に関しては、必ず康熙字典の字形で画数を算出し、及・牙・臣・成・毎・韋は、文字の構成要素となっても同様の扱いとします。

〈主な略字（常用漢字）と正字（康熙辞典体）の画数対照〉

亜7—亞8	囲7—圍12	医7—醫18	栄9—榮14	営12—營17	円4—圓13
塩13—鹽24	応7—應17	桜10—櫻21	奥12—奧13	画08—畫12	会6—會13
絵12—繪19	覚12—覺20	学8—學16	岳8—嶽17	楽13—樂15	勧13—勸19
関14—關19	巌20—巖23	気6—氣10	亀11—龜16	挙10—擧18	尭8—堯12
暁12—曉16	経11—經13	継13—繼20	芸10—藝21	県9—縣16	剣10—劍15
権15—權22	顕18—顯23	厳17—嚴20	広5—廣15	号5—號13	国8—國11
斎11—齋17	糸6—絲12	実8—實14	寿7—壽14	渋12—澁16	将10—將11
証12—證19	条7—條11	縄15—繩19	壌16—壤20	穂15—穗17	斉8—齊14
静14—靜16	浅10—淺12	双4—雙18	壮6—壯7	総14—總17	蔵17—藏20
対7—對14	滝14—瀧20	沢8—澤17	団6—團14	鉄13—鐵21	伝6—傳13
当6—當13	稲14—稻15	読14—讀22	麦7—麥11	発9—發12	浜11—濱18
辺9—邊22	弁5—辨16—辯21		宝8—寶20	豊13—豐18	万3—萬15
満13—滿15	弥8—彌17	薬19—藥21	与4—與14	予4—豫16	余7—餘16
誉13—譽21	来7—來8	竜10—龍16	礼6—禮18	恋10—戀23	労7—勞12
楼13—樓15					

※略字体で書いて正字体の画数で数えることはしません。

易占の秘訣

松橋信之

①易はなぜ当たるのか（易とは何であるか）

易とは、易経のこと。「四書五経」の中にある経典です。四書五経は、大学、中庸、論語、孟子の四書に、易経（周易）、詩経（毛詩）、書経（尚書）、礼記、春秋の五経を加えた儒教の聖典のことです。

易経の成立は西周時代（BC一一〇〇〜BC七〇〇年頃）とされるため周易ともいいます。その内容は周王朝時代だけでなく、それ以前の商王朝（殷王朝ともいう）時代（BC一七〇〇〜BC一一〇〇年頃）の風俗、習慣、歴史や教訓などが書かれており、二一世紀の今日にも通用する内容が満載されています。だから易は当たるのです。

易経から出た言葉では、「虎の尾を履む」（天澤履、危険なモノに近づくとき）や「虎視眈々」（山雷頤、虎が獲物を狙うさま）が有名ですが、他にも「君子豹変」（澤火革、考えや行動をガラッと変えるとき）や「一陽来復」（地雷復、冬至の日に陽気が戻るとき）、「明治」「大正」など、易経が出典となる言葉や元号はたくさんあります。

②易にはなぜ吉が少ないのか（易の目的とは何か）

易には吉の卦が少ないのです。それは易の作者が悲観論者だからだと言われていました。しかし、良いことは少なく、苦労ばかり多いのが現実です。それでも苦労の末に良いことがあると、とても嬉しいものです。ポイントは、その苦労が結果に結びつくか否かなのです。

易の目的とは、ただ単に吉や凶を占うのではなく、凶の部分を取り除き、吉の方向へ向かわせることです。棚からぼた餅のように吉を待っているのではなく、その人の行動によって吉を引き寄せるのが易の目的なのです。努力したことがすべて結果に結びつくわけではありませんが、少ないチャンスを生かせるか否かが人生の分岐点となるのです。易には吉の卦が少ないですが、吉に向かうための智慧や示唆は満載されているのです。

③男が偉く女が卑しいのか（陰陽とは何であるか）

男尊女卑とは、易にある陰陽の考え方を為政者が都合よく解釈したものです。そもそも陰陽の考え方とは、二元相対論であり、対立する事柄をそれぞれ並べるところから始まります。

陽——男・尊・天・剛・明・上・大・表・君・夫
陰——女・卑・地・柔・暗・下・小・裏・臣・妻

このように陰陽とはそれぞれ対立した概念があるとい

う考え方ですが、ここで陽の部類に男や尊いがあり、陰の部類に女や卑しいがあるので、為政者（昔はそのほとんどが男性ばかり）が陽の男が尊くて、陰の女が卑しいと曲げて解釈し、女性に対してそれを押しつけたのです。本来、陰陽とは、性別では男と女、位だと尊いと卑しいと言っているだけで、陽の男が尊いわけではなく、陰の女が卑しいわけでもないのです。男でも卑しい人間はいくらでもいるし、その逆に女でも尊い立派な人もたくさんいます。陰陽の対立した概念の、陽の良いとこ取りをしたところに男尊女卑思想のからくりがあるのです。

易の卦は、陰爻と陽爻の組み合わせによって構成されています。陽を一本棒、陰を途切れ棒で表しますが、その記号の起源は諸説ありますが、陽のマークは男性、陰のマークは女性の性器の象形であると言われています。

そもそも陰陽は対立関係ではなく、表裏一体となって協力すべき関係であるべきです。天地、陰陽、男女が交わって初めて作物も実り子供も生まれるのです。また、極まれば変ずることもよくある話で、おごる平家は久しからずと言い、藤原道長の満月の世もいつかは欠けるのです。この陰陽の変化も易の特徴となります。

④易の八卦は八人の家族（八卦とは何であるか）

八卦はハッカと訓みます。「当たるもハッケ当たらぬもハッケ」の八卦ですが、易占家としては漢音のハッカの音を取ります。古代の人も陰陽では限界があるので、八卦を作りました。これは八人の家族に当てることができます。「乾」が父親で、「坤」が母親となり、「震、坎、艮」が長男、中男（次男）、少男（末っ子）で、「巽、離、兌」が長女、中女（次女）、少女（末娘）となる八人が一家族なのです。

本来は、乾は天、兌は沢、離は火、震は雷、巽は風、坎は水、艮は山、坤は地というように、天地自然の現象を八卦に当てはめます。そしてこれら八卦の正象が、八卦の意味の根底にあるのです。

⑤六十四卦で大丈夫か（大成卦と三八四爻で占う）

現実の易占では、八卦を重ねた六十四卦（これを大成卦と言います）と三八四爻（一本ごとを爻と言います）をいろいろ工夫して占います。森羅万象、人事百般をこれだけで占うのですから、これが出れば吉であるとか、これが出れば凶であるとかを断定することはできません。一つの大成卦と爻が出ても、事柄によってよく見たり悪く見たりします。そして占ったこと（占的…占う目的）によって、自分は「進むべきか」「止まるべきか」を考えるのです。そのためには、占う前にいろいろな準備をしなければなりません。

⑥どうやって占うのか（占いの過程）

本来は筮竹（ぜいちく）を使って大成卦と三八四爻を求めますが、ここでは、十円玉五枚と百円玉一枚の計六枚で占う方法を紹介します。占いの手順は次のようになります。

【一】潔斎…占う前に身を清めます（手や口を洗う）。

【二】占事…占う事柄を決めます。ただし悪事は厳禁です。

【三】筮前の審事…占う事柄の内容を吟味することです。「いつ、どこで、誰が、何を、なぜ、どのように（いわゆる5W1Hのこと）」を明らかにします。黙って座ってもピタリと当たりません。

【四】占的…何を占うかを決めます。本来はとても難しい作業ですが、本書では進むべきか止まるべきかという点に絞って進めるようにします。

【五】筮法の選択…いろいろありますが、ここでは三変筮法を使います。前述したように十円玉五枚と百円玉一枚を使って大成卦と爻を求めます。

【六】占筮…占的を一心に念じて大成卦と爻を求めます。

【七】得卦…求めて得られた大成卦と爻のことです。占筮と得卦の過程は、占的を念じて十円玉五枚と百円玉一枚を両手の中で振りとめます。重なったコインの下から順に上に向かって縦に置いていきます。日本国とある方が表で陽、数字のみの方が裏で陰、百円の位置が爻です。爻は下から初爻、二爻、三爻、四爻、五爻、上爻となります。例の得卦は、二七四頁の表から8「地天泰」の「二爻」となります。

例

10裏	陰	上爻
10裏	陰	五爻
10裏	陰	四爻
日本表	陽	三爻
日本（百円）表	陽	二爻
日本表	陽	初爻

【八】占考…得た卦と進むべきか止まるべきかを考えます（二七五頁からの表参照）。おおむね、六十四卦はどういうときかを示し、爻はどうすべきかを示しています。記号の意味と行動姿勢は次の通りです。

◎は大吉。進んで吉のときです。ただし極まれば反転することがあります。

○は吉。警戒しながら慎重に進むときです。努力次第で運気を上昇させることができます。

●は凶。決して進んではならないときです。努力を怠らずチャンスを待ちましょう。

注〝再占を禁じる〟…同じことを再度占うことを再筮といい、易占の禁止事項です。一つの占的に一つの卦です。

【九】指導…占的に対する答えを示すことです。進退の占ならば、進むべきか止まるべきかを明確にして指導しましょう。ご自身の占でも同様です。

【十】記録…占事、筮前の審事、得卦、占考は、すべて記録に取ることです。易占の上達の道となります。

★易の組織と構成

・図1は、「易の組織」です。易の六十四卦（大成卦）は八卦を重ねて六十四卦とし、爻は六十四×六爻で三八四爻となり、大成卦と爻とを駆使して占います。

図1　易の組織

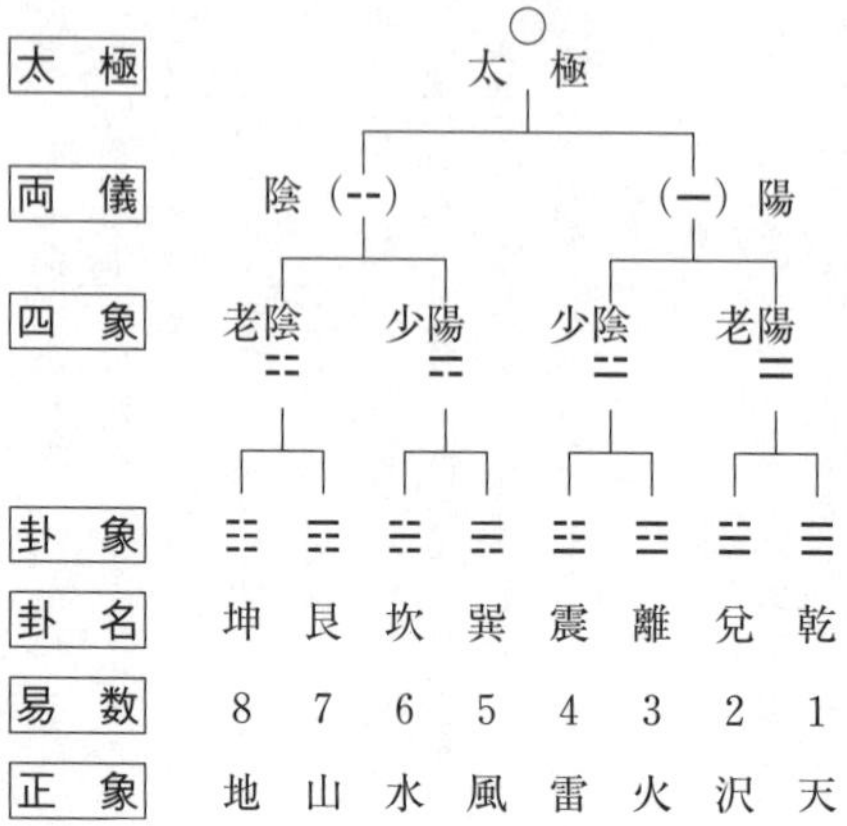

太極	○ 太極							
両儀	陰（--）				（—）陽			
四象	老陰 ⚏		少陽 ⚎		少陰 ⚍		老陽 ⚌	
卦象	☷	☶	☵	☴	☳	☲	☱	☰
卦名	坤	艮	坎	巽	震	離	兌	乾
易数	8	7	6	5	4	3	2	1
正象	地	山	水	風	雷	火	沢	天

小成八卦……乾・兌・離・震・巽・坎・艮・坤
大成六十四卦……八卦×八卦＝六四卦（図4参照）
爻（一卦六爻）……六四卦×六爻＝三八四爻

図1は、太極から両儀（陰陽）が生じ、両儀から四象が生じ、四象から八卦が生じるという易の組織の成り立ちを示しています。

・図2は「爻と階級分類表」です。図2は、各爻が示す地位や人体の部位です。おおむね初爻から上爻へは、下から上、近くから遠くへと進みます。

・図3（次の頁）は「八卦の象意」です。

図3は、八卦が持つ代表的な象（かたち）と意味を示します。八卦には五行と十二支の意味が含まれます。

図2　爻と階級分類表

爻＼場合	国家の場合		会社の場合	都邑の場合	人体の場合
上爻	皇太后	天皇	会長	郊外	首・頭
五爻	君	首相	社長	首都	胸・背
四爻	公卿	大臣	重役	大都会	腹
三爻	大夫	知事	課長	市	股・腰
二爻	士	市・町・村長	係長	町	脛
初爻	庶人	国民	平社員	村	足首

図3　八卦の象意

卦象 卦名／象意	☰ 乾（けん）	☷ 坤（こん）	☳ 震（しん）	☴ 巽（そん）	☵ 坎（かん）	☲ 離（り）	☶ 艮（ごん）	☱ 兌（だ）
正象	天	地	雷	風	水	火	山	沢
卦徳	円満 健全	柔順	奮動	伏人	陥険	明智	静止	悦
人間	父	母	長男	長女	中男	中女	少男	少女
動物	馬	牛	龍	鶏	豕	雉	犬	羊
身体	首・頭	腹	足	股	耳	目	手	口
方位	西北	西南	東	東南	北	南	東北	西
季節	十・十一月 晩秋↓初冬	七・八月 晩夏↓初秋	三月 春	四・五月 晩春↓初夏	十二月 冬	六月 夏	一・二月 晩冬↓初春	九月 秋
色	白色 金色	黒色 黄色	青色	青色	黒色 赤色	赤色 紫色	黄色	白色 金色
五行	金	土	木	木	水	火	土	金
数	1 四・九	8 五・十	4 三・八	5 三・八	6 一・六	3 二・七	7 五・十	2 四・九

図4　易　六十四卦とその解釈

☷(坤)	☶(艮)	☵(坎)	☴(巽)	☳(震)	☲(離)	☱(兌)	☰(乾)	外卦／内卦
8 地天泰（ちてんたい）	7 山天大畜（さんてんたいちく）	6 水天需（すいてんじゅ）	5 風天小畜（ふうてんしょうちく）	4 雷天大壮（らいてんたいそう）	3 火天大有（かてんたいゆう）	2 沢天夬（たくてんかい）	1 乾為天（けんいてん）	☰(天)
16 地沢臨（ちたくりん）	15 山沢損（さんたくそん）	14 水沢節（すいたくせつ）	13 風沢中孚（ふうたくちゅうふ）	12 雷沢帰妹（らいたくきまい）	11 火沢睽（かたくけい）	10 兌為沢（だいたく）	9 天沢履（てんたくり）	☱(沢)
24 地火明夷（ちかめいい）	23 山火賁（さんかひ）	22 水火既済（すいかきせい）	21 風火家人（ふうかかじん）	20 雷火豊（らいかほう）	19 離為火（りいか）	18 沢火革（たっかかく）	17 天火同人（てんかどうじん）	☲(火)
32 地雷復（ちらいふく）	31 山雷頤（さんらいい）	30 水雷屯（すいらいちゅん）	29 風雷益（ふうらいえき）	28 震為雷（しんいらい）	27 火雷噬嗑（からいぜいごう）	26 沢雷随（たくらいずい）	25 天雷无妄（てんらいむもう）	☳(雷)
40 地風升（ちふうしょう）	39 山風蠱（さんぷうこ）	38 水風井（すいふうせい）	37 巽為風（そんいふう）	36 雷風恒（らいふうこう）	35 火風鼎（かふうてい）	34 沢風大過（たくふうたいか）	33 天風姤（てんぷうこう）	☴(風)
48 地水師（ちすいし）	47 山水蒙（さんすいもう）	46 坎為水（かんいすい）	45 風水渙（ふうすいかん）	44 雷水解（らいすいかい）	43 火水未済（かすいびせい）	42 沢水困（たくすいこん）	41 天水訟（てんすいしょう）	☵(水)
56 地山謙（ちざんけん）	55 艮為山（ごんいざん）	54 水山蹇（すいざんけん）	53 風山漸（ふうざんぜん）	52 雷山小過（らいざんしょうか）	51 火山旅（かざんりょ）	50 沢山咸（たくざんかん）	49 天山遯（てんざんとん）	☶(山)
64 坤為地（こんいち）	63 山地剝（さんちはく）	62 水地比（すいちひ）	61 風地観（ふうちかん）	60 雷地予（らいちよ）	59 火地晋（かちしん）	58 沢地萃（たくちすい）	57 天地否（てんちひ）	☷(地)

1 乾為天（けんいてん）

運気は盛大だが目標が高すぎる。自信過剰になりやすいので自重すべき。目上の支援が期待できる。

爻	
上爻	●
五爻	◎
四爻	○
三爻	○
二爻	◎
初爻	●

2 沢天夬（たくてんかい）

決潰する危険あり。勢いのまま進むと止まれない。十分警戒して慎むべき。文書印鑑の禍いあり。

爻	
上爻	●
五爻	○
四爻	●
三爻	●
二爻	●
初爻	●

3 火天大有（かてんたいゆう）

運気が盛大なとき。好調を長く維持するべき。目標が高すぎて不利。世話苦労が多くライバルも多い。

爻	
上爻	◎
五爻	○
四爻	○
三爻	○
二爻	◎
初爻	●

4 雷天大壮（らいてんたいそう）

やりすぎて失敗しやすい。自信過剰にならず、縮小や整理すべき。思わぬけがに注意して。

爻	
上爻	●
五爻	○
四爻	○
三爻	●
二爻	●
初爻	●

5 風天小畜（ふうてんしょうちく）

少し止まっていれば、進出のチャンスあり。夫婦間のトラブルあり。文書印鑑の取扱いや火難に注意。

爻	
上爻	●
五爻	○
四爻	○
三爻	●
二爻	●
初爻	●

6 水天需（すいてんじゅ）

条件はよいが時期が熟さない。待てば海路の日和あり。チャンスを待って進めば吉を得られる。

爻	
上爻	○
五爻	○
四爻	●
三爻	●
二爻	●
初爻	●

7 山天大畜（さんてんたいちく）

進むよりも実力を蓄積させるとき。今進めば止められる。実力がついてから進めば吉となる。

爻	
上爻	○
五爻	○
四爻	●
三爻	●
二爻	●
初爻	●

8 地天泰（ちてんたい）

安泰のときだが後に崩れる兆し。慎重に対応する。やりかけのことは早めに仕上げる。新規は不可。

爻	
上爻	●
五爻	○
四爻	●
三爻	○
二爻	○
初爻	◎

9 天沢履（てんたくり）

虎の尾を履（ふ）む危険あり。礼儀を守り慎重に進めば無難。魅力的な女性には冷静に対応して。

爻	
上爻	●
五爻	●
四爻	○
三爻	●
二爻	●
初爻	○

10 兌為沢（だいたく）

悦びの重なるとき。何事も話し合いで解決すべき。縁談は再婚につながる。言葉と食物に注意して。

爻	
上爻	◎
五爻	●
四爻	●
三爻	●
二爻	○
初爻	◎

11 火沢睽（かたくけい）

内部に対立がある。見込み違いに注意し大事は不可。小事は可。やり方を工夫して進め。縁談は不可。

爻	
上爻	●
五爻	○
四爻	○
三爻	●
二爻	○
初爻	○

12 雷沢帰妹（らいたくきまい）

欲から不正に進みやすい。自重して止まるべき。色情問題で男女のトラブルあり。副業には良い。

爻	
上爻	●
五爻	○
四爻	●
三爻	●
二爻	●
初爻	●

13 風沢中孚（ふうたくちゅうふ）

見かけは良いが実力が伴わない。気持ちだけは通じ合うとき。恋愛には良いが結婚は慎重に。

爻	
上爻	●
五爻	○
四爻	○
三爻	●
二爻	◎
初爻	○

14 水沢節（すいたくせつ）

度を越しやすく身のほどを知るべき。節約すれば無難。入るお金も少ない。進退の占では止まるべき。

爻	
上爻	○
五爻	◎
四爻	○
三爻	●
二爻	○
初爻	●

15 山沢損（さんたくそん）

損して得取れのとき。持つものを放出しなければならない。目先の利益を求めず将来に投資すべき。

爻	
上爻	◎
五爻	○
四爻	●
三爻	○
二爻	●
初爻	○

16 地沢臨（ちたくりん）

勢いが強いとき。やりすぎないように自重すれば吉。計画的に進めないとかけ声だけに終わる。

爻	
上爻	○
五爻	◎
四爻	○
三爻	●
二爻	◎
初爻	○

17 天火同人（てんかどうじん）

何事も共同で進めることは吉。人のためにすることは吉。世話苦労が多く、競争相手も多い。

上爻	五爻	四爻	三爻	二爻	初爻
●	○	○	●	●	●

18 沢火革（たっかかく）

大改革をすべきとき。内部に強い紛争がある。改革は慎重に進めるべき。女性同士のトラブルあり。

上爻	五爻	四爻	三爻	二爻	初爻
○	◎	○	●	●	●

19 離爲火（りいか）

精神的に不安定になる。火を扱うように慎重に。物事は延引する。文書印鑑のミスと火難に注意。

上爻	五爻	四爻	三爻	二爻	初爻
○	○	●	○	◎	○

20 雷火豊（らいかほう）

盛大の絶頂だが、日食の暗さの意味も含む。内部を強化すべきとき。見込み違いが生じやすい。

上爻	五爻	四爻	三爻	二爻	初爻
●	○	●	●	●	●

21 風火家人（ふうかかじん）

家庭内のトラブルに注意して。家長は威厳を持つべき。金銭的に苦労し、機械にも欠陥あり。

上爻	五爻	四爻	三爻	二爻	初爻
○	○	◎	●	○	●

22 水火既済（すいかきせい）

初めは順調だが後に崩れる。現在進行中の事柄は速やかに仕上げる。余計なことに手出しは無用。

上爻	五爻	四爻	三爻	二爻	初爻
●	○	●	●	○	●

23 山火賁（さんかひ）

全てが美しく見えるとき。話に嘘が多いので注意。自らの発言も慎重に。婚礼葬式に縁がある。

上爻	五爻	四爻	三爻	二爻	初爻
●	○	○	●	○	○

24 地火明夷（ちかめいい）

夜の卦で、見通しが暗く騙されやすいとき。才能を匿（かく）し、愚鈍なふりをして難を遁（のが）れること。

上爻	五爻	四爻	三爻	二爻	初爻
●	○	●	●	●	●

25 天雷无妄（てんらいむもう）

成り行きに任せて進めば無難。期待通りには進まないとき。学問や研究の道に進むのは吉。

爻	
上爻	●
五爻	○
四爻	●
三爻	●
二爻	○
初爻	○

26 沢雷随（たくらいずい）

人に従って進めば無難。自ら先頭に立って進むのは不可。少し休んで進出のチャンスを待つ。

爻	
上爻	●
五爻	◎
四爻	○
三爻	○
二爻	●
初爻	○

27 火雷噬嗑（からいぜいごう）

何事も支障があり順調に進まない。今ある障害を除去する行動は良い。法を犯し罰を受ける兆し。

爻	
上爻	●
五爻	○
四爻	○
三爻	●
二爻	●
初爻	●

28 震爲雷（しんいらい）

驚くことに出会う。泰然自若としていれば難を遁れる。身辺が騒がしく落ち着けないとき。

爻	
上爻	●
五爻	○
四爻	●
三爻	○
二爻	●
初爻	○

29 風雷益（ふうらいえき）

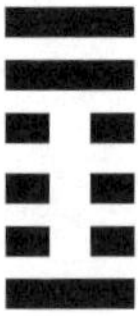

運気は勢いを増すとき。利益の占では吉。病占は病勢も増すので凶。文書印鑑のミスと火難に注意。

爻	
上爻	●
五爻	○
四爻	○
三爻	●
二爻	◎
初爻	◎

30 水雷屯（すいらいちゅん）

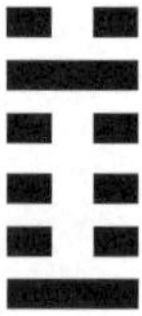

苦労多く伸び悩むとき。闇雲に進むとトラブルあり。止まってチャンスを待つ。水難や盗難に注意。

爻	
上爻	●
五爻	○
四爻	○
三爻	●
二爻	●
初爻	●

31 山雷頤（さんらいい）

立場が入れ替わり、女が男を養うことあり。言葉がトラブルの原因。詐欺と食中毒に要注意。

爻	
上爻	○
五爻	●
四爻	○
三爻	●
二爻	●
初爻	●

32 地雷復（ちらいふく）

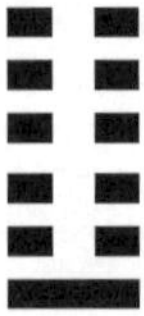

元の振りだしに戻る。慎重に進めば吉。同じことを繰り返し埒（らち）があかない。病気は再発、再婚は吉。

爻	
上爻	●
五爻	○
四爻	○
三爻	●
二爻	○
初爻	○

33 天風姤（てんぷうこう）

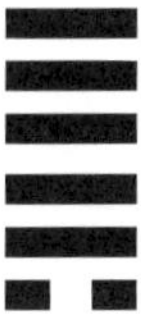

上爻	五爻	四爻	三爻	二爻	初爻
●	○	●	●	○	●

思いがけぬ出来事に遭遇する。男を手玉に取る女傑の意。大事を進めるのは不可。運気は不安定。

34 沢風大過（たくふうたいか）

上爻	五爻	四爻	三爻	二爻	初爻
●	○	◎	●	○	○

重荷を背負って苦労するとき。見込み違いが多い。芯が強く弱音を吐かない人物。水難や盗難に注意。

35 火風鼎（かふうてい）

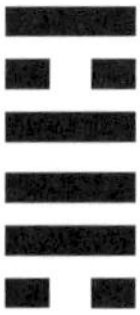

上爻	五爻	四爻	三爻	二爻	初爻
◎	◎	●	●	○	○

外見はそのままで、内容を新たな方向へ変化される。関係者の協力を得れば吉。協調すべきとき。

36 雷風恒（らいふうこう）

上爻	五爻	四爻	三爻	二爻	初爻
●	○	●	●	○	●

迷いが多く常を保てないとき。既定方針の変更は不可。妊娠の可能性あり。水難や盗難に注意。

37 巽為風（そんいふう）

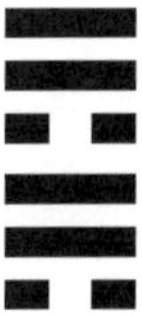

上爻	五爻	四爻	三爻	二爻	初爻
●	○	◎	●	○	●

不安定なので何事も慎重に。命令は何度も再確認すべき。何に対しても疑念を持つ。利益は望める。

38 水風井（すいふうせい）

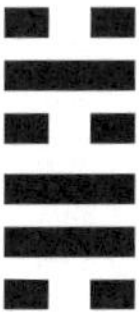

上爻	五爻	四爻	三爻	二爻	初爻
◎	◎	○	○	●	●

人の世話をすることが多く、心労が絶えない。何事も辛抱すれば後に吉。結婚は成るが苦労も多い。

39 山風蠱（さんぷうこ）

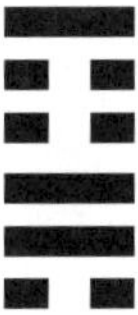

上爻	五爻	四爻	三爻	二爻	初爻
●	○	●	○	○	○

全てが停滞し腐敗するとき。断固たる決意で再建に臨めば吉。年上の女性から誘惑される暗示あり。

40 地風升（ちふうしょう）

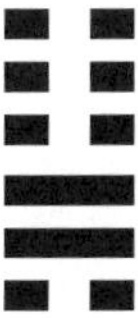

上爻	五爻	四爻	三爻	二爻	初爻
●	◎	○	●	○	◎

着実に努力すれば発展するとき。実力不足で埋没することもある。病勢は進むので早めの治療を。

41 天水訟（てんすいしょう）

争い事が起きやすい。見込み違いが多く進むことは不可。発言は控えて争いは退却するが吉。

上爻	五爻	四爻	三爻	二爻	初爻
●	○	●	●	●	●

42 沢水困（たくすいこん）

これ以上の苦しみはないほどの苦しさ。暫（しばら）くは辛抱して時運の転換を待つ。うまい話に騙されぬこと。

上爻	五爻	四爻	三爻	二爻	初爻
●	●	○	●	●	●

43 火水未済（かすいびせい）

初めは支障があっても後に通じる。自分の能力を過信すると失敗する。堅実に努力すればチャンスあり。

上爻	五爻	四爻	三爻	二爻	初爻
○	○	●	●	●	●

44 雷水解（らいすいかい）

悩みが解決されるが、順調な事柄は崩れやすい。病気は回復に向かうが、恋愛婚約は解消の兆し。

上爻	五爻	四爻	三爻	二爻	初爻
●	○	○	●	◎	○

45 風水渙（ふうすいかん）

解雇や転勤の兆しあり。トラブルは解決の見込みあり。神仏の祭祀には吉。風水害に注意して。

上爻	五爻	四爻	三爻	二爻	初爻
●	○	○	●	○	○

46 坎為水（かんいすい）

困難の多いときで無理をせぬこと。誠実に努力すれば後に運気が回復する。水難や盗難に要注意。

上爻	五爻	四爻	三爻	二爻	初爻
●	○	○	●	●	●

47 山水蒙（さんすいもう）

五里霧中で見通しが困難なとき。暫く静観してチャンスを待つべき。子供に縁がある。隠れた病あり。

上爻	五爻	四爻	三爻	二爻	初爻
●	○	●	●	○	●

48 地水師（ちすいし）

行き違いが多く争いが起きやすい。能力のある人物を適確に用いることが重要。世話苦労が多い。

上爻	五爻	四爻	三爻	二爻	初爻
●	○	●	●	○	○

49 天山遯（てんざんとん）

上爻	五爻	四爻	三爻	二爻	初爻
○	○	●	●	○	●

災いが身に迫り前進は不可。退却、引退は吉。体面も何もかも投げ捨て逃げきることが大事。

50 沢山咸（たくざんかん）

上爻	五爻	四爻	三爻	二爻	初爻
●	○	●	●	●	●

意気投合して関係は発展するかに見えるが、深入り、結婚は不可。妊娠の予感。感染症に注意。

51 火山旅（かざんりょ）

上爻	五爻	四爻	三爻	二爻	初爻
●	◎	●	●	○	●

旅行には良い兆し。学問技芸の道に進むのは可。物質的には恵まれない。大事を進めるのは不可。

52 雷山小過（らいざんしょうか）

上爻	五爻	四爻	三爻	二爻	初爻
●	○	●	●	○	●

日常の事柄は吉だが、大事は不可。謙虚で慎み深い行動が吉となる。水難や盗難に警戒すべし。

53 風山漸（ふうざんぜん）

上爻	五爻	四爻	三爻	二爻	初爻
◎	○	○	●	○	●

急がず順を追って慎重に進めば吉。序々に発展する兆しあり。縁談は焦らず誠実に努力すれば吉。

54 水山蹇（すいざんけん）

上爻	五爻	四爻	三爻	二爻	初爻
○	●	●	●	●	●

困難に直面するも動けず脱出できない。暫く耐えてチャンスを待つ。半年は辛抱を。妊娠の兆しあり。

55 艮為山（ごんいざん）

上爻	五爻	四爻	三爻	二爻	初爻
○	●	●	●	●	●

止まるときだが、いつでも進める準備をすべき。実力を養（やしな）いつつ待てば進出のチャンスあり吉。

56 地山謙（ちざんけん）

上爻	五爻	四爻	三爻	二爻	初爻
●	○	○	○	○	●

謙虚に行動すべきとき。当面は苦労するが堪え忍べば成果あり。新規や拡張は不可。病の兆し。

57 天地否（てんちひ）

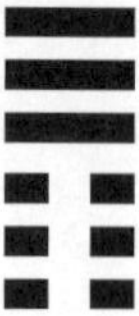

塞（ふさ）がって通じないとき。何事もうまくいかない。上下の対立がある。じっと耐えてチャンスを待つ。

爻	評価
上爻	○
五爻	○
四爻	○
三爻	●
二爻	●
初爻	●

58 沢地萃（たくちすい）

人も物も集まり繁栄するとき。目標が二つあって迷う。秋の収穫祭で賑わう象。冠婚葬祭に吉。

爻	評価
上爻	●
五爻	○
四爻	◎
三爻	●
二爻	○
初爻	○

59 火地晋（かちしん）

日の出の勢いがある。運気は上昇し、勤め人は昇進の兆しあり。旧悪は露見する暗示。火難に注意。

爻	評価
上爻	○
五爻	◎
四爻	●
三爻	○
二爻	○
初爻	●

60 雷地予（らいちよ）

手がける事柄は発展するチャンス。準備が万全ならば進んで吉。思いつきは不可。道楽はほどほどに。

爻	評価
上爻	●
五爻	○
四爻	○
三爻	●
二爻	○
初爻	●

61 風地観（ふうちかん）

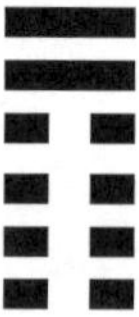

現状維持を旨とすれば吉。学問技芸に志すには吉。内部が弱いので進出は不可。観光するのは可。

爻	評価
上爻	○
五爻	○
四爻	○
三爻	○
二爻	●
初爻	●

62 水地比（すいちひ）

親しみ助け合って吉を得られる。孤立するのは不可。良からぬ者の誘惑に注意。世話苦労が多い。

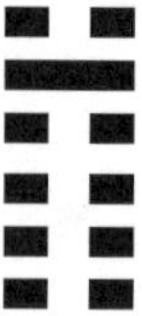

爻	評価
上爻	●
五爻	◎
四爻	○
三爻	●
二爻	◎
初爻	●

63 山地剝（さんちはく）

下から剝がされる危険が迫るとき。実力者は衆人に押されることあり。世話苦労が多く競争率が高い。

爻	評価
上爻	○
五爻	○
四爻	●
三爻	○
二爻	●
初爻	●

64 坤為地（こんいち）

今まで通りに進むのは吉。上司の命令で行動すれば好結果となる。先頭に立って進むのは不可。

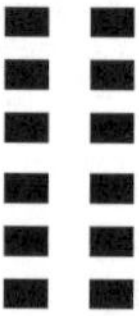

爻	評価
上爻	●
五爻	○
四爻	●
三爻	●
二爻	◎
初爻	●

一般財団法人
東洋運勢学会推薦

あなたに開運を導く占術界の権威

全国有名占術家名鑑

●当名鑑には『一般財団法人東洋運勢学会』が推薦する、全国の有名占術家を収載してあります。鑑定をご希望の方は、各占術家それぞれの依頼方法（電話予約・メールなど）に従って、直接お申し込み下さい。

●記載されている有名占術家の住所・電話番号は、令和五年六月末日現在のものです。

東洋運勢学会ホームページ

http://www.touyou - unsei gakkai.com/

一般財団法人東洋運勢学会企画・編集委員

会長
三須啓仙（みすけいせん）

所　属…東洋運勢学会会長　聖徳会グループ主宰
占　方…気学　数令姓名学　印章相学　家相
依頼法…電話予約・リモート鑑定可
〒一〇〇-〇〇一四　東京都千代田区永田町二―九―八―八〇四
聖徳会気付
☎０３（３５８０）０３７１
ＦＡＸ０３（３５８０）０２８１
ＨＰ　http://www.seitokukai.com

顧問
田中裕子（たなかゆうこ）

所　属…東洋運勢学会顧問　大阪支部副支部長
　　　　京都府易道協同組合副理事長　京都推命館主宰
占　方…四柱推命　気学　家相　姓名判断
依頼法…電話予約
〒六一七-〇〇〇二　京都府向日市寺戸町北前田五—一三
☎〇七五（九三四）二一五九
FAX〇七五（九二二）一〇六六

常任理事
藤田荘宗（ふじたそうしゅう）

所　属…東洋運勢学会常任理事
　　　　東海支部支部長　東海推命研究会
占　方…四柱推命　個性学　周期学　数令姓名学
依頼法…電話予約
〒五〇二-〇九三四　岐阜市大福町八—六七—一
☎〇五八（二九四）四四五八

一般財団法人 東洋運勢学会

東洋運勢学会は、出版40周年を迎えた平成28年4月1日をもって一般財団法人となりました。

法人の目的

この法人は、人生の成功に必要と言われる要素「運・鈍・根」で、なかでも特に運についての知見を深め、わが国における正統なる運勢学の定義を明確にして、多様化する運勢学に基準を設け、正しい知識の普及を通じて運勢学の向上に努め、これをもって善良なる日本人の人生の幸福に資することのできる正統なる運勢学の興隆と人材の育成に寄与することを目的とします。

私たちの誓い

一般財団法人東洋運勢学会の会員は、誇るべき「東洋運勢学会憲章」を奉じこれを遵守します。

一般財団法人

東洋運勢学会　憲章

◆東洋運勢学会の会員は、正統なる運勢学術をもって、人生の幸福の実現に資するために努めます。

◆東洋運勢学会の会員は、正統なる運勢学術が正しく理解、活用されることを願い、その敷衍普及に努めます。

◆東洋運勢学会の会員は、特定の思想、宗教、哲学に偏することなく、真摯な姿勢で正統なる運勢学術の研鑽に努めます。

◆東洋運勢学会の会員は、社会人としての良識、交流と協調の精神を大切にして斯界の前進と発展のために努めます。

◆東洋運勢学会の会員は、斯道の専門家としての誇りと見識を持ち、公正な姿勢で誠心誠意、求占者の対応に努めます。

秋本珠光（あき もと しゅ こう）

〒620－0032
所　属…東洋運勢学会　大阪支部
占　法…四柱推命　五行易　数霊姓名学　気学
依頼法…通信予約（紹介に限る）
京都府福知山市下紺屋九
☎／FAX0773（24）3197

朝比奈篁（あさ ひ な こう）

所　属…東洋運勢学会常任理事　聖徳会グループ
鎌倉易学研究会代表
占　法…周易　四柱推命
依頼法…電話・メール予約　イベント・出張鑑定可
☎090（4735）8335
e-mail asahinakoh-kamakura@outlook.jp

アテナ礼惟（れい）

所　属…東洋運勢学会　聖徳会グループ
恵心推命・易研究会副会長
占　法…四柱推命
依頼法…通信予約（紹介に限る）
イベント・出張鑑定可
e-mail blegantr@gmail.com

天沼政恵（あま ぬま まさ え）

〒168－0064
所　属…東洋運勢学会　聖徳会グループ
星順学会
占　法…気学　気学傾斜法　家相
依頼法…紹介に限る
東京都杉並区永福二―七―六
☎03（5376）2588
☎090（3218）8559

有賀千紗（あり が ち さ）

〒100－0014
所　属…東洋運勢学会理事　聖徳会グループ
占　法…数令姓名学　気学　印章相学
依頼法…電話予約（紹介に限る）
東京都千代田区永田町二―九―八―八〇四
聖徳会気付
☎03（3580）0371
FAX03（3580）0281

杏　俐央（あん り お）

〒146－0094
所　属…東洋運勢学会　聖徳会グループ
星順学会　メイプルカルチャーセンター講師
占　法…気学　気学傾斜法　四柱推命　家相
依頼法…通信予約
イベント・出張鑑定可
東京都大田区東矢口三―二八―一一
☎080（1307）4546
FAX03（3736）5184
HP http://anne-rio.com/

飯田純子（いい だ すみ こ）

〒110－0005
所　属…東洋運勢学会　聖徳会グループ
渡辺気学苑
占　法…気学傾斜法　気学
依頼法…電話予約（紹介に限る）
東京都台東区上野七―三―九―五一三
渡辺気学苑気付
☎090（9300）7993

石塚千修（いし づか せん しゅう）

〒460－0017
所　属…東洋運勢学会 東海支部 東海推命研究会
占　法…四柱推命　易占　姓名学
依頼法…通信予約
（紹介に限る）出張鑑定可
名古屋市中区松原二―八―八―一六〇六
☎052（228）0688
☎090（2266）8923
FAX0567（95）9939
e-mail iszk-a@docomo.ne.jp

石原伸晃（いしはら　しんこう）

〒485－0814
所属…東洋運勢学会　東海支部
占法…四柱推命　周易
依頼法…電話・FAX予約（紹介に限る）
愛知県小牧市古雅三―六一―一
☎0568（79）8501
☎090（4266）4368
FAX0568（79）8502

石原明順（いしはら　みょうじゅん）

〒140－0014
所属…東洋運勢学会常任理事　聖徳会グループ
岳柳派石原明順易学教室主宰
占法…易占　九星気学　家相　地相
依頼法…電話・FAX予約　Eメール鑑定　出張可
東京都品川区大井四―一一―三三
☎/FAX03（3775）0458
e-mail myoujun55@ybb.ne.jp

一条珠理亜（いちじょう　じゅりあ）

〒542－0085
所属…東洋運勢学会　大阪支部　日本運勢学協会理事
イシス学院　占いの城ピカレスク主宰
占法…四柱推命　家相風水　数理学　タロット
依頼法…通信予約　イベント・出張鑑定可
大阪市中央区心斎橋筋二―三―二四
ジャパンライフビル一階
☎06（6991）1146
e-mail info@pikaresuku.com
HP http://www.pikaresuku.com

一琳愛可（いちりん　あいか）

〒536－0007
所属…東洋運勢学会参与　大阪支部
大琳会グループ
占法…五行易　数理学　四柱推命　気学
依頼法…電話・FAX予約　イベント・出張鑑定可
大阪市城東区成育五―二〇―二五
☎/FAX06（6931）4910

乾　由実（いぬい　ゆみ）

〒168－0064
所属…東洋運勢学会　聖徳会グループ
星順学会
占法…気学　気学傾斜法
依頼法…紹介に限る
東京都杉並区永福二―七―六
☎03（5376）2588
☎090（3218）8559

入庵榛日（いりあん　はるか）

〒577－0801
所属…東洋運勢学会　大阪支部
招福開運館星都鑑定所
東大阪五行易教室主宰
占法…五行易　四柱推命　風水
依頼法…電話・FAX予約　イベント・出張鑑定可
大阪府東大阪市小阪一―二―二一
☎/FAX06（7220）7638

上原健弘（うえはら　けんこう）

〒100－0014
所属…東洋運勢学会専務理事
聖徳会グループ統括本部長
占法…数令姓名学　印章相学　墓相
依頼法…紹介に限る
東京都千代田区永田町二―九―八―八〇四
聖徳会気付
☎03（3580）0371
FAX03（3580）0281

江場光玲（えば　こうれい）

〒454－0981
所属…東洋運勢学会　東海支部
占法…四柱推命　周易
依頼法…紹介に限る
名古屋市中川区吉津三―三〇一
☎/FAX052（431）7402

えん竜（りゅう）

〒658－0003
所　属…東洋運勢学会　大阪支部
大琳会グループ
占　法…五行易　数霊　四柱推命
依頼法…電話・FAX予約
神戸市東灘区本山北町五―二〇―三
大琳会気付
FAX078（939）4778

櫻花千映（おうかせんえい）

〒190－0033
所　属…東洋運勢学会　聖徳会グループ
占　法…気学　算命占星学
依頼法…FAX予約（紹介に限る）
出張鑑定・イベント可
東京都立川市一番町二―三八―七
☎042（531）4151
FAX042（541）2006

大彩可琳（おおさいかりん）

〒658－0003
所　属…東洋運勢学会常任理事　大阪支部
大琳会グループ代表　日本五行易専門学院主宰
よみうり文化センター講師
甲南山手カルチャーセンター講師
占　法…五行易　四柱推命　姓名学　数霊学
依頼法…電話　メール予約
神戸市東灘区本山北町五―二〇―三　大琳会気付
☎／080（4027）8194
e-mail mmky3009@nifty.com

大彩水楓（おおさいみずか）

〒658－0003
所　属…東洋運勢学会参与　大阪支部
大琳会グループ　日本五行易専門学院
よみうり文化センター講師
占　法…五行易　四柱推命　姓名学　数霊学
依頼法…電話　メール予約
神戸市東灘区本山北町五―二〇―三　大琳会気付
☎／080（4027）8194
e-mail mmky3009@nifty.com

大崎萠友（おおさきほうゆう）

〒457－0827
所　属…東洋運勢学会　東海支部
東海推命研究会
占　法…四柱推命学　易学　手相
ストーン占い
依頼法…紹介に限る
名古屋市南区北頭町四―七二―五
☎／FAX052（613）4169

大塲洸幸（おおばひろこ）

〒168－0064
所　属…東洋運勢学会　聖徳会　星順学会
占　法…気学　気学傾斜法
依頼法…紹介に限る
東京都杉並区永福二―七―六
☎080（1063）8617
e-mail oobahiroko3226@gmail.com

荻田都季江（おぎたときえ）

〒191－0055
所　属…東洋運勢学会　聖徳会グループ
占　法…気学　気学傾斜法　算命占星学
依頼法…紹介に限る
イベント・出張鑑定可
東京都日野市西平山三―二一―一七
☎／FAX042（582）2803

尾崎憲豊（おざきけんほう）

〒036－8242
所　属…東洋運勢学会　聖徳会グループ
占　法…姓名判断　気学　四柱推命　奇門遁甲
依頼法…紹介に限る
青森県弘前市大原一―一一―二四

小澤茜令（おざわ せんれい）

〒189－0023
所　属…東洋運勢学会理事　祇龍易学研究会副会長
承聖会　よみうり文化センター講師
占　法…周易　気学　四柱推命　手相人相
依頼法…通信予約
東京都東村山市美住町一―一〇―四五
FAX０４２（３９４）６０１３
e-mail　f-akiyo@jcom.home.ne.jp

小野友煌（おの ゆうこう）

〒198－0036
所　属…東洋運勢学会　祇龍易学研究会
友煌の館主宰
占　法…易占　四柱推命　家相　姓名学
依頼法…通信予約（紹介に限る）
イベント・出張鑑定可
東京都青梅市河辺町九―二―一三
e-mail　yufanhoroscope@mbg.nifty.com

春日野妙光（かすがの みょうこう）

〒634－0802
所　属…東洋運勢学会　大阪支部
白太太運勢鑑定所主宰　日本易学院
占　法…数理学　四柱推命　五行易　地理風水
依頼法…通信予約　イベント・出張鑑定可
奈良県橿原市新口町二四八
☎０９０（６６０１）１６８１
e-mail　myokou3827@gmail.com

一樹煌（かずき こう）

〒223－0058
所　属…東洋運勢学会　聖徳会グループ
星順学会　よみうり文化センター講師
占　法…気学　気学傾斜法　家相
依頼法…電話・メール予約　イベント可
横浜市港北区新吉田東
七―二八―一二―二〇一
☎０９０（２４３４）６３４２
e-mail　s.k_philia4@docomo.ne.jp

絈谷拇登子（かせたに もとこ）

〒458－0805
所　属…東洋運勢学会　東海支部
占　法…四柱推命　易占　タロット　姓名判断
依頼法…電話予約　イベント・出張鑑定可
名古屋市緑区大清水四―一一一
☎／FAX０５２（８７６）４６８９

神谷惠三（かみや けいぞう）

〒292－0065
所　属…東洋運勢学会　聖徳会グループ
占　法…四柱推命　断易　気学傾斜法　タロット
依頼法…通信予約　イベント・出張鑑定可
千葉県木更津市吾妻一―二―八　木更津占星堂
☎／FAX０４３８（２２）２９３２
☎０９０（３２１３）１１２３
e-mail　senseidou@jcom.home.ne.jp

上山ひとみ（かみやま ひとみ）

〒461－0005
所　属…東洋運勢学会　東海支部
占　法…タロット　四柱推命　気学　手相
依頼法…電話・メール予約
イベント・出張鑑定可
名古屋市東区東桜二―三―七
東カン名古屋ビル
☎０８０（８９７６）７８８５
e-mail　uranaiokasui@gmail.com

鴨下靖令（かもした せいれい）

〒176－0002
所　属…東洋運勢学会参与　祇龍易学研究会
占　法…易占　断易　気学
依頼法…紹介に限る
東京都練馬区桜台四―六―五
☎／FAX０３（３９９２）９４４７

川上宗峰（かわかみしゅうほう）

〒502－0851
所属…東洋運勢学会　東海支部
東海推命研究会
占法…四柱推命学　周期学
依頼法…電話予約（紹介に限る）
岐阜市鷺山一七六八—五八〇
☎058（297）2002

神　蓮華（かん　れんげ）

〒168－0064
所属…東洋運勢学会　聖徳会グループ　星順学会
占法…気学　気学傾斜法
依頼法…イベント・出張鑑定可（紹介に限る）
東京都杉並区永福二—七—六
☎03（5376）2588
☎090（3218）8559

神作昂臣（かんつくりこうしん）

〒563－0043
所属…東洋運勢学会 大阪支部 日本近代五行易学会理事長
大阪五行易学院院長
日本易学協会大阪府支部副支部長
占法…五行易
依頼法…電話予約　出張鑑定可
大阪府池田市神田三—六—七
☎／FAX072（752）2009
☎080（5637）2128
e-mail haru2673@gmail.com

記田照夕（きだしょうせき）

〒020－0066
所属…東洋運勢学会　聖徳会グループ
東洋運命学舎
占法…九星気学　新生児命名　手相　人相
依頼法…電話・通信予約　イベント・出張鑑定可
岩手県盛岡市上田三—三—一〇
☎019（656）6143

清川馨女（きよかわかおるこ）

〒242－0014
所属…東洋運勢学会　聖徳会グループ
鎌倉易学研究会
占法…易占　四柱推命
依頼法…電話予約　イベント・出張鑑定可
神奈川県大和市上和田二四一二
上和田団地一—一二—二〇六
☎／FAX046（268）7245

煌　莉彩（くおりあ）

〒579－8013
所属…東洋運勢学会　大阪支部
日本運勢学協会理事
占法…四柱推命　タロット　家相風水　五行易
依頼法…電話予約　イベント・出張鑑定可
大阪府東大阪市西石切町一—一—八
☎080（3131）1481
FAX072（982）3598
HP http://www.katy.jp/freeways/

國井一人（くにいかずひと）

〒324－0052
所属…東洋運勢学会参事　聖徳会グループ
東洋運命学舎主宰
占法…周易　産児命名　墓相
依頼法…電話・FAX予約　イベント・出張鑑定可
栃木県大田原市城山二—九—二五
マロンハイツE棟二〇二号
☎090（1498）2811
e-mail kunii_net24@hotmail.com

隈本健一（くまもとけんいち）

〒289－1212
所属…東洋運勢学会　聖徳会グループ
純光同人の会
占法…九星気学　西洋占星術
依頼法…インターネット・メール（紹介に限る）
千葉県山武市木原七三八—五二
☎／FAX0475（89）5735
e-mail CQK00073@nifty.com

慶　龍（けい りゅう）

〒100－0014

所　属…東洋運勢学会　聖徳会グループ
純光同人の会

占　法…九星気学　気学傾斜法　算命学　周易

依頼法…電話予約（紹介に限る）

東京都千代田区永田町二―九―八―八〇四
聖徳会気付

☎０３（３５８０）０３７１

FAX０３（３５８０）０２８１

小磯秀人（こいそ ひでと）

〒192－0355

所　属…東洋運勢学会　祇龍易学研究会

占　法…周易　家相　地理風水　気学

依頼法…電話予約

東京都八王子市堀之内一五二

☎０４２（６７５）０４２８

洸西暁子（こうざい あきらこ）

所　属…東洋運勢学会理事
聖徳会グループ幹事
鎌倉易学研究会参与

占　法…周易　四柱推命　九星気学　数令姓名学

依頼法…ホームページにて予約

HP　http://www.kouzai-akirako.com

煌心泉惠（こうし せんえい）

〒319－1221

所　属…東洋運勢学会　聖徳会グループ　星順学会
ヨークカルチャーセンター日立講師

占　法…四柱推命　姓名判断　気学傾斜法　家相

依頼法…電話予約（紹介に限る）
出張鑑定・イベント可

茨城県日立市大みか町四―一―一八

☎０９０（３８０２）９０４６

光　星（こう せい）

〒659－0091

所　属…東洋運勢学会　大阪支部
日本易学院

占　法…四柱推命　数理学　手相

依頼法…電話・FAX予約　イベント・出張鑑定可

兵庫県芦屋市東山町一五―一七

☎０９０（３９７８）６６８１

後藤昂怜（ごとう こうれい）

〒100－0014

所　属…東洋運勢学会理事　聖徳会グループ

占　法…易占　気学　四柱推命
算命学

依頼法…紹介に限る

東京都千代田区永田町二―九―八―八〇四
聖徳会気付

☎０３（３５８０）０３７１

小林洸華（こばやし ひろか）

〒168－0064

所　属…東洋運勢学会　聖徳会グループ
星順学会

占　法…気学　気学傾斜法

依頼法…紹介に限る

東京都杉並区永福二―七―六

☎０８０（５４５２）６０３３

e-mail　k_matuto@yahoo.co.jp

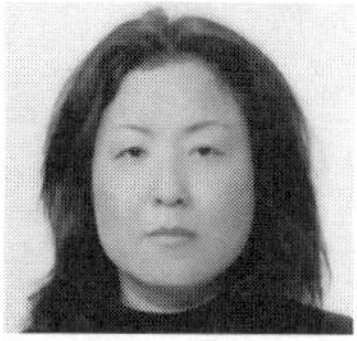

小林令奈（こばやし れな）

〒444－0406

所　属…東洋運勢学会　東海支部
東海推命研究会

占　法…四柱推命　姓名判断　気学

依頼法…紹介に限る

愛知県西尾市一色町対米九郎左一四―四

☎／FAX０５６３（７３）５７０４

か

近藤桂仙（こんどう けいせん）

〒491－0927
所　属…東洋運勢学会　東海支部
　　　　東海推命研究会
占　法…四柱推命　周易　手相
依頼法…電話・FAX予約　イベント可
愛知県一宮市大和町戸塚宮崎東一九―四一
☎／FAX0586（44）5376

斎守真由美（さいしゅ まゆみ）

〒100－0014
所属…東洋運勢学会　聖徳会グループ
占法…姓名判断　気学　印相
依頼法…紹介に限る
東京都千代田区永田町二―九―八―八〇四
　聖徳会気付
☎03（3580）0371
FAX03（3580）0281

佐浦　匠（さうら しょう）

〒110－0005
所　属…東洋運勢学会　聖徳会グループ
　　　　渡辺気学苑
占　法…気学　気学傾斜法　家相
依頼法…電話予約（紹介に限る）
東京都台東区上野七―三―九―五一三
　渡辺気学苑気付
☎090（9300）7993

佐々木淳章（ささき じゅんしょう）

〒490－1437
所　属…東洋運勢学会参与　東海支部
　　　　東海推命研究会
占　法…四柱推命学　易占
依頼法…電話・FAX予約
愛知県海部郡飛島村元起三―二六
☎0567（52）1063
FAX0567（52）3873

佐々木荘珀（ささき そうはく）

〒500－8362
所　属…東洋運勢学会　東海支部
　　　　東海推命研究会
占　法…四柱推命　個性学　周期学
依頼法…電話予約　出張鑑定可
岐阜県岐阜市西荘四―一四―七
☎080（2578）8019

里　明璃（さと あかり）

〒100－0014
所　属…東洋運勢学会　聖徳会グループ
　　　　恵心推命・易研究会会長補佐
占　法…四柱推命　周易
依頼法…紹介に限る
東京都千代田区永田町二―九―八―八〇四
　聖徳会気付
☎03（3580）0371
FAX03（3580）0281
e-mail ryoumanokasan@icloud.com

紗藤真佑里（さとう まゆり）

〒100－0014
所属…東洋運勢学会　聖徳会グループ
占法…姓名判断　気学　印相
依頼法…紹介に限る
東京都千代田区永田町二―九―八―八〇四
　聖徳会気付
☎03（3580）0371
FAX03（3580）0281

佐藤夕夏（さとう ゆか）

〒165－0034
所　属…東洋運勢学会常任理事
　　　　祇龍易学研究会会長
占　法…周易　気学
依頼法…電話予約
東京都中野区大和町一―三一―九
☎／FAX03（5327）8087

紫　音
（しおん）

〒586-0031
所属…東洋運勢学会　大阪支部幹事
大琳会グループ　彩易研究会所属
日本五行易専門学院講師　しおん会主宰
占法…タロット　気学　五行易　姓名判断
依頼法…電話予約　イベント・出張鑑定可
大阪府河内長野市錦町二〇—七—一
☎０９０（３６１０）２５１６

四條洸嘉
（しじょうひろか）

〒168-0064
所属…東洋運勢学会　聖徳会グループ
星順学会
占法…気学　気学傾斜法
依頼法…紹介に限る
東京都杉並区永福二—七—六
☎０３（５３７６）２５８８
☎０９０（３２１８）８５５９

島田絹子
（しまだまさこ）

〒100-0014
所属…東洋運勢学会　聖徳会グループ
占法…姓名判断　気学
依頼法…紹介に限る
東京都千代田区永田町二—九—八—八〇四
聖徳会気付
☎０３（３５８０）０３７１
FAX０３（３５８０）０２８１

清水紅妃
（しみずこうき）

〒543-0001
所属…東洋運勢学会　聖徳会グループ　東洋易相
占法…四柱推命　気学　姓名判断　印相
依頼法…電話予約
大阪市天王寺区上本町六—三—三一
ハイハイタウン１Ｆ
☎０６（６７７２）１５６１
☎０９０（１９０３）３０４８
FAX０６（６７６１）０５６７

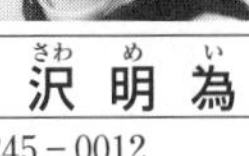

ジュノー・美江
（みえ）

〒538-0052
所属…東洋運勢学会　大阪支部幹事
占法…西洋占星術　九星気学
タロット　手相
依頼法…電話予約（紹介に限る）
イベント・出張鑑定可
大阪市鶴見区横堤四—一三—三八
☎／FAX０６（６９１２）５９６７
☎０８０（３７７６）７７１４

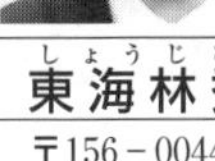

東海林秀樹
（しょうじひでき）

〒156-0044
所属…東洋運勢学会相談役　聖徳会グループ
占法…四柱推命　紫微斗数　断易　気学日盤鑑定法
依頼法…電話・FAX予約　インターネット
イベント・出張鑑定可
東京都世田谷区赤堤五—二四—九　占星堂
☎／FAX０３（５３００）７０７３

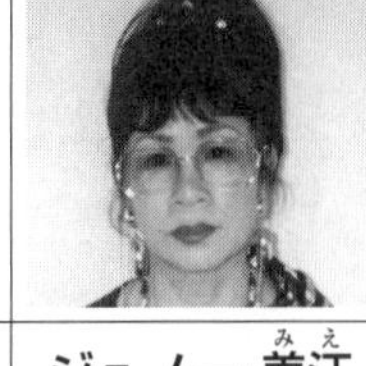

杉沢明為
（すぎさわめい）

〒245-0012
所属…東洋運勢学会
聖徳会グループ
占法…気学傾斜法　タロット　四柱推命
依頼法…紹介に限る
神奈川県横浜市泉区中田北三—二三—五
☎０４５（８１１）６４４６

砂原良治
（すなはらりょうじ）

〒460-0007
所属…東洋運勢学会理事
祇龍易学研究会顧問
占法…周易　気学　四柱推命
依頼法…通信予約（紹介に限る）
名古屋市中区新栄二—三九—三三
☎０５２（２５１）４５４５

説田有里（せつだ ゆうり）

〒176－0012
所属…東洋運勢学会参与 聖徳会グループ 恵心推命・易研究会会長
占法…四柱推命 周易 気学
依頼法…電話・FAX予約 イベント・出張鑑定可
東京都練馬区豊玉北三―六―三―一一四
☎/FAX03（3993）0150

善那弘子（ぜんな ひろこ）

〒500－8227
所属…東洋運勢学会 東海支部 東海推命研究会
占法…四柱推命 個性学 周期学
依頼法…電話・FAX予約
岐阜県岐阜市北一色一―六―六
☎/FAX058（248）5308

泰櫻（たい おう）

〒657－0051
所属…東洋運勢学会 大阪支部幹事 大琳会グループ 日本推命学館
占法…四柱推命 五行易 タロット 気学
依頼法…電話・FAX予約 イベント・出張鑑定可
兵庫県神戸市灘区八幡町二―六―一二
Healing Salon ツクヨミ
☎/FAX078（811）2943
HP http://taiou.sakura.mepage.jp/

竹内典子（たけうち のりこ）

〒168－0064
所属…東洋運勢学会 聖徳会グループ 星順学会
占法…気学 気学傾斜法
依頼法…紹介に限る
東京都杉並区永福二―七―六
☎03（5376）2588
☎090（3218）8559

竹宗寿峰（たけむね じゅほう）

〒592－8349
所属…東洋運勢学会 大阪支部 大琳会グループ
占法…四柱推命学 気学 五行易 手相
依頼法…通信予約 イベント・出張鑑定可
堺市西区浜寺諏訪森町東一―一〇二―六
☎090（2382）7822
e-mail jyuhou@minejuku.jp
HP http://minejuku.jp/

巽千晃（たつみ ちあき）

〒270－0111
所属…東洋運勢学会 聖徳会グループ
占法…気学 紫微斗数 四柱推命 タロット
依頼法…電話・FAX予約
千葉県流山市江戸川台東一―二一八
☎/FAX04（7154）7591

田中太佳子（たなか たかこ）

〒240－0035
所属…東洋運勢学会 聖徳会グループ 鎌倉易学研究会参与
占法…易占 四柱推命 姓名学
依頼法…紹介に限る 出張鑑定可 イベント不可
横浜市保土ヶ谷区今井町五一九―二
☎090（1769）7522

津田倖延（つだ こうえん）

〒467－0835
所属…東洋運勢学会 東海支部
占法…四柱推命 周易
依頼法…紹介に限る
名古屋市瑞穂区井戸田町一―四〇
☎052（841）1985
FAX052（853）3319

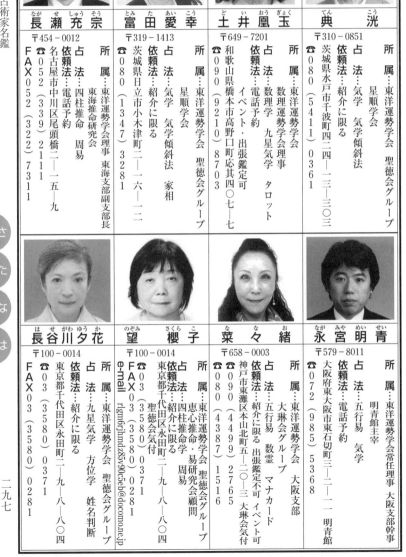

典　洸（てん こう）

〒310−0851
所　属…東洋運勢学会　聖徳会グループ
　　　　星順学会
占　法…気学　気学傾斜法
依頼法…紹介に限る
茨城県水戸市千波町四二四−一三−三〇三
☎080（5411）0361

土井凰玉（どい おうぎょく）

〒649−7201
所　属…東洋運勢学会
　　　　数理運勢学会理事
占　法…数理学　九星気学　タロット
依頼法…電話予約
　　　　イベント・出張鑑定可
和歌山県橋本市高野口町応其四〇七−七
☎090（9210）8703

富田愛幸（とみた あいこう）

〒319−1413
所　属…東洋運勢学会　聖徳会グループ
　　　　星順学会
占　法…気学　気学傾斜法　家相
依頼法…紹介に限る
茨城県日立市小木津町二−一六−一二
☎080（1347）3281

長瀬充宗（ながせ しゅうそう）

〒454−0012
所　属…東洋運勢学会理事　東海支部副支部長
　　　　東海推命研究会
占　法…四柱推命　周易
依頼法…電話予約
名古屋市中川区尾頭橋二−一五−九
☎052（339）2111
FAX052（322）7311

永宮明青（ながみや めいせい）

〒579−8011
所　属…東洋運勢学会常任理事　大阪支部幹事
　　　　明青館主宰
占　法…五行易　気学
依頼法…電話予約
大阪府東大阪市東石切町三−二−一一　明青館
☎072（985）5368

菜々緒（ななお）

〒658−0003
所　属…東洋運勢学会　大阪支部
　　　　大琳会グループ
占　法…五行易　数霊　マナカード
依頼法…紹介に限る　出張鑑定不可　イベント可
神戸市東灘区本山北町五−二〇−三　大琳会気付
☎090（4499）2765
☎080（4387）1516

望　櫻子（のぞみ さくらこ）

〒100−0014
所　属…東洋運勢学会　聖徳会グループ
　　　　恵心推命・易研究会顧問
占　法…四柱推命学　周易
依頼法…紹介に限る
東京都千代田区永田町二−九−八−八〇四
　　　　聖徳会気付
☎03（3580）0371
FAX03（3580）0281
e-mail rlgm6rjhmdz85v90c5eb@docomo.ne.jp

長谷川夕花（はせがわ ゆうか）

〒100−0014
所　属…東洋運勢学会　聖徳会グループ
占　法…九星気学　方位学　姓名判断
依頼法…紹介に限る
東京都千代田区永田町二−九−八−八〇四
☎03（3580）0371
FAX03（3580）0281

藤　洸瑛（ふじ　こうえい）
〒168－0064
所　属…東洋運勢学会常任理事　聖徳会グループ　純光同人の会　星順学会会長　NHK文化センター講師
占　法…気学　気学傾斜法　四柱推命　カバラ
依頼法…紹介に限る
東京都杉並区永福二―七―六
☎03（5376）2588
☎090（3218）8559

蛭田康照（ひるた　こうしょう）
〒541－0057
所　属…東洋運勢学会　大阪支部　日本推命学会光聚会
占　法…四柱推命学　観相
依頼法…電話予約（紹介に限る）出張鑑定可
大阪市中央区北久宝寺町一―六―一一―五〇一
☎080（6131）5061

平松宏悠（ひらまつ　こうゆう）
〒470－0135
所　属…東洋運勢学会　東海支部
占　法…四柱推命　周易
依頼法…電話予約（紹介に限る）
愛知県日進市岩崎台一―七〇二
☎090（4445）4524

畑　侑希（はた　ゆうき）
〒158－0082
所　属…東洋運勢学会参事　聖徳会グループ
占　法…数令姓名学　印章相学　算命学　気学
依頼法…紹介に限る
東京都世田谷区等々力二―二七―八―二〇三
☎／FAX03（5707）2487

古川琉苑（ふるかわ　りゅうえん）
〒114－0014
所　属…東洋運勢学会参事　祇龍易学研究会副会長
占　法…周易　気学
依頼法…電話予約
東京都北区田端一―一二―一五―一一〇三
☎03（3821）1263

藤山仁恵（ふじやま　ひとえ）
〒168－0064
所　属…東洋運勢学会　聖徳会グループ　星順学会
占　法…気学　気学傾斜法　家相
依頼法…紹介に限る
東京都杉並区永福二―七―六
☎03（5376）2588
☎090（3218）8559

藤井みき（ふじい　みき）
〒168－0064
所　属…東洋運勢学会　聖徳会グループ　星順学会
占　法…気学　気学傾斜法
依頼法…紹介に限る
東京都杉並区永福二―七―六
☎03（5376）2588
☎090（3218）8559

藤　昊燕（ふじ　こうえん）
所　属…東洋運勢学会　大阪支部
占　法…四柱推命　気学　五行易　タロット
依頼法…電話・FAX予約
☎／FAX0774（88）3111
HP「つく紫」を検索

別所杏璃（べっしょ あんり）

〒650－0022
所　属…東洋運勢学会 大阪支部幹事 大琳会グループ
占　法…四柱推命 五行易 タロット 気学
依頼法…電話予約 インターネット・メール
神戸市中央区元町通二―三―二
ジェムビル３F 別所杏璃鑑定オフィス
☎０８０（１４２３）３７５０
e-mail anri@pinefields.jp
HP http://hyogo.dokonet.co.jp/shop/2826613/index.html

堀内大蓮（ほりうち おおれん）

〒599－8276
所　属…東洋運勢学会 大阪支部
占　法…四柱推命 周易 五行易 気学
依頼法…電話予約
大阪府堺市中区小坂三二八
☎／FAX０７２（２７８）１１９３

マギー・レオナ

〒273－0012
所　属…東洋運勢学会 聖徳会グループ
占　法…タロット 西洋占星術 紫微斗数 気学
依頼法…電話予約 イベント可
千葉県船橋市浜町二―一―一
ららぽーと西館３F 占い館 月の扉
☎／FAX０４７（４３７）０００４
e-mail webmaster@moondoor.net
HP http://moondoor.net/

松橋信之（まつはし のぶゆき）

〒168－0081
所　属…東洋運勢学会常任理事 聖徳会グループ
岳柳派松橋易学教室主宰
占　法…周易 気学 家相 姓名判断
依頼法…通信予約
イベント・出張鑑定可
東京都杉並区宮前五―一二―二二
☎／FAX０３（３３３１）０７２９
e-mail nongchang@jcom.home.ne.jp

真矢（まや）

〒658－0003
所　属…東洋運勢学会 大阪支部
大琳会グループ
全国占術鑑定士協会会員
占　法…タロット 四柱推命 数霊 五行易
依頼法…電話予約・メール イベント・出張鑑定可
神戸市東灘区本山北町五―二〇―三 大琳会気付
☎０８０（６１７４）９６６２
e-mail mmaayuuuuu@yahoo.co.jp

水野荘月（みずの そうげつ）

〒454－0963
所　属…東洋運勢学会理事
東海支部幹事 東海推命研究会
占　法…四柱推命 周期学 個性学
依頼法…電話予約
名古屋市中川区水里五―二七八
☎／FAX０５２（３０１）３３１５

三田村恵兆（みたむら けいちょう）

〒579－8013
所　属…東洋運勢学会参与 大阪支部
数理運勢学会会長 ピアラ鑑定所主宰
占　法…四柱推命 数理学 五行易 風水 家相
依頼法…電話予約
大阪府東大阪市西石切町一―一―八
石切神社西隣
☎０７２（９８８）２７１６

三橋廉央（みつはし やすお）

〒110－0005
所　属…東洋運勢学会 聖徳会グループ
渡辺気学苑
占　法…気学・気学傾斜法・家相
依頼法…電話予約（紹介に限る）
東京都台東区上野七―三―九―五一三
渡辺気学苑気付
☎０９０（９３００）７９９３

壬生有香（みぶゆうか）

〒100－0014
所　属…東洋運勢学会参与
聖徳会グループ
占　法…気学　数令姓名学　印章相学
依頼法…リモート鑑定可・面談の場合
は紹介に限る
HP　https://mibuyuka.jp
e-mail　unsei@mibuyuka.jp

宮地泰州（みやじたいしゅう）

〒600－8031
所　属…東洋運勢学会参与　大阪支部
京都府易道協同組合理事
運命学実践研究塾主宰
占　法…四柱推命　気学　家相　姓名学　周易
依頼法…電話予約　イベント・出張鑑定可
京都市下京区寺町通四条下ル貞安前之町六二二
京都大神宮会館5階
☎090（1715）0896
e-mail　taishu15@ezweb.ne.jp

宮嶋助守（みやじまじょしゅ）

〒240－0015
所　属…東洋運勢学会名誉理事
聖徳会グループ講師
占　法…四柱推命　遁甲気学　数命名相学　印相
依頼法…電話・FAX予約　イベント・出張鑑定可
横浜市保土ケ谷区岩崎町三七―二―三〇六
☎／FAX045（333）1177

三輪洋子（みわひろこ）

〒100－0014
所　属…東洋運勢学会　聖徳会グループ
占　法…断易　気学傾斜法　タロット
四柱推命
依頼法…紹介に限る　イベント・出張鑑定可
東京都千代田区永田町二―九―八―八〇四
聖徳会気付
☎03（3580）0371
FAX03（3580）0281

杜恵里（もりけいり）

〒343－0023
所　属…東洋運勢学会　聖徳会グループ
恵心推命・易研究会副会長
占　法…四柱推命
依頼法…通信予約　イベント・出張鑑定可
埼玉県越谷市東越谷三―一―一
イーストレジデンス1F　グロリオーサ103
☎／FAX048（991）0811
☎090（6011）1343
e-mail　milk416@icloud.com

森荘介（もりそうすけ）

〒501－6221
所　属…東洋運勢学会　東海支部
東海推命研究会
占　法…四柱推命　周期学　個性学
依頼法…電話予約
岐阜県羽島市正木町森一〇―一二九
☎058（394）4697

祐かす美（ゆうかすみ）

〒100－0014
所　属…東洋運勢学会　聖徳会グループ
恵心推命・易研究会副会長
占　法…四柱推命
依頼法…紹介に限る
東京都千代田区永田町二―九―八―八〇四
聖徳会気付
☎03（3580）0371
FAX03（3580）0281

融通尊寺智弘（ゆうずうそんじちこう）

〒651－0093
所　属…東洋運勢学会　大阪支部　大琳会グループ
占　法…五行易
依頼法…紹介に限る
神戸市中央区二宮町四―八―一四　融通尊寺
☎078（221）5136
FAX078（221）9256
☎090（1480）4400
e-mail　yuzusonj@gmail.com

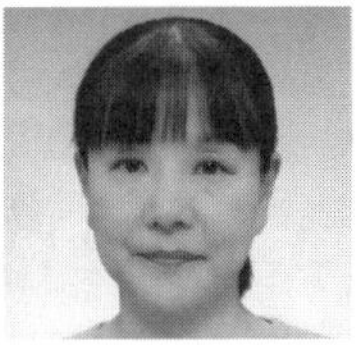

吉川洸令（よしかわこうれい）

〒168－0064

所　属…東洋運勢学会　聖徳会グループ
星順学会
占　法…気学　気学傾斜法
依頼法…通信予約
東京都杉並区永福二―七―六
☎03（5376）2588
FAX0422（30）8331

吉岳秀峰（よしたけしゅうほう）

〒546－0001

所　属…東洋運勢学会 大阪支部 大琳会グループ
占　法…四柱推命学　気学　五行易　手相
依頼法…通信予約　イベント・出張鑑定可
大阪市東住吉区今林二―一五―六
☎090（3052）5023
e-mail　syuhou@minejuku.jp
HP　http://minejuku.jp

理絵（りえ）

〒658－0003

所　属…東洋運勢学会　大阪支部幹事
大琳会グループ
占　法…四柱推命　五行易
依頼法…紹介に限る　イベント可
神戸市東灘区本山北町五―二〇―三
大琳会気付
FAX078（735）7022

璃奈（りな）

〒110－0005

所　属…東洋運勢学会　聖徳会グループ
渡辺気学苑
占　法…気学（傾斜法）
依頼法…電話予約　イベント・出張鑑定可
東京都台東区上野七―三―九―五一三
渡辺気学苑気付
☎090（9300）7993

瑠璃（るり）

〒168－0064

所　属…東洋運勢学会　聖徳会グループ
星順学会
占　法…気学　気学傾斜法
依頼法…紹介に限る
東京都杉並区永福二―七―六
☎03（5376）2588
☎090（3218）8559

渡辺研二（わたなべけんじ）

〒110－0005

所　属…東洋運勢学会理事　聖徳会グループ
純光同人の会　渡辺気学苑主宰
占　法…気学　家相
依頼法…電話予約
東京都台東区上野七―三―九
アルベルゴ上野513号
☎090（9300）7993

鑑定ご希望の方は、各占術家それぞれの依頼方法（電話予約・メールなど）に従って、直接お申し込みください。

記載されている住所・電話番号は令和五年六月末日現在のものです。

一般財団法人　2024　令和6年度

東洋運勢学会　役員名簿

◇会長

三須啓仙

◇顧問

田中裕子

◇相談役

東海林秀樹

◇名誉理事

宮嶋助守

◇専務理事

上原健弘

◇常任理事

佐藤夕夏
朝比奈篁
松橋信之
藤田莊宗
藤　洸瑛
石原明順
大彩可琳
永宮明青

◇理事

水野莊月
砂原良治
後藤昂怜
有賀千紗
洸西暁子
小澤茜令
長瀬充宗
渡辺研二

◇参事

國井一人
畑侑希
古川琉苑

◇参与

鴨下靖令
三田村恵兆
大彩水楓
佐々木淳章
一琳愛可
宮地泰州
説田有里
壬生有香

※2024年（令和六年）の略暦は、二頁にあります。

2025 令和七年（来年の）略暦 乙巳（きのとみ）

祝日と年間行事

●国民の祝日

元日	1月1日
成人の日	1月13日
建国記念の日	2月11日
天皇誕生日	2月23日
春分の日	3月20日
昭和の日	4月29日
憲法記念日	5月3日
みどりの日	5月4日
こどもの日	5月5日
海の日	7月21日
山の日	8月11日
敬老の日	9月15日
秋分の日	9月23日
スポーツの日	10月13日
文化の日	11月3日
勤労感謝の日	11月23日

○民間の行事

旧正月	1月29日
初午	2月6日
桃の節句	3月3日
花まつり	4月8日
端午の節句	5月5日
七夕	7月7日
お盆	7月15日
旧盆	9月6日
重陽の節句	9月9日
十五夜	10月6日
十三夜	11月2日
七五三	11月15日
クリスマス	12月25日

二十四節気

小寒	1月5日
大寒	1月20日
立春	2月3日
雨水	2月18日
啓蟄	3月5日
春分	3月20日
清明	4月4日
穀雨	4月20日
立夏	5月5日
小満	5月21日
芒種	6月5日
夏至	6月21日
小暑	7月7日
大暑	7月22日
立秋	8月7日
処暑	8月23日
白露	9月7日
秋分	9月23日
寒露	10月8日
霜降	10月23日
立冬	11月7日
小雪	11月22日
大雪	12月7日
冬至	12月22日

雑節

節分	2月2日
八十八夜	5月1日
入梅	6月11日
半夏生	7月1日
二百十日	8月31日

選日

〈土用入り〉	〈彼岸入り〉	〈天一天上〉	〈天赦日〉
1月17日（金）	3月17日（月）	1月24日（金）	3月10日（月）
4月17日（木）	9月20日（土）	3月25日（火）	5月25日（日）
7月19日（土）		5月24日（土）	7月24日（木）
10月20日（月）		7月23日（水）	8月7日（木）
		9月21日（日）	10月6日（月）
		11月20日（木）	12月21日（日）

祝日法などの改定により、変更になる場合があります。

2024　令和六年　甲辰　三碧木星

一月

日	月	火	水	木	金	土
	1	2	3	4	5	6
7	8	9	10	11	12	13
14	15	16	17	18	19	20
21	22	23	24	25	26	27
28	29	30	31			

二月

日	月	火	水	木	金	土
				1	2	3
4	5	6	7	8	9	10
11	12	13	14	15	16	17
18	19	20	21	22	23	24
25	26	27	28	29		

三月

日	月	火	水	木	金	土
					1	2
3	4	5	6	7	8	9
10	11	12	13	14	15	16
17	18	19	20	21	22	23
24/31	25	26	27	28	29	30

四月

日	月	火	水	木	金	土
	1	2	3	4	5	6
7	8	9	10	11	12	13
14	15	16	17	18	19	20
21	22	23	24	25	26	27
28	29	30				

五月

日	月	火	水	木	金	土
			1	2	3	4
5	6	7	8	9	10	11
12	13	14	15	16	17	18
19	20	21	22	23	24	25
26	27	28	29	30	31	

六月

日	月	火	水	木	金	土
						1
2	3	4	5	6	7	8
9	10	11	12	13	14	15
16	17	18	19	20	21	22
23/30	24	25	26	27	28	29

七月

日	月	火	水	木	金	土
	1	2	3	4	5	6
7	8	9	10	11	12	13
14	15	16	17	18	19	20
21	22	23	24	25	26	27
28	29	30	31			

八月

日	月	火	水	木	金	土
				1	2	3
4	5	6	7	8	9	10
11	12	13	14	15	16	17
18	19	20	21	22	23	24
25	26	27	28	29	30	31

九月

日	月	火	水	木	金	土
1	2	3	4	5	6	7
8	9	10	11	12	13	14
15	16	17	18	19	20	21
22	23	24	25	26	27	28
29	30					

十月

日	月	火	水	木	金	土
		1	2	3	4	5
6	7	8	9	10	11	12
13	14	15	16	17	18	19
20	21	22	23	24	25	26
27	28	29	30	31		

十一月

日	月	火	水	木	金	土
					1	2
3	4	5	6	7	8	9
10	11	12	13	14	15	16
17	18	19	20	21	22	23
24	25	26	27	28	29	30

十二月

日	月	火	水	木	金	土
1	2	3	4	5	6	7
8	9	10	11	12	13	14
15	16	17	18	19	20	21
22	23	24	25	26	27	28
29	30	31				

2025　令和七年　乙巳　二黒土星

一月

日	月	火	水	木	金	土
			1	2	3	4
5	6	7	8	9	10	11
12	13	14	15	16	17	18
19	20	21	22	23	24	25
26	27	28	29	30	31	

二月

日	月	火	水	木	金	土
						1
2	3	4	5	6	7	8
9	10	11	12	13	14	15
16	17	18	19	20	21	22
23	24	25	26	27	28	

三月

日	月	火	水	木	金	土
						1
2	3	4	5	6	7	8
9	10	11	12	13	14	15
16	17	18	19	20	21	22
23/30	24/31	25	26	27	28	29

四月

日	月	火	水	木	金	土
		1	2	3	4	5
6	7	8	9	10	11	12
13	14	15	16	17	18	19
20	21	22	23	24	25	26
27	28	29	30			

五月

日	月	火	水	木	金	土
				1	2	3
4	5	6	7	8	9	10
11	12	13	14	15	16	17
18	19	20	21	22	23	24
25	26	27	28	29	30	31

六月

日	月	火	水	木	金	土
1	2	3	4	5	6	7
8	9	10	11	12	13	14
15	16	17	18	19	20	21
22	23	24	25	26	27	28
29	30					

七月

日	月	火	水	木	金	土
		1	2	3	4	5
6	7	8	9	10	11	12
13	14	15	16	17	18	19
20	21	22	23	24	25	26
27	28	29	30	31		

八月

日	月	火	水	木	金	土
					1	2
3	4	5	6	7	8	9
10	11	12	13	14	15	16
17	18	19	20	21	22	23
24/31	25	26	27	28	29	30

九月

日	月	火	水	木	金	土
	1	2	3	4	5	6
7	8	9	10	11	12	13
14	15	16	17	18	19	20
21	22	23	24	25	26	27
28	29	30				

十月

日	月	火	水	木	金	土
			1	2	3	4
5	6	7	8	9	10	11
12	13	14	15	16	17	18
19	20	21	22	23	24	25
26	27	28	29	30	31	

十一月

日	月	火	水	木	金	土
						1
2	3	4	5	6	7	8
9	10	11	12	13	14	15
16	17	18	19	20	21	22
23/30	24	25	26	27	28	29

十二月

日	月	火	水	木	金	土
	1	2	3	4	5	6
7	8	9	10	11	12	13
14	15	16	17	18	19	20
21	22	23	24	25	26	27
28	29	30	31			

祝日法などの改定により、変更になる場合があります。